旭化成不動産レジデンス
マンション建替え研究所
大木 祐悟

《逐条詳解》
マンション
標準管理規約

管理規約の見直しに
取り組んでいる
理事会・役員のための
経験豊富な実務家による
実践的アドバイス

PROGRES
プログレス

はじめに

　我が国で初めて分譲されたマンションは、東京・渋谷の宮益坂アパート（1953年分譲）だといわれていますが、その後マンションは、特に都市における主要な居住形態となり、2015年末時点で、全国の分譲マンションストックは623万戸に上っています（国土交通省のマンションストック戸数にかかる公表資料より）。

　さて、マンションは区分所有建物とも呼ばれていますが、マンションにおいて区分所有権が及んでいる範囲は専有部分（各住戸）にすぎず、建物の構造躯体をはじめ、廊下やエントランス、エレベータ等は区分所有者の共用部分となっています。そのため、共用部分の管理や保全をする場合、あるいはマンションを建て替えようとする場合には区分所有者の合意形成が不可欠ですが、その際のルールとして法律とともに規約が必要となります。

　このうち、法律は管理に関する基本となる事項を定めていますが、個別具体的な内容まで言及しているわけではないため、管理の現場においてより重要となるのは規約となります。そして、規約は法律に則った内容である限りは、それぞれの管理組合の実情に即した内容で設定することもできますので、マンションを良好に管理するためには規約で様々な工夫をすることも可能になるものと思われます。

　ところで、管理組合において、規約を新たに設定する場合や、既存の規約を変更する場合に際して指標とされているのは、国土交通省が発表している「マンション標準管理規約」だといえるでしょう。そのため規約について考える際には、標準管理規約を理解することは非常に重要であると考えられるのですが、

一方で，建物の区分所有等に関する法律等についても理解していないと標準管理規約を理解することも難しいかもしれません。

　このようなことから，法律の専門家ではない人が管理組合の理事に就任した場合，あるいは，マンションを購入したので規約について一通りの理解をしたいと考える区分所有者向けに，実務者の立場から極力わかりやすく説明した本が必要ではないかと考え，本書を上梓いたしました。

　具体的には，マンション管理について最低限理解してもらいたい事項を①で述べたうえで，単棟型マンションの標準管理規約については逐条で解説をし，団地型や複合用途型については，単棟型マンションと比較して異なる部分を中心に解説をする形で章立てを考えてみました。

　なお，筆者の知識不足についていくつもの質問に答えていただくとともに，巻末の「標準管理規約改正の経緯」をまとめるに際して，昭和57年と昭和58年の標準管理規約をご提供いただいた戎正晴弁護士（政策研究大学院大学客員教授）には大変お世話になりました。加えて，本書の刊行については，プログレスの野々内邦夫さんにも大変お世話になりました。この場を借りて御礼を申し上げます。本書が，管理組合の理事の皆さんをはじめとする管理の現場にいる人たちに，少しでも参考となれば幸いに思います。

2017年7月7日

大　木　祐　悟

●目　次●

1 まず始めに，マンション管理のキホンをしっかりと理解しましょう

1. マンション管理のためには，法律や規約をよく理解しましょう。——— *3*
2. 規約は，法律の定めによらなければいけません。——— *4*
3. マンションには，「単棟型」と「団地型」があります。——— *6*
4. マンションは，「専有部分」と「共用部分」で構成されます。——— *8*
5. 「専有部分」の範囲を明確に定義付けしておく必要があります。——— *10*
6. 「専有部分」と「共用部分」の境界は，必ずしも明確ではありません。——— *11*
7. マンションの敷地についてもよく理解しておきましょう。——— *14*
8. 区分所有者は，共同の利益に反する行為をしてはいけません。——— *16*

9 専有部分のリフォーム工事等をするときに留意すべき事項は？―― 18

10 「一部共用部分」と「全体共用部分」との違いは？―― 20

11 共用部分は，その用法に従って使用できます。―― 24

12 共用部分の負担や利益配分は，共有持分割合が原則です。―― 26

13 専用使用権も，マンションの管理ではしばしば問題になっています。―― 28

14 専有部分と共用部分とは分離して処分することはできません。―― 29

15 共用部分の変更は，その程度によって決議の要件が異なります。―― 30

16 大規模修繕や大規模改修をする場合の決議要件は？―― 32

17 「管理所有」とは？―― 34

18 原則として，敷地利用権と専有部分との分離処分はできません。―― 35

19 法人格を持たない管理組合では，「管理者」がマンションの管理を担います。―― 38

20 管理組合の理事長がマンション管理を担っている理由は？―― 41

21 区分所有法には，管理者の権限として何が定められているか？―― 43

22 規約がなく，管理者もいない場合は，どのようにして集会を招集するか？—— *46*

23 「一部管理組合」とは？—— *47*

24 規約の設定や変更等によって一部の区分所有者が不利益等を受ける可能性がある場合の留意点は？—— *49*

25 規約の原本は，管理者が保管しなければいけません。—— *51*

26 区分所有者の集会は，管理者が招集します。—— *52*

27 区分所有者自らが集会を招集できる場合があります。—— *53*

28 集会の招集通知は，会議の目的である事項を示して，各区分所有者に発しなければいけません。—— *55*

29 通常は，集会の議長は理事長が務めます。—— *58*

30 原則として，集会ではあらかじめ通知された事項以外は決議できません。—— *59*

31 集会における議事は，別段の定めがない限り，区分所有者および議決権の各過半数で決します。—— *61*

32 代理人または書面により，議案の賛否の意思表示が可能です。—— *62*

33 集会の議長は，集会の議事について議事録を作成しなければいけません。—— *64*

34 議案について利害関係を有する占有者は，集会に出席して意見を述べることができます。—— *65*

35	規約の規定や集会の決議事項は，区分所有者の包括承継人や特定承継人に対しても効力を生じます。── *66*	
36	違反行為をする区分所有者に対しては，まずはその行為をやめるよう注意しましょう。── *67*	
37	共同の利益に反する行為の停止や予防等のために訴訟を提起するには，普通決議が必要です。── *69*	
38	区分所有者の専有部分の使用禁止を提訴するには，特別多数決議が必要です。── *71*	
39	被災マンションを復旧するには，その被災の程度によって適用される法律が異なります。── *73*	
40	全部滅失したマンションの復旧等には，被災マンション法の一連の手続きが適用されます。── *75*	
41	大規模一部滅失や小規模一部滅失したマンションは，管理組合が引き続き管理します。── *77*	
42	建物等が高経年化したマンションの管理組合では，建物の出口戦略が必要となります。── *79*	
43	マンションの建物と土地を売却してその利益を区分所有者間で分配するという手法があります。── *82*	

2 単棟型マンションの標準管理規約	3 団地型マンションの標準管理規約	4 複合用途型マンションの標準管理規約
第1章 総則	**第1章 総則**	**第1章 総則**
第1条 目的 —— 89	第1条 目的 —— 326	第1条 目的 —— 409
第2条 定義 —— 91	第2条 定義 —— 326	第2条 定義 —— 409
第3条 規約及び総会の決議の遵守義務 —— 93	第3条 規約及び団地総会の決議の遵守義務 —— 327	第3条 規約及び総会の決議の遵守義務 —— 410
第4条 対象物件の範囲 —— 95	第4条 対象物件の範囲 —— 328	第4条 対象物件の範囲 —— 410
第5条 規約及び総会の決議の効力 —— 96	第5条 規約及び団地総会の決議の効力 —— 328	第5条 規約及び総会の決議の効力 —— 410
第6条 管理組合 —— 97	第6条 管理組合 —— 329	第6条 管理組合 —— 410
第2章 専有部分等の範囲	**第2章 専有部分等の範囲**	**第2章 専有部分等の範囲**
第7条 専有部分の範囲 —— 100	第7条 専有部分の範囲 —— 332	第7条 専有部分の範囲 —— 412
第8条 共用部分の範囲 —— 102	第8条 共用部分の範囲 —— 332	第8条 共用部分の範囲 —— 413
第3章 敷地及び共用部分等の共有	**第3章 土地及び共用部分等の共有**	**第3章 敷地及び共用部分等の共有**
第9条 共有 —— 104	第9条 共有 —— 333	第9条 共有 —— 415
第10条 共有持分 —— 107	第10条 共有持分 —— 334	第10条 共有持分 —— 416
第11条 分割請求及び単独処分の禁止 —— 108	第11条 分割請求及び単独処分の禁止 —— 334	第11条 分割請求及び単独処分の禁止 —— 416
第4章 用法	**第4章 用法**	**第4章 用法**

2 単棟型マンションの標準管理規約	3 団地型マンションの標準管理規約	4 複合用途型マンションの標準管理規約
第12条 専有部分の用途 —— *110*	第12条 専有部分の用途 —— *336*	第12条 専有部分の用途 —— *417*
第13条 敷地及び共用部分等の用法 —— *111*	第13条 土地及び共用部分等の用法 —— *336*	第13条 敷地及び共用部分等の用法 —— *418*
第14条 バルコニー等の専用使用権 —— *112*	第14条 バルコニー等の専用使用権 —— *336*	第14条 バルコニー等の専用使用権 —— *418*
第15条 駐車場の使用 —— *113*	第15条 駐車場の使用 —— *337*	第15条 駐車場の使用 —— *419*
第16条 敷地及び共用部分等の第三者の使用 —— *117*	第16条 土地及び共用部分等の第三者の使用 —— *337*	第16条 敷地及び共用部分等の第三者の使用 —— *419*
第17条 専有部分の修繕等 —— *119*	第17条 専有部分の修繕等 —— *338*	第17条 専有部分の修繕等 —— *420*
第18条 使用細則 —— *128*	第18条 使用細則 —— *339*	第18条 使用細則 —— *420*
第19条 専有部分の貸与 —— *132*	第19条 専有部分の貸与 —— *340*	第19条 専有部分の貸与 —— *420*
第19条の2 暴力団員の排除 —— *135*	第19条の2 暴力団員の排除 —— *340*	第19条の2 暴力団員の排除 —— *421*
第5章 管理	**第5章 管理**	**第5章 管理**
第1節 総則 —— *141*	第1節 総則 —— *342*	第1節 総則 —— *422*
第20条 区分所有者の責務	第20条 団地建物所有者の責務	第20条 区分所有者の責務

2 単棟型マンションの標準管理規約	3 団地型マンションの標準管理規約	4 複合用途型マンションの標準管理規約
—— 141	—— 342	—— 422
第21条 敷地及び共用部分等の管理 —— 142	第21条 土地及び共用部分等の管理 —— 342	第21条 敷地及び共用部分等の管理 —— 422
第22条 窓ガラス等の改良 —— 149	第22条 窓ガラス等の改良 —— 344	第22条 窓ガラス等の改良 —— 423
第23条 必要箇所への立入り —— 154	第23条 必要箇所への立入り —— 344	第23条 必要箇所への立入り —— 423
第24条 損害保険 —— 156	第24条 損害保険 —— 344	第24条 損害保険 —— 423
第2節 費用の負担 —— 158	第2節 費用の負担 —— 345	第2節 費用の負担 —— 423
第25条 管理費等 —— 158	第25条 管理費等 —— 345	第25条 全体管理費等 —— 423
		第26条 一部管理費等 —— 424
第26条 承継人に対する債権の行使 —— 159	第26条 承継人に対する債権の行使 —— 347	第27条 承継人に対する債権の行使 —— 426
第27条 管理費 —— 161	第27条 管理費 —— 347	第28条 全体管理費 —— 426
		第29条 住宅一部管理費及び店舗一部管理費 —— 427
第28条 修繕積立金	第28条 団地修繕積立	第30条 全体修繕積立

2 単棟型マンションの標準管理規約	3 団地型マンションの標準管理規約	4 複合用途型マンションの標準管理規約
── 166	金 ── 347	金 ── 428
	第29条 各棟修繕積立金 ── 349	第31条 住宅一部修繕積立金及び店舗一部修繕積立金 ── 429
	第30条 区分経理 ── 350	第32条 区分経理 ── 431
第29条 使用料 ── 173	第31条 使用料 ── 351	第33条 使用料 ── 431
第6章 管理組合	**第6章 管理組合**	**第6章 管理組合**
第1節 組合員 ── 177	第1節 組合員 ── 352	第1節 組合員 ── 432
第30条 組合員の資格 ── 177	第32条 組合員の資格 ── 352	第34条 組合員の資格 ── 432
第31条 届出義務 ── 178	第33条 届出義務 ── 352	第35条 届出義務 ── 432
第2節 管理組合の業務 ── 179	第2節 管理組合の業務 ── 353	第2節 管理組合の業務 ── 433
第32条 業務 ── 179	第34条 業務 ── 353	第36条 業務 ── 433
第33条 業務の委託等 ── 188	第35条 業務の委託等 ── 354	第37条 業務の委託等 ── 433
第34条 専門的知識を有する者の活用 ── 189	第36条 専門的知識を有する者の活用 ── 354	第38条 専門的知識を有する者の活用 ── 433
第3節 役員 ── 191	第3節 役員 ── 354	第3節 役員 ── 434
第35条 役員 ── 191	第37条 役員 ── 355	第39条 役員 ── 434
第36条 役員の任期 ── 197	第38条 役員の任期 ── 355	第40条 役員の任期 ── 434

2 単棟型マンションの標準管理規約	3 団地型マンションの標準管理規約	4 複合用途型マンションの標準管理規約
第36条の2　役員の欠格条項 —— 200	第38条の2　役員の欠格条項 —— 355	第40条の2　役員の欠格条項 —— 434
第37条　役員の誠実義務等 —— 202	第39条　役員の誠実義務等 —— 355	第41条　役員の誠実義務等 —— 434
第37条の2　利益相反取引の防止 —— 205	第39条の2　利益相反取引の防止 —— 356	第41条の2　利益相反取引の防止 —— 434
第38条　理事長 —— 207	第40条　理事長 —— 356	第42条　理事長 —— 435
第39条　副理事長 —— 211	第41条　副理事長 —— 356	第43条　副理事長 —— 435
第40条　理事 —— 212	第42条　理事 —— 357	第44条　理事 —— 435
第41条　監事 —— 214	第43条　監事 —— 357	第45条　監事 —— 435
第4節　総会 —— 218	第4節　団地総会 —— 358	第4節　総会 —— 436
第42条　総会 —— 218	第44条　団地総会 —— 358	第46条　総会 —— 436
第43条　招集手続 —— 221	第45条　招集手続 —— 359	第47条　招集手続 —— 436
第44条　組合員の総会招集権 —— 228	第46条　組合員の団地総会招集権 —— 361	第48条　組合員の総会招集権 —— 437
第45条　出席資格 —— 232	第47条　出席資格 —— 362	第49条　出席資格 —— 438
第46条　議決権 —— 233	第48条　議決権 —— 362	第50条　議決権 —— 438

② 単棟型マンションの標準管理規約	③ 団地型マンションの標準管理規約	④ 複合用途型マンションの標準管理規約
第47条　総会の会議及び議事 —— 240	第49条　団地総会の会議及び議事 —— 363	第51条　総会の会議及び議事 —— 439
第48条　議決事項 —— 249	第50条　議決事項 —— 366	第52条　議決事項 —— 440
（ア）電磁的方法が利用可能ではない場合		
第49条　議事録の作成，保管等 —— 251	第51条　議事録の作成，保管等 —— 367	第53条　議事録の作成，保管等 —— 440
	＊電磁的方法が利用可能な場合	
	第51条　議事録の作成，保管等 —— 367	
第50条　書面による決議 —— 252	第52条　書面による決議 —— 368	第54条　書面による決議 —— 440
（イ）電磁的方法が利用可能な場合	＊電磁的方法が利用可能な場合	
第49条　議事録の作成，保管等 —— 256		
第50条　書面又は電磁的方法による決議 —— 257	第52条　書面又は電磁的方法による決議 —— 368	第54条　書面又は電磁的方法による決議 —— 441
第5節　理事会 —— 259	第5節　理事会 —— 369	第5節　理事会 —— 441
第51条　理事会 —— 259	第53条　理事会 —— 369	第55条　理事会 —— 441

2 単棟型マンションの標準管理規約	3 団地型マンションの標準管理規約	4 複合用途型マンションの標準管理規約
第52条 招集 —— 261	第54条 招集 —— 370	第56条 招集 —— 441
第53条 理事会の会議及び議事 —— 263	第55条 理事会の会議及び議事 —— 370	第57条 理事会の会議及び議事 —— 442
第54条 議決事項 —— 267	第56条 議決事項 —— 371	第58条 議決事項 —— 442
第55条 専門委員会の設置 —— 272	第57条 専門委員会の設置 —— 372	第59条 専門委員会の設置 —— 443
		第60条 住宅部会及び店舗部会 —— 443

第7章 会計	第7章 会計	第7章 会計
第56条 会計年度 —— 275	第58条 会計年度 —— 373	第61条 会計年度 —— 445
第57条 管理組合の収入及び支出 —— 276	第59条 管理組合の収入及び支出 —— 373	第62条 管理組合の収入及び支出 —— 445
第58条 収支予算の作成及び変更 —— 278	第60条 収支予算の作成及び変更 —— 374	第63条 収支予算の作成及び変更 —— 446
第59条 会計報告 —— 281	第61条 会計報告 —— 374	第64条 会計報告 —— 446
第60条 管理費等の徴収 —— 282	第62条 管理費等の徴収 —— 375	第65条 管理費等の徴収 —— 447
第61条 管理費等の過不足 —— 287	第63条 管理費等の過不足 —— 375	第66条 管理費等の過不足 —— 447
第62条 預金口座の開設 —— 287	第64条 預金口座の開設 —— 375	第67条 預金口座の開設 —— 448

2 単棟型マンションの標準管理規約

第63条　借入れ
　　　　── 288
（ア）電磁的方法が利用可能ではない場合
第64条　帳票類等の作成，保管
　　　　── 289
（イ）電磁的方法が利用可能な場合
第64条　帳票類等の作成，保管
　　　　── 290
第65条　消滅時の財産の清算
　　　　── 295

3 団地型マンションの標準管理規約

第65条　借入れ
　　　　── 376
（ア）電磁的方法が利用可能ではない場合
第66条　帳票類等の作成，保管
　　　　── 376
（イ）電磁的方法が利用可能な場合
第66条　帳票類等の作成，保管
　　　　── 377
第67条　消滅時の財産の清算
　　　　── 378

第8章　棟総会
第68条　棟総会
　　　　── 379
第69条　招集手続
　　　　── 380
第70条　出席資格
　　　　── 382
第71条　議決権
　　　　── 382
第72条　議決事項
　　　　── 383
第73条　棟総会の会議及び議事

4 複合用途型マンションの標準管理規約

第68条　借入れ
　　　　── 448
第69条　帳票類等の作成，保管
　　　　── 448
（イ）電磁的方法が利用可能な場合
第69条　帳票類等の作成，保管
　　　　── 449
第70条　消滅時の財産の清算
　　　　── 450

2 単棟型マンションの標準管理規約	3 団地型マンションの標準管理規約	4 複合用途型マンションの標準管理規約
	——— 384	
	（ア）電磁的方法が利用可能ではない場合	
	第74条 議事録の作成，保管等 ——— 385	
	（イ）電磁的方法が利用可能な場合	
	第74条 議事録の作成，保管等 ——— 386	
	第75条 書面による決議 ——— 387	
	＊電磁的方法が利用可能な場合	
	第75条 書面又は電磁的方法による決議 ——— 388	
	第76条 義務違反者に対する措置 ——— 389	
第8章 雑則	第9章 雑則	第8章 雑則
第66条 義務違反者に対する措置 ——— 297		第71条 義務違反者に対する措置 ——— 451
第67条 理事長の勧告及び指示等 ——— 297	第77条 理事長の勧告及び指示等 ——— 391	第72条 理事長の勧告及び指示等 ——— 451

2 単棟型マンションの標準管理規約

第68条	合意管轄裁判所 —— 301
第69条	市及び近隣住民との協定の遵守 —— 302
第70条	細則 —— 303
第71条	規約外事項 —— 304

（ア）電磁的方法が利用可能ではない場合

第72条	規約原本等 —— 305

（イ）電磁的方法が利用可能な場合

第72条	規約原本等 —— 306

附則

第1条	規約の発効 —— 308

別表第1	対象物件の表示 —— 310
別表第2	共用部分の範囲 —— 310
別表第3	敷地及び共用部分等の共有持分割合 —— 311

3 団地型マンションの標準管理規約

第78条	合意管轄裁判所 —— 392
第79条	市及び近隣住民との協定の遵守 —— 392
第80条	細則 —— 393
第81条	規約外事項 —— 393

（ア）電磁的方法が利用可能ではない場合

第82条	規約原本等 —— 393

（イ）電磁的方法が利用可能な場合

第82条	規約原本等 —— 394

附則

第1条	規約の発効 —— 395

別表第1	対象物件の表示 —— 396
別表第2	共用部分の範囲 —— 397
別表第3	土地及び共用部分等の共有持分割合 —— 398

4 複合用途型マンションの標準管理規約

第73条	合意管轄裁判所 —— 452
第74条	市及び近隣住民との協定の遵守 —— 452
第75条	細則 —— 452
第76条	規約外事項 —— 453
第77条	規約原本等 —— 453

附則

第1条	規約の発効 —— 453

別表第1	対象物件の表示 —— 454
別表第2	共用部分の範囲 —— 454
別表第3	敷地及び共用部分等の共有持分割合 —— 455

2 単棟型マンションの標準管理規約

別表第4　バルコニー等の専用使用権 —— *312*

別表第5　議決権割合 —— *312*

3 団地型マンションの標準管理規約

別表第4　バルコニー等の専用使用権 —— *399*

別表第5　議決権割合 —— *400*

4 複合用途型マンションの標準管理規約

別表第4　バルコニー等の専用使用権 —— *456*

別表第5　議決権割合 —— *457*

標準管理規約改正の経緯 —— *459*

1

まず始めに、マンション管理のキホンをしっかりと理解しましょう

1 マンション管理のためには，法律や規約をよく理解しましょう。

マンションの管理は，多くの場合，管理組合が担っています。

たとえば，東京都のマンション総合調査（平成25年）では，93.5％（母数は7,933件）のマンションが管理組合により管理されていると答えていることからも，このことを確認することができます。

さて，**管理組合**は，マンションの区分所有者で構成されている団体です。

多数の，しかも多くの場合は，それぞれ利害関係のない**区分所有者**によって構成されている管理組合が何らかの意思決定をする場合には，一定のルールが必要となります。そのためのルールが法律であり，**管理組合の規約**（以下，**規約**といいます）となります。

ですから，マンションの管理について考えるときには，法律や規約についての一定の理解が必要となるわけです。

本書では，2016（平成28）年に改正された国土交通省の『**標準管理規約**』をベースに，マンションの規約と，それをベースにした管理についてお話しますが，そもそも規約を理解するには，マンションの基本法である**建物の区分所有等に関する法律**（以下，**区分所有法**といいます。なお，特に断りのない限り**法**ともいいます）を中心にして，マンションについての基本的な内容を理解しておく必要があります。なぜならば，規約は法律に基づいてつくる必要があるからです。

そこで，最初に，区分所有法の視点から，マンションとはどのような不動産であるか，主として，管理組合とはどのような団体であるか，という基本的な事項について確認をした上で『標準管理規約』について考えることとしましょう。

1 まず始めに，マンション管理のキホンをしっかりと理解しましょう

2 規約は，法律の定めによらなければいけません。

　前述のように，マンションは法律と規約に則って管理しなければいけません。

　ただし，法律は，時代の要請等によって改正されることがあります。また，後述のように，関連する法律が新しく制定されることもあります。

　そのため，『標準管理規約』も，区分所有法の改正や新法の制定，さらにマンション管理をめぐる世の中の流れや裁判例等に基づいて，これまで何度も改正されています（『標準管理規約』の今までの改正の経緯については，巻末の年表をご覧ください）。

　ところで，マンションによっては，『標準管理規約』が改正される度に，その改正内容にもとづいて自分たちの規約を改正している管理組合がある一方で，マンションが分譲されて以来一度も規約を見直していない管理組合もあります。

　そして，後者のような管理組合においては，規約の一部の内容が現行の法律に合わなくなっていることもあります。

　そもそも，そのようなことがないように努めることが，マンションを管理するときの基本ですが，現実に自分たちの規約が現行の法律に合わなくなっている場合には，どうなるでしょうか。

　結論から言えば，規約は法律に則って作成されなければいけませんから，このような場合は，規約の中の現行法の強行規定に反する部分は法的には無効となります。

　法第3条《区分所有者の団体》第1項の前段では，次のように定められています（下線・著者）。

> 　**区分所有者は**，全員で，建物並びにその敷地及び附属施設の**管理を行うための団体を構成し**，この法律の定めるところにより，**集会を開き**，**規約を定め**，及び**管理者を置く**ことができる。

　この条項からも，区分所有者の団体は，「この法律の定めるにより……規約を定め」る必要がありますから，当然ながら，規約は法律の定めによらなければいけません。

　なお，マンション管理の解説書の中には，「居住者による管理」と表現しているケースがあります。

　しかしながら，法第3条で規定されている団体はあくまで「区分所有者」で構成される団体であり，詳細は後述しますが，『標準管理規約』第6条に定める管理組合は同条による団体とされていますから，「居住者による管理」ではなく，**「区分所有者による管理」**と考えるべきでしょう。

3 マンションには，「単棟型」と「団地型」があります。

　ここで，マンションという不動産の特性について，あらためて考えてみましょう。

　まず，私たちが一般にイメージしているマンションには，大きく，**分譲マンション**と**賃貸マンション**があります。

　このうち，管理組合の管理の対象となるのは分譲マンションです。

　さらに，マンションには，**単棟型マンション**（規模の大小にかかわらず，一棟だけで構成されるマンション）と，**団地型マンション**（規模の大小にかかわらず，複数の区分所有建物で構成されるマンション）があります。

　このうち，団地型マンションには独特の問題がありますので，まず単棟型マンションを理解した上で，次に団地型マンションについて理解するほうがわかりやすいでしょう。

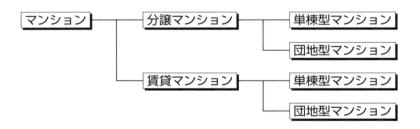

　また，上記のような形態による分類とは別に，その用途でマンションを分類することもできます。

　すなわち，マンションの形態が単棟型であるか団地型であるかにかかわらず，全体が住居で構成されている**住居専用マンション**と，住居とともに専有部分の一部に店舗や事務所が含まれる**複合用途型マンション**が

あります。

　加えて、マンション全体が、店舗や事務所等の非住宅で構成されるケースもあります（住居がない建物をマンションと呼ぶことには異論があるかもしれませんが、この建物も区分所有法で規定される区分所有建物になります）。

　<u>以下、本章では、単棟型の住居専用マンションをベースに考えることにしましょう。</u>

4 / マンションは,「専有部分」と「共用部分」で構成されます。

法第1条《建物の区分所有》は,次のように規定しています。

> 一棟の建物に構造上区分された数個の部分で独立して住居,店舗,事務所又は倉庫その他建物としての用途に供することができるものがあるときは,その各部分は,この法律の定めるところにより,それぞれ所有権の目的とすることができる。

続いて,**法第2条《定義》**は,次のように規定しています(下線・著者)。

1　この法律において「区分所有権」とは,前条に規定する建物の部分(第4条第2項の規定により共用部分とされたものを除く。)を目的とする所有権をいう。

2　この法律において「区分所有者」とは,区分所有権を有する者をいう。

3　この法律において「専有部分」とは,区分所有権の目的たる建物の部分をいう。

4　この法律において「共用部分」とは,専有部分以外の建物の部分,専有部分に属しない建物の附属部分及び第4条第2項の規定により共用部分とされた附属の建物をいう。

5　この法律において「建物の敷地」とは,建物が所在する土地及び第5条第1項の規定により建物の敷地とされた土地をいう。

6　この法律において「敷地利用権」とは,専有部分を所有するた

> めの建物の敷地に関する権利をいう。

　区分所有法では，構造上独立した専有部分（住居等）があるときは，その専有部分は区分所有権の対象とすることができると規定されています。

　構造上独立した専有部分があるということは，少なくとも2戸以上の独立した住戸等で構成される建物であることとなります。

　そして，そうした**専有部分**と**共用部分**とで構成される建物が**区分所有建物**となります。

　なお，本書では，住居専用または住居を含む複合用途型の区分所有建物について，単棟型や団地型も含めて**マンション**と呼ぶことにします。

　ちなみに，構造上独立していて，区分所有することが可能な住戸等で構成される建物であっても，建物全体を個人または法人（会社）が所有していて，所有者が各住戸等を独立して所有せずに，建物全体を一棟の賃貸マンション等として所有している場合は，その建物は区分所有法でいう区分所有建物とはなりません。

5 「専有部分」の範囲を明確に定義付けしておく必要があります。

区分所有権の対象となる専有部分の範囲について，理論上は，
① 壁の上塗りから内側
② 壁の上塗りの内側（壁の内塗りまでは共用部分とする）
③ 戸境の壁の中心

の三つの考え方があるようですが，①の**壁の上塗りから内側**を専有部分の範囲とするのが通説です。もっとも，この考え方は法律で定められているわけではなく通説にすぎません。

一方で，この問題は区分所有権の及ぶ範囲にかかるものであるため，規約において明確に定義付けをしておく必要があります。

なお，『標準管理規約』第7条では，専有部分の範囲については①の壁の上塗りから内側であると，規定されています。

〈図1〉は，①，②，③のそれぞれの範囲を簡単に図示したものです。

〈図1〉 専有部分の範囲の考え方

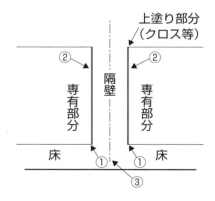

6 「専有部分」と「共用部分」の境界は，必ずしも明確ではありません。

　共用部分については，**法第2条《定義》**第4項で，「共用部分とは，専有部分以外の建物の部分，専有部分に属しない建物の附属部分……」と規定されています。

　なお，共用部分には，法律上当然に共用部分となる**法定共用部分**と，規約の定めにより本来は専有部分であるものを共用部分と定めた**規約共用部分**があります。

　ちなみに，法定共用部分の具体例は，建物の構造躯体や廊下・エレベータ等です。

　ところで，現実には，専有部分であるか共用部分であるか，その境界が明確でない場合があります。

　たとえば，排水管のように専有部分と共用部分とがつながっている場合の境界を例として挙げることができます。

　排水管は，専有部分にあるキッチンやバス・トイレ等から排水を流す管（枝管）と，枝管から流れてきた排水を集めて流す管（本管）に分類されます。

　このうち，本管は共用部分，枝管は専有部分である，と一般的には考えられています(注)。

　もっとも，枝管も専有部分を通る部分と共用部分を通る部分があるため，共用部分を通る部分は専有部分には属しないという考え方もあるかも知れません。

　前項の専有部分の範囲と同じように，専有部分と共用部分の境界がアイマイな場合には，その点についてルール化しておいたほうが，管理上

1 まず始めに，マンション管理のキホンをしっかりと理解しましょう

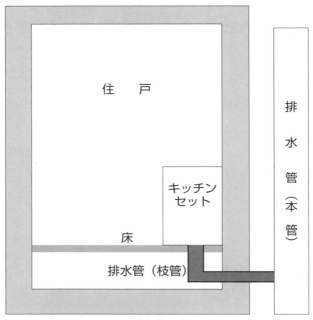

〈図2〉 排水管の専有部分と共用部分の境

の責任区分もはっきりしますので，規約で明確に規定しておくべきでしょう。

なお，本管と枝管については，〈図2〉をご参照ください。

また，バルコニーやサッシガラス，玄関ドア等についても，区分所有法の規定だけでは専有部分であるのか共用部分であるのかについての判断が難しいことも少なくありません。

さらに，管理室は専有部分なのか共用部分なのか，あるいは地下駐車場の区画は専有部分なのか共用部分なのか等について，過去に裁判等で争われた事例が多くあります。

たとえば，三面がブロックで囲まれていて，出入り口部分に鉄パイプによる遮蔽装置がある車庫が専有部分であるか否かが争われた有名な判例（最高裁昭和56年6月18日判決）をご紹介しましょう。

　この事案は，前述のような駐車スペースで，車庫部分の床にはマンホールがあるほか，壁にはスイッチがあり，共用物であるパイプ等もとおっていたケースで，判決の中で，その車庫が専有部分であるか否かについて判断をする基準が示されています。

　最高裁判所は，それ自体が独立して建物の用途に供することができる状態となっている専有部分については，そのうちの一部に共用設備等が設置されていたとしても，その設備が専有部分の一部を占めるのみで，その専有部分を独立した建物として使用でき，また他の区分所有者が共用設備を利用したり管理したりする場合に専有部分に影響を与えることが少ない場合には，専有部分とすることができる旨の判断をしています。

　このように，マンション管理の現場においては，専有部分と共用部分の区別が問題となることがあることも理解しておくべきでしょう。

　もっとも，この件に関しては，これまでも多くの裁判例がありますので，必要に応じてそれらの裁判例を参考にされるとよいと思います。

　なお，法定共用部分は専有部分とすることはできませんが，専有部分については，規約で共用部分として定めることは可能です（法第11条第2項）。

　このことを理解したうえで，規約で専有部分と共用部分を明確に定めておけばよいでしょう。

　（注）　稲本洋之助，鎌野邦樹著『コンメンタール区分所有法』42ページ，日本評論社刊。

1 まず始めに、マンション管理のキホンをしっかりと理解しましょう

7 マンションの敷地についてもよく理解しておきましょう。

　マンションの管理について考えるには、マンションの敷地についても理解しておく必要があります。
　区分所有法には、建物の敷地について次の二つの種類があります。
① 　建物が所在する土地
② 　**法第5条《規約による建物の敷地》第1項の規定により建物の敷地とされた土地**
　区分所有法では、マンションの敷地は、土地の登記単位で考えられています。
　すなわち、見た目には一つの土地のようであっても、登記上は複数の筆に分かれていることが少なくありません。

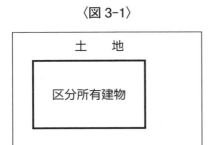

〈図 3-1〉

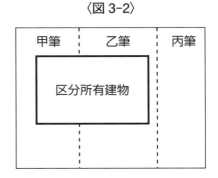

〈図 3-2〉

　たとえば〈図 3-1〉のように、一つの土地に一棟の建物が建っているように見える場合であっても、その土地は、〈図 3-2〉のように、登記上は三筆で構成されていることがあります。

法第2条《定義》第5項の「建物が所在する土地」とは，〈図3-2〉の例では，甲筆と乙筆です。
　すなわち，甲筆と乙筆は当然に建物の敷地となりますが，建物が建っていない丙筆は建物の敷地にはなりません。
　そして，建物の敷地にならないということは，管理組合による管理の対象にもならなくなることを意味します。
　このような場合，丙地を建物の敷地とするには，規約で建物の敷地であることを規定しておく必要があります。

8 区分所有者は，共同の利益に反する行為をしてはいけません。

マンションは，多くの区分所有者あるいは賃借人等が日々生活をする場です（まさに，**集合共同住宅**です）。

ところで，区分所有者の専有部分は，一般的には，鉄筋コンクリートの界壁や床等の堅牢な素材で仕切られていますが，通常は特別な防音工事は施されていませんし，そもそも窓はガラスでつくられていますから，専有部分の使い方によっては騒音が問題となることがあります。

加えて，音の問題以外にも，マンションでは，住民の間で集合住宅特有のいろいろなトラブルが発生する可能性があるため，専有部分の利用にあたっては他の専有部分の住人に配慮しながら生活をする必要があります。

マンションの専有部分を有する権利は**区分所有権**と言われていますが，建物全体を個人が所有している一戸建ての住宅と比較すると，マンションの利用にはより強い制約があると考えるべきでしょう。

そのため，**法第６条《区分所有者の権利義務等》**第１項では，次のように規定されています（下線・著者）。

> 区分所有者は，建物の保存に有害な行為その他建物の管理又は使用に関し区分所有者の共同の利益に反する行為をしてはならない。

この条文は常識的なことを規定しているにすぎませんが，マンションの管理においては，この条文にかかるトラブルが少なくないのも現状です。

また，後記の「37」や「38」で述べる義務違反者に対する措置も，この法第6条第1項違反が原因となる手続きとなりますので，この条文はマンションの管理を考える上で非常に重要な規定であるということができます。

　なお，区分所有法では第57条～第60条で，義務違反者に対する措置を次のように規定しています。

　第57条《共同の利益に反する行為の停止等の請求》

　第58条《使用禁止の請求》

　第59条《区分所有権の競売の請求》

　第60条《占有者に対する引渡し請求》

　義務違反者に対するこれらの措置が必要とされる場面は，多くの場合，『標準管理規約』では第6条第1項に規定する**「共同の利益に反する行為」**が原因だといえるでしょう。

1 まず始めに，マンション管理のキホンをしっかりと理解しましょう

9 専有部分のリフォーム工事等をするときに留意すべき事項は？

　マンションの専有部分の利用はもとより，その維持修繕や改修も，基本的には，その専有部分を有している区分所有者が行うことができますが，一方で，マンションは床・壁・天井を通じて上・下や両隣りの住戸（以下，「隣接住戸等」といいます）と接していますので，リフォーム等の改修工事をする場合には共用部分や隣接住戸等に影響を与えることも少なくありません。

　そのため，共用部分や隣接住戸等にほとんど影響のない工事を除いて，改修工事等に際しては理事長の許可を必要とする旨が『標準管理規約』第17条で規定されています。

　なお，理事長の許可を得て工事をする際も，自分の住戸の隣接住戸等の区分所有者への配慮が必要なことは言うまでもありません。

　ところで，民法あるいは区分所有法上では，各区分所有者が共有者の一人として共用部分の保存行為をすることは可能です（共有物の保存行為は，共有者各自で行うことができることは**民法第252条**ただし書で，また，**法第18条《共用部分の管理》**第1項ただし書にも規定されています。なお，この件については，『標準管理規約』では別段の定めを置いています（**法第18条**第2項））。

　さて，共用部分の保存を区分所有者が行うときに，他の区分所有者の専有部分を使用する必要がある場合があります。

　そこで，**法第6条《区分所有者の権利義務等》**第2項には，次のように規定されています（下線・著者）。

18

> 　区分所有者は，その専有部分又は共用部分を保存し，又は改良するため必要な範囲内において，<u>他の区分所有者の専有部分又は自己の所有に属しない共用部分の使用を請求することができる</u>。この場合において，他の区分所有者が損害を受けたときは，その償金を支払わなければならない。

　なお，この規定は，区分所有者だけではなく，賃借人等の専有部分の占有者にも準用されます（同条第3項）。

　ところで，**法第18条《共用部分の管理》**第2項では，同条第1項の規定については，規約で別段の定めをすることができるとしています。

　そこで，緊急な場合を除いて，保存を含めた管理は管理組合が一元的に行う方が効率的であることから，『標準管理規約』第21条は保存行為を含めて管理組合が行うことを原則としています（29ページ参照）。

　専有部分の修繕について，『標準管理規約』で初めて規定されたのは1997年（平成9年）の改正のときです。そのため，それ以前に規約が設定され，見直しが行われていない場合には，この規定が規約に置かれていない可能性があります。

10 「一部共用部分」と「全体共用部分」との違いは？

　マンションの共用部分は、基本的には、区分所有者全員で共有しています。

　ただし、一部共用部分については、その一部共用部分を共有すべき区分所有者全員で共有することになります(**法第11条《共用部分の共有関係》第1項**)。

　ところで、「一部の区分所有者で共有すべき部分」とは、どのようなものを指すのでしょうか。

　具体例では、低層階が店舗等の商業施設になっていて、中層階以上が住宅になっているマンション(店舗用と住宅用のエントランスが別々になっているケース)を考えるとわかりやすいでしょう。

　〈図4〉の場合、店舗用のエントランスや内部の通路、エレベータ等は商業施設(店舗)の区分所有者の共用部分、住宅用のエントランスや内部の通路、エレベータ等は住宅施設の区分所有者の共用部分と考えることができます。

　すなわち、商業施設の区分所有者の一部共用部分と、住宅施設の区分所有者の一部共用部分とが別々に存在するわけです。

　一方で、建物の構造躯体は、商業施設と住宅施設の区分所有者全体で所有する全体共用部分となります。

　もっとも、〈図4〉のようなマンションでも、法律上当然に、店舗用のエントランスやエレベータ等が商業施設の区分所有者の一部共用部分であり、住宅用のエントランスやエレベータ等が住宅施設の区分所有者の一部共用部分であるわけではありません。

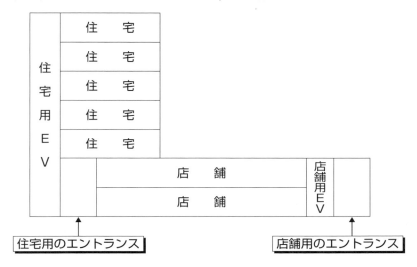

〈図4〉 マンションの低層階が店舗，中層階以上が住宅のケース

　1階が店舗，2階以上が住宅で構成されている複合用途型で，住宅用のエントランス，エレベータ，階段，非常用階段は店舗用と分離されていたマンションについて裁判となったケースで，全体共用部分と一部共用部分の区分について紛争となった事案があります。

　具体的には，1階の店舗部分の区分所有者が管理費を滞納したため，店舗部分の区分所有者を除いた他の区分所有者が管理費の支払いを求めた裁判でしたが，裁判所は，「専有部分と共用部分の関係は，位置や使用度，必要性等であるものの，これらを権利関係に反映させることは困難だし，相当であるともいえず，建物全体の保全や区分所有者の利益の増進，法律関係の複雑化の防止等のため，ある共用部分が構造上，機能上特に一部区分所有者の用に供されるべきことが明白である場合に限って，これを一部共用部分とすることが相当である」（東京高裁昭和59年11月29日判決）と判断しています。

|1| まず始めに，マンション管理のキホンをしっかりと理解しましょう

　次に，**法第11条《共用部分の共有関係》**第2項は，規約で第1項とは別の定めをすることができると規定しています。

　すなわち，規約で，一部共用部分についても区分所有者全体で共有すると定めることができますし，全体共用部分であるものを一部共用部分であると規定することも可能です。

　そのため，全体共用部分と一部共用部分の境界については，必要な場合は弁護士等の専門家の助言を受けた上で，規約において明確に規定しておくべきでしょう。

　ちなみに，『標準管理規約』の**【別表第2】**では，共用部分の範囲を明確にしています。

《標準管理規約（単棟型）【別表第2】共用部分の範囲》

> 1　玄関ホール，廊下，階段，エレベーターホール，エレベーター室，電気室，機械室，パイプスペース，メーターボックス（給湯器ボイラー等の設備を除く。），内外壁，界壁，床スラブ，基礎部分，バルコニー，ベランダ，屋上テラス，車庫等専有部分に属さない「建物の部分」
> 2　エレベーター設備，電気設備，給排水衛生設備，ガス配管設備，火災警報設備，インターネット通信設備，ケーブルテレビ設備，オートロック設備，宅配ボックス，避雷設備，塔屋，集合郵便受箱，配線配管（給水管については，本管から各住戸メーターを含む部分，雑排水管及び汚水管については，配管継手及び立て管）等専有部分に属さない「建物の附属物」
> 3　管理事務室，管理用倉庫，集会室及びそれらの附属物

　さて，一部共用部分については，上記のようなケースのほか，たとえば20階建ての高層マンションで，エレベータが低層階用（1階～10階）と高層階用（11階～20階）に分かれている場合には，低層階用のエレ

ベータは1階から10階までの区分所有者の一部共用部分とし，高層階用のエレベータは11階から20階までの区分所有者の一部共用部分とすることも考えられます。

　なお，全体共用部分と一部共用部分の判断をする際の一つの考え方として，負担の衡平さを挙げることができるのではないかと思います。

　たとえば〈図4〉のケースでは，不特定多数が利用する店舗用のエントランスやエレベータ等は，住宅のそれと比較すると，高額になる可能性がありますので，店舗区分所有者の一部共用部分とする方が理にかなっているとも考えられます。

　また，後述しますが，共用部分を管理するために，管理者に共用部分を所有させる，「管理所有」という仕組みが**法第27条《管理所有》**で規定されています。

　ところで，各共有者は，その用法に従って共用部分を使用できることが**法第13条《共用部分の使用》**に規定されています。

　そのため，規約で，たとえば共用部分の持分割合に応じて使用頻度を決めたり，特定の区分所有者が全体共用部分を使用することを制限できません（「11」参照）。

1　まず始めに，マンション管理のキホンをしっかりと理解しましょう

11 共用部分は，その用法に従って使用できます。

　前項「10」においても述べましたが，**法第 13 条《共用部分の使用》**では，「各共有者は，共用部分をその用法に従って使用することができる」と規定しています。

　この条文で注意しなければいけないことは，共用部分は，持分割合ではなく，その用法に従って使用できると定めていることです。

　そのため，共用部分の持分割合や価格等で使用を制限することはできません。

　なお，共用部分の持分の割合は専有面積の割合で設定することが原則です（**法第 14 条《共用部分の持分の割合》**第 1 項）。

　ただし，規約で別の定めをすることもできます（同条第 4 項）。

　ちなみに，区分所有法第 14 条第 1 項の規定では，専有面積は登記簿上の面積（水平投影面積。同条第 3 項）を採用しています（この登記簿上の面積とは，専有部分の**内法**で算定した面積です）。

　これに対して，マンションの設計上の面積は**壁芯**で算定していますので，同じ専有部分の面積でありながら，登記簿上の面積と設計上の面積は異なります（一般に，壁芯で計算した面積よりも，部屋の内法で計算した面積のほうが狭くなります）。

　もっとも，前述のとおり，共用部分の持分の割合は規約で定めることができますので，設計上の面積で持分の割合を算定することも可能です（注）。

　『標準管理規約』の【**別表第 3**】は，各住戸に帰属する敷地および共用部分等の共有持分割合を定めています。

〈標準管理規約(単棟型)【別表第3】敷地及び共用部分等の共有持分割合〉

持分割合 住戸番号	敷地 及び 附属施設	共用部分
○○号室	○○○分の○○	○○○分の○○
○○号室	○○○分の○○	○○○分の○○
○○号室	○○○分の○○	○○○分の○○
○○号室	○○○分の○○	○○○分の○○
○○号室	○○○分の○○	○○○分の○○
・	・	・
・	・	・
・	・	・
・	・	・
・	・	・
・	・	・
・	・	・
・	・	・
合　計	○○○分の○○	○○○分の○○

(注)　共用部分の共有持分割合は,区分所有法本来の趣旨から考えると,専有面積割合であり,また規約事項については区分所有者間の利害の衡来をはからなければいけない(法第30条第3項)と考えると,規約で共有持分を原則と著しく異なる定めをすることはできないと解されます。

1 まず始めに，マンション管理のキホンをしっかりと理解しましょう

12 共用部分の負担や利益配分は，共有持分割合が原則です。

　共用部分の負担や，共用部分から得る利益は，原則として，その持分割合で配分します（**法第 19 条《共用部分の負担及び利益収取》**）。

　なお，共用部分の持分割合についても，規約で違う定めをすることができます。

　さて，**共用部分の負担**とは，具体的には管理費や修繕積立金等を挙げることができます。

　また，共用部分の大規模修繕や改修に必要な工事代金が，修繕積立金の残高では不足するときに，各区分所有者から資金を徴収することも共用部分に関する負担となります。

　逆に，**共用部分から得る利益**とは，たとえばマンションの共用部分である駐車場を外部の人に貸して得る賃料収入などを挙げることができます。

　なお，管理費や修繕積立金の額は，厳密に専有面積の割合で計算すると端数が出ることもあるため，丸めた数値を「別表」で規定している規約も少なくないようです。

　ところで，法人区分所有者と個人区分所有者，あるいは店舗等業務用途の区分所有者と住宅用途の区分所有者とで管理費の額に差をつけている規約がありますが，このような規定をめぐって紛争になった事例があります。

　具体的には，法人区分所有者の管理費や修繕積立金の額が個人区分所有者の約 1.6 倍となっていたケースでした。

　裁判所は，次のような理由から 1.6 倍を超える管理費等の負担は著し

く合理性を欠き無効であるとしています。

　すなわち，法第19条は，共用部分の負担については規約で別段の定めをすることができるとしているため，たとえば個人区分所有者と法人区分所有者とで管理費等に差をつけることは可能であるが，原則として，負担は共有持分となっていることから，差をつける場合であっても合理的な範囲で設定すべきである，と判示しています（東京地裁平成2年7月24日判決）。

　なお，この判決では，同じ区分所有者でありながら，負担割合が1.6倍となるケースは合理的ではないという判断を下していますが，合理的な範囲がどこまでであるかについてまでの判断はされていません。現実には，個別の事情で判断することになるのでしょう。

13 専用使用権も，マンションの管理ではしばしば問題になっています。

　区分所有法には特に規定はありませんが，共有部分の一部に専用使用権を設定することが規約に定められているケースがあります。
　専用使用権とは，共用部分である建物の屋上，外壁面，バルコニー，駐車場等を特定の区分所有者らが一定の目的のために独占的に利用できる権利を意味します。
　通常，専用使用権は規約や使用細則等の規定に基づいて利用されますし，場合によっては，専用使用している区分所有者は専用使用料等を負担することもあります。
　この専用使用権の対象となるものとしては，前述のように，庭（専用庭），バルコニーやルーフテラス，駐車場等があります。
　その他に，たとえば建物の外壁面の一部や屋上に広告看板等を設置する場合なども専用使用権の対象となります。
　ところで，この専用使用権も，マンションの管理ではしばしば問題になっています。
　たとえば，バルコニー等の使用方法に関する紛争の他に，専用使用権が設定されている専用庭を管理組合が駐車場に変更したり，廃止するような場合の紛争です（ちなみに，従来認められている専用使用権を廃止する場合には，専用使用権を有する区分所有者の同意が必要とされています）。
　また，駐車場の専用使用権についても多くの裁判例があります。

14 専有部分と共用部分とは分離して処分することはできません。

　マンションの共用部分の持分は，専有部分と一緒に処分されます（**法第 15 条《共用部分の持分の処分》**）。

　なお，共用部分の持分は，区分所有法に規定がある場合を除いて，専有部分と分離して処分することはできません。

　したがって，専有部分と共用部分との分離処分を規約に定めることはできません（なお，専有部分と敷地利用権は，原則として，分離処分が禁止されていますが，規約において定めがある場合は，分離処分が可能となります。この 2 つの規定は混同されやすいので，ご注意ください（「18」参照））。

　ところで，「区分所有法に規定がある場合」とは次の場合をいいます。

① 　規約により，管理者もしくは他の区分所有者に管理所有させる場合（**法第 27 条《管理所有》**第 1 項）

② 　規約の設定または変更により，共有持分割合を変更する場合（**法第 11 条《共用部分の共有関係》**）

　なお，共用部分の管理は，原則として，区分所有者集会の普通決議で決しますが，保存行為は各区分所有者がすることができます（**法第 18 条《共用部分の管理》**第 1 項）。

　もっとも，この点については規約で別の定めをすることができます。たとえば，『標準管理規約』第 21 条では，個々の区分所有者が管理行為をすることを原則として禁じています。

　また，共用部分に損害保険をかけることは，共用部分の管理とみなされます。

15 共用部分の変更は，その程度によって決議の要件が異なります。

　共有物の変更については，民法では，共有者全員の同意が必要であると規定しています（民法第251条）。

　これに対して，区分所有法は，共用部分の変更は区分所有者集会の決議で決定できるとしていますが，その変更の程度によって決議の割合を次のように規定しています。

　①　形状または効用に著しい変更がない場合（以下，**軽微な変更**といいます）……**普通決議**。なお，規約で別の定めをすることもできます。
　②　軽微な変更ではない場合……区分所有者および議決権の各4分の3以上（区分所有者と議決権の各5分の4以上が決議要件となっている建替え決議も含め，普通決議よりも決議要件が厳しくなっている決議を**特別多数決議**といいます）。なお，軽微な変更ではない場合の決議要件については，区分所有者の定数のみは，規約で過半数まで引き下げることができます。

　軽微な変更については，**法第17条《共用部分の変更》**では普通決議を前提としていますが，規約で別の定めができることが規定されているため，決議要件を厳しくすることも，逆に緩和することも可能です。

　現実に，『標準管理規約』では，区分所有者集会の成立について定足数（議決権の半数以上の出席としています）を設け，出席区分所有者の過半数を普通決議の要件としていますが，このケースは別段の定めの典型といえるでしょう。

　これに対して，上述のように，軽微な変更ではない場合についても，区分所有者の定数のみは規約で過半数まで引き下げることができます。

ところで，マンションを長期間にわたって良好な状態で維持するためには，定期的な大規模修繕が必要となりますし，場合によっては，建物の効用の回復のために大規模改修を行うことがあります。

　区分所有法では，大規模修繕や大規模改修という用語は使われていないことから，これらの決議要件の考え方については次項の「16」で説明します。

1 まず始めに,マンション管理のキホンをしっかりと理解しましょう

16 大規模修繕や大規模改修をする場合の決議要件は？

　マンションの価値を長期間にわたって維持するためには,長期修繕計画に基づいて定期的に維持修繕をすることが必要であるといわれています。

　さらに,建物が高経年化すると,修繕にとどまらず大規模改修等が必要になるかもしれません。

　では,大規模改修や大規模修繕をする場合の決議要件はどうなっているのでしょうか。

　前項でも述べたとおり,区分所有法には,大規模修繕あるいは大規模改修について特別の規定はされていないので,これらの決議要件については,法第17条と第18条から判断することになります。

　まず,マンションの大規模修繕を考える場合の基本は**法第18条《共用部分の管理》**の規定です。

　次に,大規模改修を考える場合に基本となるのは**法第17条《共用部分の変更》**の規定となるでしょう。

　基本的には,**修繕**は規模の大小にかかわらず建物の効用の維持を目的とする管理行為であるため,形状や効用の変更はありません。

　これに対して,**改修**は建物の効用の回復を意味しますので,場合によっては建物等の形状や効用が大きく変わる可能性があります。

　このような場合には,軽微な変更の普通決議ではなく,特別多数決議が必要となることは前項で述べたとおりです。

　いずれにしても,共用部分の変更が軽微な変更にあたるか否かについて判断がむずかしい場合は,弁護士等の専門家に確認することをお勧め

します。

　なお，軽微な変更ではない場合はもとより，軽微な変更であったとしても，共用部分の変更により著しい影響を受ける区分所有者がいる場合には，その者の承諾が必要となります。

　現実には，軽微な変更で著しい影響を受ける区分所有者が生じることは考えにくいのですが，軽微な変更ではない場合には，著しい影響を受ける区分所有者が生じることも十分に考えられますので，**法第17条**第2項のこの規定には特に注意してください。

　また，マンションの敷地が区分所有者全員の共有である場合や，附属施設を区分所有者全員が共有している場合の変更や管理等については，これまでの規定がそのまま準用されます（**法第21条《共用部分に関する規定の準用》**）。

　したがって，たとえばマンションの敷地を変更する場合も，軽微な変更については普通決議とされますが，それ以外の場合には特別多数決議が必要となります。

　たとえば，駐車場が不足しているマンションで，プレイロットを駐車場に変更する場合（形状や効用が大きく変わります）は，軽微な変更ではない共用部分の変更ですから，特別多数決議で決することになります。

　なお，**建築物の耐震改修の促進に関する法律**（以下，**耐震改修促進法**といいます）により，所管行政庁より**要耐震改修認定建築物**の認定を受けたマンションの耐震補強工事については，軽微な変更ではない場合であっても，総会の普通決議で決することができます。

17 「管理所有」とは？

　区分所有法には，共用部分の管理を行うために，マンションの管理者が共用部分を所有する**管理所有**という仕組みについての規定があります（**法第 27 条《管理所有》**第 1 項）。

　管理所有者は，共用部分の所有権を有しているのではなく，共用部分を管理するために当該部分を所有しているにすぎません。

　そのため，管理所有者は，その部分についての議決権をもっているわけでもないし，管理所有部分を第三者に譲渡等することもできません。

　また，管理所有者は，管理所有する共用部分を変更することもできません。

　なお，原則として，区分所有者以外が管理所有をすることはできませんが，規約または区分所有者集会の決議により管理者が定められている場合には，その管理者は区分所有者でない個人や法人であっても，管理所有することができます。

　管理所有者は，その共用部分を管理する義務がありますが，管理に際しては相当な費用を区分所有者に請求することができます。

18 原則として，敷地利用権と専有部分との分離処分はできません。

　規約に定めがない限り，敷地利用権と専有部分とを分離して処分することはできません（**法第 22 条《分離処分の禁止》**第 1 項）。

　「専有部分と敷地利用権との分離処分」とは，仮に敷地利用権が土地共有持分であるときに，建物の専有部分である住戸等と土地共有持分とを別々に売却したり贈与したりすることのほか，抵当権等の担保権を別々に設定することをいいます。

　ところで，区分所有法にこの規定が入ったのは，1983 年の改正のときです。

　すなわち，この改正までは，専有部分と敷地利用権との分離処分は，区分所有者の意思で自由にできる状態でした。

　もっとも，実務では，専有部分と敷地利用権との分離処分ができるとしても，区分所有者の債権者が抵当権を設定する場合に，専有部分にだけ，あるいは土地共有持分権にだけ設定することはほとんどありませんし，また，専有部分だけ，あるいは敷地利用権だけを分離して第三者に売却するような事例もほとんどないものと思われます。

　1983 年以前に分譲されたマンションにおいて，専有部分と敷地利用権とを分離処分する典型的なケースとしては，相続等の遺産分割の結果，専有部分を母親が，敷地利用権を子供が相続しているケースを挙げることができます。

　その他に，マンションを購入する際に，夫が専有部分を，妻が敷地利用権を購入するようなケースもあります。

　ところで，専有部分と敷地利用権との分離処分について，善意の第三

|1| まず始めに，マンション管理のキホンをしっかりと理解しましょう

者に対しては対抗できないことが，**法第 23 条《分離処分の無効の主張の制限》**に規定されています。

　これは，分離処分が禁止されているにもかかわらず，専有部分または敷地利用権の一方が処分された場合で，分離処分ができないことを相手方が知らなかった場合には，その人に対して無効を主張できないとする規定です。

　ところで，「分離処分ができないことを相手方が知らなかった場合」とは，どのような場合でしょうか。

　法務省民事局参事官室編の『新しいマンション法』（商事法務研究会刊）は，次のような場合を挙げています。

① 相手方がその建物が区分所有建物であることを知らなかった場合
（分離型の2世帯住宅を建築し，2つの住戸を区分所有している場合）

② 相手方がその建物が区分所有建物であることは知っていたが，分離処分することができる旨を定めた規約があると信じた場合（その規約があるとだまされて，たとえば敷地だけを購入した場合）

　なお，同書では，分離処分が法律で禁止されていることを知らなかった場合は，これにはあたらないとしています。

　加えて，専有部分に敷地権の表示登記がされ，敷地にも敷地権であることが登記されている場合には，取引の相手方も分離処分の無効を主張することはできません。

　ところで，敷地利用権の割合は，原則としては，建物の共有持分割合に準じて規定する必要がありますが，規約でこれとは別の定めをすることができます。

　現実に，「11」でも述べたように，実際には建物完成後でないと登記面積を確定することはできませんから，仮に登記面積ベースで敷地利用権割合を決定しようとすれば，完成後でないと確定することはできない

ことになります。

　しかしながら，多くのマンションは完成を待たずに建築中に販売されているため，実際には規約の「別表」で各専有部分の持分割合を定めることが一般的です（25ページの【別表第3】参照）。

　さらに，特に古いマンションでは，専有部分の面積が実際の面積とは異なる場合でも，土地の共有持分割合は区分所有者全員で均等なケースもあります（注）。

（注）　たとえば，専有面積が40㎡の住戸10戸と，60㎡の住戸10戸の計20戸で構成されるマンションの場合は，現在では，40㎡の住戸にかかる土地共有持分は2/50で，60㎡の住戸にかかる土地共有持分は3/50とされることが多いのですが，専有面積の多寡にかかわらず一律1/20としているような場合となります。

19 法人格を持たない管理組合では,「管理者」がマンションの管理を担います。

　これまでも述べたように,マンションの共用部分は区分所有者の共有物ですから,基本的には共有者である区分所有者全員（一部共用部分の場合は,原則として一部共有者）で,それらの管理に心がける必要があります。

　しかしながら,規模の大きなマンションはもとより,規模が小さなマンションであっても,日常の些末な事柄までいつも区分所有者全員の合議で管理するのは大変です。

　そこで,マンションを常に管理する者（管理者）を定めておき,その者に定められた範囲内の事項の管理を担わせることで,マンションを円滑に管理することが可能となります。

　さて,多くのマンションでは**管理組合の理事長**が管理を担っています。

　たとえば,平成25年の東京都のマンション総合調査では,管理組合があると答えたマンションは93.5％（母数は7,933件）となっています（なお,管理組合も管理組合法人もないと答えたマンションは6.5％です）(注)。

　そのため,私たちは,マンションの管理は管理組合の理事長が担うのが当然であると理解しています。

　しかしながら,区分所有法には,マンション管理の担い手としては,**管理者**と**管理組合法人**についての規定があるのみで,法人格のない普通の管理組合については**法第3条《区分所有者の団体》**の他には具体的な規定がありません。

したがって、私たちが当然のこととして考えている管理組合の理事長による管理については、区分所有法には何らの規定もないのです（理事長がマンションの管理をすることについては、規約により、理事長が法第25条第1項の管理者である旨が規定されていることによります）。

　次に、管理者の権限については「21」で述べますが、管理者の資格についても、区分所有法では特に規定されていないため、法律上は、マンションの管理者は区分所有者である必要はないことになります（すなわち、規約の定めや区分所有者集会の決議があれば、区分所有者ではない第三者も管理者になることができます）。

　なお、マンションには**管理人**（あるいは**管理員**）が常住（あるいは通勤）して、清掃や受付等の日常業務を担っていることがあります。

　そのため、管理者と管理人が混同されることもありますが、以下で述べるように、管理者はマンション管理を担う主体であることを理解してください。

　管理者について裁判となったものに次のような事案があります。

　マンションの分譲会社A社が、分譲後もマンションの区分所有権を一部留保していて（自らの所有分は第三者に賃貸していた）、マンションの購入者らとの間で、マンションおよび敷地等の共用部分の管理と、環境の維持に必要な処理を受託する旨の契約をしていたケースです。

　ところが、建築後21年目にA社が管理費等を値上げしたことから、他の区分所有者全員で管理者の選任等を議題とする区分所有者集会を招集し管理者を選任しましたが、もともとマンション管理を受託していたA社が招集していない区分所有者集会は無効との確認を求めてA社が提訴しました。

　裁判所は、以下の理由から、A社は管理者ではなく、区分所有者集会の決議は有効であると判示しました（東京地裁平成5年11月29日判決）。

1 まず始めに、マンション管理のキホンをしっかりと理解しましょう

① 管理契約書では、住宅、敷地、共用部分の管理を委託するとし、その業務としては、来訪者の受付案内、共用部分の清掃・保守、附属設備の運転・保守、住宅内外の保全管理等となっているが、A社を区分所有法の管理者とする条項がない。
② 区分所有法上の管理者に義務付けた、年1回の定期的な業務報告をA社が行った形跡もない（このマンションでは、一度も区分所有者集会を開催していなかったようです）。

（注） 93.5％（母数は7,933件）であり、このうち7.4％（母数は7,067件）が管理組合法人となっています。

20 管理組合の理事長がマンション管理を担っている理由は？

　前項「19」で述べたように，多くのマンションでは法人格を持たない管理組合の理事長が管理を担っています。
　それでは，区分所有法に何の規定もないにもかかわらず，管理組合の理事長がマンションの管理を担うことができるのはなぜでしょうか。
　その根拠は，規約に「理事長は区分所有法に規定する管理者である。」と定めていることにあります。
　区分所有法では，管理者は規約または集会の決議で選任されることになっていますので，規約にこうした規定があることで，管理組合の理事長がマンション管理の実務を担うことが可能となっているわけです。
　ところで，前掲の東京都のマンション実態調査では，規約がないと答えたマンションが5.9％もありました（母数は8,003件）。
　もちろん，規約がなくても，区分所有者集会で管理者が選出されていれば問題はありません。
　しかしながら，区分所有者集会は通常は管理者が招集しますが，そもそも初めて管理者を選定する区分所有者集会を招集する場合には，当然ながら，その総会を招集する管理者は存在しません。
　そこで，管理者を選出するために区分所有者集会を招集しようとすれば，**法第34条《集会の招集》**第5項による手続きが必要となります（詳細は「22」参照）(注)。
　管理者が定められていない管理組合が区分所有者集会を招集する場合には，このような手続きを経ないと，集会そのものの適法性に問題があることになります。

1 まず始めに，マンション管理のキホンをしっかりと理解しましょう

　ところで，筆者がこれまで相談を受けた管理組合の中には，「理事長」はいるものの，規約が設定されていないケースもありました。

　なお，この管理組合では，区分所有者集会も定期的に開催されておらず，集会の議事録も満足に残っていなかったことから，理事長なるその人物を集会で管理者として選任しているか否かも不明でした。

　このケースでは，筆者が相談を受けた時点までは，マンションの管理で大きな問題は発生していなかったのですが，こうした状態を続けていると，後日何らかの問題が発生すると，管理組合の体制そのものが問われる事態になる可能性がありました。

　そこで，「このマンションには管理者がいない」という前提にたち，法第34条第5項の手続きで区分所有者集会を招集して，『標準管理規約』をベースにした規約を制定した上で役員を選任し，役員の互選で理事長を決定することを勧めました。

　現実には，高経年マンションを中心に，このようなケースは他にもあると思います（似たような話で，同じような対応をした事例は，他からも聞いたことがあります）。

　マンションの高経年化が進み，マンション再生の検討が必要になることを考えると，早めに適切な管理に移行するように努めるべきでしょう。

（注）　新築マンション分譲後の第1回の総会を招集するときも管理者はいないため，マンション分譲会社は，最初の総会の招集は分譲会社もしくは管理会社が行う旨の同意書を購入者全員から取得しているようです。

21 区分所有法には，管理者の権限として何が定められているか？

　前項で述べたように，管理者は，法律や規約および区分所有者集会の決議で定められた範囲内の事項の管理をすることになります。
　区分所有法には，管理者の権限として次のようなことが定められています。

① 共用部分，区分所有者全員が共有する建物の敷地や附属施設については，次のような権利と義務を負っています（**法第26条《権限》**第1項）。

　　▶共用部分，区分所有者が共有する建物の敷地や附属施設を保存すること。
　　▶これらについて区分所有者集会の決議を実行すること。
　　▶規約で定めた行為をすること。

② 管理者は，区分所有者で構成される団体（管理組合等）の職務の執行者ですが，対外的には区分所有者を代理します。

　　▶共用部分に関する損害保険金や不当利得の返還の請求や受領についても，区分所有者を代理します（同条第2項）。
　　▶管理者の代理権に制限を加えている場合に，その制限に反する行為を管理者が行ったとしても，その制限があることを知らない相手方に対しては，管理者が行った行為が無効である旨を主張することはできません（同条第3項）。

③ 管理者は，規約や集会の決議に基づいて，その職務について区分所有者のために，裁判の当事者（原告もしくは被告）となることができます（同条第4項）。

▶管理者は，規約や集会の決議に基づいて，裁判の当事者となった場合は，区分所有者にその旨を通知しなければいけません（同条第5項）。

④　管理者には，規約の保管および閲覧（**法第33条**第1項，第2項），区分所有者集会の議事録の保管および閲覧（**法第42条**第5項），書面または電磁的方法による決議の書面の保管および閲覧（**法第45条**第4項）をさせる義務があります。

⑤　管理者には，区分所有者集会を招集する権限（**法第34条**第1項）と，区分所有者の5分の1以上および議決権の5分の1以上を有する区分所有者から集会の招集の請求を受けたときは区分所有者集会を招集する義務（同条第2項）があります。

⑥　管理者には，区分所有者集会において事務を報告する義務（**法第43条**）があります。

　以上のように，管理者は，区分所有者集会の決議や規約に基づいて区分所有者のために職務を執行し，また対外的には区分所有者の代理人として契約等を行い，また区分所有者のために裁判の当事者となることができます。

　上記の中で**保存行為**とは，区分所有者の共有財産である共用部分や敷地および附属施設の現状を維持するために必要な行為をいいます。

　具体的には，集会の決議や規約に基づいて共用部分の補修や修繕（保存行為の場合は，ごく軽微な修繕となります）を行うことや，そのための契約をすること（もちろん，契約の締結についても区分所有者集会の決議や規約に基づいて行う必要があります），および，そのための費用を区分所有者に請求すること等も含まれます。

　なお，区分所有法で定められた事項以外に，法の規定に反しない限り，規約により管理者の職務権限を定めることは可能です。

たとえば，「事務処理の円滑化のため，管理事務のうち比較的軽微な事項については，規約で集会の決議を省略し，管理者の決定に委ねる」（『新しいマンション法』160ページ）ことなどが考えられます。
　また，共用部分の管理の円滑化のために，管理者が「管理所有」することができることは，「17」で述べた通りです。

22 規約がなく，管理者もいない場合は，どのようにして集会を招集するか？

　法第25条《選任及び解任》第1項は，「区分所有者は，規約に別段の定めがない限り集会の決議によって，管理者を選任し，又は解任することができる。」と規定しています。

　多くの場合，「理事長は区分所有法に規定する管理者とする」旨の規定が規約にありますから理事長が管理者となるわけですが，規約がない場合や，規約に管理者に関する規定がない場合には，集会の決議で管理者を選任することとなります。

　ところで，規約がなく，また区分所有者集会で選任された管理者もいないマンションにおいて，管理者を選任したり，あるいは規約を制定するための集会を開くにはどうすればよいでしょうか。

　法第34条《集会の招集》第5項には，「管理者がないときは，区分所有者の5分の1以上で議決権の5分の1以上を有するものは，集会を招集することができる。」と規定されています。

　すなわち，区分所有者および議決権の各5分の1以上で，管理者を選任したり，あるいは規約を制定するための集会を招集することができます。

　また，管理者が不正な行為をしたり，職務に適さない事情が生じた場合には，各区分所有者は，管理者の解任を裁判所に請求することができます（**法第25条**第2項）。

23 「一部管理組合」とは？

　マンションの管理は区分所有法と規約に則って行われますので，規約は管理を考える上で極めて重要なものとなります。
　もっとも，規約について考える場合に私たちがまず理解しなければいけないことは，「2」でも述べたように，**法第3条《区分所有者の団体》**の規定です。
　同条では，区分所有者は全員で建物等の管理を行うための団体を構成し，「この法律の定めるところにより，集会を開き，規約を定め」ることができると規定されています。すなわち，規約は区分所有法に則って設定する必要があるわけです。
　ところで，「10」でも述べたとおり，共用部分には「全体共用部分」と「一部共用部分」があります。
　そして，規約で一部共用部分についても全体の管理組合が管理する旨が定められている場合には全体の管理組合で管理することができますし，そうでない場合には一部区分所有者で管理する旨を規約に定めることも可能です（**法第30条《規約事項》**第2項）。
　一部管理組合の規約というと，困惑する人がいるかもしれません。
　たとえば，「10」で例示したように，低層階は店舗，中層階以上は住宅で構成されるマンションでは，住宅所有者と店舗所有者の全体でマンションの管理組合を構成することになりますが，住宅部分と店舗部分のエントランスが違うとき，あるいはエレベータが違う場合には，住宅部分のエントランスやエレベータは住宅所有者が管理し，店舗部分のエントランスやエレベータは店舗所有者が管理することがあります。

1 まず始めに，マンション管理のキホンをしっかりと理解しましょう

　この場合には，管理組合内に住宅部会と店舗部会をつくることがありますが，規約において，住宅部会や店舗部会ではなく，一部管理組合とすることもできます。

　もっとも，このようなマンションでも，あえて一部管理組合をつくらずに，全体の管理組合で管理する旨が規約で決まっていて，各区分所有者もそれで支障がないと思っている場合には，問題はありません。

　ところで，管理組合全体の規約を設定する場合も，また一部管理組合の規約を設定する場合も，区分所有者間の利害に問題がないように定める必要がありますし，一部の区分所有者の不利益になるような規約を設定することはできません（**法第30条**第3項，第4項）。

　なお，規約は，書面または電磁的記録で作成しなければいけません（同条第5項）。

24 規約の設定や変更等によって一部の区分所有者が不利益等を受ける可能性がある場合の留意点は？

　規約を新しく設定したり，既存の規約を変更したり，または廃止する場合には，区分所有者集会において，区分所有者および議決権の各4分の3以上で決議することになります（**法第31条《規約の設定，変更及び廃止》第1項**）。

　なお，規約の設定や変更または廃止が，一部の区分所有者に不利益等を及ぼす場合には，その区分所有者の承諾を得る必要があります（同条同項ただし書き）。

　また，一部共用部分を全体共用部分とする規約を設定したり，変更したり，あるいは廃止したりする場合には，その一部共用部分の区分所有者またはその一部区分所有者の議決権の4分の1以上の反対があった場合には，その設定や変更，廃止はできません（同条第2項）。

　マンションに関する法律が改正されたり，新たな法律が制定されたりすると，既存の規約の規定の一部に齟齬が生じたり，あるいは既存の規約に規定のない事項が生じることがあります。

　そのほかに，マンション管理についての裁判例や時代の要請により規約の変更が必要となることも少なくありません。

　そのため，『標準管理規約』の改正等に合わせて，規約の見直しを検討することをお勧めします。

　ところで，規約の設定や変更または廃止を検討する場合に問題となるのは，前述した一部の区分所有者に損害を及ぼす場合です。

1 まず始めに，マンション管理のキホンをしっかりと理解しましょう

　現実に，駐車場の専用使用権に関する規約の変更や専有部分の用途に関する規約の変更等で不利益を受ける区分所有者が，その運用や規約の有効性等をめぐって裁判を起こした事例が多くみられます。

　規約の変更によって一部の区分所有者が不利益等を受ける可能性がある場合には，その不利益等を受ける区分所有者がその変更に承諾しない限りは，規約は変更できないことを，マンションの管理を担う者は十分に認識しておく必要があります。

　そのため，損害を受けるのが一部の区分所有者であっても，規約の設定や変更，廃止等の問題は慎重に検討する必要があります。

　さて，規約がない管理組合が，規約を新しく設定するときには，『標準管理規約』等をベースに，それぞれのマンションの状況を鑑みて規約案を作成することになるでしょう。

　その際，区分所有者集会で管理者が既に選任されている場合には，その管理者が規約を設定する区分所有者集会を招集することになりますが，管理者がまだ選任されていなければ，**法第 34 条《集会の招集》**第 5 項の手続きにより区分所有者および議決権の各 5 分の 1 以上の区分所有者が，議案とその要領を示した上で集会を招集することができます。

　なお，団地型マンションの規約の設定については，さらに注意すべき点がありますが，詳しくは後章 3 を参照してください。

25 規約の原本は，管理者が保管しなければいけません。

　規約の原本は，管理者が保管しなければいけません。

　もっとも，管理者がいない場合には，規約もしくは区分所有者集会で決議された区分所有者，またはその区分所有者の代理人が保管しなければならない，と区分所有法に規定されています（**法第 33 条《規約の保管及び閲覧》**第 1 項）。

　規約原本は，一般には，管理室または集会室に保管されているものと思われますが，管理室も集会室もないマンションでは，管理者（多くの場合は理事長）の自宅に規約の原本を保管することになるでしょう。

　なお，利害関係人等から請求があった場合は，管理者は規約を閲覧させなければいけません。

　もっとも，正当な理由がある場合は閲覧を拒否することもできます（同条第 2 項）。

　また，規約の原本を管理室等ではなく，管理者（多くの場合は理事長）が自宅に保管している場合には，管理者の交代時に，前の管理者から次の管理者に全ての書面を引き継ぐようにしなければいけません。

　たとえば，書面等を全てファイルにとじておくとともに，目録をつくっておけば，引継ぎ書類の確認が容易にできるでしょう。

1 まず始めに,マンション管理のキホンをしっかりと理解しましょう

26 区分所有者の集会は,管理者が招集します。

　区分所有者集会(以下,**集会**といいます)は,管理者が招集します(**法第34条《集会の招集》**第1項)。

　これまでも述べた通り,多くの管理組合では理事長が集会を招集していますが,区分所有法では,管理組合法人以外は管理者が招集することとされています。

　理事長が集会を招集することができる理由は,理事長が区分所有法の管理者である旨が規約に定められているからです。

　そのため,規約が設定されているものの,規約において理事長が区分所有法の管理者である旨が規定されておらず,また集会の招集権者についての規定がない場合には,集会において理事長が管理者である旨が決議されない限りは,理事長には集会を招集する権限はないことになります(もっとも,このようなケースはほとんどないと思われますが)。

　まして,「20」で例示したような,規約が設定されていない管理組合では,理事長なる人がいたとしても,集会でその理事長なる人が管理者として選任されていない場合には,その人には集会を招集する権限はありません。

　なお,管理者は,少なくとも毎年1回は集会を招集しなければいけません(同条第2項)。

　毎年必ず開かれる集会は**定時集会**(または**通常総会**)といわれますが,管理者は,その集会において,事務に関する報告(具体的には,前期に行った事業の報告と会計報告等です)をすることになります(**法第43条《事務の報告》**)。

27 区分所有者自らが集会を招集できる場合があります。

　マンションの管理等に関して，区分所有者集会を開いて議論をしなければいけない問題が生じているにもかかわらず，管理者（理事長）がその必要性を認識していないことがあります。

　そうした場合には，通常は，問題意識を持った区分所有者が管理者にその内容を示した上で，その問題を議論するための区分所有者集会の招集を申し入れることになるでしょう。

　その結果，管理者が，その問題を集会の議案に採用してくれればよいのですが，何らかの理由があって管理者がその問題を集会の議案に取り上げない可能性もあります。

　このようなときは，区分所有者と議決権の各5分の1以上によって，管理者に集会の目的である具体的な事項を示して，集会の招集を請求することができます（**法第34条《集会の招集》**第3項）。

　この請求がなされると，管理者は，その請求があった日から2週間以内に，4週間以内の日を集会の開催日とする招集通知を発送しなければなりません（同条第4項前段）。

　ところで，この請求により管理者が集会を招集してくれれば問題はありませんが，適法に総会の招集の請求がなされたにもかかわらず，管理者が，期日内に集会を招集しない場面も考えられます。

　そのようなときは，集会の招集を請求した区分所有者と議決権の各5分の1以上の区分所有者は集会を招集することができます（同項後段）。

　現実にはこうした事態はあまり起きないとは思いますが，議論しなければいけない事項であるにもかかわらず，管理者が，その議論をすべき

1　まず始めに，マンション管理のキホンをしっかりと理解しましょう

事項に反対の立場をとっているケースや，その事項の重要性をよく認識していないときには，この手続きが必要となることもあります。

　なお，この手続きを進める際に重要なことは，管理者に集会の開催を求めたという事実と，その求めた日を立証できるようにしておくことです。

　区分所有者集会の招集を適法に求めたにもかかわらず，その集会を招集しようとしない管理者であれば，「そもそも適法に集会の招集を求められた事実はない」等と主張される可能性があるためです。

　そのためには，管理者に対する集会の招集請求は，配達証明付きの内容証明郵便で送付する等の工夫が必要となります。

28 集会の招集通知は，会議の目的である事項を示して，各区分所有者に発しなければいけません。

　集会の招集については「20」，「22」，「26」，「27」で述べた通りですが，ここではその通知について具体的に考えてみましょう。

　まず，区分所有法では，集会招集の通知は，会日よりも1週間以上前に，会議の目的である事項を示して各区分所有者に発しなければならない旨を規定しています（**法第35条《招集の通知》**第1項。なお，『標準管理規約』では，会日の2週間以上前に総会（区分所有者集会）を招集することを原則としています。『標準管理規約』第43条参照）。

　ところで，区分所有者集会で決議をするわけですから，集会の招集に際して会議の目的である事項（議案等）を示すことは当然です。

　なお，会議の目的である事項が次の場合は，目的に加えて，議案の要領も通知する必要があります（同条第5項）。

① 共用部分の変更（**法第17条**第1項）
② 規約の設定，変更および廃止（**法第31条**第1項）
③ 建物の一部が滅失した場合の復旧等（**法第61条**第5項）
④ 建替え決議（**法第62条**第1項）
⑤ 団地管理規約の設定（**法第68条**第1項）
⑥ 団地内における2以上の区分所有建物の建替えについて一括して建替え承認決議に付する旨の決議（**法第69条**第7項）
⑦ 団地内建物の建替え承認決議（**法第69条**第1項）
⑧ 団地内建物の一括建替え決議（**法第70条**第1項）

1 まず始めに，マンション管理のキホンをしっかりと理解しましょう

　これらは，いずれも**特別多数決議**が必要な事項です。

　特別多数決議が必要な事項は管理組合にとって重要な内容であるため，それらを決議する場合には，各区分所有者が事前に議案を検討することが可能な内容にしておくべきだということでしょう。

　さて，集会は文字通り区分所有者の集会ですから，その通知は区分所有者全員に発する必要があります。

　なお，区分所有者が管理者に対して通知を受けるべき場所をあらかじめ通知していた場合には，その場所に通知すれば問題はありません（**法第35条**第3項）。

　たとえば，区分所有者本人が自宅を不在がちである等の理由で，同居していない子供等の居所を通知の送付先として管理者にあらかじめ申し出ている場合には，その子供の居所宛てに通知をすればよいことになります。

　ところが，逆に，区分所有者の子供が「○○宛てに集会の通知等を送付してほしい」旨を管理者に申し出ていることがありますが，このような場合に，その申し出に従うことには問題がある可能性があります。自分の子供がこのような申し出をしていることを区分所有者本人が了知していないこともあるためです。

　そのため，後日のトラブルを防ぐことを考えますと，集会の通知を区分所有者の住所地以外に送付する場合には，区分所有者本人から書面で届け出てもらうように管理者等は心がけるべきです。

　なお，区分所有者が通知先を管理者に届け出ていない場合には，マンション内のその区分所有者の専有部分に通知をすれば足りるとしています（**法第35条**第3項）。

　現実にこの規定が適用されるのは，区分所有者の連絡先がわからないケースだと思われます。この場合，たとえば，専有部分が空き住戸だと

すれば，集会の招集通知を郵送しても到達しませんので，理事らがその区分所有者の住戸の郵便受けに投函する等の行動をすることになるでしょう。

なお，区分所有者の住戸の郵便受けに投函等することで，集会の招集通知が相手に届くか否かはわかりませんが，法律の要件を充たすために，この手続きは必要な措置となります。

ところで，マンション内に居住している区分所有者や，通知を受けるべき場所を通知していない区分所有者に対しては，規約で定めておけば，建物内の見やすい場所に集会の招集通知を掲示すれば発送したものとみなされます（**法第35条**第4項）。

こうしたことから，マンションの状況によっては，規約にこのように定めることを検討する必要もあるでしょう。

また，専有部分が複数人で共有されている場合で，あらかじめ管理組合宛てに通知先が届け出てあれば，届け出のあった共有者に通知すれば足りるとされています。

さらに，この場合で通知先の届け出がないときは，共有者の一人に通知をすればよいとされています（**法第35条**第2項）。

なお，区分所有者全員の同意があるときは，招集手続きを取らずに集会を開くことができます（**法第36条《招集手続の省略》**）。

29 通常は，集会の議長は理事長が務めます。

　集会の議長は，規約に定めがある場合，あるいは集会において決議をした場合を除いて，管理者または集会を招集した区分所有者が就任します。

　すなわち，「20」等でも述べたように，理事長が管理者であることが規約に規定されていますから，通常は，理事長が議長を務めることになります。

　しかしながら，次のような場合は，規約で別段の定めがない限りは，集会招集者の一人が議長を務めることになります。

① 区分所有者および議決権の各5分の1以上が議案等を示して管理者である理事長に集会の招集を請求したものの，理事長が集会を招集しなかったため，区分所有者らで集会を招集した場合（**法第34条《集会の招集》**第4項）

② 管理者がいない管理組合で，区分所有者および議決権の各5分の1以上で集会を招集した場合（同条第5項）

30 原則として，集会ではあらかじめ通知された事項以外は決議できません。

　原則として，あらかじめ通知された事項のみが集会での決議事項となります（**法第37条《決議事項の制限》第1項**）。

　ただし，区分所有法で規定する特別多数決議事項を除いて，規約で別段の定めをすることもできます（同条第2項）。

　ところで，このことが具体的に問題となるのは，集会における**緊急動議**の取扱いでしょう。

　仮に緊急動議も議事にできる旨の規定が規約にある場合には，その動議を審議した上で決議することができますが，そのような規定がない場合には緊急動議を審議し決議することはできません。

　もっとも，区分所有者全員の同意があれば，手続きを経ないで集会を招集することができますから（**法第36条《招集手続の省略》**），集会に区分所有者全員が出席している場合には，規約に定めがあるか否かにかかわらず，その緊急動議を審議し決議することは可能です。

　しかしながら，現実には，集会に区分所有者全員（共有者である区分所有者も含めて）が参加することはほとんどないでしょう。

　そうなると，緊急動議で提案された議案は，その集会に参加しなかった区分所有者の知らないところで議論され，決議されることになりますから，この規定は当然のことを示しているといえるでしょう。

　なお，規約で緊急動議を取り上げることができる定めがあるときでも，その対象となるのは普通決議事項のみとなります。すなわち，規約にお

いてこの規定がある場合でも，特別多数決議を要する事項については決議することはできません。

　共用部分の変更（軽微な変更を除きます），規約の設定,変更または廃止,大規模滅失した場合の復旧や建替え等の特別多数決議の事項は，マンションにとっては極めて重要であり，こうした事項については，区分所有者があらかじめ送付された議案の要領を慎重に検討した上で賛否の意思表示をする必要がありますから，これも当然の規定です。

《議長委任の問題点》

　筆者が知る限りでは，多くの管理組合が区分所有者集会に際して「議長委任」の「委任状」を集めています。
　ここでは，「議長委任」の問題点を挙げます。
　まず，「29」で述べたように，区分所有者集会の議長には，通常は管理組合の理事長が就任します。
　次に，区分所有者集会で審議する議案は，標準規約をベースに考えると，理事会の決議で決定します。そのため，たとえば理事長が議案に反対であったとしても，過半数の理事が賛成であれば，その議案は区分所有者集会の議案となります。
　さて，このようなケースで，「議長委任」の「委任状」を提出した区分所有者は，理事会の決議で決定された議案に賛成だから「議長委任」をしているはずです（よもや，集会の招集者である理事長が，その議案に反対であるとは思っていないのではないでしょうか）。
　しかしながら，委任をされた理事長が反対票を投じていれば，「議長委任」はすべて反対票でカウントされてしまうことになります。
　このように考えると，「委任状」によって意思表示をするには，自分の意思を明確に表示する代理人を適切に選択する必要があることがおわかりいただけるでしょう。

31 集会における議事は，別段の定めがない限り，区分所有者および議決権の各過半数で決します。

　区分所有者集会における議事は，区分所有法および規約に別段の定めがない限り，区分所有者および議決権の各過半数で決します（**法第39条《議事》**第1項）。このうち，区分所有法における別段の定めとは，特別多数決議を必要とする場合です。

　また，規約における別段の定めについては，次の二つが考えられます。

　第一は，区分所有法で規定されている特別多数決議を必要とする事項以外の事項についても特別多数決議を必要とする旨を規約に定めている場合です。第二は，特別多数決議を要しない，いわゆる普通決議についてであり，具体的には要件を緩和することがあります。たとえば，『標準管理規約』第47条第1項には，普通決議については出席区分所有者の議決権の過半数と定められています（ちなみに，第47条では，集会の成立要件は区分所有者の議決権の半数以上としており，普通決議事項については出席者の過半数で決すると定められています）。

　すなわち，『標準管理規約』をベースに考えると，区分所有者の半数が出席した総会において，出席者の過半数の議決権で決議ができるわけですから，極論を言えば区分所有者の4分の1強が賛成をすれば普通決議事項については決することもできることになります。

　なお，区分所有法にも規約にも規定がない事項については，たとえ重要と思われる事項であっても，特別多数決議ではなく普通決議で決することとなります。

1 まず始めに，マンション管理のキホンをしっかりと理解しましょう

32 代理人または書面により，議案の賛否の意思表示が可能です。

　区分所有者集会において議決権を行使する場合の原則は，区分所有者本人が集会に出席し，議案の賛否の意思表示をすることです。

　しかしながら，区分所有者が集会に出席したくても，都合がつかない場合もありますし，当日の体調不良等不測の事態が発生して出席できない可能性もあります。

　そのため，区分所有法では，代理人または書面による意思表示が可能であると規定しています（**法第39条《議事》**第2項）。

　このうち，**代理人による意思表示**とは，区分所有者から「**委任状**」を交付された代理人が意思表示をすることです。

　また，**書面による意思表示**とは，区分所有者が賛否の意思を記載した「**議決権行使書**」を提出することです。

　多くのマンションでは，**議長委任**の「委任状」を集めることで集会を運営していますが，この状態は管理組合の自治の上からは好ましいことではありません（問題となるケースについては60ページのコラムをご参照ください）。

　すなわち，区分所有者本人が集会に出席できないのであれば，基本的には「議決権行使書」で意思表示をすべきですし，代理人を立てる場合も，自分の意思表示を履行できる代理人を選任すべきです。

　なお，規約や集会において決議がある場合には，書面に代えて**電磁的方法**によって議決権を行使することもできます（**法第39条**第3項）。

　次に，専有部分が共有となっているときには，共有者全員の中から議決権行使者を一人決め，その議決権行使者が賛否の意思表示をする必要

があります。

　具体的には，議決権行使者を明確にして，「当該人が議決権行使をすることを認める」旨の記載がされた書面に共有者全員（議決権行使者に指定された人も含みます）が署名押印をした**「議決権行使者の指定書」**を集会の招集者に提出した上で，その議決権行使者が賛否の意思表示をすることになります。

　なお，「議決権行使者の指定書」は，集会ごとに提出する必要があります。その理由は，集会の議案を見て，特定の共有者に議決権の行使を任せてよいか否かを判断する必要があるためです。

　一回ごとに議決権行使者を指定することが面倒なため，「今後の議事については全て○○が議決権行使者であることを指定する」というような書面を提出しても，その有効性には問題があると思われますのでご留意ください。

33 集会の議長は，集会の議事について議事録を作成しなければいけません。

　集会の議長は，集会の議事について議事録を作成しなければいけません。この場合の議事録は，書面または電磁的記録による必要があります（**法第42条《議事録》**第1項）。

　議事録には議事の経過の要領と決議の結果を記載したうえで，議事録が書面で作成されている場合は，議長および集会に出席した区分所有者の2人が署名押印をする必要があります（同条第2項，第3項）(注)。

　ところで，議事録を作成する際に，議事の文言を一言一句記載する人がいますが，区分所有法では議事の経過と要領を示せばよいとされていますから，むしろ議事の経過と要領を示した議事録を早めに作成すべきでしょう。

　なお，規約の規定により議事録が**電磁的記録**によって作成されている場合は，議長および集会に出席した区分所有者の2人は法務省令で定められている署名押印に代わる措置をとる必要があります（同条第4項）。

　また，議事録は管理者が保管します。そして，利害関係人から閲覧の請求があった場合は，正当な理由がない限りこれを拒むことはできません（同条第5項）。

（注）　2004年（平成16年）の改正までは，議事録の署名人は，集会に出席した「理事」の2名とする旨が標準管理規約上の定めとなっていました。

34 議案について利害関係を有する占有者は、集会に出席して意見を述べることができます。

　区分所有者集会は、マンションの管理等に必要な事項について区分所有者で議論し、決議をする場ですから、基本的には区分所有者以外の人が出席すべきではありませんし、意見等を述べることもできません（もちろん、集会の招集者から出席を求められた場合には、この限りではありません）。

　しかしながら、**区分所有者の承諾を得て専有部分を占有する者**が集会の議案について利害関係を有する場合には、その者は集会に出席して意見を述べることができます（**法第44条《占有者の意見陳述権》**第1項）。

　この場合の区分所有者の承諾を得て専有部分を占有する者とは、正当な賃借人や使用借人等が該当するでしょう。

　なお、集会の招集者は、これら占有者に利害関係を及ぼすような事項を集会で審議する場合には、集会の日時、場所と会議の議案等を建物内の見やすい場所に掲示しなければなりません（同条第2項）。

　具体的には、マンション内の掲示板等に、集会の招集通知書の一式を掲示しておけばよいでしょう。

35 規約の規定や集会の決議事項は，区分所有者の包括承継人や特定承継人に対しても効力を生じます。

　規約の規定や集会の決議事項は，区分所有者の**包括承継人**（相続人等）はもとより，**特定承継人**（マンションを中古流通市場で購入した人等）に対しても，その効力を生じます（**法第 46 条《規約及び集会の決議の効力》第 1 項**）。

　そのため，新築マンションの購入を検討する人や，中古流通市場でマンションの購入を検討する人は，規約の内容を確認し，理解しておく必要があります。

　また，賃借人等の**占有者**は，建物やその敷地，附属施設の使用方法については，区分所有者が規約や集会の決議にもとづいて負う義務と同一の義務を負います（同条第 2 項）。

　このように考えると，専有部分を第三者に賃貸する場合にも，規約の内容を賃借人に示すとともに，建物賃貸借契約において，規約や区分所有者集会の決議を遵守すべきことを規定しておく必要があります。

36 違反行為をする区分所有者に対しては、まずはその行為をやめるよう注意しましょう。

「4」で述べたように、マンションは専有部分と共用部分とから成り立っています。

このうち、専有部分はそれぞれの区分所有者が区分所有していますが、一方で、マンションの特性から、各専有部分は床や界壁を隔てて隣の専有部分に接していますので、一戸建て住宅の場合と異なり、マンションに居住する者は、共用部分のみならず専有部分の利用についても一定の制約を受けることとなります。

たとえば、規約や使用細則等で、ペット飼育の可否や、ピアノ等の演奏時間等について一定の制約を設けているマンションは少なくありません。

そもそも、共用部分は区分所有者全員（一部共用部分は一部共有者全員）の共有物ですから、共同の利益に反する行為をしてはいけません。

ところで、規約や使用細則等で一定のルールを設けても、世の中にはルールを守らない人もいます。このようなときには、管理者等から、その区分所有者に対して、ルールを守るように注意することになります。多くの場合は、この注意によって状況が改善されるでしょうが、中にはいくら注意されても言うことを聞かない人がいるかもしれません。

なお、共同の利益に反する具体的な行為としては、次のようなことが考えられます。

① **共有物の毀損**……共有物一般を毀損する場合のほか、隣接する専

有部分を所有している人が界壁を撤去して住戸をつなげるケースや，エアコンのスリーブをあけるために鉄筋を切断するものまで様々な事態が考えられます。

② **専有部分の利用違反**……規約で専有部分の用途は住宅であると規定されているにもかかわらず事務所として利用するような用途違反等

③ **共用部分の不正使用**……規約にバルコニーは共用部分であることが規定されているにもかかわらず，バルコニー部分に部屋を増築して利用しているケースや，共用部分に物置を置く等の行為等

④ **ニューサンス**……ペット飼育の可否，騒音問題等

　区分所有者の一部に共同の利益に反する行為をする人がいる場合には，他の区分所有者の全員（管理組合法人が管理をしている場合は管理組合法人）は，違反行為をする区分所有者に対して，まずは違反行為をやめるように注意をする必要があります。

　また，その違反行為により損害を受けた区分所有者がいる場合には，損害賠償を請求することが可能な場合もあります。

　前述のように，多くの区分所有者は，注意をされれば違反行為をやめるものと思われますが，中には注意に耳を貸さない人もいるかもしれません。

　そこで，区分所有法は，義務違反者に対する措置として，第57条から第60条までの規定を設けています（「37」，「38」参照）。

37 共同の利益に反する行為の停止や予防等のために訴訟を提起するには，普通決議が必要です。

　区分所有法では，《共同の利益に反する行為の停止等の請求》についても規定されています（**法第 57 条**）。

　すなわち，区分所有者が建物の保存にとって有害な行為をしているときや，他の区分所有者の共同の利益に反する行動をするとき，あるいはそうした行為や行動をするおそれがあるときは，他の区分所有者の全員（管理組合法人が設立されている場合は管理組合法人）は，その行為の停止や，その行為を予防するために必要な措置をとることを請求できます（同条第 1 項）。

　前述の行為の停止や予防等のために訴訟を提起するときは，集会の決議により，管理者または集会で指定された区分所有者が提訴します（同条第 2 項，第 3 項）。

　なお，以上の規定は区分所有者だけではなく，その占有者（賃借人等）に対しても準用されます（同条第 4 項）。

　この場合における行為の停止とは，たとえば，構造壁に穴をあけているような場合には，その行為そのものを停止することを求めることになりますし，専有部分を不正利用している場合には，その行為を止めさせることを意味します。

　共用部分の使用等について，区分所有者の共同の利益に反する行為がある場合であっても，ほとんどの場合はこの手続きまでで対応できるものと思われますが，たとえば行為の停止について判決を受けた場合でも，

1　まず始めに，マンション管理のキホンをしっかりと理解しましょう

これに従わない区分所有者がいる可能性もあります。

　このような場合には，まず**法第 58 条《使用禁止の請求》**により専有部分の使用禁止の手続きをすることになりますし，その手続きをしても状況が改善しない場合には，最終的には**法第 59 条《区分所有権の競売の請求》**により競売を請求することになります（「38」参照）。

38 区分所有者の専有部分の使用禁止を提訴するには，特別多数決議が必要です。

　区分所有者が建物に有害な行為をしているときや，他の区分所有者の共同の利益に反する行動をする場合で，区分所有者が共同生活をする上で障害が著しく，共同の利益に反する行為の停止の請求では，その障害を除去して区分所有者の共同の利益の確保が難しいときには，他の区分所有者全員（管理組合法人が設立されている場合は管理組合法人）は，訴訟により，一定の期間，該当する区分所有者による専有部分の使用の禁止を求めることができます（**法第58条《使用禁止の請求》**第1項）。

　この使用禁止の請求は，法第57条の差止め請求を経ても状況が改善しない場合の次の一手とすることもできますが，差止め請求では効果が期待できないことが明らかな場合には，差止め請求を経ずに使用禁止の請求を求めることも可能です。なお，この訴訟を提起するには，集会で区分所有者および議決権の各4分の3以上の決議が必要です（同条第2項）。また，管理者または集会で指定された区分所有者が提訴することは，法第57条の場合と同様です。

　また，この決議をするには，該当する区分所有者に弁明の機会を与える必要があります（同条第3項）。

　次に，建物に有害な行為をしているときや，他の区分所有者の共同の利益に反する行動をする区分所有者がいる場合で，その行動が他の区分所有者の共同生活上の障害が著しく，他の方法ではその障害を除去して区分所有者の共同の利益の確保が難しいときには，他の区分所有者の全

1 まず始めに，マンション管理のキホンをしっかりと理解しましょう

員（管理組合法人で管理をしている場合は管理組合法人）は，集会の特別多数決議（区分所有者および議決権の各4分の3以上）により，該当する区分所有者の区分所有権および敷地利用権の競売を裁判所に請求することができます（**法第59条《区分所有権の競売の請求》**第1項）。

　また，占有者が迷惑行為を行っていて，区分所有者の共同生活上の障害が著しく，他の方法によっては，その障害を除去して共用部分の利用の確保を図ることが困難な場合は，集会の特別多数決議を経て，占有者と区分所有者との契約（賃貸借契約等）の解除と専有部分の引渡しを請求できます（**法第60条《占有者に対する引渡し請求》**第1項）。

　なお，義務違反者らに対する裁判例としては次のような事例があります。

① 専有部分を暴力団事務所として利用していることが区分所有者等の共同の利益に反するとして競売を認めたケース（札幌地裁昭和61年2月18日判決他）

② 区分所有者の親族が専有部分を使用貸借していた事例で，その居住者である親族が専有部分で野鳩の餌付けをしており，汚損，悪臭，騒音等が激しかったため，他の区分所有者らがその区分所有者等に対して注意をしたものの耳を貸さなかったケースで，使用貸借契約の解除と専有部分の引渡しおよび損害賠償を認めたケース（東京地裁平成7年11月21日判決）

③ 借家人がむやみに警報機を鳴らしたり，他の専有部分の玄関をバットでたたいたりする行為をしており，貸主である区分所有者に賃貸借契約の解消を求めたが，貸主がこれに応じなかったことから，賃貸借契約の解除と賃借人の退去が認められたケース（東京地裁平成11年1月13日判決）

39 被災マンションを復旧するには,その被災の程度によって適用される法律が異なります。

　マンションの建物や附属施設は有形物ですから,年月の経過とともにその価値は減耗していきます。

　そこで,管理組合は,価値の減少の程度を軽くするために,長期修繕計画を定めて,計画的に修繕あるいは必要な場合は大規模改修をしてマンションの居住水準を最新のレベルにまで回復することを日常の管理で行う必要があります。

　こうした大規模修繕や大規模改修については,**法第17条《共用部分の変更》**または**法第18条《共用部分の管理》**の規定に従って集会で決議をし,実現することになりますが,大規模災害等により一部が滅失してしまったマンションを復旧するために,被災の程度により法律では別の規定を設けています。

　また,災害等によりマンションが全部滅失してしまった場合には,共有地だけが残りますので,そもそも区分所有法が適用されなくなります。

　この場合は民法の規定に準じることとなりますが,政令で指定された激甚災害である場合には**被災区分所有建物の復旧等に関する法律**（以下,**被災マンション法**といいます）の適用対象となります。

　いずれにしても,被災したマンションの復旧については,ケースによって適用される法律も異なることから,以下に簡単にまとめてみましょう。

　マンションの被災の程度が「軽微な損傷」である場合は,**法第18条**

1 まず始めに，マンション管理のキホンをしっかりと理解しましょう

被災の程度		適用法
軽微な損傷	補修・修繕	法第17条，第18条
一部滅失	価値の1/2以下のとき	法第61条第1項〜第5項の復旧 法第62条第1項の建替え
	価値の1/2超のとき	法第61条第6項〜第12項の復旧 法第62条第1項の建替え
	（政令で定める災害）	被災マンション法の手続き
全部滅失	（政令で定める災害）	被災マンション法の手続き
	上記以外の場合	民法

《共用部分の管理》や，法第17条《共用部分の変更》の規定で対応できます。

　すなわち，軽微な損傷の補修であれば，通常は保存行為に該当すると思われますし，補修の程度を越えて修繕をする場合でも，管理行為がせいぜい共用部分の軽微な変更の範囲に入ると思われますので，集会での普通決議となります。

　次に，マンションが**一部滅失**した場合は，滅失の程度が建物の価格の1/2を超えるか否かで，その後の対応が異なります。

　なお，一部滅失の場合でも，復旧ではなく建替えを選択するマンションもあります。

　また，政令で定める災害により**大規模一部滅失**をした場合には，区分所有法以外に，被災マンション法の手続きを利用することも可能です。

　以下では，マンションが**全部滅失**した場合から順に説明していきます。

40 全部滅失したマンションの復旧等には、被災マンション法の一連の手続きが適用されます。

　これまでも述べてきたように、区分所有法はマンションとその附属施設および敷地について規定した法律ですし、区分所有者とはマンションの専有部分を所有する者をいいます。

　ところで、マンションが**全部滅失**してしまった場合には、区分所有していた建物がなくなるわけですから、区分所有権も消滅してしまいます。そのため、区分所有者で構成されている管理組合も解散することになります。

　もっとも、この場合でも、管理組合に管理費や修繕積立金等の財産がある場合には、それらを旧区分所有者に返還しなければいけませんし、また管理組合外の第三者との間に負債があれば、その返済も必要です。そのため、管理組合を清算するための業務は引き続き行うことになります。

　さて、区分所有建物が全部滅失し、管理組合も解散されると、残っているのは区分所有者であった人達が共有する土地（敷地利用権が借地権の場合は借地）だけとなりますが、土地の変更はもとより管理については、法律で特に定めがない限り、民法の共有の理論で対応することになります。

　ところで、1995（平成7）年の阪神・淡路大震災では、全部滅失したマンションも少なくありませんでした。

　しかしながら、民法の土地共有者の規定だけで全部滅失したマンショ

1 まず始めに，マンション管理のキホンをしっかりと理解しましょう

ンを復旧しようとすると，土地共有者全員の同意が必要となることから，この問題に対応できる立法が必要となりました。

そこで，震災直後に成立した被災マンション法によって，政令で定める激甚災害により全部滅失したマンションについても，一定期間内は元の区分所有者らで管理者を定め，集会を開いて，土地共有持分価格の5分の4以上で**マンション再建**が決議できるようになりました。

被災マンション法はその後も改正されており，全部滅失したマンションの復旧については，現在では次のような選択肢があります。

① 再建の決議
② 敷地の売却決議

なお，全部滅失したマンションに被災マンション法の一連の手続きが適用されるのは，災害について政令が適用された日から3年間となります。この期間を過ぎると，被災マンション法による手続きの適用を受けることができなくなりますので注意してください。

また，被災マンション法には，全部滅失したマンションについては，前述のとおり，管理者と区分所有者等の集会についての規定はありますが，被災マンションの復興を進める土地共有者の団体について規約を定めることは規定されていません(注)。

そのため，全部滅失したマンションの再建は，法律と集会の決議に基づいて行うこととなります。

(注) 被災マンション法では，全部滅失したマンションの旧区分所有者（土地共有者）らの団体について規約を設定することは予定されていませんが，共有者全員の同意があれば規約を設定することは可能です。

41 大規模一部滅失や小規模一部滅失したマンションは，管理組合が引き続き管理します。

　政令で定められた激甚災害によりマンションの価格の半分以上が滅失した場合には，建物そのものは深刻な被害を受けていますが，全部滅失のケースとは異なり，マンションそのものは残っていますので，引き続き管理組合が管理をすることになります。

　この場合の復旧にかかる選択肢は多岐に上ります。

① 　区分所有者および議決権の各4分の3以上による復旧の決議
② 　**法第62条《建替え決議》第1項による建替え決議**
③ 　被災マンション法による手続き
　（i）　マンションの敷地の売却決議
　（ii）　マンションの除却および敷地の売却決議
　（iii）　マンションの除却決議

　すなわち，復旧工事をしてマンションを従前と同じ状態に戻すことも，建て替えることも，また既存の建物と土地を売却することも，被災した建物を解体して土地を売却することも可能となります。

　また，被災した建物の解体のみを決議することも可能となります。

　なお，**大規模滅失**の場合は，区分所有者から他の区分所有者らに対して買取り請求権の行使が大きな問題となります。

　区分所有法では，**大規模一部滅失**した日から6か月以内に復旧や建替え決議がなされない場合には，区分所有者は他の区分所有者に対して買取り請求権を行使できるとしています（**法第61条《建物の一部が滅失し**

1 まず始めに，マンション管理のキホンをしっかりと理解しましょう

た場合の復旧等》第12項）が，被災マンション法では，この期間を，政令の指定の日から1年としています。

　なお，滅失の程度が建物価格の2分の1以下であるとき（以下，**小規模一部滅失**といいます）の復旧は，区分所有者集会における普通決議となりますし，大規模滅失のような買取り請求権の仕組みもありませんが，合意形成や費用の負担方法等の検討すべき点はたくさんあります。

　また，大規模一部滅失の場合と同様に，小規模一部滅失の場合も区分所有建物は存在するため，管理組合もそのまま活動できますので，全部滅失の場合におけるような留意点はありません。

42 建物等が高経年化したマンションの管理組合では，建物の出口戦略が必要となります。

　これまで述べてきたことは，建物を管理すること，または維持することと，マンションが被災した場合等における復旧に関する事項でした。

　ところで，マンションの建物や附属施設は有形物ですから，構造等が優れていて，また適切に管理していたとしても，いずれは利用できなくなるときがきます。

　そのため，建物等が高経年化したマンションの管理組合では，建物の出口戦略が必要となります。

　建物の出口戦略について詳細に述べると，それだけで本一冊分の内容となりますので，以下では，マンション管理に必要な範囲として，手続きを中心にその概要を述べることとします。

　建物の出口戦略の第一は**建替え**です。

　建替えとは，老朽化等した建物を解体して，既存の土地の上に新しい建物を再築することをいいます。

　現行の区分所有法では，建替え計画には隣接地を含めることもできますが，少なくとも一部でも既存のマンションの敷地を使う必要があります。

　すなわち，区分所有法では，全く別の土地を手当てして，その土地に建物を建築することについての規定はありません。

　さて，マンション建替えの意思を決定する方法としては，多くの場合は**法第62条《建替え決議》**第1項によりますが，これ以外に，区分所

有者全員の同意により決定することも可能です（なお，団地の建替えについては**法第70条《団地内の建物の一括建替え決議》**等の手続きによります）。

建物の老朽化が進行すると，管理組合内部で修繕や改修ではなく建替えの検討を進めるべきだという議論が出てきます。

最終的に**建替え決議**に進むまでには，現実には様々な活動が必要となりますが，法で規定されている建替えについての事項は次のとおりです。

① 建替え決議集会の招集は，建替え決議よりも2か月以上前に行うこと
② 建替え決議集会の1か月以上前に，通知事項等についての説明会を開くこと
③ 建替え決議集会の招集に際しては，議案として記載しなければいけないことと，通知しなければいけないこと
④ 建替え決議の要件
⑤ 建替え決議が可決された場合は，建替え決議の非賛成者に対して速やかに催告を行うこと
⑥ 催告が到達してから2か月以内に，催告を受けた者から建替えに参加したい旨の意思表示があったときは，当該者は建替え参加者となり，建替え決議賛成者と同じ立場になること
⑦ 催告が到達してから2か月以内に，建替えに参加する意思を表示しなかった区分所有者は建替えの不参加が決定すること
⑧ 建替えの不参加が決定した区分所有者に対しては，その日から2か月以内に建替え参加区分所有者もしくは建替え参加区分所有者の全員の同意による買受指定者が売渡し請求権を行使することができること

以上の手続きの流れを図示すると，次ページのようになります。

《建替え決議を進めるための諸準備》

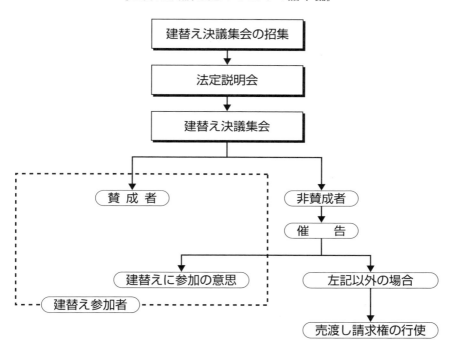

1 まず始めに，マンション管理のキホンをしっかりと理解しましょう

43 マンションの建物と土地を売却してその利益を区分所有者間で分配するという手法があります。

　建物の老朽化等によりマンションの出口戦略を検討する必要が生じた場合には，その具体的な手法としては，建替え以外に，マンションとその土地を売却して売却代金を区分所有者間で分配するという手段が考えられます。

　区分所有法には，建替え決議については前項「42」のような規定がありますが，マンション敷地の売却については特に規定はありませんので，建替えではなくマンション敷地の売却を検討する場合には民法の規定で考えなければいけません。すなわち，区分所有者全員の同意が必要になります。

　ところで，**マンションの建替え等の円滑化に関する法律**（2014年の改正前までは，「マンションの建替えの円滑化等に関する法律」という名称でした。以下，**円滑化法**といいます）の2014年の改正により，耐震性に問題があることを特定行政庁が認定したマンション（以下，**要除却認定マンション**といいます）については，マンションとその敷地の売却を区分所有者集会の特別多数決議で決定することができるようになりました。

　さて，円滑化法は，建替え決議が決まった後は，**権利変換手法**により建替えを実現するための手続きを定めた事業法ですが，マンション敷地の売却については，決議だけではなくその後の手続きについても示しています。

　マンション敷地の売却決議の具体的な流れ等は，決議の集会の招集の

前に，前述の要除却認定を受けるほか，買受人が都道府県知事等から買受計画の認可を受ける必要があることを除くと，前述の建替え決議の流れと大きく変わりません。

すなわち，集会の2か月以上前に，法で定めた議案や通知事項等を記載して集会の招集をはかり，集会の1か月以上前には説明会を開催する必要があります。

その後に**マンション敷地売却組合**を設立し，同組合が分配金取得計画を定めて区分所有者集会で決議をし，都道府県知事等の認可を受けた後は，権利消滅期日に建物および土地の所有権は敷地売却組合に移行することとなります。

なお，マンション敷地の売却手続きの仕組みはすべてのマンションで利用できるわけではなく，要除却認定マンションである必要があります。

また，要除却認定を受けるとともに，都道府県知事から買受人が買受計画の認定を受けることが，マンション敷地の売却決議の集会を招集する場合の要件となりますのでご注意ください。

2

単棟型マンションの標準管理規約

旧建設省（現国土交通省）が『標準管理規約』（当初は『中高層住宅標準管理規約』という名称でした）を初めて公表したのは1982（昭和57）年でした。

　翌1983年の区分所有法の改正により，マンション等の区分所有建物には区分所有者で構成される団体が当然に存在し，その団体は集会を開き，規約を定め，管理者を置くことが明記されました。

　実際には，それ以前に分譲されたマンションにも，マンションを管理する団体としての管理組合は存在しましたし，規約も設定されていたことも多かったのですが，規約の指標となるものがなかったため，その中身はマンション分譲会社ごとにバラバラでした。

　筆者は，『標準管理規約』の公表以前に作られた規約を見る機会が今までに何度もありましたが，非常によく作られた規約がある一方で，内容としてはかなり問題があるものを見たこともあります。

　その後，『標準管理規約』は，区分所有法の改正や，マンション管理の適正化等に関する法律等のマンションにかかわる新しい法律の誕生と，時代の流れに対応する形で何度か改正を重ね今日に至っています。そのため，基本的には，最新の『標準管理規約』を参考にして，個々のマンションの規約を見直すべきだと思います。

　もっとも，現実には，規模の大きさや立地特性はマンションによって異なりますし，附属施設や権利関係等も様々ですから，『標準管理規約』を100％取り入れるのは適切ではない場合もあります。

　そもそも，単棟型マンションの『標準管理規約』（以下，『単棟型標準管理規約』といいます）のベースは1982年に設定された『中高層住宅標準管理規約』ですが，同規約は中規模の各戸均質の住居専用マンションをモデルにつくられています。

2 単棟型マンションの標準管理規約

　そのため，単棟型の住居専用マンションであっても，規模が非常に大きなマンションや超高層マンションでは，そのマンションに応じた工夫が必要になるものと思われます。

　現実に，『標準管理規約』の【コメント】も，ベースとなる規約を示した上で，その他の選択肢を多く例示しており，少なくとも区分所有法の規定の範囲内であれば，個々のマンションの状況に応じた適切な規約を設定することは何の問題もないといえるでしょう。

　もっとも，規約の設定や変更に際して最低限注意しなければいけないこととして，規約は区分所有法の内容に準拠したものでなければいけません。

　たとえば，区分所有法の規定の中には，規約で別段の定めをすることができる規定（任意規定）と，別段の定めをしてはいけない規定（強行規定）があります。

　任意規定は，前述のとおり，個々のマンションの状況に応じて工夫の余地がありますが，強行規定は，その規定が区分所有者全員の同意を得たものであっても，その部分は無効となりますので注意してください。

　以下，『標準管理規約』の内容について考えてみましょう。

第1章 総則

目 的

第1条　この規約は、○○マンションの管理又は使用に関する事項等について定めることにより、区分所有者の共同の利益を増進し、良好な住環境を確保することを目的とする。

本条は、「区分所有者の共同の利益を増進し、良好な住環境を確保すること」を目的として規約を定めるという、極めて当然の規定です。

住居専用のマンションについては、この内容で十分でしょう。

なお、『標準管理規約』の位置付けや、マンション管理の基本的な方向性については第1条関連の【コメント】をご参照ください。

コメント

❶　マンションが重要な居住形態となっている中で、マンションの快適な居住環境を確保するため、区分所有者は、具体的な住まい方のルールを定めておくことが重要であるとともに、社会的には、マンションを社会的資産として、その資産価値を保全することが要請されている。

このような状況の中で、管理組合はマンションを適正に管理するよう努め、国は情報提供等の措置を講ずるよう努めなければならない旨の適正化法の規定を踏まえ、国は、管理組合が、各マンションの実態に応じて、管理規

2 単棟型マンションの標準管理規約

約を制定,変更する際の参考として,このマンション標準管理規約及びマンション標準管理規約コメントを作成し,その周知を図るものである。

❷ この標準管理規約が対象としているのは,一般分譲の住居専用の単棟型マンションで,各住戸の床面積等が,均質のものもバリエーションのあるものも含めている。

いわゆる等価交換により特定の者が多数の住戸を区分所有する場合,一部共用部分が存する場合,管理組合を法人とする場合等は別途考慮するものとする。

なお,店舗併用等の複合用途型マンション及び数棟のマンションが所在する団地型マンションについては,それぞれについて標準管理規約を示しているので,それらを参考とするものとする。

❸ 近年,マンションの高経年化の進行等による管理の困難化やマンションの高層化・大規模化等による管理の高度化・複雑化が進んでおり,これらの課題への対応の一つとして,外部の専門家の活用が考えられる。以前から,管理組合がマンション管理士等の専門家に対し,相談,助言,指導その他の援助を求めることについては規定してきたが(第34条参照),さらに進んで,外部の専門家が直接管理組合の運営に携わることも想定する必要がある。このような外部の専門家には,管理の執行を担うという点から,特に,管理規約,管理の委託,修繕,建替え等に関する広範な知識が必要とされ,例えば,第33条及び第34条関係❷に挙げるような者が外部の専門家として想定される。

外部の専門家が管理組合の運営に携わる際の基本的なパターンとしては,別添1(略)に示したとおり,(1)理事・監事外部専門家型又は理事長外部専門家型,(2)外部管理者理事会監督型,(3)外部管理者総会監督型の三つが想定される。

この標準管理規約は,理事会を中心とした管理組合の運営を想定したものであり,第35条第2項において組合員要件を外した場合には,(1)理事・監事外部専門家型又は理事長外部専門家型による外部の専門家の活用を可能とするように規定を整備している。

なお,(2),(3)を採用しようとする場合における規定の整備の考え方については別添1(略)に示すとおりである。

❹ この標準管理規約で示している事項については,マンションの規模,居住形態等それぞれのマンションの個別の

事情を考慮して，必要に応じて，合理的に修正し活用することが望ましい。

なお，別に定められる公正証書による規約と一覧性をもたせることが望ましい。

定　義

> 第2条　この規約において，次に掲げる用語の意義は，それぞれ当該各号に定めるところによる。
> 一　区分所有権　建物の区分所有等に関する法律（昭和37年法律第69号。以下「区分所有法」という。）第2条第1項の区分所有権をいう。
> 二　区分所有者　区分所有法第2条第2項の区分所有者をいう。
> 三　占有者　区分所有法第6条第3項の占有者をいう。
> 四　専有部分　区分所有法第2条第3項の専有部分をいう。
> 五　共用部分　区分所有法第2条第4項の共用部分をいう。
> 六　敷地　区分所有法第2条第5項の建物の敷地をいう。
> 七　共用部分等　共用部分及び附属施設をいう。
> 八　専用使用権　敷地及び共用部分等の一部について，特定の区分所有者が排他的に使用できる権利をいう。
> 九　専用使用部分　専用使用権の対象となっている敷地及び共用部分等の部分をいう。

本条は，規約における基本的な用語の定義です。

このうち，第一号から第六号までは区分所有法の規定を引用していますが，第七号から第九号までは『標準管理規約』の定義です。

2　単棟型マンションの標準管理規約

　その内容については前章①の「4」,「7」,「13」等でも一部は説明しましたが,より具体的には,次のように考えれば理解しやすいでしょう。

- ○専有部分………区画された住戸や事務所等をいいます。なお,屋外駐車場等は共用部分となりますが,たとえば隣との間に壁があり,区画が明確になっている建物内の地下駐車場等は専用使用部分とされることがあります。
- ○共用部分………専有部分以外はすべて共用部分となります。また,専有部分であっても,規約で共用部分と定めたものは共用部分(規約共用部分)となります。
- ○区分所有権……専有部分を所有する権利をいいます。
- ○区分所有者……区分所有権を有する人(個人の場合も,法人の場合もあります。以下,同じです)をいいます。
- ○占有者…………専有部分を占有する人をいいます。具体的には,賃借人や使用借人(区分所有者の親族等が多いでしょう)等が該当します。
- ○敷地……………区分所有建物が建っている土地をいいます。なお,**法第2条《定義》**第5項で規定されている「建物の敷地」は,建物が建っている土地(登記単位で把握されます)と,規約で建物の敷地と定められた土地となります(①の「7」参照)。
- ○専用使用権……敷地や共用部分等の一部を,特定の区分所有者だけが使用する権利をいいます。具体的には,「専用庭」(敷地の一部の利用)やバルコニー(共用部分の利用)等を利用する権利です。

規約及び総会の決議の遵守義務

第3条　区分所有者は，円滑な共同生活を維持するため，この規約及び総会の決議を誠実に遵守しなければならない。

2　区分所有者は，同居する者に対してこの規約及び総会の決議を遵守させなければならない。

1でも何度か述べていますが，マンションは区分所有者で共有している財産ですから，区分所有者はもとより，マンションに居住するすべての者は互いに配慮しながら生活する必要があります。

また，区分所有者はそれぞれ管理や維持のために必要な協力をしないと，マンションの劣化も早まりますし，そのことは結果としてマンションの資産価値を毀損することにもつながります。

そのためには，区分所有者はもとよりその同居人も，規約のほか，総会（1では「区分所有者集会」と表現しています）の決議事項を守らなければいけません。

本条では，そうしたことを述べています。

ちなみに，『標準管理規約』第66条（以下，『標準管理規約』については，単に「第○条」と表記します）では，区分所有者や占有者が規約や総会の決議事項を守らず建物の保存に有害な行為をしたときや，区分所有者の共同の利益に反する行為をした場合には，法第57条～第60条の義務違反の規定により必要な措置をとることができると定めています（義務違反の規定については1の「37」，「38」を参照してください）。

また，第67条では，理事長は，義務違反者に対して，その是正等のために，勧告や指示のほか訴訟等の法的な手続きを含め，必要な措置をとることができると定めています。

2 単棟型マンションの標準管理規約

なお、区分所有者の義務や禁止事項として『標準管理規約』の中で規定されているものは、以下の通りです。

○第 11 条第 1 項………敷地または共用部分の分割請求の禁止
○同条第 2 項…………専有部分と敷地や共用部分の分離処分の禁止
○第 12 条………………専有部分を居住用とし、他の用途に使用してはいけないとすること
○第 13 条………………敷地および共用部分等を通常の用法に従って使用すること
○第 14 条第 2 項………専用庭使用料の納入
○第 15 条第 2 項………駐車場使用料の納入
○第 17 条第 1 項………専有部分の一定の修繕は理事長の承諾を得ること
○同条第 6 項…………専有部分の修繕によって共用部分や他の専有部分に被害等を与えた場合の対応
○同条第 7 項…………第 1 項の理事長の承認を要しない工事でも、資機材の搬出入や振動等で共用部分や他の専有部分に影響がある場合には、あらかじめ理事長にその旨を届け出る義務
○第 19 条第 1 項………賃借人に総会の決議事項や規約を遵守させること
○同条第 2 項…………第 1 項についての誓約書を提出させる義務
○第 19 条の 2 第 1 項…専有部分を賃貸する場合には、契約時に賃借人が暴力団員等でないこと、および暴力団員等にならないことを確約させること
○同条第 2 項…………第 1 項の旨の誓約書を管理組合に提出させること
○第 20 条………………共用部分等を適切に維持管理するよう努力すること
○第 21 条第 1 項………バルコニー等の通常使用に伴う管理をすること
○同条第 3 項…………敷地および共用部分等の保存行為を行う場合は理事

○同条第5項…………第3項の規定に違反して保存行為を行った場合に要した費用を負担すること
○第22条第2項………管理組合が窓ガラス等の改良を行わない場合に，区分所有者が自らの負担でこの工事を行う場合の理事長への申請
○第23条第2項………管理に必要な場合は，専有部分への立入りを受け入れること
○第24条第1項………損害保険契約等の締結を承認すること
○第25条第1項………管理費等の納入
○第31条………………組合員資格の取得または喪失の場合に届け出ること
○第67条第2項………同居人等が秩序に違反する行為をした場合に必要な措置を講ずること
○第69条………………自治体や近隣住民との協定を遵守すること

対象物件の範囲

> **第4条** この規約の対象となる物件の範囲は，別表第1に記載された敷地，建物及び附属施設（以下「対象物件」という。）とする。

　この規約の対象となる範囲については「建物並びにその敷地及び附属施設」と定義づけて，具体的には【別表第1】（310ページ）で示すことが本条で規定されています。

　なお，建物の敷地には，区分所有法で当然に建物の敷地として規定されているもの以外に，規約で建物の敷地として定められたもの（法第5条）がありま

すが,『標準管理規約』では【別表第1】の「対象物件の表示」における「敷地」の欄に記載することにより,規約による建物の敷地を定めることとしています。

なお,【別表第1】では,建物について「構造等」と「専有部分」が記載されているのみですが,【別表第2】(310ページ)で記載される「**共用部分の範囲**」についても当然ながら管理対象となる建物の範囲に入ります。

また,「附属施設」についても【別表第1】に明確に規定されていますが,附属施設以外に管理事務所や集会室等の附属建物がある場合には,附属施設とともに【別表第1】に記載しなければいけません。

規約及び総会の決議の効力

> 第5条　この規約及び総会の決議は,区分所有者の包括承継人及び特定承継人に対しても,その効力を有する。
> 2　占有者は,対象物件の使用方法につき,区分所有者がこの規約及び総会の決議に基づいて負う義務と同一の義務を負う。

本条は,規約や総会の決議事項は,区分所有者だけではなく,区分所有者の包括承継人(区分所有者の相続人)や特定承継人(区分所有者からマンションを購入した人や贈与を受けた人)に対しても効力があることを規定しています。

また,賃借人等の占有者も,建物や附属施設,敷地等の使用に関しては,規約や総会の決議事項について区分所有者が負う義務と同じ義務を負う旨が定められています。

なお,この条項では,**法第46条《規約及び集会の決議の効力》**の規定と同じ内容を確認の意味で定めています。

> **コメント**

　包括承継は相続，特定承継は売買及び交換等の場合をいう。

　賃借人は，占有者に当たる。

> **管理組合**

> 第6条　区分所有者は，区分所有法第3条に定める建物並びにその敷地及び附属施設の管理を行うための団体として，第1条に定める目的を達成するため，区分所有者全員をもって○○マンション管理組合（以下「管理組合」という。）を構成する。
> 2　管理組合は，事務所を○○内に置く。
> 3　管理組合の業務，組織等については，第6章に定めるところによる。

　本条第1項では，管理組合は**法第3条《区分所有者の団体》**で規定している団体であることを確認しています。

　①の「2」でも述べたように，法第3条では，区分所有者は建物と敷地と附属施設を管理する団体を構成する旨が規定されています。

　この法第3条で規定する団体が管理組合であると一般に考えられていますが，そのことを第1項で明記しているわけです。

　なお，法第3条の団体とは，別の言い方をすると，建物と敷地と附属施設の共有者で構成される共有者団体であることを意味します。

　すなわち，共有者であるからには，当然にその団体の構成メンバーとなるわけですが，このことから，この共有者団体（＝管理組合）の基本的な役割は，共有財産である建物や敷地や附属施設の管理であることが理解できます。

2 単棟型マンションの標準管理規約

【コメント】では,管理組合の費用の負担(第25条)や,管理組合の業務(第32条)について考える際に,管理組合がどのような団体であるかを明らかにするために,管理組合の特性について細かく言及されていますので,そちらも参照してください。

また,区分所有法は,第1章《建物の区分所有》第6節《管理組合法人》の第47条〜第56条の7で「**管理組合法人**」について規定しており,区分所有者が2人以上いる場合には,総会の決議にもとづいた必要な手続きをすることで管理組合法人を設立することができます。

これに対して,『標準管理規約』が対象とするのは,「権利能力なき社団」としての管理組合となります。

なお,「**権利能力なき社団**」とは,社団としての実質的な要件は備えているにもかかわらず,何らかの理由により登記ができないか,あるいは登記をしていない団体をいいます。

具体的には,団体としての組織をそなえ,そこには多数決の原則が行われ,構成員の変更にもかかわらず団体そのものが存続し,その組織によって代表の方法,総会の運営,財産の管理その他団体としての主要な点が確定している団体は「権利能力なき社団」とされています。

なお,「管理組合法人」は事務所の設置は不可欠(法第47条第1項)ですが,「権利能力なき社団」としての管理組合には事務所の設置義務はありません。そのため,独立した管理室がないマンションの場合は第2項の規定はなくてもよいでしょう。もっとも,事務所は必ずしもマンション内に置く必要はありませんので,他の場所を事務所とすることも可能です。

◆コメント◆

管理組合は,「建物並びにその敷地及び附属施設の管理を行うための団体」(区分所有法第3条)であって,マンションの管理をより円滑に実施し,もって区

第6条　管理組合

分所有者の共同の利益の増進と良好な住環境の確保を図るため構成するものであり、区分所有者全員が加入するものである。区分所有法によれば、区分所有者の数が2名以上の管理組合は法人となることができるが、この規約では管理組合を法人とはしていない。したがって、ここにいう管理組合は権利能力なき社団である。

　管理組合は、区分所有者全員の強制加入の団体であって、脱退の自由がないことに伴い、任意加入の団体と異なり、区分所有者は全て管理組合の意思決定に服する義務を負うこととなることから、管理組合の業務は、区分所有法第3条の目的の範囲内に限定される。ただし、建物等の物理的な管理自体ではなくても、それに附随し又は附帯する事項は管理組合の目的の範囲内である。各専有部分の使用に関する事項でも、区分所有者の共同利益に関する事項は目的に含まれる。その意味で、区分所有法第3条の「管理」概念は、専有部分の使用方法の規制、多数決による建替え決議など、団体的意思決定に服すべき事項も広く包摂するといえる。なお、管理組合内部における意思決定や業務執行についての統制も、法と規約に基づき行われることが要請されていることに留意する必要がある。

第2章 専有部分等の範囲

　第2章「専有部分等の範囲」は，第7条と第8条の2条から構成されています。ここでは，専有部分と共用部分の範囲について定められています。

専有部分の範囲

> 第7条　対象物件のうち区分所有権の対象となる専有部分は，住戸番号を付した住戸とする。
> 2　前項の専有部分を他から区分する構造物の帰属については，次のとおりとする。
> 　一　天井，床及び壁は，躯体部分を除く部分を専有部分とする。
> 　二　玄関扉は，錠及び内部塗装部分を専有部分とする。
> 　三　窓枠及び窓ガラスは，専有部分に含まれないものとする。
> 3　第1項又は前項の専有部分の専用に供される設備のうち共用部分内にある部分以外のものは，専有部分とする。

　法第2条《定義》の第3項と第4項は専有部分と共用部分を規定していますが，その内容を言い換えると，マンションとは専有部分と共用部分で成り立っている不動産ということになります。

このうち，専有部分は各区分所有者が管理し，共用部分は基本的には管理組合が管理しますが，1の「5」，「6」でも述べたように，専有部分と共用部分の境目は必ずしも明確ではありません。

ところで，管理する者がそれぞれ異なるのに，管理する区分があいまいであることは問題です。そのため，過去には，バルコニーや窓などが専有部分か共用部分かをめぐって裁判になった事例もありました。そこで，あらかじめ規約の中で専有部分と共用部分の境目を明確にしておけば，このようなトラブルは防ぐことができるでしょう。

もっとも，専有部分は規約で定めることにより共用部分（規約共用部分）とすることはできます（法第4条第2項）が，逆に，法定共用部分を専有部分とすることはできません。そのため，専有部分と共用部分の分類をする際は，この点に十分に留意する必要があります。

本条第1項は，住戸番号を付した住戸（たとえば「○○号室」等と呼ばれているもの）を専有部分と規定しています。

また，【コメント】❶では，住戸以外に，倉庫や車庫を専有部分とする場合には，「倉庫番号を付した倉庫」や「車庫番号を付した車庫」と記載するように解説しています。もっとも，その倉庫や車庫が独立した専有部分ではなく，また住戸にも附属していない場合は，それらの倉庫や車庫は共用部分となります。そのため，特定の区分所有者が共用部分の一部である倉庫や車庫を使用する場合は，その区分所有者は管理組合と使用契約を締結して利用することになります。

また，第2項第一号では，躯体を除いた天井・床・壁の部分は専有部分であると規定していますが，これは，1の「5」で掲げた「上塗り説」を採用したものと解することができます。

そのほか，第2項第二号，第三号は，窓ガラスや玄関扉等の建物の外観部分は共用部分であるとしています。もし窓ガラスや玄関扉を専有部分とすると，そ

2 単棟型マンションの標準管理規約

れらを勝手に自分の好きな色に塗り替える区分所有者がいるかもしれません。

その区分所有者にとってはあたりまえであっても，社会一般の常識からすれば明らかに違和感がある色に塗り替えられると，建物の外観に悪い影響を与える可能性がありますし，そもそも建物の外観の統一性を乱すことでもあるため，この規定は当然と言えるでしょう。一方で，外観に関係のない玄関扉の内側の塗装部分は専有部分であると規定しています。

＜コメント＞

❶ 専有部分として倉庫又は車庫を設けるときは，「倉庫番号を付した倉庫」又は「車庫番号を付した車庫」を加える。また，全ての住戸に倉庫又は車庫が附属しているのではない場合は，管理組合と特定の者との使用契約により使用させることとする。

❷ 利用制限を付すべき部分及び複数の住戸によって利用される部分を共用部分とし，その他の部分を専有部分とした。この区分は必ずしも費用の負担関係と連動するものではない。

　利用制限の具体的内容は，建物の部位によって異なるが，外観を構成する部分については加工等外観を変更する行為を禁止し，主要構造部については構造的変更を禁止する趣旨である。

❸ 第1項は，区分所有権の対象となる専有部分を住戸部分に限定したが，この境界について疑義を生じることが多いので第2項で限界を明らかにしたものである。

❹ 雨戸又は網戸がある場合は，第2項第三号に追加する。

（第3項関係）

❺ 「専有部分の専用に供される」か否かは，設備機能に着目して決定する。

共用部分の範囲

第8条　対象物件のうち共用部分の範囲は，別表第2に掲げるとおりとする。

第8条　共用部分の範囲

　本条は共用部分の範囲について規定していますが，その範囲は具体的には**【別表第2】**（310ページ）に掲げるとおりとしています。

　区分所有法は，前述のように，専有部分以外は共用部分であると規定しています。また，法律上当然に共用部分であるもの以外に，専有部分であっても規約で共用部分である旨を定めることができる（**法第11条《共用部分の共有関係》**第2項。以下，**規約共用部分**といいます）ことを①の「6」で説明しましたが，『標準管理規約』では，この規約共用部分も**【別表第2】**に掲げることにより定められています（すなわち，『標準管理規約』には規約共用部分を定めるための独立した条項があるわけではありません）。さらに，一部共用部分を全体共用部分とする場合や，一部共用部分を一部の区分所有者のみの共有とする場合も，**【別表第2】**で明確に記載することになります。

　ちなみに，①の「6」でも述べましたが，共用部分と専有部分との境界がわかりにくいものの一つに，給排水管があります。この給排水管をベースに，この問題について考えてみましょう。すなわち，給水管にしても，排水管にしても，共通で利用される縦方向の配管（本管）と，その縦方向の配管から枝分かれして各戸につながる管（いわゆる枝管）がありますが，これらはつながっているため，その境界が非常にわかりにくくなっています。

　各住戸共通の排水管は共用部分に属し，その管から枝分かれした排水管は専有部分に属するとする裁判例がありますが，マンションの構造はそれぞれ異なるため，一律に同じように解釈することは問題です（ちなみに，給水管については，一般に水道メーターから先が専有部分とされています）。

　たとえば，排水管が階下の天井裏を通る（排水管が床の下を通っている）マンションで，階下の専有部分に排水管から漏水が発生した場合の枝管は全体共用部分であるとした判例があります（最高裁三小平成12年3月21日判決）。

　その意味では，共用部分と専有部分の境界については，各マンションの構造や機能等を鑑みて個別に判断する必要があるでしょう。

第3章　敷地及び共用部分等の共有

　第3章「敷地及び共用部分等の共有」は，第9条から第11条までの3条で構成されています。内容としては，敷地や共用部分は区分所有者で共有することと，その持分割合および共用部分の分割の禁止等について定められています。

共　有

> **第9条**　対象物件のうち敷地及び共用部分等は，区分所有者の共有とする。

　法第11条《共用部分の共有関係》第1項は，共用部分は区分所有者全員で共有すると規定しています。

　もっとも，厳密にいうと，共用部分は全体共用部分と一部共用部分に分けることができますし，原則として，一部共用部分はその部分を共用すべき者で共有していることになります。

　なお，全体共用部分と一部共用部分の違いについては1の「10」で説明していますので，そちらを参照してください。

　次に，同条第2項は，共用部分についても規約で別段の定めができるとしています。

　すなわち，区分所有者全体の利害に関係しない一部共用部分についても，区

分所有者全体で管理することを規約で定めることができるわけです。

　もっとも，区分所有者全体の利害に関係しない一部共用部分を全体共用部分とする規約を設定または変更するためには，総会の決議で，一部共有者の4分の1以上または議決権の4分の1以上の反対がないことが要件となります（法第31条第2項）。

　本条では，敷地および共用部分等は区分所有者全体の共有である旨を定めています（区分所有者全体で管理する共用部分については，具体的には，第8条で定める**【別表第2】**に示されています）。

　そのため，一部共用部分を一部区分所有者らで管理する場合には，規約において全体共用部分と一部共用部分について定めるとともに，それぞれの管理やそのための費用の負担等についてもルールづけしておく必要があるでしょう。この「規約で一部共用部分について定める」とは，具体的には，**【別表第2】**において一部共用部分を示すことになります。

　この点については，後章4で解説する『複合用途型マンション標準管理規約』の第9条を参照してください。

　なお，共用部分について考える際に注意しなければいけないこととして，ある専有部分をたまたま区分所有者全体で共有していたとしても，その専有部分が共用部分であることを規定していない場合は，その専有部分を単に区分所有者全体で管理しているにすぎないという点を挙げておきます。

　すなわち，その専有部分が住戸であった場合には，たまたま区分所有者全体で共有している住戸にすぎないことになるわけです。

　次ページの図の403号室は区分所有者全体で共有していますが，この住戸をマンションの共用部分とする場合には，規約に共用部分である旨を定める必要があります（その他，登記の変更等も必要となりますが，この点についての説明は割愛します）。

　なお，この住戸は，規約等に何の規定もなければ，共用部分ではなく単なる

2 単棟型マンションの標準管理規約

《12戸で構成されるマンションで，その中の1住戸を区分所有者全員で共有している場合》

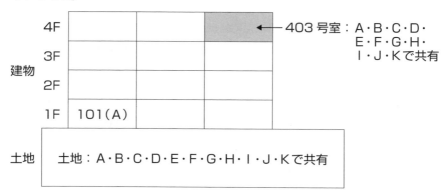

区分所有者全体が有する**共有住戸**にすぎないため，共有者全員の同意があれば403号室を売却することも可能です（共有物を売却する場合には，民法第251条の規定により共有者全員の同意が必要となります）。

ところで，敷地利用権が**借地権**（地上権の場合と賃借権の場合があります。また，旧法借地権，普通借地権，定期借地権という分類もできます）である場合には，土地に関する権利は共有ではなく**準共有**といいます（民法では，所有権を複数人で有することを**共有**と規定しており，借地権等所有権以外の財産権を複数人で有する場合には，共有についての規定を準用することとしています。なお，所有権以外の財産権を複数人で共有する場合を準共有と定義づけています。民法264条）。

そのため，**借地権**マンションの場合には，敷地権については，規約でも準共有という表現をする必要があります。

なお，**法第14条《共用部分の持分の割合》**では，共用部分の各区分所有者の共有持分の割合は専有部分の床面積の割合とすること，またその場合の床面積は水平投影面積（登記簿面積）とすることが原則とされています。

もっとも，この点については規約で別段の定めをすることができることが同条第4項で規定されています（以上，1の「11」を参照してください）。

共有持分

> **第10条** 各区分所有者の共有持分は，別表第3に掲げるとおりとする。

　本条では，各区分所有者の共有持分は【別表第3】(311ページ)に定めるとしています。

　【コメント】❷では，「敷地及び附属施設の共有持分は，規約で定まるものではなく，分譲契約等によって定まるものであるが，本条に確認的に規定したものである。」と説明されています。

　さて，最初に専有部分の全部を所有する者(多くの場合，マンション分譲会社が最初に専有部分の全部を所有しています)は，公正証書により，規約に共有持分割合を規定することができます(**法第32条《公正証書による規約の設定》**)。しかしながら，実務上は，マンション購入時に分譲会社が用意した規約案の同意書に購入者全員が署名押印をすることで原始規約を設定しているケースがほとんどだと思われます。

　本条ならびに【別表第3】では，水平投影面積か設計上の面積かの記載はありませんが，マンション購入時の契約書の共有持分割合や敷地利用権の割合は，多くの場合は，設計上の面積で設定しているので，その内容に沿って規約が定められています(水平投影面積と設計上の面積の違いについては①の「11」を参照してください)。

◁コメント▷

❶　共有持分の割合については，専有部分の床面積の割合によることとする。ただし，敷地については，公正証書によりその割合が定まっている場合，それに合わせる必要がある。

　登記簿に記載されている面積は，内

のり計算によるが，共有持分の割合の基準となる面積は，壁心計算（界壁の中心線で囲まれた部分の面積を算出する方法をいう。）によるものとする。

❷　敷地及び附属施設の共有持分は，規約で定まるものではなく，分譲契約等によって定まるものであるが，本条に確認的に規定したものである。なお，共用部分の共有持分は規約で定まるものである。

❸　なお，第46条関係❸で述べている価値割合による議決権割合を設定する場合には，分譲契約等によって定まる敷地等の共有持分についても，価値割合に連動させることが考えられる。

分割請求及び単独処分の禁止

> 第11条　区分所有者は，敷地又は共用部分等の分割を請求することはできない。
> 2　区分所有者は，専有部分と敷地及び共用部分等の共有持分とを分離して譲渡，抵当権の設定等の処分をしてはならない。

法第15条《共用部分の持分の処分》第2項は，この法律に別段の定めがある場合を除いて，共用部分と専有部分とを分離して処分することを禁止しています（①の「14」参照）。

また，**法第22条《分離処分の禁止》**第1項は，規約に別段の定めがある場合を除いて，敷地利用権と専有部分とを分離して処分することを禁止しています（①の「18」参照）。

これを受けて，本条第1項では，区分所有者は敷地または共用部分等の分割を請求することはできないことを確認の意味で定めています。

ちなみに，民法では，共有者は共有物の分割請求ができると規定しています（民法第256条〜第258条）が，マンションは，これまで述べてきたように法第15条の定めがありますので，同法で定める場合を除いて共有物の分割請求を

第 11 条 分割請求及び単独処分の禁止

することはできません。

　区分所有法に別段の定めがない限りは専有部分と共用部分等にかかる共有持分割合とを分離処分することはできないことから，第1項は当然の規定です。

　また，第2項では，専有部分と敷地および共用部分等の共有持分とを分離して処分することを『標準管理規約』においても禁止しています。

　法第22条第1項では，規約に別段の定めがあれば，専有部分と敷地利用権との分離処分は可能とされていますが，通常は専有部分と敷地利用権とを分離処分する実益はありませんから，分離処分の禁止が改めて第2項でも示されているといえるでしょう。

＜コメント＞

❶　住戸を他の区分所有者又は第三者に貸与することは本条の禁止に当たらない。

❷　倉庫又は車庫も専有部分となっているときは，倉庫（車庫）のみを他の区分所有者に譲渡する場合を除き，住戸と倉庫（車庫）とを分離し，又は専有部分と敷地及び共用部分等の共有持分とを分離して譲渡，抵当権の設定等の処分をしてはならない旨を規定する。

第4章 用　法

　第4章「用法」は第12条から第19条の2までの9条で構成されています。専有部分の用途や敷地および共用部分等の用法，専用使用権から専有部分の貸与まで，用法に関する内容が集約されています。

専有部分の用途

> 第12条　区分所有者は，その専有部分を専ら住宅として使用するものとし，他の用途に供してはならない。

　専有部分の用途はマンションによって異なります。

　多くのマンションは居住用ですから，本条は「専ら住宅として使用する」と規定しています。もっとも，住居系の間取りで構成されているマンションでも，管理組合によっては，「ホームオフィスまでは許容する」，あるいは「店舗としての使用は認めないものの事務所利用は認める」等，様々な考え方をすることができます。そのため，専有部分の用途は，マンションの立地や間取りの構成等と区分所有者の事情に応じて，管理組合で判断すべき問題です。

　もっとも，**法第31条《規約の設定，変更及び廃止》**では，規約の設定や変更等が一部の区分所有者の権利に特別な影響を与える場合には，その区分所有者の承諾が必要であるとしています。

そのため，たとえば，従前は事務所利用を認める規約になっていたため，現に事務所利用をしている区分所有者がいる場合に，「専有部分を専ら住宅として使用する」内容で規約を変更する場合には，総会で区分所有者と議決権の各4分の3以上で決議するとともに，その事務所利用をしている区分所有者の承諾が必要になります（東京地裁平成4年3月13日判決等）。

次に，敷地や共用部分の利用方法ですが，**法第6条《区分所有者の権利義務等》**にも規定されているように，そもそも区分所有者は建物の保存に有害な行為をしてはいけませんし，建物の管理や使用に関して区分所有者の共同の利益に反することをしてはいけません。

仮に区分所有者間の共同の利益に反する行為をする者がいるときは，管理者等から注意や勧告を受けることとなりますが，それでも状況が改善されない場合には，「共同の利益に反する行為の停止」の請求や，一定期間の専有部分の使用の禁止，あるいは区分所有権および敷地利用権の競売等を求めた訴訟に至ることになります（1の「36」，「37」，「38」参照）。

<コメント>

❶ 住宅としての使用は，専ら居住者の生活の本拠があるか否かによって判断する。したがって利用方法は，生活の本拠であるために必要な平穏さを有することを要する。

❷ 暴力団の排除のため，暴力団事務所としての使用や，暴力団員を反復して出入りさせる等の行為について禁止する旨の規定を追加することも考えられる。

敷地及び共用部分等の用法

第13条　区分所有者は，敷地及び共用部分等をそれぞれの通常の用法に従って使用しなければならない。

2 単棟型マンションの標準管理規約

　本条では，区分所有者は，敷地および共用部分等を通常の用法に従って使用しなければならない旨を規定しています。この場合の「通常の用法」とは，敷地や共用部分の本来の使用目的に従った使用方法となります。

　「通常の用法に反する行為」とは，具体的には，共用部分である廊下に私物を放置すること等（廊下としての本来の使用目的に反します）を挙げることができるでしょう。

　その他，共用部分の通常の使用方法については，【コメント】で書かれているように，使用細則で定めることができます。

◆コメント◆

　「通常の用法」の具体的内容は，使用細則で定めることとする。例えば，「自転車は，1階の○○に置きます。それ以外の場所に置いてはいけません。」

バルコニー等の専用使用権

> 第14条　区分所有者は，別表第4に掲げるバルコニー，玄関扉，窓枠，窓ガラス，一階に面する庭及び屋上テラス（以下この条，第21条第1項及び別表第4において「バルコニー等」という。）について，同表に掲げるとおり，専用使用権を有することを承認する。
>
> 2　一階に面する庭について専用使用権を有している者は，別に定めるところにより，管理組合に専用使用料を納入しなければならない。
>
> 3　区分所有者から専有部分の貸与を受けた者は，その区分所有者が専用使用権を有しているバルコニー等を使用することができる。

第8条は【別表第2】（310ページ）で「共用部分の範囲」を示していますが，その共用部分のうち，特定の区分所有者に専用使用権（1の「13」を参照してください）を与える範囲を本条第1項で規定するとともに，【別表第4】（312ページ）に示しています。

また，第2項では，専用庭の専用使用権を有する者は，専用庭の使用料を管理組合に支払う旨が規定されています。第1項で掲げた項目の中で，バルコニーは基本的にはどの住戸にもついていますが，専用庭は一階部分の区分所有者しか利用することができないため，専用庭についてのみ専用使用料の定めがされているようです。

さらに，第3項では，区分所有者から専有部分を借りている者も専用使用権の対象であるバルコニー等を使用できることが念のため規定されています。

◁コメント▷

❶ バルコニー等については，専有部分と一体として取り扱うのが妥当であるため，専用使用権について定めたものである。

❷ 専用使用権は，その対象が敷地又は共用部分等の一部であることから，それぞれの通常の用法に従って使用すべきこと，管理のために必要がある範囲内において，他の者の立ち入りを受けることがある等の制限を伴うものである。また，工作物設置の禁止，外観変更の禁止等は使用細則で物件ごとに言及するものとする。

❸ バルコニー及び屋上テラスがすべての住戸に附属しているのではない場合には，別途専用使用料の徴収について規定することもできる。

駐車場の使用

第15条　管理組合は，別添の図に示す駐車場について，特定の区分所有者に駐車場使用契約により使用させることができる。

> 2　前項により駐車場を使用している者は，別に定めるところにより，管理組合に駐車場使用料を納入しなければならない。
> 3　区分所有者がその所有する専有部分を，他の区分所有者又は第三者に譲渡又は貸与したときは，その区分所有者の駐車場使用契約は効力を失う。

　本条第1項では，使用者と管理組合との契約により駐車場を使用させることができる旨が定められています。

　また，駐車場を使用している者は，管理組合に駐車場使用料を支払わなければいけません（第2項）。

　ところで，古いマンションでは，マンション分譲業者が駐車場の専用使用権を一部の区分所有者に分譲しているケースがあります。

　現実に，1997年の改正までは，『標準管理規約』においても駐車場専用使用権に関する規定がありました。

　さて，駐車場について，このような専用使用権を有している区分所有者は，きわめて安い駐車場使用料しか管理組合に納めていないことがあるため，このことが管理組合で問題となることが少なくありません。

　しかしながら，これまでも述べたように，規約を変更して駐車場の専用使用権を消滅させるには，対象となる区分所有者の承諾が必要になりますので注意が必要です（最高裁二小平成10年11月20日判決等）。

　なお，駐車場使用契約は，区分所有者が専有部分を他の区分所有者または第三者に譲渡または貸与したときは効力を失うことが第3項に規定されています。

　ところで，本条はもとより【コメント】も，従来は，駐車場の不足を前提にして作られていました。

第 15 条　駐車場の使用

　そのため，【コメント】❼では，駐車場の使用期間を設けて定期的に入れ替えをする等，不足している駐車場の公平な配分に関する内容が細かく規定されていますし，【コメント】❽では，駐車場が不足している場合には，内部（屋根付き）の駐車場使用料をあえて高くする等の手法を示唆しています。

　しかしながら，昨今は，都市部を中心に駐車場が余っているマンションも増えてきています。

　このように，駐車場に余裕がある場合には，外部貸しを検討する管理組合もあると思われますが，その場合には管理組合が受け取る所得に対して課税が発生する等の留意点があります。

　この点については，2016 年改正『標準管理規約』の【コメント】❶の後段に国税庁の見解が追加されていますので，参考にしてください。

　そのほか，【コメント】❹では，駐車場使用契約書のひな形が示されています。

> コメント

❶　本条は，マンションの住戸の数に比べて駐車場の収容台数が不足しており，駐車場の利用希望者（空き待ち）が多い場合を前提としている。

　近時，駐車場の需要が減少しており，空き区画が生じているケースもある。駐車場収入は駐車場の管理に要する費用に充てられるほか，修繕積立金として積み立てられるため（第29条），修繕積立金不足への対策等の観点から組合員以外の者に使用料を徴収して使用させることも考えられる。その場合，税務上，全てが収益事業として課税されるケースもあるが，区分所有者を優先する条件を設定している等のケースでは，外部貸しのみが課税対象となり区分所有者が支払う使用料は共済事業として非課税とする旨の国税庁の見解（「マンション管理組合が区分所有者以外の者へのマンション駐車場の使用を認めた場合の収益事業の判定について（照会）」（平成 24 年 2 月 3 日国住マ第 43 号）及びこれに対する回答（平成 24 年 2 月 13 日））が公表されているため，参照されたい。

❷　ここで駐車場と同様に扱うべきものとしては，倉庫等がある。

❸　本条の規定のほか，使用者の選定方

2 単棟型マンションの標準管理規約

法をはじめとした具体的な手続，使用者の遵守すべき事項等駐車場の使用に関する事項の詳細については，「駐車場使用細則」を別途定めるものとする。また，駐車場使用契約の内容（契約書の様式）についても駐車場使用細則に位置付け，あらかじめ総会で合意を得ておくことが望ましい。

❹ 駐車場使用契約は，次のひな型を参考とする。

駐車場使用契約書

　○○マンション管理組合（以下「甲」という。）は，○○マンションの区分所有者である○○（以下「乙」という。）と，○○マンションの駐車場のうち別添の図に示す○○の部分につき駐車場使用契約を締結する。当該部分の使用に当たっては，乙は下記の事項を遵守するものとし，これに違反した場合には，甲はこの契約を解除することができる。

記

1　契約期間は，平成○年○月○日から平成○年○月○日までとする。ただし，乙がその所有する専有部分を他の区分所有者又は第三者に譲渡又は貸与したときは，本契約は効力を失う。

2　月額○○円の駐車場使用料を前月の○日までに甲に納入しなければならない。

3　別に定める駐車場使用細則を遵守しなければならない。

4　当該駐車場に常時駐車する車両の所有者，車両番号及び車種をあらかじめ甲に届け出るものとする。

---

❺ 車両の保管責任については，管理組合が負わない旨を駐車場使用契約又は駐車場使用細則に規定することが望ましい。

❻ 駐車場使用細則，駐車場使用契約等に，管理費，修繕積立金の滞納等の規約違反の場合は，契約を解除できるか又は次回の選定時の参加資格をはく奪することができる旨の規定を定めることもできる。

❼ 駐車場使用者の選定は，最初に使用者を選定する場合には抽選，2回目以降の場合には抽選又は申込順にする等，公平な方法により行うものとする。

　また，マンションの状況等によっては，契約期間終了時に入れ替えるとい

う方法又は契約の更新を認めるという方法等について定めることも可能である。例えば，駐車場使用契約に使用期間を設け，期間終了時に公平な方法により入替えを行うこと（定期的な入替え制）が考えられる。

なお，駐車場が全戸分ある場合であっても，平置きか機械式か，屋根付きの区画があるかなど駐車場区画の位置等により利便性・機能性に差異があるような場合には，マンションの具体的な事情に鑑みて，上述の方法による入替えを行うことも考えられる。

駐車場の入替えの実施に当たっては，実施の日時に，各区分所有者が都合を合わせることが必要であるが，それが困難なため実施が難しいという場合については，外部の駐車場等に車を移動させておく等の対策が考えられる。

❽ 駐車場が全戸分ない場合等には，駐車場使用料を近傍の同種の駐車場料金と均衡を失しないよう設定すること等により，区分所有者間の公平を確保することが必要である。なお，近傍の同種の駐車場料金との均衡については，利便性の差異も加味して考えることが必要である。

また，平置きか機械式か，屋根付きの区画があるかなど駐車場区画の位置等による利便性・機能性の差異や，使用料が高額になっても特定の位置の駐車場区画を希望する者がいる等の状況に応じて，柔軟な料金設定を行うことも考えられる。

敷地及び共用部分等の第三者の使用

> 第16条　管理組合は，次に掲げる敷地及び共用部分等の一部を，それぞれ当該各号に掲げる者に使用させることができる。
> 一　管理事務室，管理用倉庫，機械室その他対象物件の管理の執行上必要な施設　管理事務（マンションの管理の適正化の推進に関する法律（平成12年法律第149号。以下「適正化法」という。）第2条第六号の「管理事務」をいう。）を受託し，又は請け負った者

> 二　電気室　対象物件に電気を供給する設備を維持し，及び運用する事業者
> 三　ガスバーナー　当該設備を維持し，及び運用する事業者
> 2　前項に掲げるもののほか，管理組合は，総会の決議を経て，敷地及び共用部分等（駐車場及び専用使用部分を除く。）の一部について，第三者に使用させることができる。

　本条は，管理組合は管理のために必要な共用部分を第三者に使用させることができる旨を規定しています。

　具体的には，管理室を管理会社に使用させるほか，電力事業会社に電気室を，ガス事業会社にガスバーナーを使用させることができる旨が第1項で定められています。

　また，そのほか，管理組合は，必要がある場合は共用部分や敷地の一部を第三者に使用させることができる旨が第2項に定められています。

　具体的には，広告塔や看板等がこれに該当します。

　ところで，以前は，電気室やガスバーナーの使用については，その地域の電力会社やガス会社の名称が規約に記載されていました。

　しかし，規約でそのように定めていると，電力の自由化等により，たとえば電力会社を変更する場合には，総会での変更決議のほかに，規約も変更しなければなりません。

　そのため，2016年改正『標準管理規約』では，会社の名称を入れずに，電気室については「対象物件に電気を供給する設備を維持し，及び運用する事業者」，またガスバーナーについては「当該設備を維持し，及び運用する事業者」という表現に変更されています。

　電力の自由化等が始まるまでは，地域の独占会社が電力やガスを供給してい

たことから，従来の規定で何の問題もありませんでした。

その意味で，2016年のこの改正は，時代の趨勢の中で規約の見直しが必要であることを示す典型的な一つのケースであるといえるでしょう。

> ❮コメント❯
>
> ❶ 有償か無償かの区別，有償の場合の使用料の額等について使用条件で明らかにすることとする。
>
> ❷ 第2項の対象となるのは，広告塔，看板等である。

専有部分の修繕等

> 第17条　区分所有者は，その専有部分について，修繕，模様替え又は建物に定着する物件の取付け若しくは取換え（以下「修繕等」という。）であって共用部分又は他の専有部分に影響を与えるおそれのあるものを行おうとするときは，あらかじめ，理事長（第35条に定める理事長をいう。以下同じ。）にその旨を申請し，書面による承認を受けなければならない。
>
> 2　前項の場合において，区分所有者は，設計図，仕様書及び工程表を添付した申請書を理事長に提出しなければならない。
>
> 3　理事長は，第1項の規定による申請について，理事会（第51条に定める理事会をいう。以下同じ。）の決議により，その承認又は不承認を決定しなければならない。
>
> 4　第1項の承認があったときは，区分所有者は，承認の範囲内において，専有部分の修繕等に係る共用部分の工事を行うことができる。

> 5　理事長又はその指定を受けた者は，本条の施行に必要な範囲内において，修繕等の箇所に立ち入り，必要な調査を行うことができる。この場合において，区分所有者は，正当な理由がなければこれを拒否してはならない。
> 6　第1項の承認を受けた修繕等の工事後に，当該工事により共用部分又は他の専有部分に影響が生じた場合は，当該工事を発注した区分所有者の責任と負担により必要な措置をとらなければならない。
> 7　区分所有者は，第1項の承認を要しない修繕等のうち，工事業者の立入り，工事の資機材の搬入，工事の騒音，振動，臭気等工事の実施中における共用部分又は他の専有部分への影響等について管理組合が事前に把握する必要があるものを行おうとするときは，あらかじめ，理事長にその旨を届け出なければならない。

　マンションの専有部分は区分所有権の対象となりますので，区分所有法や規約に反しない限り区分所有者は専有部分を自由に利用することができます（もっとも，実際には第12条で専有部分の利用用途が定められていますし，また**法第6条《区分所有者の権利義務等》**により，区分所有者は建物の保存に有害な行為をすることや，区分所有者の共同の利益に反する行為をすることはできません）。

　本条は，区分所有者が専有部分の修繕やリフォーム等を行う場合について規定しています。

　区分所有者が共用部分や他の専有部分に影響を与えるおそれがある修繕やリフォームを行う場合には，設計図，工事の仕様書および工程表を添付した申請書を理事長に提出して，理事長からその工事を承認する旨の書面を交付しても

らわなければいけません（第1項，第2項）。

【コメント】❷では，「共用部分又は他の専有部分に影響を与えるおそれのあるもの」の具体例として，次の五つをあげています。

① 床のフローリング
② ユニットバスの設置
③ 主要構造部に直接取り付けるエアコンの設置
④ 配管（配線）の枝管（枝線）の取付け・取替え
⑤ 間取りの変更等

逆に言えば，特に大きな音を出したり臭気を発生させない範囲内でのクロスの張替えや，主要構造部分に直接取り付けないエアコンの設置等は，理事長に申請書を提出すべき工事には当たりません。

なお，配線や配管の取付けや取替えは，1の「6」の〈図2〉（12ページ）等でもおわかりのように，共用部分と専有部分とがつながっていることから，理事長の承認をもらうことができれば，共用部分内にかかるものであっても区分所有者が工事できることを想定している旨が【コメント】❸に述べられています。

ところで，**法第18条《共用部分の管理》**は，第1項で，共用部分の管理については集会の普通決議で決すると定めていますが，第2項では，規約で別段の定めをすることもできると規定しています。

本条第4項の定めにより，区分所有者は，理事長が承認した範囲内で共用部分に関する工事を行うことが可能となります。

もっとも，共用部分にかかる工事が管理の範疇を超える場合には，**法第17条《共用部分の変更》**に該当することになります。

そして，仮に専有部分のリフォーム等にともなう共用部分の工事が共用部分の変更に該当する場合には集会の決議が必要となります（規約で別段の定めを設けることはできません）ので，工事の内容によって判断がむずかしい場合は，

2　単棟型マンションの標準管理規約

弁護士やマンション管理士，一級建築士等の専門家と協議をしながら進める必要があるでしょう。

専有部分の修繕やリフォーム等の届け出を受けた理事長は，理事会の決議により，その工事を承認するか否かを決定します（第3項）。

このことについては，【コメント】❼にも細かな記載がありますが，専有部分の工事が建物の躯体に与える影響，防火・防音等の影響，構造耐力計算上の問題や，他の住戸への影響等を総合的に考慮して，理事長は承認するか否かを判断します。

たとえば，外壁等の構造壁にスリーブをあける場合には，工事業者は鉄筋を探査してから穴をあける必要があります。すなわち，理事長は，鉄筋を切断するような工事は認めるべきではありません。

なお，工事の内容が左右や上下の専有部分に著しい影響を与える場合には，その専有部分の区分所有者の同意が必要であることも【コメント】❼において示唆されています。

また，建物の老朽化が進んでいるマンションでは，理事会等でマンションの建替えや，マンション敷地の売却を考えていることもあるでしょう。

このようなときに，区分所有者が建替え等の話が出ていることを知らずに専有部分のリフォームをしてしまった後に，建替えやマンション敷地の売却が集会で決議されたとしても，そのリフォームに要した費用は誰も補償してくれません。

仮に中古マンションの売買という面から考えますと，お金をかけてリフォームをしたことは評価の対象になる可能性はありますが，取り壊してしまう建物にお金をかけても，経済的には，せいぜい残材としての価値しかないわけですから，このことは当然のことと言えるでしょう。

以上の理由から，【コメント】❾では，建替え等の検討を始めているマンションでは，区分所有者から専有部分の修繕やリフォームの申し出が理事長にあ

った場合は、理事長からその区分所有者に対して、建替え等の検討を進めている旨の注意を喚起することを推奨しています。

　もちろん、リフォームの申し出をした区分所有者が、そうしたことを理解した上でなおリフォームを進める可能性もありますが、それはその人の自己責任ですから、リフォーム後に建替え等が決議されたとしても、管理組合としては文句を言われる筋合いはありません。

　逆に、建替え等の計画があるにもかかわらず、そうした事実を伝えられないままに高額な費用を払ってリフォームをした区分所有者がいる場合は、建替え等の検討の際に問題となる可能性があります。

　その意味では、注意を喚起すべきとするこの【コメント】❾は妥当なものです。

　次に、専有部分の修繕やリフォームの申請書が区分所有者から提出された場合に、その内容が妥当であるとして理事会がその工事を認めたとしても、実際の工事に際しては、施工業者が、そのマンションの構造上重要な耐力壁等を撤去することがあるかもしれませんし、またコンクリートの外壁等にスリーブを入れる場合に、鉄筋を切断するような可能性も考えられます。そのため、施工状況を確認する必要がある工事の場合は、工事中の現場に、理事長や、理事長から依頼された技術者等が立ち会って確認することも考えられます。

　第5項は、こうした場合を想定した規定となっています。

　なお、【コメント】❿では、この件についてもう少し細かく述べられていますので、ご参照ください。

　また、第1項の理事長の承認を得て区分所有者が専有部分の改修等を行った場合でも、その工事の後で、共用部分や他の専有部分に影響を与えた場合には、工事を発注した区分所有者は、当然ながらその補償等の責任を免れるものではないことが、第6項で定められています。

　その意味では、リフォームを発注する工事業者等の選択は、区分所有者にと

2　単棟型マンションの標準管理規約

っても重要な事項といえるでしょう。

なお，【コメント】⓫は，管理組合が専有部分の修繕記録を保管するために工事業者に「工事完了報告書」等を提出させることも考えられる旨を示唆していますが，一定規模以上の工事の場合には，この点も必要な事項と考えるべきです。

最後に，本条の承認を受ける必要がない修繕工事等を行う場合でも，実際にはマンション内に工事業者等が立ち入ることになりますし，また資機材の搬入とともに，工事による騒音や振動，臭気等が発生する可能性があります。

そのため，このような場合には，区分所有者は管理組合に事前に届け出ることを第7項は求めています。

管理組合は，必要に応じて工事の内容等を掲示板に貼りだす等の方法で，他の区分所有者に周知することが可能となりますので，この手続きも必要です。

ところで，管理組合の承認を必要とする工事であるにもかかわらず，承認を受けないで工事をする区分所有者に対しては，理事長は勧告や指示等を行うか，場合によっては工事の差止め等の必要な措置を講じることができます（第67条第3項）。

さらに，第5項の立入り調査の結果，事前の届け出とは違う工事が行われている場合にも同様の措置を講じることができます。

なお，専有部分の「工事申請書」とその「承認書」のひな形が【コメント】⓯に示されていますので，参考にしてください。加えて，本条に関しては1の「9」もご参照ください。

＜コメント＞

❶　区分所有者は，区分所有法第6条第1項の規定により，専有部分の増築又は建物の主要構造部に影響を及ぼす行為を実施することはできない。

❷　修繕等のうち，第1項の承認を必要とするものは，「共用部分又は他の

第17条　専有部分の修繕等

専有部分に影響を与えるおそれのある」ものである。具体例としては，床のフローリング，ユニットバスの設置，主要構造部に直接取り付けるエアコンの設置，配管（配線）の枝管（枝線）の取付け・取替え，間取りの変更等がある。その範囲，承認を必要とする理由及び審査すべき点については，別添2（略）に考え方を示している。

❸　本条は，配管（配線）の枝管（枝線）の取付け，取替え工事に当たって，共用部分内に係る工事についても，理事長の承認を得れば，区分所有者が行うことができることも想定している。

❹　専有部分の修繕等の実施は，共用部分に関係してくる場合もあることから，ここでは，そのような場合も想定し，区分所有法第18条第1項の共用部分の管理に関する事項として，同条第2項の規定により，規約で別の方法を定めたものである。

　なお，区分所有法第17条第1項の共用部分の変更に該当し，集会の決議を経ることが必要となる場合もあることに留意する必要がある。

❺　承認を行うに当たっては，専門的な判断が必要となる場合も考えられることから，専門的知識を有する者（建築士，建築設備の専門家等）の意見を聴く等により専門家の協力を得ることを考慮する。

　特に，フローリング工事の場合には，構造，工事の仕様，材料等により影響が異なるので，専門家への確認が必要である。

❻　承認の判断に際して，調査等により特別な費用がかかる場合には，申請者に負担させることが適当である。

❼　工事の躯体に与える影響，防火，防音等の影響，耐力計算上の問題，他の住戸への影響等を考慮して，承認するかどうかを判断する。考え方については別添2（略）を参照のこと。なお，承認の判断に当たっては，マンションの高経年化に伴い専有部分の修繕等の必要性が増加することも踏まえ，過度な規制とならないようにすること，修繕技術の向上により，新たな工事手法に係る承認申請がされた場合にも，別添2（略）に示された考え方を参考にすればよいことに留意する。なお，工事内容が上下左右の区分所有者に対して著しい影響を与えるおそれがあると判断される場合には，当該区分所有者の同意を必要とすることも考えられる。

❽　承認の申請先等は理事長であるが，承認，不承認の判断はあくまで理事会の決議によるものである（第54条第1項第五号参照）。

2 単棟型マンションの標準管理規約

❾ なお、老朽化が進む等、近い将来に、建替え若しくはマンション敷地売却（以下「建替え等」という。）が想定されるマンションにおいて、高額な費用をかけて専有部分の大規模な修繕等を行う区分所有者がいた場合には、その工事から数年後に建替え等の検討が始まると、当該区分所有者にとって二重の出費ともなりかねないほか、合意形成に支障が生ずる可能性がある。このため、近い将来に建替え等の検討の可能性があるマンションにおいては、修繕等について理事長の承認を求めてくる区分所有者に対して、近い将来に建替え等が検討される可能性がある旨の注意喚起を行うことが望ましい。なお、注意喚起があった上で、実際に修繕等を行うか否かはあくまで当該区分所有者の判断である。

❿ 第5項の立入り、調査に関しては、施工状況を確認する必要があるものについて、工事中の現場で管理組合の理事等（又は組合から依頼を受けた技術者）が立ち会って確認することが考えられる。人手や工期などにより実際に立ち会うことが難しい場合には、抜き打ちで検査することをアナウンスしたり、工事業者に写真等の記録を取らせ報告させたりすることが考えられる。施工状況を確認する場合、図面の読み方や工事の進め方を知っている外部の専門家の協力が必要になる。確認が必要なものとしては、例えば、次のようなものが考えられる。

・全面リフォームを行う工事について、壁、床等をはがして耐力壁を撤去しないか、工事対象を確認する。
・躯体コンクリートにスリーブをあける際やアンカーを打ち込む際に、鉄筋を探査してから穴をあけているか、手順を確認する。

⓫ 第6項は、第1項の承認が、修繕等の工事の結果、共用部分又は他の専有部分に生じた事後的な影響について、当該工事を発注した区分所有者の責任や負担を免責するものではないことを確認的に定める趣旨である。

なお、工事を発注する場合には、工事業者と協議した上で、契約書に事後的な影響が生じた場合の責任の所在と補償等についても明記することが適切である。

また、管理組合等が専有部分の修繕の記録を保管しておくため、工事業者から工事完了報告書等を提出させることも考えられる。

⓬ 第7項は、第1項の承認を要しない修繕等であっても、工事の実施期間中において、共用部分又は他の専有部分に対し、工事業者の立入り、工事の

第17条 専有部分の修繕等

資機材の搬入，工事の騒音，振動，臭気等の影響が想定されることから，管理組合が事前に把握する必要があるため，事前に届出を求めるものである。なお，第1項の場合と異なり，工事の過程における影響を問題とするものであり，工事の結果による事後的な影響を問題とする趣旨ではないことに留意する。また，他の居住者等に影響を与えることが考えられるため，上記届出に加えて工事内容等を掲示する等の方法により，他の区分所有者等へ周知を図ることが適当である。

　なお，上記届出を要する工事の範囲等の考え方は，別添2（略）を参照のこと。

⓭　本条の承認を受けないで，専有部分の修繕等の工事を行った場合には，第67条の規定により，理事長は，その是正等のため必要な勧告又は指示若しくは警告を行うか，その差止め，排除又は原状回復のための必要な措置等をとることができる。第5項の立入り，調査の結果，理事長に申請又は届出を行った内容と異なる内容の工事が行われている等の事実が確認された場合も，同様である。

⓮　本条の規定のほか，具体的な手続，区分所有者の遵守すべき事項等詳細については，使用細則に別途定めるものとする。その際，上述した別添2（略）の内容についても，各マンションの実情に応じて，参考にするとともに，必要に応じて，専門的知識を有する者の意見を聴くことが望ましい。

⓯　申請書及び承認書の様式は，次のとおりとする。

専有部分修繕等工事申請書

平成　年　月　日

○○マンション管理組合
　理事長　○○○○殿

氏　名　○○○○

　下記により，専有部分の修繕等の工事を実施することとしたいので，○○マンション管理規約第17条の規定に基づき申請します。

記

2 単棟型マンションの標準管理規約

```
1  対象住戸    ○○号室
2  工事内容
3  工事期間    平成　年　月　日から
              平成　年　月　日まで
4  施工業者
5  添付書類    設計図，仕様書及び工程表
```

専有部分修繕等工事承認書

平成　年　月　日

○○○○殿

　平成　年　月　日に申請のありました○○号室における専有部分の修繕等の工事については，実施することを承認します。

（条件）

○○マンション管理組合
理事長　○○○○

使用細則

> **第18条**　対象物件の使用については，別に使用細則を定めるものとする。

　管理組合では，重要な事項については規約に定めますが，規約の変更や設定には区分所有者および議決権の各4分の3以上の決議が必要（**法第31条《規約の設定，変更及び廃止》**第1項）ですから，細々とした手続きまで規約で定めてしまうと，何らかの理由でそれらを変更しようとする場合に臨機応変の対応ができなくなる可能性があります。

そのため，基本的で重要な事項は規約に規定するものの，具体的な運用規定のようなもの，たとえば共用部分である駐車場や駐輪場，倉庫等の使用方法等については通常は使用細則に定めます。

その理由は，規約で特別多数決議事項と定めない限り，使用細則の設定や変更は普通決議事項であるためです。

もっとも，使用細則はあくまで具体的な運用規定等について定めるものですので，本来は規約に定めるべき事項まで使用細則とすることはできません。

ところで，区分所有法には使用細則については何の規定もありません。そのため，マンションの敷地や共用部分等の使用についての使用細則を設定する場合には，規約において，本条のような規定を定めた上で総会の決議により使用細則を設定します。

また，専有部分の使用についても，他の区分所有者に影響を及ぼすようなもの，たとえばペットの飼育や楽器の演奏等の基本的な事項は規約で定めるべきですが，具体的な運用については同じく使用細則で定めるほうがよいでしょう。

ちなみに，【コメント】❶は，使用細則で定める事項として，次の例を挙げています。

① ペットの飼育，楽器の演奏に関する事項等の専有部分の使用方法に関する規定
② 駐車場や倉庫の使用方法および使用料等，敷地や共用部分の使用方法や対価

なお，使用細則は，様々な事項を包含した「○○管理組合使用細則」として一括で定めることもできますが，「ペット飼育細則」，「駐車場使用細則」等のように，個々の項目ごとに設定することも可能です。

以前は，一つの使用細則にまとめる形も少なくなかったようですが，最近では使用細則の内容が多岐にわたることから個々に定めるケースが多いようです。

2   単棟型マンションの標準管理規約

　ところで，昨今，ペットの飼育の可否が管理組合内で問題となることが少なくありません。

　現実には，新しく分譲されるマンションでは，規約において，ペットの飼育を容認する一方で，使用細則等で厳格に管理する手法を取っていることが増えているようですが，既存のマンションでは，ペットの飼育を容認する方向で議論を進めると，区分所有者の中で意見が割れることも考えられます。

　もっとも，ペットの飼育を禁止しているマンションでも，金魚や亀を飼育している人がいる可能性はありますし，小鳥やハムスターの類であれば，黙って飼育している人もいるかもしれません。

　ところが，このような場合には，「ハムスターが良くて，なぜ犬がだめなのか？」等の議論となる可能性もありますし，ハムスターを禁止するとなると，「では，金魚はどうなのか？」等々，話が混乱してしまうことさえ考えられます。

　そのため，むしろ，ペットの飼育を認めた上で，「どこまでのペットであれば飼育は可能か？」，「ペットを飼育するルールはどうするか？」等を管理組合で議論したほうがよいのかもしれません。

　なお，仮にペットの飼育を認める場合には，次のような事項を使用細則等で定めることになるでしょう。

① 飼育できる動物の種類や大きさ，数（最近では，ペットの種類も多岐にわたることから，かなり細かく規定しているようです）

② 専有部分における飼育方法

③ 共用部分の利用方法（たとえば，犬や猫は，共用部分では専用の籠に入れること等）

④ 糞尿の処理等の飼主が守るべき事項

⑤ 飼育により被害が発生した場合の被害者に対する責任

⑥ 違反者に対する措置

　ちなみに，規約でペットの飼育を禁止する場合と容認する場合の条文の例が

第18条　使用細則

【コメント】❸に記載されていますので，参照してください（なお，『標準管理規約』の文言の中では，ペットについては特に触れられていません）。

> コメント

❶　使用細則で定めることが考えられる事項としては，動物の飼育やピアノ等の演奏に関する事項等専有部分の使用方法に関する規制や，駐車場，倉庫等の使用方法，使用料等敷地，共用部分の使用方法や対価等に関する事項等が挙げられ，このうち専有部分の使用に関するものは，その基本的な事項は規約で定めるべき事項である。

なお，使用細則を定める方法としては，これらの事項を一つの使用細則として定める方法と事項ごとに個別の細則として定める方法とがある。

❷　犬，猫等のペットの飼育に関しては，それを認める，認めない等の規定は規約で定めるべき事項である。基本的な事項を規約で定め，手続等の細部の規定を使用細則等に委ねることは可能である。

なお，飼育を認める場合には，動物等の種類及び数等の限定，管理組合への届出又は登録等による飼育動物の把握，専有部分における飼育方法並びに共用部分の利用方法及びふん尿の処理等の飼育者の守るべき事項，飼育に起因する被害等に対する責任，違反者に対する措置等の規定を定める必要がある。

❸　ペット飼育を禁止する場合，容認する場合の規約の例は，次のとおりである。

ペットの飼育を禁止する場合

（ペット飼育の禁止）

第○条　区分所有者及び占有者は，専有部分，共用部分の如何を問わず，犬・猫等の動物を飼育してはならない。ただし，専ら専有部分内で，かつ，かご・水槽等内のみで飼育する小鳥・観賞用魚類（金魚・熱帯魚等）等を，使用細則に定める飼育方法により飼育する場合，及び身体障害者補助犬法に規定する身体障害者補助犬（盲導犬，介助犬及び聴導犬）を使用する場合は，この限りではない。

2 単棟型マンションの標準管理規約

ペットの飼育を容認する場合

(ペットの飼育)
第○条　ペット飼育を希望する区分所有者及び占有者は、使用細則及びペット飼育に関する細則を遵守しなければならない。ただし、他の区分所有者又は占有者からの苦情の申し出があり、改善勧告に従わない場合には、理事会は、飼育禁止を含む措置をとることができる。

専有部分の貸与

第19条　区分所有者は、その専有部分を第三者に貸与する場合には、この規約及び使用細則に定める事項をその第三者に遵守させなければならない。
2　前項の場合において、区分所有者は、その貸与に係る契約にこの規約及び使用細則に定める事項を遵守する旨の条項を定めるとともに、契約の相手方にこの規約及び使用細則に定める事項を遵守する旨の誓約書を管理組合に提出させなければならない。

　区分所有者から専有部分を賃借等している占有者も、建物や敷地、附属施設の使用方法については、規約や集会の決議により区分所有者が負う義務と同等の義務を負う旨が**法第46条《規約及び集会の決議の効力》**第2項に規定されています。

　これを受けて、第5条第2項において、占有者は対象物件の使用方法について、規約や集会の決議により区分所有者が負う義務と同等の義務を負う旨が規定されていますから、規約の効力は専有部分の賃借人等の占有者にも及びます。

　もっとも、賃借人等の占有者は規約や集会の決議事項の内容について了知し

第 19 条　専有部分の貸与

ているわけではありませんから，専有部分を第三者に賃貸する区分所有者は，規約等を示した上で，賃借人等の占有者はそれらを遵守しなければいけないことを賃貸借契約書の中に明記するととともに，その旨の誓約書をもらっておけば，賃借人の側も規約や使用細則の遵守の必要性を強く認識することができるでしょう。

　本条は，以上のようなことを規定しています。

　なお，【コメント】❸には，規約や使用細則を遵守するという旨の「賃貸借契約書」の例と，賃借人から取得する「誓約書」の例が掲載されています。

　次に，【コメント】❹は，区分所有者が専有部分を第三者に貸与している間は，区分所有者の現住所や電話番号等の連絡先を管理組合に届け出ることを規約に定めることも有効であると述べています。

　さらに，区分所有者が長期間不在になる場合にも同じような規定を設けることが可能であるとしています。

　この点については，第6条の解説でも述べている通り，管理組合は共有財産を管理するための団体ですから，共有者である区分所有者がその連絡先を明らかにすることは当然であると考えるべきでしょう。

　たとえば，マンション管理等についての区分所有者の意思を表示する場である総会（＝管理組合集会）を招集する際にも，多くの区分所有者の連絡先が明らかでない場合は，総会そのものが成り立たなくなる可能性がありますし，そうなると日常の管理についても問題が発生するからです。

　もっとも，昨今は，個人情報であることを理由に連絡先を管理組合に教えることを拒む人もいますが，個人情報の問題以前に，共有物を管理するためには少なくとも共有者で構成される団体の管理者に連絡先を通知することは不可欠ではないでしょうか。

　以上からも，区分所有者は管理組合に自分の連絡先と所在地を報告することが共有者として必要であることが理解できるでしょう。

2 単棟型マンションの標準管理規約

　現実には、特に高経年マンションになると、連絡がつかない区分所有者の発生が少なくないことを考えると、このような規定についても検討する必要があります。

<コメント>

❶　規約の効力は対象物件の使用方法につき占有者にも及ぶが、本条は、それ以外に、区分所有者がその専有部分を第三者に貸与する場合に、区分所有者がその第三者に、この規約及び使用細則に定める事項を遵守させる義務を定めたものである。

❷　第三者が遵守すべき事項は、この規約及び使用細則に定める事項のうち、対象物件の使用に関する事項とする。

❸　貸与に係る契約書に記載する条項及び管理組合に提出する誓約書の様式は次のとおりとする。

❹　区分所有者は、その専有部分を第三者に貸与している間（当該専有部分から転出する場合のみならず、転出後さらに転居する場合も含む。）は、現に居住する住所、電話番号等の連絡先を管理組合に届け出なければならない旨を規約に定めることも、区分所有者に連絡がつかない場合を未然に回避する観点から有効である。また、長期間不在にする場合も、届出の規定を設けることが有効である。

　なお、上述の定めをした場合であっても、届出をしない区分所有者に対する総会招集手続については、第43条第2項及び第3項によることとなる。

賃貸借契約書

○○条　賃借人は、対象物件の使用、収益に際して、○○マンション管理規約及び同使用細則に定める事項を誠実に遵守しなければならない。

2　賃借人が、前項に規定する義務に違反したときは、賃貸人は、本契約を解除することができる。

```
　　　　　　　　誓　約　書
　私は，〇〇〇〇（賃貸人）との〇〇マンション〇〇号室（以下「対象物件」
という。）の賃貸借契約の締結に際し，下記事項を誓約します。
　　　　　　　　　　　記
　対象物件の使用に際しては〇〇マンション管理規約及び同使用細則に定める
事項を誠実に遵守すること。


平成　年　月　日
〇〇マンション管理組合
理　事　長　　〇〇〇〇　殿
　　　　　　　　　　　　住所
　　　　　　　　　　　　氏名　　　　　　㊞
```

※専有部分の貸与に関し，暴力団員への貸与を禁止する旨の規約の規定を定める場合

暴力団員の排除

第19条の2　区分所有者は，その専有部分を第三者に貸与する場合には，前条に定めるもののほか，次に掲げる内容を含む条項をその貸与に係る契約に定めなければならない。
　一　契約の相手方が暴力団員（暴力団員による不当な行為の防止等に関する法律（平成3年法律第77号）第2条第六号に規定する暴力団員をいう。以下同じ。）ではないこと及び契約後において暴力団員にならないことを確約すること。
　二　契約の相手方が暴力団員であることが判明した場合には，何

> らの催告を要せずして，区分所有者は当該契約を解約することができること。
> 三　区分所有者が前号の解約権を行使しないときは，管理組合は，区分所有者に代理して解約権を行使することができること。
> 2　前項の場合において，区分所有者は，前項第三号による解約権の代理行使を管理組合に認める旨の書面を提出するとともに，契約の相手方に暴力団員ではないこと及び契約後において暴力団員にならないことを確約する旨の誓約書を管理組合に提出させなければならない。

　本条は，2016年改正『標準管理規約』で新たに追加された規定です。

　この規定そのものは非常にわかりやすい文章ですから，あえて解説の必要はないかもしれませんが，大まかに述べれば，区分所有者が専有部分を暴力団員等に賃貸することを禁止する規定です。

　なお，【コメント】❶にもあるように，規約において本条の定めをする場合には，各都道府県制定の暴力団排除条例等の規定を参考にして，規約に取り入れる必要があります。

　ちなみに，この規定の第一のポイントは，区分所有者が暴力団員等に専有部分を貸すことを禁止している点です。

　そのほか，専有部分を賃貸した後に，相手方が暴力団員等であることが判明した場合には，貸主である区分所有者は催告なしに契約を解約できると規定したほか，区分所有者が契約を解約しない場合には，管理組合が区分所有者の代理人として解約できるための代理権を管理組合に与えることも，この規定のポイントです。

　もっとも，区分所有者に代わって管理組合が暴力団員等に対して賃貸借契約

を解約する場合には，理事会の決議と，可能であれば総会の決議を経るのが望ましいことも【コメント】❶に書かれています。

ところで，本条では，暴力団員等に専有部分を賃貸する場合だけでなく，暴力団員等に専有部分を譲渡することを禁止できるか否かについてまでは規定されていません。

この件に関して，【コメント】❷では，「暴力団員への譲渡については，このような賃貸契約に係るものと同様の取決めを区分所有者間で結ぶといった対応」が考えられる旨述べています。

また，次のようにも述べています。

① 暴力団事務所としての使用等の禁止について……第12条に，暴力団事務所としての使用や暴力団員を反復して出入りさせることを禁止する旨を定めることを考えることができる。

② 敷地内における暴力行為や威嚇行為等の禁止について……第67条第1項の「共同生活の秩序を乱す行為」や，**法第6条《区分所有者の権利義務等》**第1項の「共同の利益に反する行為」等に該当するものとして法的措置等の必要な措置を講ずることができる。

さらに，【コメント】❸は，これらの措置を実行する場合には，対象となる人物が暴力団関係者であるかどうかの判断や，相手方が暴力団員である場合に訴訟等をする際の理事長等の身の安全の確保等のために警察等との連携が必要であること，および必要な場合には協力を要請することが望ましいと述べています。

<コメント

❶ 第19条の2は，専有部分の貸与に関し，暴力団員への貸与を禁止する旨の規約の規定を定める場合の規定例である。なお，必要に応じ，暴力団員だけでなく，暴力団関係者や準構成員等を追加する場合は，その範囲について，各都道府県が定めている暴力団排除条例などを参考に規定することが考えら

れる。

　第19条の2第1項第二号又は同項第三号の前提となる区分所有者の解約権は、区分所有者と第三者との間の契約における解除原因に係る特約を根拠とするものであり、管理組合は、区分所有者から当該解約権行使の代理権の授与を受けて（具体的には同条第2項に規定する解約権の代理行使を認める書面の提出を受ける。）、区分所有者に代理して解約権を行使する。管理組合の解約権の代理行使は、理事会決議事項とすることも考えられるが、理事会で決定することを躊躇するケースもあり得ることから、総会決議によることが望ましい。

❷　なお、暴力団員への譲渡については、このような賃貸契約に係るものと同様の取決めを区分所有者間で結ぶといった対応をすることが考えられる。

　また、暴力団事務所としての使用等の禁止については、第12条関係コメントを参照。敷地内における暴力行為や威嚇行為等の禁止については、第67条第1項の「共同生活の秩序を乱す行為」や区分所有法第6条第1項の「共同の利益に反する行為」等に該当するものとして、法的措置をはじめとする必要な措置を講ずることが可能であると考えられる。

❸　なお、措置の実行等に当たっては、暴力団関係者かどうかの判断や、訴訟等の措置を遂行する上での理事長等の身の安全の確保等のため、警察当局や暴力追放運動推進センターとの連携が重要であり、必要に応じて協力を要請することが望ましい。

《民泊について》

　2016年の『標準管理規約』の改正では，民泊については特に触れられていません。そのため，この問題について規約で定めるときは，個々の各管理組合で検討することになります。

　そうしたなかで，民泊を禁止する規定を規約に盛り込むマンションも出てきていることから，本書ではこの点について筆者の所見を述べたいと思います。

　まず，民泊を禁止する場合には，一般には，「専有部分の用途」について明確な規定をする必要があります。

　現行の第12条では，「専ら住宅として使用する」と規定されていますが，この「住宅」の中に民泊が入るのか否かの解釈が問題となる可能性があります。

　そこで，この条項のただし書として，たとえば，「ただし，この場合の住宅とは，区分所有者もしくはその親族等が居住する住宅並びに借地借家法上の借家契約を交わして第三者に賃貸させる場合を示すものとし，民泊はその対象とはならない」等の規定を設定すればよいのではないかと思います。

　もっとも，このような場合でも，理論上は「短期間の定期借家契約」を交わして事実上の民泊を続けられる可能性がありますので，より詳しく検討する場合には，弁護士等の専門家に相談した上で適切な対応をとることをお勧めします。

　逆に，民泊を許容する場合は，ゴミ処理の問題や近隣とのトラブルのほか，深夜に廊下で大騒ぎをすること等により，他の区分所有者に迷惑をかけることも少なくないことから，そうした行為を防止することを区分所有者に義務づける等の工夫も必要でしょう。

いずれにしても，民泊は急速に普及した制度であることから，今後は，以上に述べた問題のほかにも，様々な問題が発生する可能性が考えられますし，時間とともに，この問題にかかわる判例も整備されると思われます。
　民泊を禁止するにせよ，許容するにせよ，現状で想定される問題に対応できる内容で検討すべきだと思いますが，何年か後に問題点が整理された時点で，必要な場合には規約や細則を見直すことになるでしょう。

＊「民泊」とは何を示すかについては，定義付けをするべきでしょう。なお，2017年6月9日に「民泊法」が成立しました。

第5章 管　理

　本章の第1節「総則」（第20条～第24条）では組合が担う管理の基本的な内容を，第2節「費用の負担」（第25条～第29条）では管理費や修繕積立金について規定されています。

第1節　総　　則

区分所有者の責務

> 第20条　区分所有者は，対象物件について，その価値及び機能の維持増進を図るため，常に適正な管理を行うよう努めなければならない。

　本条は，ごく一般的な注意規定です。

　区分所有者が適切な管理を行わなければ，建物もその附属施設も必要以上に劣化してしまいます。

　そうならないように，管理組合は建物や附属施設を適切に管理する必要があります。もっとも，現実には，管理組合の活動に関わりたくないと考える区分所有者が少なくありません。

　本書でもたびたび言及しているように，区分所有者は，自分の貴重な財産で

あるマンションの価値を維持するためには適切な管理が必要であることを十分に認識しなければいけません。

　区分所有者は，本条の精神を十分に理解し，管理組合の活動に積極的に携わるように留意すべきです。

敷地及び共用部分等の管理

> 第21条　敷地及び共用部分等の管理については，管理組合がその責任と負担においてこれを行うものとする。ただし，バルコニー等の保存行為（区分所有法第18条第1項ただし書の「保存行為」をいう。以下同じ。）のうち，通常の使用に伴うものについては，専用使用権を有する者がその責任と負担においてこれを行わなければならない。
>
> 2　専有部分である設備のうち共用部分と構造上一体となった部分の管理を共用部分の管理と一体として行う必要があるときは，管理組合がこれを行うことができる。
>
> 3　区分所有者は，第1項ただし書の場合又はあらかじめ理事長に申請して書面による承認を受けた場合を除き，敷地及び共用部分等の保存行為を行うことができない。ただし，専有部分の使用に支障が生じている場合に，当該専有部分を所有する区分所有者が行う保存行為の実施が，緊急を要するものであるときは，この限りでない。
>
> 4　前項の申請及び承認の手続については，第17条第2項，第3項，第5項及び第6項の規定を準用する。ただし，同条第5項中「修

> 繕等」とあるのは「保存行為」と，同条第6項中「第1項の承認を受けた修繕等の工事後に，当該工事」とあるのは「第21条第3項の承認を受けた保存行為後に，当該保存行為」と読み替えるものとする。
> 5 第3項の規定に違反して保存行為を行った場合には，当該保存行為に要した費用は，当該保存行為を行った区分所有者が負担する。
> 6 理事長は，災害等の緊急時においては，総会又は理事会の決議によらずに，敷地及び共用部分等の必要な保存行為を行うことができる。

本条は，敷地および共用部分の管理について定めています。

法第18条《共用部分の管理》は，共用部分の保存行為は各共有者ができる旨を定めていますが，同条第2項は規約で別段の定めをすることができるとしています。

本条第1項は，この別段の定めにより，共用部分の保存行為は管理組合が行うことを原則としています。

その上で，各区分所有者が保存行為をする場合には次のように定めています。

① 専用使用権が設定されたバルコニー等の通常の保存行為

第14条により専用使用権が設定されたバルコニー等については，専用使用権を有する区分所有者が通常の使用にともなう保存行為を行います。

この場合の通常の使用にともなう保存行為とは，清掃等のほか，窓ガラスが割れた場合の交換等をいいます。たとえば，外部からの投石等でガラスが割れた場合は，通常の使用にともなうものと考えられるため，基本的には区分所有者の負担で交換する必要があります。

一方で、防水工事等の計画的な維持修繕は、専用使用権が設定されたバルコニーでも管理組合が行います（第1項）。

もっとも、他のバルコニーと比較して劣化の程度が激しく、短い周期でバルコニーの防水が劣化等している場合には、専用使用権を有する者の責任と負担で保存行為を行わなければいけない可能性もあります。

このような場合は、その劣化の要因が専用使用権を有する者にあるのか、あるいは他の要因であるのかについて、慎重に判断をした上で対応する必要があるでしょう。

なお、同じくサッシガラスについても、経年劣化による交換は管理組合の負担で行います。

② 理事長に申請して書面による承認を受けた場合

共用部分の保存行為をするために各区分所有者が、理事長に申請して書面による承認を受けるのはどのような場合でしょうか。

想定されることとしては、その区分所有者が所有する専有部分に何らかの支障が生じた結果、区分所有者が自分の所有する専有部分の保存行為を行うに際して共用部分の保存行為も必要となる場面があります。

なお、その場合の具体的な手続きは、第17条第2項、第3項、第5項および第6項の規定を準用するとしています（第4項）。

具体的には、次のような手続きになります。

a．敷地および共用部分等の保存行為を計画している区分所有者は、設計図、仕様書および工程表を添付した申請書を理事長に提出しなければいけません（第17条第2項の準用）。

b．この申請があったときは、理事長は理事会の決議により承認または不承認を決定しなければいけません（第17条第3項の準用）。

c．理事長またはその指定を受けた者は、必要な範囲内において、保存行為をする箇所に立ち入り、必要な調査を行うことができます（第17条

第 21 条　敷地及び共用部分等の管理

第 5 項の準用)。

　　d．第 21 条第 3 項の承認を受けた保存行為の工事後に，その保存行為により共用部分または他の専有部分に影響が生じた場合には，その工事を発注した区分所有者はその責任と負担により必要な措置をとらなければいけません（第 17 条第 6 項の準用）。

③　共用部分が破損したために専有部分の使用に支障が生じていて，しかもその修繕等に緊急性がある場合

　　この場合には，区分所有者はその共用部分の保存行為を行うことができます。

　　たとえば，台風等で共用部分である窓ガラスが割れてしまい専有部分に風雨が吹き込む場合に，割れたガラスと同レベルのガラスを入れ替えることが該当する旨が，【コメント】❾に記載されています（以上，第 3 項）。

　なお，緊急性がある場合を除いて，自らの専用使用権が設定されている部分以外の保存行為を理事長の承諾なしに行った場合には，その保存行為に要した費用はその区分所有者が負担することが第 5 項で規定されています。

　以上とは別に，配管や配線等のように専有部分と共用部分とが構造上一体となっているものの管理を共用部分の管理と一緒に行う必要がある場合には，その管理は管理組合が行うことができます（第 2 項）。

　なお，配管の交換が必要となる場合には，専有部分に属する配管にかかる費用は各区分所有者が応分の負担をすべきであることが【コメント】❽に記載されています。

　この配管の交換の際に管理組合の負担と区分所有者個人の負担が共に必要となるときは，専有部分の負担分と共用部分の負担分に分けた見積もりを工事業者から取得すればよいでしょう。

　もっとも，このような場合の枝管の交換等の費用も管理組合が負担する旨が規約で定められている管理組合もあります。

2 単棟型マンションの標準管理規約

　枝管の工事費用は全戸に共通する問題であることと，共用配管と一体で管理する必要性を考えると，この規定も有効でしょう。

　ただし，このようなときには，修繕積立金の金額もこれらの工事費用を見越して設定しておかないと，計画的な維持修繕の費用が不足してしまう可能性がありますので留意してください。

　さて，共用部分の保存行為は管理者の権限である旨が，**法第26条《権限》**で規定されています。そして，『標準管理規約』では第38条第2項により，理事長が区分所有法上の管理者である旨が規定されていますから，共用部分の保存行為は理事長が行うことになります。

　もっとも，『標準管理規約』では，理事長が管理行為等をする場合には原則として理事会の決議が必要ですから，現実には理事長は理事会の決議により管理行為を行うこととなります。

　ところで，大規模災害等の緊急時には，理事会の招集が困難となることもあります。そのような場合には，例外として，総会や理事会を開催せずに理事長の判断で緊急の保存行為を行うことができる旨が第6項に定められています。

　これも，**2016年改正『標準管理規約』**に新しく追加された規定です。

　近年は各地で大きな自然災害が発生していることを考えると，この項も極めて重要な規定であるといえるでしょう。

　次に，保存行為を超えるレベルの修繕をする場合には総会の決議が必要となりますが，大規模災害時には総会の開催が困難になる可能性があります。

　『標準管理規約』ではこうした場合には，理事会の決議で応急的な修繕をすることができる旨が第54条第1項第十号で定められています。

　これも，**2016年改正『標準管理規約』**に新しく追加された規定です。

　なお，【コメント】❶には，大規模災害時で理事会の開催が困難である場合は，理事長単独の判断によって，保存行為に止まらず応急的な修繕工事が実施できるとする規定をおくことも考えられるという参考意見が提示されています。

第 21 条　敷地及び共用部分等の管理

　さらに，理事長をはじめとする役員が対応できない事態に備え，あらかじめ定められた方法により選任された区分所有者等の判断で保存行為や応急的な修繕工事を行うことができる規定をおくことも考えられるとしています。

　この件については，マンションの状況（築年数，区分所有者の年齢構成，区分所有者の数やマンション内居住者の割合等）に応じて，弁護士やマンション管理士等の専門家の意見をいれながら，必要な場合には規約に反映すべきだと思います。

　なお，以上に加えて，緊急時に理事長等が単独で判断して実施することができる保存行為や修繕工事に要する費用の限度額をあらかじめ定めておくことも考えられる旨が【コメント】❶に記載されています。

　自然災害が多い我が国では，管理組合としても緊急時のこのような対応の必要性について事前に検討しておくべきでしょう。

　その上で，万が一の場合に備えた規約を普段から準備しておくことも，マンション管理を考える際に重要なことです。

<コメント>

❶　第 1 項及び第 3 項は，区分所有法第 18 条第 1 項ただし書において，保存行為は，各共有者がすることができると定められていることに対し，同条第 2 項に基づき，規約で別段の定めをするものである。

❷　駐車場の管理は，管理組合がその責任と負担で行う。

❸　バルコニー等の管理のうち，管理組合がその責任と負担において行わなければならないのは，計画修繕等である。

❹　本条第 1 項ただし書の「通常の使用に伴う」保存行為とは，バルコニーの清掃や窓ガラスが割れた時の入替え等である。

❺　バルコニー等の経年劣化への対応については，❸のとおり管理組合がその責任と負担において，計画修繕として行うものである。

　ただし，バルコニー等の劣化であっても，長期修繕計画作成ガイドラインにおいて管理組合が行うものとされている修繕等の周期と比べ短い期間で発生したものであり，かつ，他のバルコ

2 単棟型マンションの標準管理規約

ニー等と比較して劣化の程度が顕著である場合には，特段の事情がない限りは，当該バルコニー等の専用使用権を有する者の「通常の使用に伴う」ものとして，その責任と負担において保存行為を行うものとする。なお，この場合であっても，結果として管理組合による計画修繕の中で劣化が解消されるのであれば，管理組合の負担で行われることとなる。

❻ バルコニー等の破損が第三者による犯罪行為等によることが明らかである場合の保存行為の実施については，通常の使用に伴わないものであるため，管理組合がその責任と負担においてこれを行うものとする。ただし，同居人や賃借人等による破損については，「通常の使用に伴う」ものとして，当該バルコニー等の専用使用権を有する者がその責任と負担において保存行為を行うものとする。

❼ 第2項の対象となる設備としては，配管，配線等がある。

❽ 配管の清掃等に要する費用については，第27条第三号の「共用設備の保守維持費」として管理費を充当することが可能であるが，配管の取替え等に要する費用のうち専有部分に係るものについては，各区分所有者が実費に応じて負担すべきものである。

❾ 第3項ただし書は，例えば，台風等で住戸の窓ガラスが割れた場合に，専有部分への雨の吹き込みを防ぐため，割れたものと同様の仕様の窓ガラスに張り替えるというようなケースが該当する。また，第5項は，区分所有法第19条に基づき，規約で別段の定めをするものである。

承認の申請先等は理事長であるが，承認，不承認の判断はあくまで理事会の決議によるものである（第54条第1項第五号参照）。

❿ 区分所有法第26条第1項では，敷地及び共用部分等の保存行為の実施が管理者（本標準管理規約では理事長）の権限として定められている。第6項では，災害等の緊急時における必要な保存行為について，理事長が単独で判断し実施できることを定めるものである。災害等の緊急時における必要な保存行為としては，共用部分等を維持するための緊急を要する行為又は共用部分等の損傷・滅失を防止して現状の維持を図るための比較的軽度の行為が該当する。後者の例としては，給水管・排水管の補修，共用部分等の被災箇所の点検，破損箇所の小修繕等が挙げられる。この場合に必要な支出については，第58条第6項及びコメント第58条関係❺を参照のこと。

❶ 災害等の緊急時において、保存行為を超える応急的な修繕行為の実施が必要であるが、総会の開催が困難である場合には、理事会においてその実施を決定することができることとしている（第54条第1項第十号及びコメント第54条関係❶を参照）。しかし、大規模な災害や突発的な被災では、理事会の開催も困難な場合があることから、そのような場合には、保存行為に限らず、応急的な修繕行為の実施まで理事長単独で判断し実施することができる旨を、規約において定めることも考えられる。更に、理事長をはじめとする役員が対応できない事態に備え、あらかじめ定められた方法により選任された区分所有者等の判断により保存行為や応急的な修繕行為を実施することができる旨を、規約において定めることも考えられる。なお、理事長等が単独で判断し実施することができる保存行為や応急的な修繕行為に要する費用の限度額について、予め定めておくことも考えられる。

⓬ 第6項の災害等の緊急時における必要な保存行為の実施のほか、平時における専用使用権のない敷地又は共用部分等の保存行為について、理事会の承認を得て理事長が行えるとすることや、少額の保存行為であれば理事長に一任することを、規約において定めることも考えられる。その場合、理事長単独で判断し実施することができる保存行為に要する費用の限度額について、予め定めておくことも考えられる。

窓ガラス等の改良

第22条　共用部分のうち各住戸に附属する窓枠、窓ガラス、玄関扉その他の開口部に係る改良工事であって、防犯、防音又は断熱等の住宅の性能の向上等に資するものについては、管理組合がその責任と負担において、計画修繕としてこれを実施するものとする。

2　区分所有者は、管理組合が前項の工事を速やかに実施できない場合には、あらかじめ理事長に申請して書面による承認を受ける

> ことにより，当該工事を当該区分所有者の責任と負担において実施することができる。
> 3 前項の申請及び承認の手続については，第17条第2項，第3項，第5項及び第6項の規定を準用する。ただし，同条第5項中「修繕等」とあるのは「第22条第2項の工事」と，同条第6項中「第1項の承認を受けた修繕等の工事」とあるのは「第22条第2項の承認を受けた工事」と読み替えるものとする。

第14条第1項により【別表第4】（312ページ）に掲げられたバルコニー等については，各専有部分の区分所有者の専用使用権が設定されていますが，窓枠，窓ガラス，玄関扉等の開口部に関する，防犯や防音，断熱性の向上のための改良工事は，管理組合が計画修繕として行うべき工事である旨が本条第1項で規定されています。

この中で比較的多いのは，サッシガラスの断熱性や遮音性を向上させる改良工事でしょう。

もっとも，昨今はこれに加えて，開口部の防犯性の向上も区分所有者の懸念事項の一つといえるかもしれません。

ところで，区分所有者が開口部の改良工事を望んでいるにもかかわらず，管理組合がその工事を速やかに実施できない場合があります。

たとえば，防犯性の向上を望んでいる人は1階の区分所有者に多いかも知れませんし，断熱性の向上を望んでいる人は日照時間等に問題のある住戸の区分所有者だけかもしれませんが，組合の予算の関係で改良工事ができないこともありますし，区分所有者全体としてはこれらの問題に緊急性を感じていない場合も考えられます。

このような場合は，各区分所有者は，あらかじめ理事長に申請をして書面に

第 22 条　窓ガラス等の改良

よる承認を得ることができれば，区分所有者個人の責任と負担で工事を実施できる旨が第 2 項に定められています。

このときの手続きについては以前は使用細則に定めるとされていましたが，**2016 年改正『標準管理規約』**により現行の定めになったので，使い勝手がいっそう向上したといえるでしょう。

ところで，区分所有者個人がサッシガラス等の改良工事をする場合に，建物の外観上問題が生じたり，躯体に影響を与えることがあるかもしれません。

理事会で検討する場合には，こうした点も考慮に入れて可否の判断をする必要があります。

なお，各区分所有者があらかじめ理事長に申請をして書面による承認を得るための具体的な手続きについては，第 21 条第 4 項の場合と同じく，第 17 条第 2 項，第 3 項，第 5 項および第 6 項の規定を準用します。

すなわち，おおよそ次のような手続きとなります。

① 窓ガラス等の改良を計画している区分所有者は，設計図，仕様書および工程表を添付した申請書を理事長に提出しなければいけません（第 17 条第 2 項の準用）。

② ①の申請があったときは，理事長は理事会の決議により承認もしくは不承認を決定しなければなりません（第 17 条第 3 項の準用）。

③ 理事長またはその指定を受けた者は，必要な範囲内において，窓ガラス等の改良工事の箇所に立ち入り，必要な調査を行うことができます（第 17 条第 5 項の準用）。

④ そして，理事長の承認を受けた窓ガラス等の改良工事後に，その工事により共用部分や専有部分に影響が生じた場合には，工事を発注した区分所有者は，その責任と負担により必要な措置をとらなければいけません（第 17 条第 6 項の準用）。

また，区分所有者が窓ガラス等の改良工事をした後に，何らかの理由から，

2 単棟型マンションの標準管理規約

管理組合の長期修繕計画のなかで同様の変更をするようなことがあるかもしれません。

しかしながら、本条の規定によって自己負担で先にサッシガラス等を変更した区分所有者がいるときで、自らがサッシガラスを変更したときから数年を経ずして管理組合が同様の変更をすることになれば、当該区分所有者は管理組合に対して費用の返還を請求することも考えられます。

以上から、管理組合が長期修繕計画等の中でサッシガラスの変更を数年以内に検討しているような場合において、区分所有者が個人でサッシガラスの変更をしたい旨の申し出があるときは、理事長は、その区分所有者に対して組合として数年内にサッシガラスの変更を検討している旨をフィードバックすることが必要でしょう。

なお、仮に区分所有者がサッシガラスの変更をした場合に、その変更後のサッシガラスの所有権は、管理組合と区分所有者のいずれになるのでしょうか。サッシガラス自体が規約上も共用部分であり、また変更後も、全体で管理をするほうが望ましいことを考えると、共用部分とみなすのが妥当でしょう。

≪コメント≫

❶ 窓枠、窓ガラス及び玄関扉（玄関扉にあっては、錠及び内部塗装部分を除く。以下「開口部」という。）については、第7条第2項第二号及び第三号において専有部分に含まれないこととされていること、専有部分に属さない「建物の部分」については、第8条に基づく別表第2において共用部分とされていることから、開口部は共用部分として扱うこととなる。

❷ また、区分所有法は、その形状又は効用の著しい変更を伴わない共用部分の変更について、集会の普通決議により決することを定めている。

❸ 第1項は、防犯、防音又は断熱等の住宅の性能の向上のため行われる開口部の改良工事については、原則として、他の共用部分と同様に計画修繕の対象とすべき旨を規定したものである。

第22条　窓ガラス等の改良

❹　第2項は，開口部の改良工事については，治安上の問題を踏まえた防犯性能の向上や，結露から発生したカビやダニによるいわゆるシックハウス問題を改善するための断熱性の向上等，一棟全戸ではなく一部の住戸において緊急かつ重大な必要性が生じる場合もあり得ることに鑑み，計画修繕によりただちに開口部の改良を行うことが困難な場合には，専有部分の修繕等における手続と同様の手続により，各区分所有者の責任と負担において工事を行うことができるよう規定したものである。

　　承認の申請先等は理事長であるが，承認，不承認の判断はあくまで理事会の決議によるものである（第54条第1項第五号参照）。

❺　また，第2項及び第3項は，マンションでは通常個々の専有部分に係る開口部（共用部分）が形状や材質において大きく異なるような状況は考えられないことから，当該開口部の改良工事についてもその方法や材質・形状等に問題のないものは，施工の都度総会の決議を求めるまでもなく，専有部分の修繕等における手続と同様の手続により，各区分所有者の責任と負担において実施することを可能とする趣旨である。承認申請の対象範囲，審査する内容等の考え方については，別添2（略）を参照されたい。

❻　「共用部分のうち各住戸に附属する窓枠，窓ガラス，玄関扉その他の開口部に係る改良工事であって，防犯，防音又は断熱等の住宅の性能の向上等に資するもの」の工事の具体例としては，防犯・防音・断熱性等により優れた複層ガラスやサッシ等への交換，既設のサッシへの内窓又は外窓の増設等が考えられる。

❼　本条の規定のほか，具体的な工事内容，区分所有者の遵守すべき事項等詳細については，細則に別途定めるものとする。その際，上述の別添2（略）の内容についても，各マンションの実情に応じて，参考にするとともに，必要に応じて，専門的知識を有する者の意見を聴くことが望ましい。

❽　申請書及び承認書の様式は，専有部分の修繕に関する様式に準じて定めるものとする。

2 単棟型マンションの標準管理規約

必要箇所への立入り

> 第23条　前二条により管理を行う者は，管理を行うために必要な範囲内において，他の者が管理する専有部分又は専用使用部分への立入りを請求することができる。
> 2　前項により立入りを請求された者は，正当な理由がなければこれを拒否してはならない。
> 3　前項の場合において，正当な理由なく立入りを拒否した者は，その結果生じた損害を賠償しなければならない。
> 4　前三項の規定にかかわらず，理事長は，災害，事故等が発生した場合であって，緊急に立ち入らないと共用部分等又は他の専有部分に対して物理的に又は機能上重大な影響を与えるおそれがあるときは，専有部分又は専用使用部分に自ら立ち入り，又は委任した者に立ち入らせることができる。
> 5　立入りをした者は，速やかに立入りをした箇所を原状に復さなければならない。

　管理組合が建物の外壁の塗替えや防水工事等を行う場合には，バルコニー等に立ち入らないと工事が困難なこともありますし，場合によっては専有部分である住戸内への立入りが必要なこともあります。

　そのため，敷地や共用部分等の管理や窓ガラスの改良等を行う場合には，理事長等は，その管理に際して必要な範囲内で，専有部分や専用使用権が設定された部分への立入りを各区分所有者に請求することができます（第1項）し，理事長等が管理に必要な範囲で立入りを請求する場合には，その請求をされた

第 23 条　必要箇所への立入り

者は，正当な理由がない限りはこれを拒否することはできません（第 2 項）。

また，正当な理由なく管理者らの立入りを拒否した区分所有者らは，そのことにより損害が生じた場合には，これを賠償する必要があることが規定されています（第 3 項）。

ところで，理事長は，災害の発生や，上層階から下層階の専有部分に水漏れ等があった場合等，そのまま放置するとその専有部分や共用部分に重大な影響を及ぼす可能性があるときにも，自らまたは委任をした者を立ち入らせることができます（第 4 項）。

専有部分には区分所有権が設定されているため，通常の場合は，区分所有者には他人の立入り等を拒絶する権利はありますが，マンションの場合は，これまでも述べてきたように，建物の構造躯体は区分所有者全員の共有物ですから，その管理のために必要な場合はもちろん，災害時や事故等で緊急対応が必要な場合には，管理者である理事長らの立入りが必要な場合もあります。

そのため，各区分所有者も，マンションのそうした特性を十分に理解しておく必要があります。

なお，専有部分への立入りが終了した場合は，立ち入った理事長らは立入りをした箇所を原状に復さなければいけません。

原状に復するとは，立ち入る前の状況に戻すということです。

たとえば，立ち入った際に立入りをした部分を汚してしまった場合は，その汚れを取らなければいけませんし，傷をつけてしまった場合は，その部分を元のように補修しなければいけません（第 5 項）。

◁コメント▷

❶　第 4 項の緊急の立入りが認められるのは，災害時等における共用部分に係る緊急的な工事に伴い必要な場合や，専有部分における大規模な水漏れ等，そのまま放置すれば，他の専有部分や共用部分に対して物理的に又は機

能上重大な影響を与えるおそれがある場合に限られるものである。

❷ 第4項の規定の実効性を高めるため，管理組合が各住戸の合い鍵を預かっておくことを定めることも考えられるが，プライバシーの問題等があることから，各マンションの個別の事情を踏まえて検討する必要がある。

損害保険

> 第24条　区分所有者は，共用部分等に関し，管理組合が火災保険，地震保険その他の損害保険の契約を締結することを承認する。
> 2　理事長は，前項の契約に基づく保険金額の請求及び受領について，区分所有者を代理する。

火災保険は，火災等による被害の損害を填補するために必要なものです。

また，マンションではそのほかに，共用部分が原因で他人や居住者にけがをさせたり，あるいは器物を損壊させたりすることで管理組合が負う賠償責任を保証する特約（施設賠償責任保険等といいます）等を設定することが望ましいといわれています。

いずれにしても，共用部分にかかる損害保険の加入は管理組合には必要不可欠なものであるといっても過言ではないでしょう。

法第18条《共用部分の管理》第4項は，共用部分に損害保険契約をかけることは共用部分の管理業務とみなされる旨を規定しています（[1]の「15」参照）。

ただし，この内容では，共用部分に保険をかけることについて総会の決議が必要となるため，本条第1項は別段の定めをおいています。すなわち，管理組合の火災保険への加入を区分所有者が承認すると規約において定めることで，管理組合が損害保険契約を締結することができることになります。

なお，施設賠償責任保険や個人賠償責任保険の加入も考慮に入れる場合は，

《火災保険その他の損害保険の補償内容の概要》

名　称	補　償　内　容
火災保険	▶火災・落雷・破裂・爆発 ▶風災・ひょう災・雪災 ▶水災 ▶建物外部からの物体の衝突等 ▶給排水設備の事故による水ぬれ ▶騒擾，集団行動，労働争議に伴う暴力行為 ▶盗難 ▶破損・汚損
施設賠償責任特約保険	▶マンションの共用部分の欠陥等に起因する偶然な事故 ▶マンションの共用部分の賃貸または管理およびこれに付随する類の遂行に起因する偶然な事故
個人賠償責任保険	▶日常生活において発生した偶然な事故または居住用財産の所有・使用・管理に起因する偶然な事故により他人の身体に障害を与えたり，他人の財物を損壊させたことにより法律上の損害賠償責任を負った場合の損害賠償金の補償

その点も規約で定めておくべきでしょう。

　ところで，マンションに事故等が発生して，管理組合が保険金を請求する場合，法第26条《権限》第2項には，その保険金の受領は管理者の権限である旨が規定されています（1の「21」参照）。

　本条第2項は，理事長(第38条第2項により管理者である旨が規定されています)

2 単棟型マンションの標準管理規約

が，区分所有者を代理して損害保険金の請求と受領ができると規定していますが，これは，**法第26条《権限》**第2項の内容を確認する意味で規定しているものであるといえるでしょう。

第2節　費用の負担

管理費等

> 第25条　区分所有者は，敷地及び共用部分等の管理に要する経費に充てるため，次の費用（以下「管理費等」という。）を管理組合に納入しなければならない。
> 一　管理費
> 二　修繕積立金
> 2　管理費等の額については，各区分所有者の共用部分の共有持分に応じて算出するものとする。

1997年改正前の『標準管理規約』では，管理組合が区分所有者から徴収する管理に要する経費として，管理費と修繕積立金（当時は「特別修繕費」という表現をしていました）以外に，組合費を含めた分類にしていたことから，現在でもこの3つの経費を徴収している管理組合があります。

もちろん，このような分類でも問題はありませんが，最近では組合費も管理費に含めて徴収する形態が主流となっているようです。

もっとも，どちらの方式であっても，最終的に区分所有者の負担が変わるわけではありませんから，大きな問題はないでしょう。

管理費は，各区分所有者の共用部分の使用頻度を考慮しないで，共用部分の

持分割合により徴収します。

法第19条《共用部分の負担及び利益収取》は，このことを規定しています（1の「12」参照）。

たとえばエレベータ付きマンションで，エレベータをほとんど利用しない1階の区分所有者だけは管理費を安くするようなことはしない理由も，この定めによるものです。

なお，管理費の負担については，第2項において，各区分所有者の共用部分の共有持分に応じて算出することが確認する意味で定められています。

◁コメント▷

❶ 管理費等の負担割合を定めるに当たっては，使用頻度等は勘案しない。

❷ 管理費のうち，管理組合の運営に要する費用については，組合費として管理費とは分離して徴収することもできる。

❸ 議決権割合の設定方法について，一戸一議決権（第46条関係❷）や価値割合（第46条関係❸）を採用する場合であっても，これとは別に管理費等の負担額については，第2項により，共用部分の共有持分に応じて算出することが考えられる。

❹ なお，管理費等の徴収や，滞納があった場合の取扱い等については，第60条を参照のこと。

承継人に対する債権の行使

> **第26条** 管理組合が管理費等について有する債権は，区分所有者の特定承継人に対しても行うことができる。

区分所有者が管理費を滞納したまま，自己の所有する住戸等（区分所有権とそれに帰属する土地共有持分等）を第三者に売却したり，あるいはその住戸を第三者が競売等によって購入（または競落）した場合には，管理組合は，その住

2 単棟型マンションの標準管理規約

戸等を取得した新しい区分所有者（特定承継人）に対しても，従前の区分所有者が未払いの管理費等を請求できるとした規定が本条です。

なお，以前は，特定承継人とともに相続人等の包括承継人もこの債務を引き継ぐとされていましたが，包括承継人が債務を承継することは当然であることから，**2016年改正『標準管理規約』**で削除されています。

「特定承継人に対しても」という表現からわかるように，管理組合は，この債権は元の区分所有者に対して請求することも可能です。

要は，管理組合に対する本条に基づく債務は，元の組合員と新しい組合員の連帯債務（厳密にいうと，不真性連帯債務）となることになります。

ところで，承継人に引き継ぐ債務の中に，管理費や修繕積立金以外に，専用使用権の使用料等が含まれるか否かが問題となる可能性があります。

この中で，ルーフバルコニーや専用庭については，専有部分の所有権の移転により新たに取得した区分所有者が当然にその権利を引き継ぐことになりますので，この専用使用料の滞納分はこの債務に含まれるものと思われます。

これに対して，駐車場使用料については，**第15条《駐車場の使用》**第3項により，区分所有者がその所有する専有部分を第三者に譲渡した場合には，その区分所有者の駐車場使用契約は失効すると規定されていますので，この債権に含めるのは難しいように思われます。このような問題が発生した場合は，弁護士等の専門家とよく相談した方がよいでしょう。

◆コメント

以前は包括承継人についても記載していたが，包括承継人が債務を承継するのは当然であるため，削除した。

管理費

第27条　管理費は、次の各号に掲げる通常の管理に要する経費に充当する。
一　管理員人件費
二　公租公課
三　共用設備の保守維持費及び運転費
四　備品費、通信費その他の事務費
五　共用部分等に係る火災保険料、地震保険料その他の損害保険料
六　経常的な補修費
七　清掃費、消毒費及びごみ処理費
八　委託業務費
九　専門的知識を有する者の活用に要する費用
十　管理組合の運営に要する費用
十一　その他第32条に定める業務に要する費用（次条に規定する経費を除く。）

　管理組合の運営のために必要な諸費は管理費でまかないます。
　なお、管理組合の業務については**第32条《業務》**で規定されており、管理組合は同条で定めた業務を行う団体であるため、管理費に関する本条の規定は同条とリンクしています。
　まず、第一号の「管理員人件費」とは、マンションの管理室等で日常的な管理業務を担う「管理人さん」の人件費です。

2 単棟型マンションの標準管理規約

　区分所有法でいう「管理者」と，管理室等で日常の管理業務を担っている「管理人」（もしくは「管理員」）とは，言葉はよく似ていますが，その役割は全く違っていることを理解しておいてください（管理者については1の「19」，「21」参照）。

　次に，第二号の「公租公課」とは，税金等をいいます。

　なお，管理組合によっては，組合員は町内会に加入する旨を規約で定め，管理費の中から「町内会費」を支出しているケースがありますが，町内会は任意加入の組織であるため，マンションの区分所有者を強制的に加入させることには問題があります。同じ町内にある一戸建て住宅の住人や賃貸住宅の住人は入退会が自由であるのに，マンションの区分所有者だけが強制加入となっているのは，常識的に考えても不公平といえるでしょう。もちろん，個々の区分所有者が任意で町内会に加入するのは何の問題もありません。

　この場合，区分所有者が希望するときは，管理組合に通常の管理費に町内会費相当の費用をプラスして口座引落とし等により徴収してもらい，他の町内会員である区分所有者の分と一括して町内会に会費を支払うことを規約や細則に規定することは問題ありません。

　また，第九号の「専門的知識を有する者の活用に要する費用」とは，マンション管理士や弁護士，税理士等の専門家に，マンションを管理する上で相談をしたり，また必要な業務を依頼する場合の費用をいいます。

　2016年改正『標準管理規約』で最も注目されたことの一つが，管理組合の業務を規定している**第32条《業務》**から「地域コミュニティにも配慮した居住者間のコミュニティ形成」の号が削除されるとともに，本条（第27条）からも「地域コミュニティにも配慮した居住者間のコミュニティ形成費用」の号が削除されたことです。

　一方で，第32条を細かくみますと，従来は第十五号に規定されていた当該号が管理組合の業務から外されていますが，これに代わって第十二号の部分が

第27条　管理費

補強され，「マンション及び周辺の風紀，秩序及び安全の維持，防災並びに居住環境の維持及び向上に関する業務」と改正されています。

すなわち，マンション管理に必要な事項（周辺の風紀，秩序と安全の維持や防災，居住環境の維持および向上）については第32条第十二号により管理組合の業務であることが明確に定められていますから，当然ながら，この規定の範囲内の支出については第27条第十号の「管理組合の運営に要する費用」に包含されることとなります。

なお，数は多くないかもしれませんが，理事会のたびに鰻や寿司等の高額な飲食費を支出したり，あるいは理事会後にアルコール等を出している管理組合がありますが，このようなことに管理費を支出することは論外です。

理事は無償で業務を担っているのだから，高額な飲食費や酒代はその分の慰労費である等という主張もあるようですが，この議論は本末顛倒です。

管理組合のお金は，公金と同じです。そして公金だとすれば，その使い道については自ずと一定の常識やルールがあるはずです。

このように考えると，理事会の会議の際に管理費から支出する費用（通常は「組合経費」，「理事会運営費」等とされています）は，お茶やお茶受け程度の菓子類までの常識の範囲であるべきなのです。一方で，会議費として高額な食事代やアルコール代を支出することは世間一般の常識とはいえません。昨今では，企業でも，高額な飲食費等は，会議費ではなく交際費として経理処理していることからも，このことは理解できるでしょう。

また，理事には給与を支払っていないから高額な食事等で慰労するということもおかしな話です。

たとえば，【コメント】❶にも，管理組合の運営に要する費用には役員活動費も含まれ，これについては一般の人件費等を勘案して定めるものとする旨の指摘があります。

もちろん，この場合の人件費の額は，あくまで適正な水準である必要があり

2 単棟型マンションの標準管理規約

ます。たとえば，理事会一回あたり1万円の人件費を支払うとする規定を管理組合で作った場合は，一回の会議の時間がたとえ1時間であったとしても1万円を支払うことになりますが，さすがにこのような場合は社会一般の通念から考えると問題ではないでしょうか。

次に，**第35条《役員》**にも関連しますが，居住区分所有者だけが役員に就任すると規定している管理組合では，管理の手間や負担が居住区分所有者のみに集中することとなります。

そのため，「管理組合協力金」等の名目で，管理費とは別に一定の金額を非居住区分所有者（不在組合員）から徴収する旨を規約に設定している管理組合もあります。この規約も，その額が妥当な範囲内であれば有効と考えるべきでしょう。

ちなみに，不在組合員から月2,500円相当の協力金を徴収するとした規約の変更は無効ではないとする判例があります（最高裁三小平成22年1月26日判決）。

> コメント

❶ 管理組合の運営に要する費用には役員活動費も含まれ，これについては一般の人件費等を勘案して定めるものとするが，役員は区分所有者全員の利益のために活動することに鑑み，適正な水準に設定することとする。なお，コメント第37条関係❷を参照のこと。

❷ 従来，本条第十号に掲げる管理費の使途及び第32条の管理組合の業務として，「地域コミュニティにも配慮した居住者間のコミュニティ形成（に要する費用）」が掲げられていた。これは，日常的なトラブルの未然防止や大規模修繕工事等の円滑な実施などに資するコミュニティ形成について，マンションの管理という管理組合の目的の範囲内で行われることを前提に規定していたものである。しかしながら，「地域コミュニティにも配慮した居住者間のコミュニティ形成」との表現には，定義のあいまいさから拡大解釈の懸念があり，とりわけ，管理組合と自治会，町内会等とを混同することにより，自治会費を管理費として一体で徴収し自治会費を払っている事例や，自治会的な活動への管理費の支出をめぐる意見

対立やトラブル等が生じている実態もあった。一方，管理組合による従来の活動の中でいわゆるコミュニティ活動と称して行われていたもののうち，例えば，マンションやその周辺における美化や清掃，景観形成，防災・防犯活動，生活ルールの調整等で，その経費に見合ったマンションの資産価値の向上がもたらされる活動は，それが区分所有法第3条に定める管理組合の目的である「建物並びにその敷地及び附属施設の管理」の範囲内で行われる限りにおいて可能である。

以上を明確にするため，第十号及び第32条第十五号を削除するとともに，第32条第十二号を「マンション及び周辺の風紀，秩序及び安全の維持，防災並びに居住環境の維持及び向上に関する業務」と改めることとした。

また，従来，第十二号に「その他敷地及び共用部分等の通常の管理に要する費用」が掲げられていたが，第32条に定める業務との関連が不明確であったことから，「その他第32条に定める業務に要する費用（次条に規定する経費を除く。）」と改めることとした。上述の第32条第十二号の業務に要する費用は，本号あるいは別の号の経費として支出することが可能である。

❸ 管理組合は，区分所有法第3条に基づき，区分所有者全員で構成される強制加入の団体であり，居住者が任意加入する地縁団体である自治会，町内会等とは異なる性格の団体であることから，管理組合と自治会，町内会等との活動を混同することのないよう注意する必要がある。

各居住者が各自の判断で自治会又は町内会等に加入する場合に支払うこととなる自治会費又は町内会費等は，地域住民相互の親睦や福祉，助け合い等を図るために居住者が任意に負担するものであり，マンションを維持・管理していくための費用である管理費等とは別のものである。

自治会費又は町内会費等を管理費等と一体で徴収している場合には，以下の点に留意すべきである。

ア　自治会又は町内会等への加入を強制するものとならないようにすること。

イ　自治会又は町内会等への加入を希望しない者から自治会費又は町内会費等の徴収を行わないこと。

ウ　自治会費又は町内会費等を管理費とは区分経理すること。

エ　管理組合による自治会費又は町内会費等の代行徴収に係る負担について整理すること。

❹ 上述のような管理組合の法的性質か

②　単棟型マンションの標準管理規約

らすれば，マンションの管理に関わりのない活動を行うことは適切ではない。例えば，一部の者のみに対象が限定されるクラブやサークル活動経費，主として親睦を目的とする飲食の経費などは，マンションの管理業務の範囲を超え，マンション全体の資産価値向上等に資するとも言い難いため，区分所有者全員から強制徴収する管理費をそれらの費用に充てることは適切ではなく，管理費とは別に，参加者からの直接の支払や積立て等によって費用を賄うべきである。

修繕積立金

第28条　管理組合は，各区分所有者が納入する修繕積立金を積み立てるものとし，積み立てた修繕積立金は，次の各号に掲げる特別の管理に要する経費に充当する場合に限って取り崩すことができる。
一　一定年数の経過ごとに計画的に行う修繕
二　不測の事故その他特別の事由により必要となる修繕
三　敷地及び共用部分等の変更
四　建物の建替え及びマンション敷地売却（以下「建替え等」という。）に係る合意形成に必要となる事項の調査
五　その他敷地及び共用部分等の管理に関し，区分所有者全体の利益のために特別に必要となる管理
2　前項にかかわらず，区分所有法第62条第1項の建替え決議（以下「建替え決議」という。）又は建替えに関する区分所有者全員の合意の後であっても，マンションの建替え等の円滑化に関する法律（平成14年法律第78号。以下「円滑化法」という。）第9条のマンション建替組合の設立の認可又は円滑化法第45条のマ

ンション建替事業の認可までの間において，建物の建替えに係る計画又は設計等に必要がある場合には，その経費に充当するため，管理組合は，修繕積立金から管理組合の消滅時に建替え不参加者に帰属する修繕積立金相当額を除いた金額を限度として，修繕積立金を取り崩すことができる。

3　第1項にかかわらず，円滑化法第108条第1項のマンション敷地売却決議（以下「マンション敷地売却決議」という。）の後であっても，円滑化法第120条のマンション敷地売却組合の設立の認可までの間において，マンション敷地売却に係る計画等に必要がある場合には，その経費に充当するため，管理組合は，修繕積立金から管理組合の消滅時にマンション敷地売却不参加者に帰属する修繕積立金相当額を除いた金額を限度として，修繕積立金を取り崩すことができる。

4　管理組合は，第1項各号の経費に充てるため借入れをしたときは，修繕積立金をもってその償還に充てることができる。

5　修繕積立金については，管理費とは区分して経理しなければならない。

　マンションの資産価値を維持するには，長期修繕計画を作成した上で，一定期間ごとに計画的に維持修繕工事を繰り返すことが重要であり，そのための費用として修繕積立金を積み立てる必要があります。

　また，修繕積立金の使途は管理費とは異なりますので，管理費とは分けて経理をする必要があります（可能であれば，銀行口座等も別にしたほうがわかりやすいでしょう。もっとも，同じ口座にしていても経理処理で分割することはできます）。

2 単棟型マンションの標準管理規約

ところで、修繕積立金については注意しなければいけないことがあります。それは、修繕積立金の使途は規約で決まっているので、目的外で利用することは厳に慎まなければいけないことです。

すなわち、総会で圧倒的な多数で決議したとしても、修繕積立金を目的外に支出することは規約違反であることを認識しなければいけません。

マンションは適切に維持管理されていても、建物の高経年化が進んでくると、建替えやマンション敷地売却等の出口戦略を検討する必要が生じます。

しかしながら、建替えやマンション敷地売却の検討は通常の管理業務とは異なりますので、これらの検討に必要な費用を修繕積立金から充当しようするときには、修繕積立金の使途の中にそれらの費用も含まれることがあらかじめ規約に明記されている必要があります。

さて、建替え決議後に円滑化法による組合施行方式で建替えを実現する場合や、マンション敷地売却の決議後にマンション敷地売却組合を設立してマンション敷地売却の手続きを進める場合には、現実には、認可権者である都道府県知事等から建替組合やマンション敷地売却組合の設立認可が下りることで組合は設立されます。加えて、マンションの建替えを、円滑化法による個人施行方式で事業化する際も、都道府県知事から事業の認可を得る必要があります。

ところで、建替え決議等やマンション敷地売却決議の後、組合が設立されるまでの間（あるいは、事業が認可されるまでの間）も建替えやマンション敷地売却に向けた活動を続ける必要がありますが、現実には、組合が設立されるまでは活動のための予算はありません。そこで、その間の活動費を修繕積立金からまかなうことができるよう規約で定めておく必要があります。

もっとも、この場合に取り崩すことができる修繕積立金の上限額は、建替えまたはマンション敷地売却の不参加者に帰属する修繕積立金の相当額を除いた額となります。

このことについては、以下に、建替え決議を例として考えてみましょう。

第28条　修繕積立金

区分所有者は 100 人で，議決権も各専有部分に 1 とします。

また，全ての住戸の面積も土地共有持分も同じであり，修繕積立金の返還の権利も全員が同等とします。

さらに，修繕積立金の残高は 1 億円あるとします（1 人当たりの修繕積立金の残高は 100 万円になります）。

そして，このマンションで建替え決議が可決され，建替えに賛成しなかった区分所有者等に催告をした結果，100 人中 98 人が建替えに参加するものの，2 人の区分所有者が建替え不参加者であるものとします。

このケースでは，2 人の建替え不参加者は，建替え参加者らから売渡し請求権を行使されることになりますが，この 2 人の建替え不参加者に帰属する修繕積立金 200 万円を除いた 9,800 万円が本条第 3 項に定める活動費に充当できる修繕積立金の上限額と考えられます。

次に，建替えを円滑化法の組合施行方式で進めるものとして，建替え決議後に建替組合が設立されるまでのプロセスについて説明します。

具体的には，建替え決議後に，建替え合意者の 5 人以上が定款と事業計画を示した上で建替えに参加する区分所有者と議決権の各 4 分の 3 以上の同意を得て建替組合の設立認可を都道府県知事等に申請します。

そして，都道府県知事等より組合の設立認可の公告が下りた時点で建替組合が設立されますが，比較的人数の少ないマンションで迅速に対応できた場合でも，建替え決議から建替組合の設立認可までには半年近くの期間がかかります。

この半年近い間に何の活動も行われなければ，建替えに向けて盛り上がった区分所有者の意識にも影響しますし，そもそも建替組合の設立手続きには専門家等の協力が欠かせませんから，この間も一定の活動資金はどうして必要となります。

同じことは，個人施行方式で建替えを進める場合や，マンション敷地売却を検討する際にも当てはまります。

2 単棟型マンションの標準管理規約

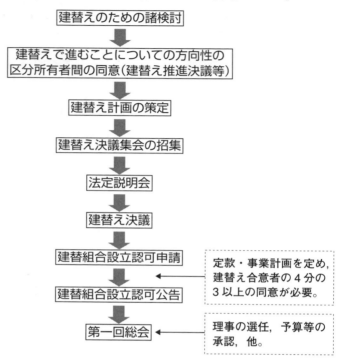

　以上から，これらに要する費用の支出に関する規定は，建替え等の検討に際しては非常に重要であるといえるでしょう。

　ところで，マンション敷地売却は2014年の円滑化法の改正により誕生した制度ですから，**2016年改正『標準管理規約』**に，初めてこの規定が誕生しました。

　また，マンションの建替え費用を修繕積立金から捻出する仕組みも，2002年の区分所有法改正後の**2004年改正『標準管理規約』**に採用された条項です。

　したがって，あなたのマンションの管理規約の直近の改正がそれより以前の場合には，規約にこの条項が設定されていない可能性があります。

第 28 条　修繕積立金

　今すぐに建替えやマンション敷地売却を検討しないマンションでも，早めにこの条項を整備しておいたほうがよいでしょう。

　なお，以上の点については，下記のように，かなり詳細な【コメント】があります。

　最後に，大規模修繕や，マンションの維持に必要な改修等，本条第1項に定める経費をまかなうために管理組合が借入れをした場合には，修繕積立金をその返済にあてることができます（第4項）。

　もっとも，借入金の返済のために修繕積立金の額を上げることが必要になると思われます。そのため，借入金の返済のために修繕積立金の額を上げることが可能であるのならば，当初から修繕積立金の額を相当の額にするような努力が必要なのではないでしょうか。

<コメント>

❶　対象物件の経済的価値を適正に維持するためには，一定期間ごとに行う計画的な維持修繕工事が重要であるので，修繕積立金を必ず積み立てることとしたものである。

❷　分譲会社が分譲時において将来の計画修繕に要する経費に充当していくため，一括して購入者より修繕積立基金として徴収している場合や，修繕時に，既存の修繕積立金の額が修繕費用に不足すること等から，一時負担金が区分所有者から徴収される場合があるが，これらについても修繕積立金として積み立てられ，区分経理されるべきものである。

❸　円滑化法に基づく建替組合によるマンション建替事業における建替えまでのプロセスの概要は，円滑化法の制定を踏まえ作成された「マンションの建替えに向けた合意形成に関するマニュアル」（平成15年1月国土交通省公表）によれば，次のとおりである。

　A．建替え決議までのプロセス

　（ア）準備段階：一部の区分所有者から建替えの発意がなされ，それに賛同する有志により，建替えを提起するための基礎的な検討が行われる段階であり，「管理組合として建替えの検討を行うことの合意を得ること」を目

標とする。
　（イ）　検討段階：管理組合として，修繕・改修との比較等による建替えの必要性，建替えの構想について検討する段階であり，「管理組合として，建替えを必要として計画することの合意を得ること」を目標とする。
　（ウ）　計画段階：管理組合として，各区分所有者の合意形成を図りながら，建替えの計画を本格的に検討する段階であり，「建替え計画を策定するともに，それを前提とした建替え決議を得ること」を目標とする。
B．建替え決議後のプロセス
　（ア）　建替組合の設立段階：定款及び事業計画を定め，都道府県知事等の認可を受けて建替組合を設立する段階。
　（イ）　権利変換段階：権利変換計画を策定し，同計画に関し都道府県知事等の認可を受け，権利変換を行う段階。
　（ウ）　工事実施段階：建替え工事を施工し，工事完了時にマンション建替事業に係る清算を行う段階。
　（エ）　再入居と新管理組合の設立段階：新マンションに入居し，新マンションの管理組合が発足する段階。

❹　❸のプロセスのうち，❸のA（イ）及び（ウ）の段階においては，管理組合が建替えの検討のため，調査を実施する。調査の主な内容は，再建マンションの設計概要，マンションの取壊し及び再建マンションの建築に要する費用の概算額やその費用分担，再建マンションの区分所有権の帰属に関する事項等である。

❺　❸のプロセスのうち，❸のB（ア）の段階においても，修繕積立金を取り崩すことのできる場合があることを定めたのが第2項である。

❻　❸のプロセスによらず，円滑化法第45条のマンション建替事業の認可に基づく建替え，又は区分所有者の全員合意に基づく任意の建替えを推進する場合であっても，必要に応じて，第1項及び第2項，又は第2項と同様の方法により，修繕積立金を取り崩すことは可能である。ただし，任意の組織に関しては，その設立時期について管理組合内で共通認識を得ておくことが必要である。

❼　円滑化法に基づくマンション敷地売却組合によるマンション敷地売却事業のプロセスの概要は，平成26年の円滑化法の改正を踏まえ作成された「耐

震性不足のマンションに係るマンション敷地売却ガイドライン」（平成26年12月国土交通省公表）を参考とされたい。この場合にも，建替えの場合と同様に，第1項及び第3項に基づき，必要に応じて，修繕積立金を取り崩すことは可能である。

❽　建替え等に係る調査に必要な経費の支出は，各マンションの実態に応じて，管理費から支出する旨管理規約に規定することもできる。

使用料

> **第29条**　駐車場使用料その他の敷地及び共用部分等に係る使用料（以下「使用料」という。）は，それらの管理に要する費用に充てるほか，修繕積立金として積み立てる。

　平置き式の駐車場は維持費があまりかからないため，多くの管理組合では，期末時点で残っている駐車場使用料は翌期の修繕積立金に繰り入れる処理が取られています。本条においても，駐車場使用料から管理に必要な経費を控除した後は，修繕積立金として積み立てることが規定されています。

　なお，多くの自治体では条例等によりマンションに駐車場の附置義務を課していますので，特に都心部では，条例で定められた駐車台数を満たすために機械式駐車場を設置するマンションが少なくありません。もちろん，機械式よりも自走式のほうが望ましいのですが，敷地に余裕がなければ，地下駐車場で対応するしかありません。しかしながら地下の掘削工事費はかなり高額になることから，特に大都市部のマンションでは結果として機械式駐車場を採用しなければいけないケースが少なくないのが実情です。

　ところで，機械式駐車場は，自走式の駐車場と比較すると，維持費や管理費の負担も大きくなります。そのため，機械式駐車場に関する収支は，管理費や

2 単棟型マンションの標準管理規約

修繕積立金とは区分して経理することもできることが【コメント】に書かれています。この点も，機械式駐車場を有するマンションによっては検討すべき問題かもしれません。

　ちなみに，駐車場以外の共用部分の使用料には，駐輪場やバイク置場の使用料のほか，集会室の使用料等があります。

<コメント>

　機械式駐車場を有する場合は，その維持及び修繕に多額の費用を要することから，管理費及び修繕積立金とは区分して経理することもできる。

《外部専門家について》

　2016年改正『標準管理規約』で,「外部専門家」に理事や監事に就任してもらうという新たな選択肢が示されました。
　ところで, ①の「19」でも述べましたように, 区分所有法には, 管理者は区分所有者でなければいけない等の制約は特に設けられていません。
　法務省民事局参事官室編の『新しいマンション法』では, 管理者は区分所有者が規約や集会の決議で指定することを想定していますが, 一方で,「この法律によって選任される管理者は, 区分所有者であることを要しません」(155ページ)とも書かれていることから, 法律では, そもそも外部の専門家による管理も想定していたことが確認できます。
　もっとも, 管理者は区分所有者の財産の管理をすることが, その職務の基本ですから, 区分所有者の中で管理ができ, 人材をまかなうことができるのであればそれに越したことはありません。
　現実に多くの管理組合では, 区分所有者自らが理事に就任して, 理事が話し合いで理事長を決め, その理事長が管理を担うことを規約に定めて, 管理会社や専門家等の支援を受けながらも対応をしていますし, 中には自主管理ですぐれた実績を上げている管理者もいます。
　しかしながら, 特に高経年マンションを中心に区分所有者の高齢化が進み, 理事長の役割を担う人材がいなくなっている管理組合がありますし, 投資用マンションやリゾートマンションではそもそも役員のなり手を探すのに苦労しているという話を聞きます。
　その意味で, 2016年の『標準管理規約』の改正で, 外部専門家を管理者等に就任させることができる選択肢が設けられたことは意義のあることだと思います。
　もっとも, 外部専門家に管理を委託すると, 当然ながら費用が発生しま

すし，特に専門性の高い人材に業務を委託するとなると，その費用は安いものではないでしょう。

　また，その外部専門家の業務を監査する仕組みは重要ですから，区分所有者の側もそのような負担は覚悟しなければいけません。

　なお，外部専門家を理事または理事長に選任する場合は，その選任方法や資格要件について細則で定めておく必要があります（**第35条《役員》**の「外部専門家を理事として選任できることとする場合」のオプション条項の第4項参照）。

　『標準管理規約』第35条の【コメント】❻は，「法人・団体から外部の専門家の派遣を受ける場合には，派遣元の法人・団体等による報告徴収や業務監査又は外部監査が行われること」等を要件として細則に定めることが考えられるとしています。

　また，外部専門家を役員とする規定を設定する場合には，**第36条の2《役員の欠格条項》**の規定を併せて設定すべきです。

第6章 管理組合

第6章「管理組合」は，

　　　　第1節「組合員」（第30条〜第31条）
　　　　第2節「管理組合の業務」（第32条〜第34条）
　　　　第3節「役員」（第35条〜第41条）
　　　　第4節「総会」（第42条〜第50条）
　　　　第5節「理事会」（第51条〜第55条）

の5節で構成されています。

　全部で72条の『標準管理規約』のなかで，第6章だけで26か条ありますから，この章でかなりの部分が割かれていることがわかります。

　以下，順に解説します。

第1節　組　合　員

組合員の資格

> 第30条　組合員の資格は，区分所有者となったときに取得し，区分所有者でなくなったときに喪失する。

　第6条《管理組合》の解説でも述べていますが，管理組合は，建物（専有部

分を除きます）や敷地および附属施設の共有者である区分所有者で構成される団体です。

したがって，「区分所有者＝管理組合の組合員」となるため，区分所有者となったときには管理組合の組合員になります。

そして，区分所有者が専有部分と敷地共有持分を第三者に売却したり，あるいは他の親族等に相続または贈与すれば，その人は区分所有者ではなくなりますから，当然ながら管理組合の組合員でもなくなります。

届出義務

> 第31条　新たに組合員の資格を取得し又は喪失した者は，直ちにその旨を書面により管理組合に届け出なければならない。

区分所有者がマンション内に居住している場合は，売却はもとより相続についても，その事実の確認は比較的容易ですが，マンション外に居住している区分所有者については，特に相続が発生した場合や，区分所有者が配偶者等に区分所有権を贈与したときは，関係者からの申し出がないと，その確認をすることは困難です。

そこで，本条の定めである「区分所有者に異動があったときは，必ず管理組合に連絡をしてほしい」旨は日頃から区分所有者に周知しておくことが重要です。

そのほか，総会の招集を通知した際には，特に音沙汰のない区分所有者に対しては，管理組合の側から区分所有者に電話連絡等をして議決権行使等を促すとともに，区分所有者本人と話をするように心がけましょう。

コメント

届出書の様式は，次のとおりとする。

```
                    届 出 書
                              平成  年  月  日
○○マンション管理組合
  理事長  ○○○○殿
  ○○マンションにおける区分所有権の取得及び喪失について，下記のとおり
届け出ます。
                    記
1  対象住戸                  ○○号室
2  区分所有権を取得した者      氏名
3  区分所有権を喪失した者      氏名
                            住所（移転先）
4  区分所有権の変動の年月日    平成  年  月  日
5  区分所有権の変動の原因
```

第2節　管理組合の業務

業　務

第32条　管理組合は，建物並びにその敷地及び附属施設の管理のため，次の各号に掲げる業務を行う。

一　管理組合が管理する敷地及び共用部分等（以下本条及び第48条において「組合管理部分」という。）の保安，保全，保守，清掃，消毒及びごみ処理

二　組合管理部分の修繕

三　長期修繕計画の作成又は変更に関する業務及び長期修繕計画書の管理

> 四　建替え等に係る合意形成に必要となる事項の調査に関する業務
> 五　適正化法第103条第1項に定める、宅地建物取引業者から交付を受けた設計図書の管理
> 六　修繕等の履歴情報の整理及び管理等
> 七　共用部分等に係る火災保険、地震保険その他の損害保険に関する業務
> 八　区分所有者が管理する専用使用部分について管理組合が行うことが適当であると認められる管理行為
> 九　敷地及び共用部分等の変更及び運営
> 十　修繕積立金の運用
> 十一　官公署、町内会等との渉外業務
> 十二　マンション及び周辺の風紀、秩序及び安全の維持、防災並びに居住環境の維持及び向上に関する業務
> 十三　広報及び連絡業務
> 十四　管理組合の消滅時における残余財産の清算
> 十五　その他建物並びにその敷地及び附属施設の管理に関する業務

　管理組合は、共用部分の共有者でもある区分所有者で構成される団体です。
　そのため、組合員資格も区分所有者である旨は**第30条《組合員の資格》**で規定されているとおりです。また、**第6条《管理組合》**は、「区分所有者は、区分所有法第3条に定める建物並びにその敷地及び附属施設の管理を行うための団体」として、「区分所有者全員をもって○○マンション管理組合を構成する」

第32条　業　務

と規定しています。

　このことから，管理組合の業務は，建物と敷地および附属施設の管理であることを確認することができます。

　さて，具体的な内容についてみてみましょう。まず，第一号から第四号は読んだ通りです。

　この中で，第三号については，規約の最終改定時期により，次のような点に留意する必要があります。すなわち，第三号に規定されている長期修繕計画に係る業務が『標準管理規約』に初めて取り入れられたのは1997年の改正のときですから，それ以前に設定されたまま一度も規約を改正していない管理組合では，そもそもこの条項が規約に含まれていない可能性があります。

　なお，【コメント】❷で述べられていますが，長期修繕計画は最低でも25年以上，できれば30年以上で設定すべきです。その理由は，30年程度で設定すれば，修繕のために必要な工事をほぼ網羅することができるからです。

　なお，第三号の中の「長期修繕計画書の管理」は，**2011年改正『標準管理規約』**で新しく追加された項目です。

　また，長期修繕計画書とともに，第五号では，「適正化法第103条第1項に定める，宅地建物取引業者から交付を受けた設計図書」（以下，「設計図書等」といいます）の管理を管理組合の業務の一つとして定めています。

　この設計図書等とは，**適正化法第103条《設計図書の交付等》**第1項に基づいて宅地建物取引業者から交付される次の書類です。

① 　竣工時の付近見取図
② 　配置図
③ 　仕様書（仕上げ表を含みます）
④ 　各階平面図
⑤ 　二面以上の立面図
⑥ 　断面図または矩計図

⑦　基礎伏図
　⑧　各階床伏図
　⑨　小屋伏図
　⑩　構造詳細図
　⑪　構造計算書

　ところで，適正化法の施行（2001年8月1日）前に建設工事が完了したマンションでは設計図書等の全部もしくは一部が交付されていないこともあります。

　いずれにしても，設計図書等は，将来の建物の修繕や改修に必要なものですから，大切に保管しなければいけません。

　次に，第六号の「修繕等の履歴情報」とは，大規模修繕工事や計画修繕工事，設備改修工事等の修繕の時期やその箇所，費用および工事施工者等の情報に加えて，設備の保守点検，建築基準法に定める特殊建築物等の定期調査の報告，および建築設備の定期検査の報告や，消防法の防火対象物の定期点検の報告等，これまでの維持管理に関する情報をいいます。

　これらの情報を整理して，後日，必要が生じた場合に参照できるようにしておくことが，その後のマンション管理を考える上で有効になるでしょう。

　また，第七号から第十一号は読んだとおりの内容ですので，次に，第十二号の「マンション及び周辺の風紀，秩序及び安全の維持，防災並びに居住環境の維持及び向上に関する業務」について述べることとします。

　前述しましたように，2016年改正『標準管理規約』により，旧第十五号の「地域コミュニティにも配慮した居住者間のコミュニティ形成」が削除されました。

　この点は，改正当時かなり議論となった事項でしたが，そもそも論ですが，マンション問題について論じるときには，筆者は，次の二つの視点があると考えています。

　第一は，「モノ」の視点です。

第32条　業務

　マンションとは，建物，土地と附属施設で構成される共有物ですから，その方向からアプローチする考え方が「モノ」の視点となります。「管理組合」は，この視点に立った組織といえるでしょう。

　第二は，「ヒト」の視点です。

　マンションは住宅であり，そこに住んでいる居住者の面からアプローチする考え方が「ヒト」の視点となります。そして，「ヒト」の視点から成り立つ組織が，たとえば自治会や町内会等のいわゆるコミュニティ団体（以下では，コミュニティ組織を「自治会等」といいます）となります。

　ところで，管理組合と自治会等とは全く異なる組織です。

　区分所有者で構成される管理組合は，その基本は共有者により共有物を管理する団体ですから，共有者であれば当然ながらその構成員となりますし，共有者でなくなれば構成員ではなくなります。管理組合は強制加入団体であるといわれますが，管理組合という名前の共有者の集まりだと考えればそれは当然のことです。なお，この点について，筆者は，「強制加入団体」と称するよりも「当然加入団体」と表現するほうが適切ではないかと思います。

　これに対して，自治会等は，住戸の所有の如何にかかわらず，居住者が任意で加入する団体です。ところで，居住者であれば，当然に自治会等に加入しなければいけないとすれば，そもそも憲法で保障する集会結社の自由を侵害することになってしまいます。

　また，自治会等の加入者は，その組織が対象とする地区に居住している人となりますので，住宅の所有者だけでなく賃借人もその構成員となることができます。

　このように，「モノ」の管理組織である管理組合と，「ヒト」の管理組織である自治会等とは，その成り立ちも性格も構成員も異なりますので，これらを同レベルで考えることには無理があることは言うまでもないでしょう。

　では，なぜ，管理組合のコミュニティ活動を許容すべきであるとする議論が

2 単棟型マンションの標準管理規約

出てくるのかといえば，それには次のような理由が考えられます。

① 防災や防犯対策上で必要であるため
② 居住者コミュニティを活性化することで管理組合活動も活性化させることができるため
③ 組織がしっかりしている管理組合に自治会機能をもたせるほうが，自治会の運営基盤もしっかりするため
④ その他

上記のうち，①については，**2016年改正『標準管理規約』**においても，本条第十二号に明確に規定されています。

すなわち，「マンション及び周辺の風紀，秩序及び安全の維持，防災並びに居住環境の維持及び向上に関する業務」については管理組合の業務であることが明確にされていますので，管理組合としても問題なく活動できるはずです。

次に，②についてですが，確かに，マンションや特に団地において自治会活動をする中で結果として管理組合活動も活発に行われている事例はいくつも報告されています。

その意味で，前述のように，「ヒト」の管理をする自治会活動が活発に行われることは意味のあることだと思いますし，それを否定することはできません。

ただし，「モノ」の管理組織である管理組合と，「ヒト」の管理組織である自治会等とは，前述のように，その形態も構成員も，また根拠となる法律も異なる（管理組合は区分所有法が根拠法であるのに対して，自治会等は地方自治法が根拠法となります）ことを考えると，後述するように，管理組合と自治会の双方の活動を活発にできるようにそれぞれが協力し工夫をする必要があると考えるのが妥当なところでしょう。

なお，仮にマンション単位で自治会等が成立している場合で，区分所有者全員がたまたま自治会等に加入している場合には，理論上は二つの組織の構成員は同じになりますが，この場合でも，管理組合活動と自治会活動は，会計も異

第32条 業務

なることから，当然ながら分けて管理する必要があります。

　さらに，③については，たとえば一部の自治体で，団地の管理組合等に自治会活動を担わせる方針をつくっているようですが，自治会活動が活発でないためその活動を管理組合に担わせようと考えているのであれば，それはスジが違います。

　そもそも，団地の数が多い自治体では，そのような施策を講じることで自治会活動が一見活発になったように見えるかもしれませんが，自治体全体で見れば一戸建て住宅群も数多く存在しますので，それらで構成される自治会活動の問題を解決しない限り，自治体全体の自治会活動を活発化させることにはならないはずです。

　むしろ，一戸建て住宅も含めた自治会活動全般を活性化させる方策について，さまざまな意見を取り入れながら対応すべきでしょう。

　最後に，このコミュニティ条項に係る問題が，「管理組合費で忘年会禁止」，「管理組合は夏祭り禁止」というセンセーショナルな捉え方で議論されていたケースもあったようですが，以上に述べたように，管理組合のそもそもの役割から理解しないと，本筋ではない議論に発展する可能性がありますので注意が必要でしょう。

　次に，第十四号の「管理組合の消滅時における残余財産の清算」は，建替えまたはマンション敷地売却が決議され，既存の建物が解体されると，管理組合の業務が終了し，残余財産を清算する必要が生じますので，そのことについて規定したものです。

　管理組合において具体的に建替え等の検討を始める場合には，将来的に建替えをすることとなったときには必要なこととなりますので，この清算の手続きについても規定しておくほうがよいでしょう。

　ちなみに，この第十四号は，2004年改正『標準管理規約』に新しく追加された規定です。

② 単棟型マンションの標準管理規約

> コメント

❶ 建物を長期にわたって良好に維持・管理していくためには，一定の年数の経過ごとに計画的に修繕を行っていくことが必要であり，その対象となる建物の部分，修繕時期，必要となる費用等について，あらかじめ長期修繕計画として定め，区分所有者の間で合意しておくことは，円滑な修繕の実施のために重要である。

❷ 長期修繕計画の内容としては次のようなものが最低限必要である。
 1 計画期間が25年程度以上であること。なお，新築時においては，計画期間を30年程度にすると，修繕のために必要な工事をほぼ網羅できることとなる。
 2 計画修繕の対象となる工事として外壁補修，屋上防水，給排水管取替え，窓及び玄関扉等の開口部の改良等が掲げられ，各部位ごとに修繕周期，工事金額等が定められているものであること。
 3 全体の工事金額が定められたものであること。
　また，長期修繕計画の内容については定期的な（おおむね5年程度ごとに）見直しをすることが必要である。

❸ 長期修繕計画の作成又は変更及び修繕工事の実施の前提として，劣化診断（建物診断）を管理組合として併せて行う必要がある。

❹ 長期修繕計画の作成又は変更に要する経費及び長期修繕計画の作成等のための劣化診断（建物診断）に要する経費の充当については，管理組合の財産状態等に応じて管理費又は修繕積立金のどちらからでもできる。ただし，修繕工事の前提としての劣化診断（建物診断）に要する経費の充当については，修繕工事の一環としての経費であることから，原則として修繕積立金から取り崩すこととなる。

❺ 管理組合が管理すべき設計図書は，適正化法第103条第1項に基づいて宅地建物取引業者から交付される竣工時の付近見取図，配置図，仕様書（仕上げ表を含む。），各階平面図，二面以上の立面図，断面図又は矩計図，基礎伏図，各階床伏図，小屋伏図，構造詳細図及び構造計算書である。ただし，同条は，適正化法の施行（平成13年8月1日）前に建設工事が完了した建物の分譲については適用されないこととなっており，これに該当するマンションには上述の図書が交付されていな

第32条　業　務

い場合もある。

　他方、建物の修繕に有用な書類としては、上述以外の設計関係書類（数量調書、竣工地積測量図等）、特定行政庁関係書類（建築確認通知書、日影協定書等）、消防関係書類、機械関係設備施設の関係書類、売買契約書関係書類等がある。

　このような各マンションの実態に応じて、具体的な図書を規約に記載することが望ましい。

❻　修繕等の履歴情報とは、大規模修繕工事、計画修繕工事及び設備改修工事等の修繕の時期、箇所、費用及び工事施工者等や、設備の保守点検、建築基準法第12条第1項及び第3項の特殊建築物等の定期調査報告及び建築設備（昇降機を含む。）の定期検査報告、消防法第8条の2の2の防火対象物定期点検報告等の法定点検、耐震診断結果、石綿使用調査結果など、維持管理の情報であり、整理して後に参照できるよう管理しておくことが今後の修繕等を適切に実施するためにも有効な情報である。

❼　管理組合が管理する書類等として、第三号に掲げる長期修繕計画書、第五号及び❺に掲げる設計図書等、第六号及び❻に掲げる修繕等の履歴情報が挙げられるが、具体的な保管や閲覧については、第64条第2項で規定するとおり、理事長の責任により行うこととする。その他に、理事長が保管する書類等としては、第49条第3項で定める総会議事録、第53条第4項の規定に基づき準用される第49条第3項で定める理事会議事録、第64条及び第64条関係コメントに掲げる帳票類等、第72条で定める規約原本等が挙げられる。

　このうち、総会議事録及び規約原本の保管は、区分所有法により管理者が保管することとされているものであり、この標準管理規約では理事長を管理者としていることから理事長が保管することとしている。

❽　従来、第十五号に定める管理組合の業務として、「地域コミュニティにも配慮した居住者間のコミュニティ形成」が掲げられていたが、「コミュニティ」という用語の概念のあいまいさから拡大解釈の懸念があり、とりわけ、管理組合と自治会、町内会等とを混同することにより、自治会的な活動への管理費の支出をめぐる意見対立やトラブル等が生じている実態もあった。一方、管理組合による従来の活動の中でいわゆるコミュニティ活動と称して行われていたもののうち、例えば、マンションやその周辺における美化や清

2 単棟型マンションの標準管理規約

掃，景観形成，防災・防犯活動，生活ルールの調整等で，その経費に見合ったマンションの資産価値の向上がもたらされる活動は，それが区分所有法第3条に定める管理組合の目的である「建物並びにその敷地及び附属施設の管理」の範囲内で行われる限りにおいて可能である。なお，これに該当しない活動であっても，管理組合の役員等である者が個人の資格で参画することは可能である。

以上を明確にするため，区分所有法第3条を引用し，第32条本文に「建物並びにその敷地及び附属施設の管理のため」を加え，第十五号を削除し，併せて，周辺と一体となって行われる各業務を再整理することとし，従来第十二号に掲げていた「風紀，秩序及び安全の維持に関する業務」，従来第十三号に掲げていた「防災に関する業務」及び「居住環境の維持及び向上に関する業務」を，新たに第十二号において「マンション及び周辺の風紀，秩序及び安全の維持，防災並びに居住環境の維持及び向上に関する業務」と規定することとした。なお，改正の趣旨等の詳細については，第27条関係❷〜❹を参照のこと。

❾ 建替え等により消滅する管理組合は，管理費や修繕積立金等の残余財産を清算する必要がある。なお，清算の方法については，各マンションの実態に応じて規定を整備しておくことが望ましい。

業務の委託等

> 第33条　管理組合は，前条に定める業務の全部又は一部を，マンション管理業者（適正化法第2条第八号の「マンション管理業者」をいう。）等第三者に委託し，又は請け負わせて執行することができる。

世の中には，自主管理型のマンションも一定数ありますので，必ずしもプロの管理業者（マンション管理会社）が関与しなければ，マンションの管理ができないものではありません。

しかしながら、慣れない人からすれば、マンションの管理は煩雑であり面倒な業務ですから、現実にはマンション管理業者（マンション管理会社）に業務を委託している例が少なくありません。

ところで、本条は、管理業務をマンション管理業者に委託したり請け負わせたり「できる」とする規定です。

あくまでも、「できる」規定ですから、自分たちのマンションを自主管理することも、またマンション管理業者に管理を委託することも、管理組合が個々に判断すればよいことです。

なお、マンション管理業者に管理を委託する場合には、「マンション標準管理委託契約書」を交わすことが【コメント】に記載されています。

◁コメント▷

第三者に委託する場合は、マンション　標準管理委託契約書による。

専門的知識を有する者の活用

> 第34条　管理組合は、マンション管理士（適正化法第2条第五号の「マンション管理士」をいう。）その他マンション管理に関する各分野の専門的知識を有する者に対し、管理組合の運営その他マンションの管理に関し、相談したり、助言、指導その他の援助を求めたりすることができる。

世の中には、権利関係や利用関係が複雑なマンションも少なくありませんし、建物構造上の技術的判断や設備関係の知識等、建物や敷地および附属施設を適切に管理し、また維持するためには様々な知識や経験が必要とされます。

そうしたことから、前述のように、マンション管理業者に管理事務や管理業

② 単棟型マンションの標準管理規約

務の一部ないし全部を委託することもありますが，このほか，専門的な知識を有する者に，マンション管理について相談をしたり，助言を仰いだりすることで適切な管理を進めることができる場合もあります。この点についての規定が本条です。

この場合の専門的知識を有する者とは，本条で挙げられているマンション管理士のほか，法律問題であれば弁護士や司法書士，税務や会計の問題であれば公認会計士や税理士，技術的な問題であれば一級建築士等の国家資格取得者が考えられますが，【コメント】❷では，そのほかに，区分所有管理士やマンションリフォームマネジャー等の民間資格取得者を挙げています。

また，専門的知識を有する者の活用の例として，【コメント】❸では，管理規約の改正原案の作成，管理組合における合意形成の調整に対する援助，建物や設備の劣化診断，安全性診断の実施の必要性についての助言，診断項目および内容の整理等の依頼が挙げられています。

ちなみに，この条項は，2000年の適正化法の制定を受けて**2004年改正『標準管理規約』**で設定された規定です。

◁コメント▷

❶　マンションは一つの建物を多くの人が区分して所有するという形態ゆえ，利用形態の混在による権利・利用関係の複雑さ，建物構造上の技術的判断の難しさなどを踏まえ，建物を維持していく上で区分所有者間の合意形成を進めることが必要である。

このような中で，マンションを適切に維持，管理していくためには，法律や建築技術等の専門的知識が必要となることから，管理組合は，マンション管理業者等第三者に管理事務を委託したり，マンション管理士その他マンション管理に関する各分野の専門的知識を有する者に対し，管理組合の運営その他マンションの管理に関し，相談したり，助言，指導その他の援助を求めたりするなど，専門的分野にも適切に対応しつつ，マンション管理を適正に進めることが求められる。

なお，外部の専門家が直接管理組合の運営に携わる場合の考え方について

は，全般関係❸，別添1（省略）等を参照のこと。

❷ 管理組合が支援を受けることが有用な専門的知識を有する者としては，マンション管理士のほか，マンションの権利・利用関係や建築技術に関する専門家である，弁護士，司法書士，建築士，行政書士，公認会計士，税理士等の国家資格取得者や，区分所有管理士，マンションリフォームマネジャー等の民間資格取得者などが考えられる。

❸ 専門的知識を有する者の活用の具体例としては，管理組合は，専門的知識を有する者に，管理規約改正原案の作成，管理組合における合意形成の調整に対する援助，建物や設備の劣化診断，安全性診断の実施の必要性についての助言，診断項目，内容の整理等を依頼することが考えられる。

第3節 役　　員

第3節「役員」は，第35条から第41条までの7条で構成されています。役員になる人物の要件から，役員の任期，欠格条項や，それぞれの役員の役割等が規定されています。

役　員

第35条　管理組合に次の役員を置く。
　一　理事長
　二　副理事長　〇名
　三　会計担当理事　〇名
　四　理事（理事長，副理事長，会計担当理事を含む。以下同じ。）
　　〇名
　五　監事　〇名
2　理事及び監事は，組合員のうちから，総会で選任する。

> 3　理事長，副理事長及び会計担当理事は，理事のうちから，理事会で選任する。
>
> <u>外部専門家を理事として選任できることとする場合</u>
>
> 2　理事及び監事は，総会で選任する。
> 3　理事長，副理事長及び会計担当理事は，理事のうちから，理事会で選任する。
> 4　組合員以外の者から理事又は監事を選任する場合の選任方法については細則で定める。

　管理組合の規模にもよりますが，管理組合の「役員の所管」としては，理事長，副理事長以外に，会計担当理事，総務担当理事，庶務担当理事，渉外担当理事，広報担当理事等が考えられます。

　『標準管理規約』ではミニマムとして，理事長，副理事長，会計担当理事までを規定しています。

　規模があまり大きくない管理組合でも，この三つの所管は必要と思われますので，理事会の構成人数のミニマムも３人となりますが，マンションの管理組合の業務量は規模に比例するわけではなく，組合員の人数が少ないときでもやるべきことは一定量あることを考えると，理事は少なくとも５人くらいは必要ではないか，と筆者は考えます（もちろん，「理事のなり手」の問題もありますので，現実にはそれぞれの管理組合で判断することになります。なお，これについては**第53条《理事会の会議及び議事》**の解説も参照してください）。

　逆に，規模が大きな管理組合になると，理事の人数も増え，さまざまな所管も必要になってきます。

　さて，理事の人数は区分所有者10～15人当たり１名くらいを目安として選

出すべきであることが【コメント】❷に記載されています。一方で，同【コメント】では，役員の数の上限を20名程度としていることから，戸数が多くなり，役員の数が20名を超えるような規模のマンション（前述の10〜15人当たり1名ということで考えると，200〜300戸を超える規模となります）では，理事会のみで実質的な検討を行うことが難しくなるため，理事会の中に部会を設け，部会ごとに業務を分担して実質的な検討を行うような，複層的な組織構成や役員体制を検討する必要があるとしています。

この複層的な組織構成は，たとえば各部会の長は全て副理事長とし，理事長と副理事長による幹部会を設定するような形態が考えられます（そのため，この場合には副理事長の数も多くなると思われます）。

もっとも，このような構成をとる場合は，「理事会運営細則」を定め，理事会の決議は理事全員によることを明確にする必要がある旨を【コメント】❸は指摘しています。

なお，役員の人数は，「○名以上○名以下」等という幅のある定め方も可能です。

定員を厳格に決めておくと，期の途中で役員の欠員があった場合には，そのたびに**第36条《役員の任期》**で規定される補欠の役員を選任しなければなりません。

そこで，役員の人数に幅をもたせておき，あらかじめその下限より多い人数の役員を選任しておけば，その下限を割り込まない限り，補欠の役員を選任しなくてもすむことになります。

もっとも，役員が任期の途中で欠けた場合の措置については，第36条の【コメント】❹で，補欠の理事を理事会の決議で選任できることを規約で定めておく手法を取ることも可能であるとしています。必要な場合には，こうしたことも検討すべきでしょう。

次に，第2項についてです。役員の資格要件は，以前は「居住区分所有者」

とされていましたが、2011年改正『**標準管理規約**』により、単に「区分所有者」とされました。

そして、**2016年改正『標準管理規約』**により、外部専門家を理事に選任できることが選択肢の一つとして示されています。

役員の資格要件については、マンションごとに事情が異なると思われます。

すなわち、「居住区分所有者」だけで役員の資格者が十分にいる場合には、2011年改正前の『標準管理規約』の規定でも全く問題はありませんし、マンション内に居住する「区分所有者」が著しく少なくなっている場合は、2011年の改正型や2016年の改正で示された外部専門家の利用も検討すべきでしょう。

次に、理事の業務監査が職務である監事は、理事とは別に選出する必要があります。すなわち、監事は管理組合の役員ですが、理事とは立場が異なるからです。

たとえば、監事は理事会に出席して発言をすることができますが、理事会での投票権はありません。

一方で、監事は、理事に不正な行為があれば、それを理事会に報告することや、場合によっては理事長に対して総会の招集を請求することもできます（以上、**第41条《監事》**の諸規定）。

そのため、理事を選任して、「あなたは理事長」、「あなたは会計担当理事」と理事の中で互選することは、あくまで理事の役割分担にすぎませんので問題はありません。実際に、『標準管理規約』においても、監事以外は、理事として総会で承認を受け、理事となった者が集まって、理事長以下の役割を決めることとしています（第3項）。

しかしながら、前述のように、理事会の活動を監査する監事は、そもそも理事の活動をチェックする立場にあります。そのため、役員の選任に際して、チェックする側とされる側を一括して選任し、その中で役割分担をするという手

法には問題があることは明らかですので，理事とは別に選任することになるわけです。

　なお，『標準管理規約』の方法ではなく，「理事長候補○○○○，副理事長候補△△△△，会計担当理事候補××××，監事候補◇◇◇◇」等と，役職まで含めて総会で役員を決議する方法も考えられます。

　組合員相互で，それぞれの人となりがある程度わかっている場合には，理事をまとめて選任して理事の互選で理事長等を選任するよりも，この方法で選任するほうがよいかもしれません。

　ところで，『標準管理規約』では，役員は組合員の中から総会で選任することと，理事の中から理事長等を理事会で選任することまでは定めていますが，そもそも役員候補者となる者の選定方法については何の定めもおかれていません。

　現実には，管理組合によっては輪番制で役員を選んでいることもあるでしょうし，また，選挙で選任していることもあります。

　このように「役員候補者の選任ルール」を定める場合には，規約に一定の定めをするか，あるいは，規約には基本的なことを定めた上で細則で具体的に定めるか，いずれかの方法を選択すべきでしょう。

　仮に，選挙で役員を選任するときは，立候補者の受付の方法や期間，立候補届出書の書式等を定める必要があります。

　また，輪番制にするか，選挙による選任にするかにかかわらず，理事に欠員が出たときの補欠理事の選任方法についても規定しておいたほうがよいでしょう。

　さらに，管理組合によっては，区分所有者本人ではなく，区分所有者の配偶者や子供等の中に理事等に向いた人がいるかもしれません。

　このようなときに，区分所有者の配偶者や子供等を理事に就任させるには，たとえば，「理事は区分所有者とその配偶者及び一親等内の親族が就任する」等と規約に定めておけばよいでしょう。

2 単棟型マンションの標準管理規約

> コメント

❶ 管理組合は，建物，敷地等の管理を行うために区分所有者全員で構成される団体であることを踏まえ，役員の資格要件を，当該マンションへの居住の有無に関わりなく区分所有者であるという点に着目して，「組合員」としているが，全般関係❸で示したとおり，必要に応じて，マンション管理に係る専門知識を有する外部の専門家の選任も可能とするように当該要件を外すことも考えられる。この場合においては，「外部専門家を役員として選任できることとする場合」の第4項のように，選任方法について細則で定める旨の規定を置くことが考えられる。この場合の専門家としては，マンション管理士のほか弁護士，建築士などで，一定の専門的知見を有する者が想定され，当該マンションの管理上の課題等に応じて適切な専門家を選任することが重要である。

なお，それぞれのマンションの実態に応じて，「○○マンションに現に居住する組合員」（（注）平成23年改正前の標準管理規約における役員の資格要件）とするなど，居住要件を加えることも考えられる。

❷ 理事の員数については次のとおりとする。

1 おおむね10〜15戸につき1名選出するものとする。

2 員数の範囲は，最低3名程度，最高20名程度とし，○〜○名という枠により定めることもできる。

❸ 200戸を超え，役員数が20名を超えるような大規模マンションでは，理事会のみで，実質的検討を行うのが難しくなるので，理事会の中に部会を設け，各部会に理事会の業務を分担して，実質的な検討を行うような，複層的な組織構成，役員の体制を検討する必要がある。

この場合，理事会の運営方針を決めるため，理事長，副理事長（各部の部長と兼任するような組織構成が望ましい。）による幹部会を設けることも有効である。なお，理事会運営細則を別途定め，部会を設ける場合は，理事会の決議事項につき決定するのは，あくまで，理事全員による理事会であることを明確にする必要がある。

❹ 本標準管理規約における管理組合は，権利能力なき社団であることを想定しているが（コメント第6条関係参照），役員として意思決定を行えるのは自然人であり，法人そのものは役

員になることができないと解すべきである。したがって，法人が区分所有する専有部分があるマンションにおいて，法人関係者が役員になる場合には，管理組合役員の任務に当たることを当該法人の職務命令として受けた者等を選任することが一般的に想定される。外部専門家として役員を選任する場合であって，法人，団体等から派遣を受けるときも，同様に，当該法人，団体等から指定された者（自然人）を選任することが一般的に想定される。なお，法人の役職員が役員になった場合においては，特に利益相反取引について注意が必要である（第37条の２関係参照）。

❺ 第４項の選任方法に関する細則の内容としては，選任の対象となる外部の専門家の要件や選任の具体的な手続等を想定している。なお，❻及び第36条の２関係❷について併せて参照のこと。

❻ 外部の専門家を役員として選任する場合には，その者が期待された能力等を発揮して管理の適正化，財産的価値の最大化を実現しているか監視・監督する仕組みが必要である。このための一方策として，法人・団体から外部の専門家の派遣を受ける場合には，派遣元の法人・団体等による報告徴収や業務監査又は外部監査が行われることを選任の要件として，第４項の細則において定めることが考えられる。

役員の任期

> 第36条　役員の任期は○年とする。ただし，再任を妨げない。
> 2　補欠の役員の任期は，前任者の残任期間とする。
> 3　任期の満了又は辞任によって退任する役員は，後任の役員が就任するまでの間引き続きその職務を行う。
> 4　役員が組合員でなくなった場合には，その役員はその地位を失う。

役員の任期は１～２年程度で設定されることが一般的と思われますが，筆者

がこれまで見てきた中では3年というケースもありました。

　組合員の財産を管理するという役員の職務を考えると、長すぎる任期で設定することには問題があると思われます。その意味では、2年から長くても3年くらいまでの期間とすべきでしょう。

　さて、現実には、多くの管理組合では役員の任期を1年とし、毎年全員が改選されるという仕組みを採用しています。

　しかしながら、【コメント】❷のように、業務の継続性を重視すれば、たとえば役員の任期を2年として、毎年半数ずつ改選するという手法が望ましいものと思われます。その理由は、前期の理事が半分残っていれば、前期の理事会で議論され、また審議されてきた内容を今期の理事会に適切に伝えることができるためです。

　次に、任期の途中に何らかの理由で理事が退任した場合は、補欠で就任する新理事の任期は前理事の残任期間となります。

　たとえば、任期2年の理事が9か月目に退任した場合は、補欠の新理事の任期は残りの1年3か月となります。

　実際には、任期の途中で理事が退任することは多くないと思われますが、たとえば理事が死亡したり、あるいは理事の任期中に自分の住戸を売却してマンションから転出することもありますから、前述のように、理事に欠員が出ることを想定して、補欠理事の選任方法等を規約や細則で定めておくべきでしょう。

　なお、**第35条《役員》**の解説でも述べたように、理事の定数を「○名以上○名以下」等と幅をつけて規定する方法や、「理事が欠けた場合は、理事会で補欠理事を選任できる」と定める方法も一つの選択肢です。

　また、任期の満了または辞任によって退任する理事は、後任の理事が就任するまでの間は引き続きその職務を行います。

　ところで、組合員を役員とする場合には当然のことですが、その人物が組合員でなくなったときは役員でもなくなりますので、第4項は注意規定として必

要でしょう。ちなみに、このときは、理事であったその人物は、後任の理事が就任するまでの間も、その職務を担うことはできません。

ところで、同じ人物が長期間にわたって役職を続けると、管理組合の運営がマンネリ化することがありますし、そのほかにさまざまな問題が発生することも考えられます。そのため、規約で役員の再任期間の上限を設定する必要があるかもしれません。

もっとも、管理組合によっては、役員のなり手がいないため、同じ人物が長く理事長等を続けざるを得ないこともあると思いますので、管理組合の状況に応じて判断すべきでしょう。

<コメント>

❶ 役員の任期については、組合の実情に応じて1～2年で設定することとし、選任に当たっては、その就任日及び任期の期限を明確にする。

❷ 業務の継続性を重視すれば、役員は半数改選とするのもよい。この場合には、役員の任期は2年とする。

❸ 第4項は、組合員から選任された役員が組合員でなくなった場合の役員の地位についての規定である。第35条第2項において組合員要件を外した場合には、「外部専門家を役員として選任できることとする場合」のような規定とすべきである。それは、例えば、外部の専門家として選任された役員は、専門家としての地位に着目して役員に選任されたものであるから、当該役員が役員に選任された後に組合員となった場合にまで、組合員でなくなれば当然に役員としての地位も失うとするのは相当でないためである。

❹ 役員が任期途中で欠けた場合、総会の決議により新たな役員を選任することが可能であるが、外部の専門家の役員就任の可能性や災害時等緊急時の迅速な対応の必要性を踏まえると、規約において、あらかじめ補欠を定めておくことができる旨規定するなど、補欠の役員の選任方法について定めておくことが望ましい。また、組合員である役員が転出、死亡その他の事情により任期途中で欠けた場合には、組合員から補欠の役員を理事会の決議で選任することができると、規約に規定することもできる。

なお、理事や監事の員数を、○～○

名という枠により定めている場合には，その下限の員数を満たさなくなったときに，補欠を選任することが必要となる。

役員の欠格条項

> 第36条の2　次の各号のいずれかに該当する者は，役員となることができない。
> 一　成年被後見人若しくは被保佐人又は破産者で復権を得ないもの
> 二　禁固以上の刑に処せられ，その執行を終わり，又はその執行を受けることがなくなった日から5年を経過しない者
> 三　暴力団員等（暴力団員又は暴力団員でなくなった日から5年を経過しない者をいう。）

この規定は，役員の資格を組合員に限定せず，外部専門家を就任させることができることを踏まえ，役員の欠格条項を定めたものです。

第一号や第二号は，国家資格等の欠格条項でも同じような規定がありますし，**2016年改正『標準管理規約』で第19条の2《暴力団員の排除》の規定を新設**していることから，第三号の規定も当然といえるでしょう。

以上から，外部専門家を理事に就任させるときには，この規定は不可欠と思われますが，一方で管理組合は区分所有者の財産を管理する団体ですし，役員はその執行を担う人材であることを考えると，外部専門家を就任させる場合でなくても，この規定を置いても問題はないでしょう。

なお，【コメント】❷では，外部専門家を役員に就任させる規定を置く場合は，次のような欠格条項を細則に定めることとしています。

第36条の2　役員の欠格条項

① 個人の専門家の場合

　マンション管理に関する各分野の専門的知識を有する者から役員を選任する場合には，マンション管理士の登録の取消しまたは当該分野に係る資格についてこれと同様の処分を受けた者。

② 法人から専門家の派遣を受ける場合（①に該当する者に加えて）

　次のいずれかに該当する法人から派遣される役職員は，外部専門家として役員となることができない。

　○銀行取引停止処分を受けている法人

　○管理業者の登録の取消しを受けた法人

なお，2016年改正『標準管理規約』では，以下，役員や総会および役員会の規定についての【コメント】も大幅に追加されています。

内容としては，言われてみれば当然と思われることも少なくありませんが，管理組合の運営は法的にも的確に行うべきだとする方向性が，こうしたところにも強く示されているといえます。

また，このほか，役員の解任についても規約で検討すべき事項として挙げることができます。

法第25条《選任及び解任》は管理者の選任と解任に関する規定ですが，第2項では，「管理者に不正な行為その他その職務を行うに適しない事情があるときは，各区分所有者は，その解任を裁判所に請求することができる」としています。

『標準管理規約』には役員の解任に関する規定はありませんが，新たに条項をつくってこの規定を入れる，あるいは役員の選任に関する規定の中にこの規定を入れることを検討してもよいでしょう。

② 単棟型マンションの標準管理規約

> コメント

❶ 選択肢として，役員の資格を組合員に限定することを改め外部の専門家を役員に選任することができるようにしたことを踏まえ，役員の欠格条項を定めるものである。なお，暴力団員等の範囲については，公益社団法人及び公益財団法人の認定等に関する法律（平成18年法律第49号）を参考にした。

❷ 外部の専門家からの役員の選任について，第35条第4項として細則で選任方法を定めることとする場合，本条に定めるほか，細則において，次のような役員の欠格条項を定めることとする。

　ア　個人の専門家の場合

・マンション管理に関する各分野の専門的知識を有する者から役員を選任しようとする場合にあっては，マンション管理士の登録の取消し又は当該分野に係る資格についてこれと同様の処分を受けた者

　イ　法人から専門家の派遣を受ける場合（アに該当する者に加えて）

　次のいずれかに該当する法人から派遣される役職員は，外部専門家として役員となることができない。

・銀行取引停止処分を受けている法人
・管理業者の登録の取消しを受けた法人

役員の誠実義務等

> 第37条　役員は，法令，規約及び使用細則その他細則（以下「使用細則等」という。）並びに総会及び理事会の決議に従い，組合員のため，誠実にその職務を遂行するものとする。
> 2　役員は，別に定めるところにより，役員としての活動に応ずる必要経費の支払と報酬を受けることができる。

まず，第1項では，ごく当然のことが規定されています。

管理組合の運営は，区分所有法等の法律と規約に基づいて行われなければい

けませんから，当然ながら法律や規約等，あるいは総会の決議に従って行う必要があります。

　役員の誠実義務等に関連する事項として，**第 37 条の 2《利益相反取引の防止》**において役員の利益相反取引の防止の規定が，**第 38 条《理事長》**第 6 項では理事長は利益相反取引では組合を代表しない旨の規定があるほか，**第 53 条《理事会の会議及び議事》**第 3 項では理事は理事会の決議に際して特別の利害関係を有するときは理事会において議決権を行使できない旨が定められています。

　そのほか，**第 41 条《監事》**において監事の監査権限が強化されています。

　こうした規定が置かれている理由は，管理組合の中には，残念ながら不誠実な理事がいる可能性があるためです（もちろん，多くの理事は誠実に職務を果たしています）。

　また，役員が知り得た組合員のプライバシーの漏洩等も注意しなければいけない問題です。

　なお，外部専門家を導入する場合を除くと，通常はマンション管理を専門としない一般の区分所有者が役員に就任することになります。そのため，あまりに厳格な組合運営を求めると，対応しきれないということを指摘する人もいます。

　しかしながら，規模が大きな管理組合においては，管理費や修繕積立金の残高が億円単位となることも少なくありませんし，管理組合はそもそも多くの人にとって主要な財産であるマンションを維持するために管理をする団体ですから，組合の運営は可能な限り的確かつ厳格に行う必要があります。

　多くのマンションでは，役員をサポートするために，マンション管理会社に管理実務を請け負わせていますし，マンション管理士等の専門家も活用すれば，そうした対応も十分可能でしょう。

　もっとも，現実には，マンション管理会社の担当者や，中にはマンション管理士においても法律や規約についての知見が不十分な人物もいます。マンショ

ン管理を適切に行うためには，対価の支払いを受けて活動する者は，これらの点について十分な知識を持つべきでしょう。

ところで，役員の任期が1年で，かつ全役員が毎年交代する組合では，前期の理事会で議論した内容に従って作成された事業計画と予算を，翌期の定時総会で承認することになります。

つまり，自分たちが新しく役員に就任した総会で，自分たちが検討していない事業計画と予算（事業計画も予算も作成したのは前期の理事です）が決まり，それを1年をかけて執行することになります。そのため，きわめてまれなことかもしれませんが，自分たち（現執行部）が反対している事業計画が総会で決議され，予算も計上される事態が生じることも考えられます。

たとえば，駐車場が不足しているマンションで，前期の理事会が緑地の一部を駐車場に変更する議案をつくり，当期の定時総会で決議され，予算も計上されているにもかかわらず，実は新理事らの多くがその変更計画に反対である場合は，理事長は強いてその決議事項を執行しないかもしれません。

しかしながら，第1項に規定されているように，役員は総会の決議事項を執行する義務がありますので，このようなことは許されません。

なお，【コメント】❶は，「役員は，管理組合の財産の毀損の防止及びそのために必要な措置を講じるよう努めるものとする」とし，特に外部専門家が役員に就任する場合には，その役員の判断や執行の誤りによる管理組合の財産の毀損に備え，賠償責任保険への加入に努めるべきであるとしています。

次に，第2項は，管理組合の役員に報酬を支払うことができるとする規定です。

もちろん，報酬を支払うか否かは，それぞれの管理組合で判断すべき事項ですが，仮に，**第27条《管理費》**の解説でも述べたように，報酬を支払わない代わりに，役員会後に会議費で飲食をするようなことをしているのであれば，むしろ報酬を支払うほうが妥当であるといえるでしょう。

なお，外部専門家を導入する場合には，役員報酬に関する規定や細則をしっかりと整備しておいた方がよいでしょう。

【コメント】❷は，理事会の議事録を閲覧等した上で，業務の困難性，専門的機能・能力などを総合的に考慮して，報酬を支払うことも考えられる旨を述べています。

> ◁コメント▷
>
> （第1項関係）
> ❶ 役員は，管理組合の財産の毀損の防止及びそのために必要な措置を講じるよう努めるものとする。特に，外部の専門家の役員就任に当たっては，判断・執行の誤りによる財産毀損に係る賠償責任保険への加入に努め，保険限度額の充実等にも努めるべきである。さらに，故意・重過失による財産毀損は，保険の対象外のため，財産的基礎の充実による自社（者）補償や積立て等による団体補償の検討等にも取り組むよう努めるべきである。
>
> （第2項関係）
> ❷ マンションの高経年化，区分所有者の高齢化，住戸の賃貸化・空室化等の進行による管理の困難化やマンションの高層化・大規模化等による管理の高度化・複雑化が進んでおり，マンションの円滑な管理のために，外部の専門家の役員就任も考えられるところである。この場合，当該役員に対して，必要経費とは別に，理事会での協議・意見交換の参画等に伴う負担と，実際の業務の困難性や専門的技能・能力等による寄与などを総合的に考慮して，報酬を支払うことも考えられる。その際，理事会の議事録の閲覧（第53条第4項）の活用等により，役員の業務の状況を適切に認知・確認することが望ましい。

利益相反取引の防止

> 第37条の2　役員は，次に掲げる場合には，理事会において，当該取引につき重要な事実を開示し，その承認を受けなければなら

> ない。
> 一　役員が自己又は第三者のために管理組合と取引をしようとするとき。
> 二　管理組合が役員以外の者との間において管理組合と当該役員との利益が相反する取引をしようとするとき。

　役員の中には，その地位を利用して自分やその親族等に管理組合の業務を発注して利益を得ようとする人物がいることもあります。

　さて，管理組合を適切に運営するために業務を執行することが理事の職務であるはずです。そうした中で，組合から自身あるいは関係者が利益を受ける業務の発注等を受けることは互いの利益が反する行為＝利益相反取引となります。

　具体的な利益相反取引としては，たとえば清掃や造園関連の仕事をしている理事自らが清掃や庭木の剪定の業務を受注することや，建築関係の仕事をしている理事の会社が大規模修繕工事の受注をしたり，建替えを検討する場合の基本設計を設計事務所を経営している理事が受託する等，さまざまな業務が考えられます。

　もちろん，管理組合と役員もしくはその関係者との取引のすべてがいけないわけではありません。たとえば，役員の経営する会社が相場よりも安くかつレベルの高い業務を受注することができるのであれば，それは管理組合のメリットとなるでしょう。

　いずれにしても，管理組合と役員や役員の関連先との間で利益相反取引がある場合には，役員はその事実を理事会で明らかにするとともに，理事会の承認を受ける必要があるとする本条も極めて妥当な規定であるといえます。

　なお，これに加えて，**第53条《理事会の会議及び議事》**第3項では，特別

の利害関係を有する理事は、理事会の決議に加わることができない旨が規定されています。

また、管理組合と理事長とが利益相反となる事項については、監事または理事長以外の理事が管理組合を代表することが**第38条《理事長》**第6項に規定されていますので、併せてご参照ください。

◁コメント▷

役員は、マンションの資産価値の保全に努めなければならず、管理組合の利益を犠牲にして自己又は第三者の利益を図ることがあってはならない。とりわけ、外部の専門家の役員就任を可能とする選択肢を設けたことに伴い、このようなおそれのある取引に対する規制の必要性が高くなっている。そこで、役員が、利益相反取引（直接取引又は間接取引）を行おうとする場合には、理事会で当該取引につき重要な事実を開示し、承認を受けなければならないことを定めるものである。

なお、同様の趣旨により、理事会の決議に特別の利害関係を有する理事は、その議決に加わることができない旨を規定する（第53条第3項）とともに、管理組合と理事長との利益が相反する事項については、監事又は当該理事以外の理事が管理組合を代表する旨を規定する（第38条第6項）こととしている。

◁理事長▷

第38条　理事長は、管理組合を代表し、その業務を統括するほか、次の各号に掲げる業務を遂行する。
　一　規約、使用細則等又は総会若しくは理事会の決議により、理事長の職務として定められた事項
　二　理事会の承認を得て、職員を採用し、又は解雇すること。
2　理事長は、区分所有法に定める管理者とする。

> 3　理事長は、通常総会において、組合員に対し、前会計年度における管理組合の業務の執行に関する報告をしなければならない。
> 4　理事長は、○か月に1回以上、職務の執行の状況を理事会に報告しなければならない。
> 5　理事長は、理事会の承認を受けて、他の理事に、その職務の一部を委任することができる。
> 6　管理組合と理事長との利益が相反する事項については、理事長は、代表権を有しない。この場合においては、監事又は理事長以外の理事が管理組合を代表する。

　①の「19」でも述べたように、区分所有法には、管理組合法人については細かな規定がありますが、法人格を持たない普通の管理組合については、区分所有建物には建物や敷地と附属施設を管理する団体があることが**法第3条《区分所有者の団体》**で規定されているだけであり、その他に具体的な規定はありません。

　これまでも述べてきたように、区分所有法では、マンション管理は管理者が行う場合と管理組合法人による場合のみが規定されているにすぎません。

　すなわち、区分所有法では、管理組合法人が設立されていない場合は、区分所有建物の管理は管理者が担うことが規定された上で、管理者の役割について定められていることから、本条第2項では理事長は区分所有法が定める管理者である旨が規定されています。

　なお、管理者の権限については①の「21」をご参照ください。

　さて、区分所有法上の管理者である理事長の職務としては、第1項で定められた二つの事項とともに、区分所有法に定める管理者の業務（理事会等の決議が必要と思われますが）の執行も挙げることができます。

また，**第 21 条《敷地及び共用部分等の管理》**第 6 項の規定により，災害等の緊急時における保存行為は理事会の承認がなくても理事長の判断で行うことができる場合があるほか，**第 23 条《必要箇所への立入り》**第 4 項による緊急時の専有部分等への立入り等も理事長の職務となります。

　ちなみに，区分所有法で定める管理者の業務としては，以下の事項を挙げることができます。

① 　管理者は，敷地および共用部分等の保存，集会の決議の実行および規約で定めた行為をする権限を有し，義務を負います。

② 　管理者は，その職務に関して区分所有者を代理します。損害保険契約に基づく保険金額ならびに共用部分等について生じた損害賠償金および不当利得による返還請求および受領についても代理します。

③ 　管理者は，規約または集会の決議により，その職務に関し，区分所有者のために，原告または被告となることができます。

④ 　そのほか，集会の招集，集会の議長，集会における業務の報告等。

　次に，第 3 項では，理事長は通常総会の際に，前会計年度における管理組合の業務の執行に関する報告をしなければならないと規定されています。

　具体的には，決算報告と前会計年度に行った事業の報告がその主たる内容となります。

　ちなみに，この条項は，**法第 43 条《事務の報告》**を具体的に定めたものです。

　また，第 4 項は，理事長が職務の執行の状況を定期的に理事会に報告することを定めたものです。

　この期間に関してですが，たとえば，【コメント】❷では，「3 か月に 1 回以上」等と記載されています。

　この場合は，少なくとも 3 か月に 1 回以上は理事会を開くことが規定されていると解釈してよいでしょう（もちろん，マンションを適切に管理するためには，業務の執行状況の報告は 3 か月に 1 回であったとしても，理事会の開催頻度は 1 ～ 2

か月に１回くらいとする必要があることも少なくないでしょう）。

　ところで，特に，役員が毎年全員交代する管理組合では，前述のとおり，前年度の理事会で審議した事項が今年度の活動計画となり，定時総会で新役員の選任とともに事業計画案や予算案が決議されることになります。

　このことから，**第37条《役員の誠実義務等》**の解説でも述べたように，新しい理事長や理事会のメンバーは，多くの場合，自分たちが管理組合の執行部として審議していない事項（前期の役員が審議した事項）を業務として執行することになります。

　もっとも，通常であれば，期が変わっても，理事長や理事会の業務内容に大きな違いはありませんから，特段の問題が発生することはないものと思われます。

　ところが，マンション再生の検討等，日常と違った業務を執行しなければならない場合に，新しい理事会の過半数が総会で決議された再生計画案に反対である可能性もあります。

　しかしながら，新しい理事長や理事には，自分の意思とは別に総会での決議事項を執行する義務があります。

　管理組合の役員は，このことを十分に認識しておく必要があります。

　次に，理事長は，理事長の職務の一部を，理事会の承認を得た上で他の理事に委任できることが第５項で規定されています。

　なお，**第40条《理事》**は理事の職務の分担を規定していますが，本項の委任とは，そうした担当職務の分担ではなく，特定の行為を委任することを意味します。

　具体的には，理事長に都合があって対応できないケースで，ある職務を他の理事に委任する場合が考えられます。

　最後に，**第37条の２《利益相反取引の防止》**にも関係しますが，利益相反取引が禁止されることから，理事長と管理組合とが利益相反となる取引では，

理事長は管理組合を代表せず，監事または他の理事が管理組合を代表することとなります（第6項）。

　私見ですが，このようなときは，本来は監事が代表になるべきだと思います。しかしながら，『標準管理規約』では，このような定めとなっていますので，理事長が管理組合を代表しない事案であれば，通常は副理事長が代表することになることが多いでしょう。もっとも，規約では監事もしくは他の理事が代表することとなっているので，必ずしも副理事長が代表する必要はありません。

　なお，副理事長も理事長と利害を共にする者である可能性もありますので，その場合は監事または他の理事が代表することになります。

　ところで，役員が自己または第三者のために管理組合と取引をするときや，管理組合が役員以外の者との間で管理組合と当該役員との利益が相反する取引をするときは，その役員は理事会にその事実を開示しなければいけません。

　そのため，役員の一人である理事長がこれに該当する場合でも，まず理事会にその事実を知らせなければいけません（第37条の2《利益相反取引の防止》）。

> ◁コメント▷

❶　例えば植栽による日照障害などの日常生活のトラブルの対応において，日照障害における植栽の伐採などの重要な問題に関しては総会の決議により決定することが望ましい。

❷　第4項は，理事長が職務の執行の状況を理事会に定期的に（例えば，「3か月に1回以上」等）報告すべき旨を定めたものである。

❸　第6項については，第37条の2関係を参照のこと。

> 副理事長

第39条　副理事長は，理事長を補佐し，理事長に事故があるときは，その職務を代理し，理事長が欠けたときは，その職務を行う。

2 単棟型マンションの標準管理規約

　副理事長の職務は理事長の補佐ですから，たとえば理事長が理事会に出席できない場合は副理事長が理事会を運営しますし，理事長が病気等になったときは理事長の代理で職務を行うことになります。

　なお，「理事長が欠けたとき」とは，たとえば理事長が期の途中で会社の都合等の事由により遠隔地に転勤してしまったため，理事長の職務を担うことができなくなり理事長を退任する場合，自分の住戸を第三者に売却して転出した場合，理事の就任資格は区分所有者に限ると規約に規定されているにもかかわらず理事長が在任期間中に自分の配偶者に住戸を全部贈与してしまった場合，あるいは理事長が死亡した場合等が考えられます。

　なお，「理事長が欠けたとき」は，速やかに新しい理事長を選任しなければいけません。

理　事

> **第40条**　理事は，理事会を構成し，理事会の定めるところに従い，管理組合の業務を担当する。
> 2　理事は，管理組合に著しい損害を及ぼすおそれのある事実があることを発見したときは，直ちに，当該事実を監事に報告しなければならない。
> 3　会計担当理事は，管理費等の収納，保管，運用，支出等の会計業務を行う。

　本条は，理事に関する規定です。この条項はいずれも書いてあるとおりの内容です。

　さて，『標準管理規約』においては，理事長と副理事長と会計担当理事を選

任するようになっていますので，第3項では会計担当理事の職務について規定しています。

　なお，マンションの規模が大きくなると，渉外担当理事，庶務担当理事，設備担当理事，防犯・防災担当理事，修繕担当理事等さまざまな役割を持った理事を置くことがあります。このような場合は，規約に各理事の役割を規定しておくべきです。具体的には，各理事にかかる規定に項目を追加して定めればよいでしょう。

　ところで，2016年改正『標準管理規約』では，管理組合や理事会の運営について，かなり厳格に規定しています。

　たとえば，これまで見てきた内容でも，**第37条の2《利益相反取引の防止》**，**第38条《理事長》**第6項等の規定があります。

　また，監事は会計監査とともに管理組合の業務監査を担うことから，監事の役割もより厳格に規定しています。

　さて，監事が組合業務を的確に監査するためには，さまざまなルートから監事の元に情報が入ってくる仕掛けが必要となります。

　理事は，管理組合に著しい損害を及ぼすおそれのある事実を知ったときは，その事実を監事に報告しなければならないとする第2項は，監事による監査をより的確に，また容易に行うことができるように定められたものです。

　では，管理組合に著しい損害を及ぼすおそれのある事実とは，具体的にはどのようなことでしょうか。

　例を挙げればきりがありませんが，共用部分に私物を長期間放置しているケース等，法律や規約に違反する事態が生じている場合は管理組合の管理に著しい損害を及ぼすおそれがあるケースになるでしょう。

　監事の活動については**第41条《監事》**の規定によりますが，監事の基本的な任務は組合業務の執行や財産状況の監査ですから，主として理事会や各理事の活動が監査対象になります。

なお，理事の就任資格については，**第35条《役員》**で規定されています。

> コメント

（第2項関係）
　理事が，管理組合に著しい損害を及ぼすおそれのある事実があることを発見した場合，その事実を監事に報告する義務を課すことで，監事による監査の実施を容易にするために規定したものである。

> 監　事

第41条　監事は，管理組合の業務の執行及び財産の状況を監査し，その結果を総会に報告しなければならない。

2　監事は，いつでも，理事及び第38条第1項第二号に規定する職員に対して業務の報告を求め，又は業務及び財産の状況の調査をすることができる。

3　監事は，管理組合の業務の執行及び財産の状況について不正があると認めるときは，臨時総会を招集することができる。

4　監事は，理事会に出席し，必要があると認めるときは，意見を述べなければならない。

5　監事は，理事が不正の行為をし，若しくは当該行為をするおそれがあると認めるとき，又は法令，規約，使用細則等，総会の決議若しくは理事会の決議に違反する事実若しくは著しく不当な事実があると認めるときは，遅滞なく，その旨を理事会に報告しなければならない。

6　監事は，前項に規定する場合において，必要があると認めるときは，理事長に対し，理事会の招集を請求することができる。

7　前項の規定による請求があった日から5日以内に，その請求が

> あった日から2週間以内の日を理事会の日とする理事会の招集の通知が発せられない場合は，その請求をした監事は，理事会を招集することができる。

　監事の基本的な業務は，管理組合の業務執行と財産状況を監査した上で，その結果を総会で報告することです。

　このうち，「財産状況の監査」とは，理事会が作成した決算報告書（収支計算書，貸借対照表等）の内容が適切であるか否かを確認することです。

　具体的には，管理組合の入出金を預金通帳や帳簿等で確認することに加え，出金については領収証等と照合した上で帳簿に適切に処理されているかを確認します。

　また，管理組合の「業務執行の監査」とは，理事長および理事会が，法律や規約および総会決議の内容に従って適切に業務を執行しているか否かをチェックすることです。

　多くの管理組合では，日常業務の執行の際に問題が頻繁に発生するわけではありませんし，規約や法令に反することが常態化しているわけでもないでしょう。

　しかしながら，なかには問題のある運営がまかり通っていることもありますから，これらの監査に加え，前述のような理事長と組合との利益相反取引の問題，理事に不正行為がある場合のほか，いつまでたっても理事長や理事会が総会の決議事項を執行しない場合なども監事の監査の対象になります。

　なお，管理組合で職員を雇っている場合には，その職員に対して業務報告を求める権限や，業務や財産状況の調査を求める権限も監事に与えています（第2項）。

　ところで，**法第34条《集会の招集》**第3項は，一定数の区分所有者は議案

2 単棟型マンションの標準管理規約

を示した上で管理者に対して区分所有者集会の招集を請求することができる旨を規定しています。

そして、この請求にもかかわらず、管理者が区分所有者集会を招集しない場合は、請求をした区分所有者が集会を招集することができることも同条第4項で規定されています（なお、『標準管理規約』では**第44条《組合員の総会招集権》**でこの旨が定められています）。

なお、この規定に加えて、第3項では、管理組合の業務の執行や財産の状況に不正があるときは、監事が臨時総会を招集することができると定めています。この場合における「財産状況の不正」とは、具体的には管理費の不正支出や理事長等による管理費等の使い込み等が考えられます。

また、「業務執行の不正」とは、区分所有法や規約で総会決議が必要とされている事項にもかかわらず、総会決議を経ないで行おうとしていることや、総会決議に反したことを行おうとしていることなどが考えられます。

次に、第4項では、監事は理事会に出席して、必要なときには意見を述べなければならないと規定しています。

従前は、「理事会に出席して、意見を述べることができる」という規定でしたが、2016年に、【コメント】❷にある通り、「監事による監査機能の強化のため、理事会への出席義務を課すとともに、必要があるときは、意見を述べなければならない」と改正されました（下線・筆者）。

もっとも、監事が理事会に出席しなくても、**第52条《招集》**の招集手続きを経ることと、**第53条《理事会の会議及び議事》**第1項の要件を満たせば、理事会は有効に成立します。

さらに、次のようなときには、監事は理事会にその旨を報告する義務があります（第5項）。

①　理事が不正の行為をした場合
②　理事が不正の行為をするおそれがある場合

第 41 条　監　事

③　法令，規約，使用細則等，総会の決議や理事会の決議に違反する事実や，著しく不当な事実があると認められる場合

　監事は，このような場合で，必要があると認めるときは，理事長に対し，理事会の招集を請求することができます（第6項）し，理事長が，この請求があった日から2週間以内の日を理事会の開催日とする招集通知を，請求があってから5日以内に出さなかったときには，監事は理事会を招集することができます。

　以上のように，**2016年改正『標準管理規約』**では，管理組合を適切に運営するために監事の機能が大幅に強化されており，監事の役割は極めて重要になっています。

< コメント >

❶　第1項では，監事の基本的な職務内容について定める。これには，理事が総会に提出しようとする議案を調査し，その調査の結果，法令又は規約に違反し，又は著しく不当な事項があると認めるときの総会への報告が含まれる。また，第2項は，第1項の規定を受けて，具体的な報告請求権と調査権について定めるものである。

❷　第4項は，従来「できる規定」として定めていたものであるが，監事による監査機能の強化のため，理事会への出席義務を課すとともに，必要があるときは，意見を述べなければならないとしたものである。ただし，理事会は第52条に規定する招集手続を経た上で，第53条第1項の要件を満たせば開くことが可能であり，監事が出席しなかったことは，理事会における決議等の有効性には影響しない。

❸　第5項により監事から理事会への報告が行われた場合には，理事会は，当該事実について検討することが必要である。第5項に定める報告義務を履行するために必要な場合には，監事は，理事長に対し，理事会の招集を請求することができる旨を定めたのが，第6項である。さらに，第7項で，理事会の確実な開催を確保することとしている。

2　単棟型マンションの標準管理規約

第4節　総　会

　第4節「総会」は，第42条から第50条までの9条で構成されます。具体的には，総会の位置づけから，招集，出席資格，運営から議事録の作成，保管等までの内容が定められています。

総　会

> **第42条**　管理組合の総会は，総組合員で組織する。
> 2　総会は，通常総会及び臨時総会とし，区分所有法に定める集会とする。
> 3　理事長は，通常総会を，毎年1回新会計年度開始以後2か月以内に招集しなければならない。
> 4　理事長は，必要と認める場合には，理事会の決議を経て，いつでも臨時総会を招集することができる。
> 5　総会の議長は，理事長が務める。

　区分所有法には「集会」という言葉はありますが，「総会」という言葉はどこにも出てきません。

　ところで，区分所有法の解説書では，通常は，管理組合の総会を「区分所有者集会」等と表現しています。

　ところで，『標準管理規約』では，区分所有者集会が管理組合の総会であることを確認するために，本条第2項で「総会は……区分所有法に定める集会とする」と定義しています。

第 42 条　総　会

　なお，**第 6 条《管理組合》**は，区分所有者は，**法第 3 条《区分所有者の団体》**に定める建物ならびにその敷地および附属施設の管理を行うための団体として管理組合を構成する旨を規定しています（97 ページ参照）。

　すなわち，区分所有者全体で構成する組織が「管理組合」ですから，「区分所有者＝組合員」となります。したがって，管理組合の「総会」は組合員全員（＝区分所有者全員）で構成されることになります。

　以上の理由から，総会は管理組合の最高意思決定機関となります。

　さて，総会は，その招集から当日の進行に至るまで，法令や規約に基づいて運営されなければいけません。

　たとえば，次の**第 43 条《招集手続き》**にも関係しますが，総会の招集通知は組合員（区分所有者）に発する必要がありますし，**第 47 条《総会の会議及び議事》**の総会の議事も，組合員（区分所有者）あるいはその代理人が議決をしなければいけません。

　ところが，実際の管理組合の運営においては，こうした手続きが必ずしも適切に行われているとはいえないことも少なくありません。

　なお，**法第 34 条《集会の招集》**第 2 項では，管理者は少なくとも毎年 1 回集会を招集しなければいけないと規定されていますが，この集会が第 2 項に規定する「通常総会」となります。

　ところで，区分所有法には通常総会（以下，「定時総会」といいます）の開催時期については何の定めもありません。

　これに対し，『標準管理規約』では，本条第 3 項で，総会は新しい期（会計年度）がはじまってから 2 か月以内に定時総会を招集することとしています。

　さて，定時総会では前期の決算や今期の予算も決議することから，決算書を作成し，監事が監査をした上で，理事会の承認を得て総会を招集するという手続きを考えると，新しい期が始まってからたとえば 1 か月以内に開催することは実務上は困難であると思われます。一方で，開催時期をあまり後にすること

も問題ですので、2か月以内くらいとするのが妥当といえるでしょう。

　もっとも、規約で3か月以内に定時総会を開催すると規定している管理組合もありますが、これでは新しい期が始まってからすでに1年の4分の1が経過していることになるわけですから、常識的に考えても望ましい状態とはいえないでしょう。

　次に、第4項に規定されているように、必要な場合は、理事長は理事会の決議を経ていつでも「臨時総会」を招集することができます。

　なお、管理組合は総会で決議された予算と事業計画に基づいて活動する団体ですから、期初の定時総会では想定していなかった事業を期中から新たに始める場合には、事業計画の変更が必要となりますし、その件について予算措置が必要な場合には、予算も変更しなければいけません。

　ほかにも、総会の決議を必要とする事態が生じた場合には、臨時総会を招集することになるでしょう。

　ところで、**法第41条《議長》**では、規約に別段の定めがあるか、あるいは総会で別段の決議をした場合を除いて、総会の議長は、管理者または総会の招集者の一人が就任することになっています。

　『標準管理規約』では、管理者である理事長が総会の議長を務めることになっていますが、「総会の議長は、総会で選任する」と定めることもできます。

　この点については、管理組合の実態に応じて規定すればよいでしょう。

　また、**法第34条《集会の招集》**第3項は、区分所有者と議決権の各5分の1以上の組合員により会議の目的たる事項を示して管理者に対して集会の招集を請求できるとし、また同条第4項は、その請求にもかかわらず、2週間以内に、その請求の日から4週間以内の日を会日とする集会の招集通知が発せられなかったときは、集会の招集を請求した区分所有者が集会を招集できるとしています。

　『標準管理規約』では、この場合の手続きについては、次の第43条に定めて

第43条　招集手続き

◁コメント▷

（第5項関係）
総会において，議長を選任する旨の定めをすることもできる。

招集手続き

第43条　総会を招集するには，少なくとも会議を開く日の2週間前（会議の目的が建替え決議又はマンション敷地売却決議であるときは2か月前）までに，会議の日時，場所及び目的を示して，組合員に通知を発しなければならない。

2　前項の通知は，管理組合に対し組合員が届出をしたあて先に発するものとする。ただし，その届出のない組合員に対しては，対象物件内の専有部分の所在地あてに発するものとする。

3　第1項の通知は，対象物件内に居住する組合員及び前項の届出のない組合員に対しては，その内容を所定の掲示場所に掲示することをもって，これに代えることができる。

4　第1項の通知をする場合において，会議の目的が第47条第3項第一号，第二号若しくは第四号に掲げる事項の決議又は建替え決議若しくはマンション敷地売却決議であるときは，その議案の要領をも通知しなければならない。

5　会議の目的が建替え決議であるときは，前項に定める議案の要領のほか，次の事項を通知しなければならない。

一　建替えを必要とする理由

二　建物の建替えをしないとした場合における当該建物の効用の維持及び回復（建物が通常有すべき効用の確保を含む。）をするのに要する費用の額及びその内訳

三　建物の修繕に関する計画が定められているときは，当該計画の内容

四　建物につき修繕積立金として積み立てられている金額

6　会議の目的がマンション敷地売却決議であるときは，第4項に定める議案の要領のほか，次の事項を通知しなければならない。

一　売却を必要とする理由

二　建築物の耐震改修の促進に関する法律（平成7年法律第123号）第2条第2項に規定する耐震改修（以下単に「耐震改修」という。）又はマンションの建替えをしない理由

三　耐震改修に要する費用の概算額

7　建替え決議又はマンション敷地売却決議を目的とする総会を招集する場合，少なくとも会議を開く日の1か月前までに，当該招集の際に通知すべき事項について組合員に対し説明を行うための説明会を開催しなければならない。

8　第45条第2項の場合には，第1項の通知を発した後遅滞なく，その通知の内容を，所定の掲示場所に掲示しなければならない。

9　第1項（会議の目的が建替え決議又はマンション敷地売却決議であるときを除く。）にかかわらず，緊急を要する場合には，理事長は，理事会の承認を得て，5日間を下回らない範囲において，第1項の期間を短縮することができる。

第 43 条　招集手続き

　区分所有法は，総会の招集については**法第 35 条《招集の通知》**で規定しています。

　もっとも，建替え決議については**法第 62 条《建替え決議》**第 4 項に，またマンション敷地売却決議については**円滑化法第 108 条《マンション敷地売却決議》**第 5 項において，法第 35 条の規定とは別に規定されています。

　本条はこれらの内容を網羅しているため，わかりにくい表現になっています。

　まず，第 1 項で，理事長は，総会の日の 2 週間前までに，会議の日時，場所および目的を示して，組合員に通知を発しなければならないと規定しています。

　もっとも，緊急を要する場合は，理事長は，理事会の承認を得た上で，総会よりも 5 日以上前であれば総会の招集通知を発することができるとしています（第 9 項）。

　この場合の「発する」とは，通知を郵送するときは「発送」となります。一方で，マンション内に居住する区分所有者に対しては，各住戸の郵便受け等に投函することが多いと思われますが，この場合は投函をもって「発した」ことになります。

　また，マンション内に居住する区分所有者と，管理組合に通知先を届け出ていない区分所有者に対する集会招集の通知は，規約で定めれば建物内の見やすい場所（掲示板等になるでしょう）に掲示すればよいとされています（**法第 35 条《招集の通知》**第 4 項）が，この場合は，掲示することをもって「発した」こととなります。

　ところで，建替えまたはマンション敷地売却を審議する総会の招集通知は，区分所有法または円滑化法で総会の 2 か月以上前に発することとされています。第 1 項のカッコ書きは，このことを示しています。

　なお，法的には，この期間を短縮することはできませんが，伸ばすことはできますので，たとえば規約において「3 か月前に発する」と定めることは可能です。

2 単棟型マンションの標準管理規約

　次に，本書でも何度か述べましたが，総会は区分所有者の集会ですから，その通知は，原則として組合員（＝区分所有者）本人に送付すべきですし，総会の招集通知には，少なくとも日時，場所と議案を示す必要があります。

　議案が示されなければ，組合員はその賛否をあらかじめ検討することができませんし，総会に出席できない組合員は，書面（議決権行使書）による賛否や，また代理人に議決権を行使させる（委任状を提出する）可否を判断するための情報がないことになります。

　加えて，後述しますが，区分所有法では，規約の変更や共用部分の重大変更等の一定の事項については議案だけではなく，その要領をも示す必要があると規定していますので注意してください。

　筆者は，かつて，「マンション建替えの件」という議題が書かれているだけで（総会の日時と場所だけは通知されていました），区分所有法に定められている議案の要領が一切示されないままに総会が招集され，「建替え決議を可決した」管理組合があるという話を聞いたことがあります。

　このケースは，仮に区分所有者の圧倒的多数でこの「決議」がされたとしても，法で求める要件を充たしていない決議ですから，結果的に，「建替え計画を推進する」ということが決議されたにすぎず，**法第62条《建替え決議》**の建替え決議が可決されたことにはなりません。

　ところで，総会の招集は，原則として組合員本人に送付すべきだと説明しましたが，具体的には，組合員が管理組合に通知した宛先に発送することとなります（**法第35条《招集の通知》**第3項）。

　そのため，区分所有者の居所ではなく，別居している子供の住所を通知先として届け出ている場合には，通知先はその子供の住所地となります。

　なお，この通知先の届け出は，組合員本人から管理組合宛に書面で提出してもらうようにしてください。

　たとえば，組合員の子供から，「今後，組合関係の書類は，父のところでは

なく，私のところに直接送ってほしい」という電話連絡を受けただけで，その子供の住所地に書面を送付するケースも考えられます。この場合は，区分所有者である父親本人は，自分の子供がそのような電話をしたことを知らない可能性も考えられます。

もちろん，その後に，その子供が区分所有者である父親に総会の招集通知を渡し，父親が総会に出席して意思表示をする，あるいは議決権行使書を提出することができるのであれば，結果としては問題ないのかもしれません。

しかしながら，招集通知を受けた子供が総会のことを父親に一切知らせずに，父親の名前で議決権行使書を提出してしまうとすれば，その議決権行使書による意思表示の有効性には問題があります（1の「28」参照）。

以上からもご理解いただけると思いますが，こうした手続きは可能な限り厳密に行うべきです。

ちなみに，第2項では，区分所有者が通知先を届け出ていない場合には，その区分所有者の専有部分の所在地宛てに通知を発すればよいと規定されています。

次に，第3項では，マンション内に居住する組合員や，通知先を届け出ていない組合員に対しては，マンション内の所定の掲示場所に掲示することで通知したものとみなされると規定されています。もっとも，『標準管理規約』に基づいて規約を定めている場合でも，実務上は，マンションの掲示場所に総会の招集通知を掲示するとともに，マンション内に居住している組合員には当該人の郵便受け等に投函したほうがよいですし，マンション外に居住している組合員についても極力その居所を探して郵送すべきでしょう。

さて，区分所有法では，次のような場合には，議案の要領を通知しなければならないと規定されています（**法第35条《招集の通知》**第5項，**法第66条《建物の区分所有に関する規定の準用》**）。

① 共用部分の効用または形状の著しい変更（法第17条第1項）

2 単棟型マンションの標準管理規約

② 規約の設定，変更および廃止（法第31条第1項）
③ 建物の一部が滅失した場合の復旧等（法第61条第5項）
④ 建替え決議（法第62条第1項）
⑤ 団地内で2以上の特定建物の建替えについて一括して建替え承認決議に付す旨の建替え決議（法第69条第7項）
⑥ 団地管理規約の設定（法第68条第1項）
⑦ 団地内の建物の建替え承認決議（法第69条第1項）
⑧ 団地内の建物の一括建替え決議（法第70条第1項）

　これに加えて，円滑化法第108条《マンション敷地売却決議》第1項の「マンション敷地の売却」を決議する集会の招集でも，同様です。
　なお，単棟型マンションの『標準管理規約』では，⑤以下は適用されません（⑤以下は団地型マンションに関する規定です）。
　そのため，②の「規約の制定，変更又は廃止」（第47条第3項第一号），①の「敷地及び共用部分等の変更」（同項第二号），③の「建物の価格の2分の1を超える部分が滅失した場合の滅失した共用部分の復旧」（同項第四号）と，④の「建替え決議」と，⑤の決議および「マンション敷地の売却決議」が，単棟型マンションの総会の招集では議案の要領を通知しなければいけない事項となります。
　次に，議案の要領を通知する理由ですが，これらの議案は総会の決議事項の中でも極めて重要であるとともに，単に「○○の件」という議題だけでは，区分所有者は賛成すべきか反対すべきかの判断がつかないものであるため，区分所有者が熟慮した上で意思表示ができるように，必要な情報を提供する必要があることによります。
　たとえば，規約の設定や変更は，管理組合のルールを決めるものですから，その具体的な内容が提示されず，「規約の変更の件」という議題だけでは，区分所有者は賛成してよいのか反対すべきなのかの判断ができません。また，緑

地の一部を駐車場に変更（共用部分の形状や効用の著しい変更）する場合においても、「共用部分の変更の件」という議題だけでは賛否の判断ができません。

加えて、建替え決議の場合は**法第62条《建替え決議》**第2項で、またマンション敷地売却決議は**円滑化法第108条《マンション敷地売却決議》**第2項で、それぞれ示すべき議案の内容までが規定されています。

なお、規約の改正（旧規約の廃止と新規約の設定が議案だったようです）に際して、議題の通知がなかったことから決議を無効とした判決があります（東京地裁昭和62年4月10日判決）。

さらに、建替え決議については法第62条第5項で、またマンション敷地売却決議については円滑化法第108条第6項で、議案以外に通知すべき事項をそれぞれ定めています。

第5項と第6項は、それらの規定で示されている内容です。

ちなみに、建替え決議については法第62条第6項で、マンション敷地売却決議については円滑化法第108条第7項で、総会の1か月以上前に、総会の招集の際に通知すべき事項についての説明会を開かなければいけないと規定されていますが、第7項の定めにおいて、その点が確認されています。

また、**法第44条《占有者の意見陳述権》**では、会議の議案等が占有者の利害に関係する場合は、占有者は総会に出席して意見を述べることができると定められています。この場合の占有者とは、区分所有者の承諾を得て専有部分を占有している人であり、たとえば、賃貸借契約に基づく賃借人や、親の許可を得て居住している子供が該当します（もっとも、よほどのことがない限りは、区分所有者の承諾なしで占有している人はいないでしょう）。

そして、総会で占有者の利害関係が議案になる場合は、総会を招集する者（通常は理事長）は、日時、場所および議案をマンション内の掲示板等の見やすい場所に掲示する必要があります。

具体的には、各区分所有者に送付した総会の招集通知の写しを掲示すればよ

② 単棟型マンションの標準管理規約

いでしょう。第8項でこのことが定められています（①の「34」参照）。

◁コメント▷

（第3項，第8項関係）
　所定の掲示場所は，建物内の見やすい場所に設けるものとする。以下同じ。

組合員の総会招集権

> **第44条**　組合員が組合員総数の5分の1以上及び第46条第1項に定める議決権総数の5分の1以上に当たる組合員の同意を得て，会議の目的を示して総会の招集を請求した場合には，理事長は，2週間以内にその請求があった日から4週間以内の日（会議の目的が建替え決議又はマンション敷地売却決議であるときは，2か月と2週間以内の日）を会日とする臨時総会の招集の通知を発しなければならない。
> 2　理事長が前項の通知を発しない場合には，前項の請求をした組合員は，臨時総会を招集することができる。
>
> <u>(ｱ)　電磁的方法が利用可能ではない場合</u>
>
> 3　前二項により招集された臨時総会においては，第42条第5項にかかわらず，議長は，総会に出席した組合員（書面又は代理人によって議決権を行使する者を含む。）の議決権の過半数をもって，組合員の中から選任する。
>
> <u>(ｲ)　電磁的方法が利用可能な場合</u>

3　前二項により招集された臨時総会においては，第42条第5項にかかわらず，議長は，総会に出席した組合員（書面，電磁的方法（電子情報処理組織を使用する方法その他の情報通信の技術を利用する方法であって次項に定めるものをいう。以下同じ。）又は代理人によって議決権を行使する者を含む。）の議決権の過半数をもって，組合員の中から選任する。

4　前項の電磁的方法は，次に掲げる方法によるものとする。

一　送信者の使用に係る電子計算機と受信者の使用に係る電子計算機とを電気通信回線で接続した電子情報処理組織を使用する方法であって，当該電気通信回線を通じて情報が送信され，受信者の使用に係る電子計算機に備えられたファイルに当該情報が記録されるもの

二　磁気ディスクその他これに準ずる方法により一定の情報を確実に記録しておくことができる物をもって調整するファイルに情報を記録したもの（以下「電磁的記録」という。）を交付する方法

　法第34条《集会の招集》第3項は，区分所有者および議決権の各5分の1以上で，議案を示した上で，総会の招集を管理者に請求することができると規定しています。

　また，同条第4項では，2週間以内に，その請求の日から4週間以内の日を会日とする集会の招集通知が発せられなかった場合は，集会を請求した区分所有者が集会を招集することができると規定しています（1の「27」参照）。

　たとえば，耐震性に問題のあるマンションで，管理組合の専門委員会を中心

2　単棟型マンションの標準管理規約

に耐震改修について検討を重ねた結果，具体的な耐震改修案が作成され，費用の目安もついたにもかかわらず，たまたま理事会のメンバーが入れ替わり，新しい期の理事長は耐震改修に賛成ではない場合を想定してみましょう。

このように，多くの区分所有者が耐震改修工事を望んでいるにもかかわらず，新しい期の理事長の反対で，いつまでたっても臨時総会を招集しない場合は，区分所有者と議決権の各5分の1以上で，理事長に対して耐震改修工事の実施にかかる議案等を示した上で，臨時総会の招集を請求することができます。

第1項と第2項は，この手続きについての定めとなります。

法第34条《集会の招集》第3項ただし書は，この場合の定数を規約によって減ずることができると規定していますので，区分所有者と議決権の「各5分の1以上」を，たとえば「各10分の1以上」とすることも可能です。

しかしながら，区分所有法ではこの比率を減ずることができるとしていますが，引き上げることができるとは規定していませんので，規約において，「各5分の1以上」をたとえば「各4分の1以上」と定めることはできません。

ちなみに，『標準管理規約』では，この数を特に減じてはいません。

さて，所定の要件を満たしているにもかかわらず，理事長が総会を招集しないということは，先ほどの例のように，理事長がその議案に賛成ではないことが，その理由として考えられます。

このようなケースでは，総会の議長を理事長が担うと，議事の進行に問題が生じる可能性もあります。

そこで，第3項では，以上の手続きを経て組合員により招集された総会においては，出席組合員の議決権の過半数で，組合員の中から議長を選任できることになっていますので，たとえば総会の第一号議案を「議長選出の件」として，議案の中で議長候補者を明記しておき，その決議を取った上で以降の議事を進めるようにすればよいでしょう。

なお，『標準管理規約』では，「㈦電磁的方法が利用可能ではない場合」と，「㈥

電磁的方法が利用可能な場合」の二つの規定を設けています。

　電磁的方法が利用可能な場合は，集会に出席しない組合員は議決権行使書と委任状以外に，電磁的方法で議決権を行使する場合を規定するとともに，第4項で電磁的方法について定義づけをしています。

　この電磁的方法については，法律用語で書くと非常に難解ですが，第一号の「送信者の使用に係る電子計算機と受信者の使用に係る電子計算機とを電気通信回線で接続した電子情報処理組織を使用する方法であって，当該電気通信回線を通じて情報が送信され，受信者の使用に係る電子計算機に備えられたファイルに当該情報が記録されるもの」とは，要するに，ネット等で接続された送信者のPCと受信者のPCとでメールを送信したり，ウェブサイトへ書き込むことを意味します。

　また，第二号の「磁気ディスクその他これに準ずる方法により一定の情報を確実に記録しておくことができる物をもって調整するファイルに情報を記録したものを交付する方法」とは，要するに，CD-ROM等に記載したものを交付する方法のこととなります。

　【コメント】❷は，「電磁的方法の一部のみ利用可能な管理組合は，電磁的方法の利用状況に応じた規約を制定することが望ましい」としていますが，筆者の実感では，現時点では電磁的方法はあまり多く用いられていないように思います。もっとも，今後は，電磁的方法を使う管理組合が増えていく可能性が高いと思われますので，規約もそれに対応させておくべきでしょう。

　もっとも，最新のIT関連の用語を既存の法律用語で規定しようとすると，上記のような表現になることもやむを得ないとは思いますが，もう少し一般的な言葉で規定してもらいたいものです。たとえば，PCを「電子計算機」と表現されても，ピンとこない人が確実に増えていると思いますし，スマートフォンやタブレット端末は電子計算機とはいえない可能性が高いと思います。

　「電磁的方法の利用」は2002年の区分所有法の改正で設定された規定ですが，

2 単棟型マンションの標準管理規約

当時は電磁的方法を使う場合のツールはPCが中心でした。昨今はPCよりもスマホやタブレット端末が主流となっていることを考えると,「電子計算機」ではなく「電子情報端末」と表記する方が適切かもしれません。

≪コメント≫

❶ 電磁的方法による議決権行使の具体例には,電子メールの送信やウェブサイト(ホームページ)への書込みの利用,フロッピーディスクやCD-ROMの交付による方法等がある。

❷ 電磁的方法の一部のみ利用可能な管理組合は,電磁的方法の利用状況に応じた規約を制定することが望ましい。

例えば,電子メールの送受信やウェブサイト(ホームページ)への書込みは利用できないが,フロッピーディスクに記録されている内容の読込み及び表示は可能な場合,第44条において(イ)を選択した上で第44条第4項第一号は規定しないことが望ましい。

出席資格

> 第45条 組合員のほか,理事会が必要と認めた者は,総会に出席することができる。
> 2 区分所有者の承諾を得て専有部分を占有する者は,会議の目的につき利害関係を有する場合には,総会に出席して意見を述べることができる。この場合において,総会に出席して意見を述べようとする者は,あらかじめ理事長にその旨を通知しなければならない。

総会は区分所有者の集まりですから,区分所有者と,区分所有者が規約に基づいて選定した代理人を除くと,理事会が必要と認めた人以外は総会に出席する資格はありません。そのため,区分所有者とその代理人以外の人物が総会に

出席する場合には，理事会の承諾が必要です（第1項）。

理事会が必要と認めて出席を承諾する人物としては，たとえば，管理を委託契約している管理会社の担当者や，議案に関する専門家（設備関係であれば設備業者，法律であれば弁護士，税務であれば税理士や公認会計士，その他管理全般についてはマンション管理士等）が該当します。

なお，区分所有者とその代理人以外の人が総会に出席するには，理事会でその人の出席を認めることをあらかじめ決議し，かつ，その決議を理事会の議事録に残しておくべきでしょう。

第2項については，**第43条《招集手続き》**第7項の解説で，**法第44条《占有者の意見陳述権》**の規定を説明していますので，そちらを参照してください。

◁コメント▷

理事会が必要と認める者の例としては，マンション管理業者，管理員，マンション管理士等がある。

議決権

> **第46条** 各組合員の議決権の割合は，別表第5に掲げるとおりとする。
> 2 住戸1戸が数人の共有に属する場合，その議決権行使については，これら共有者をあわせて一の組合員とみなす。
> 3 前項により一の組合員とみなされる者は，議決権を行使する者1名を選任し，その者の氏名をあらかじめ総会開会までに理事長に届け出なければならない。
> 4 組合員は，書面又は代理人によって議決権を行使することができる。

> 5 　組合員が代理人により議決権を行使しようとする場合において，その代理人は，以下の各号に掲げる者でなければならない。
> 　一　その組合員の配偶者（婚姻の届出をしていないが事実上婚姻関係と同様の事情にある者を含む。）又は一親等の親族
> 　二　その組合員の住戸に同居する親族
> 　三　他の組合員
> 6 　組合員又は代理人は，代理権を証する書面を理事長に提出しなければならない。
>
> <u>(ア)　電磁的方法が利用可能ではない場合</u>
>
> （規定なし）
>
> <u>(イ)　電磁的方法が利用可能な場合</u>
>
> 7 　組合員は，第4項の書面による議決権の行使に代えて，電磁的方法によって議決権を行使することができる。

　2016年改正『**標準管理規約**』では，本文以外にも，【コメント】が大幅に拡充されており，特に議決権の部分がかなり詳細になっています。

　まず，議決権に関してですが，1997年までの『標準管理規約』では「一住戸一議決権」が採用されていたため，その年代までに分譲されたマンションでは「一住戸一議決権」とする規約が多くみられます。

　1997年以後は各住戸の議決権割合を「別表」で示す方法が主流となっていますので，具体的には，共有持分割合をベースとして算定した数値を採用していることが多いようです。ところで，**2016年改正**『**標準管理規約**』で追加さ

れた【コメント】では，これまでの考え方に加えて，分譲時の販売価格に応じて議決権を配分する方法が提案されています。

なお，各専有部分の面積に大きな違いがなければ，「一住戸一議決権」とする規約であっても何の問題もありません。

また，面積配分や価格配分とする場合も，数字が細かくなりすぎると，議決権の計算は複雑になりますので，ある程度数字を丸めて設定しても問題はありません。

ところで，議決権を分譲時の販売価格に応じて配分する考え方は，通常のマンションではなく，最上層階と低層階で販売価格に大きな違いがある超高層マンション（いわゆるタワーマンション）において検討する余地があるといえるでしょう。

もっとも，**法第31条《規約の設定，変更及び廃止》**は，規約の設定，変更および廃止が一部の区分所有者の権利に特別の影響を及ぼすべきときは，その区分所有者の承諾を得なければならないと規定していますので，「一住戸一議決権」あるいは床面積割合で議決権を配分することがすでに規定されている管理組合では，議決権を分譲時の販売価格に応じて配分する方法に変更するのは難しいものと思われます。

そのため，規約において，マンションの分譲価格をベースに議決権の配分をするという考え方は，規約の設定時点でルール化することになるでしょう。

ところで，わが国では，マンション分譲業者が規約案を作り，購入者から個別の同意書を取得して原始規約とすることが慣行化しているため，この考え方の採用の可否は，事実上，マンション分譲会社に委ねられているといっても過言ではありません。

ちなみに，筆者は，仮に議決権を販売価格に応じて配分するのであれば，敷地利用権の共有持分割合（敷地利用権が借地権等である場合は準共有持分割合）も販売価格に応じて配分すべきだと思います。

2　単棟型マンションの標準管理規約

　第2項では，専有部分が共有されているときは，共有者全体で1人の組合員となることが示されています。

　そして，専有部分が複数で共有されているときは，共有者の中から議決権行使者を1人選任して，総会の前までにその議決権行使者の氏名を理事長に届け出なければならない旨が第3項で定められています（議決権行使者の指定については，**法第40条《議決権行使者の指定》**に規定されています（1の「32」参照））。

　この具体的な手続きとしては，議決権行使者の指定書をあらかじめ総会の招集者宛てに送付してもよいですし，議決権行使者が総会に出席する場合には，総会の開会前までに総会の招集者に議決権行使者の指定書を提出してもよいでしょう（議決権行使者の指定書では，議決権行使者となるべき者も含めた全共有者ですが，議決権行使者を示した上で署名押印等をする形態をとっています）。なお，議決権行使書においては，議決権行使者に指定された者が署名押印を失念することが少なくありませんので注意してください。

　また，議決権行使者の指定は，あらかじめ包括的に管理組合に届け出るのではなく，総会ごとに届け出る必要があります。その理由は，総会の議案によっては，共有者間で意見が異なる可能性も考えられるためです。

　すなわち，総会の議案を共有者全員で理解し，議決権行使者になる予定の者の意見も確認した上で議決権行使者を指定しないと，自分の意思と反対の議決権行使がなされる可能性があるためです（1の「32」参照）。

　また第4項は，総会では，組合員本人が出席して賛否の意思表示をする以外に，議決権行使書（書面による議決権行使）または委任状を交付された者（代理人による議決権行使）による意思表示も有効であると規定しています。

　ところで，このうち，代理人に就任できる者の資格は第5項で規定されていますが，その資格については，以前は，「組合員の同居人」，「他の組合員及びその同居人」，「専有部分の占有者」とされていましたが，2011年の『標準管理規約』の改正により，これらの制約がすべて削除されました。

すなわち、2011年までの『標準管理規約』では、専有部分の賃借人が代理人になることができるにもかかわらず、組合員の子供であっても非同居の場合は代理人に就任することができないことになっていました。このことの不合理さが2011年の『標準管理規約』の改正により解消されたことになります。

ただし、**2016年改正『標準管理規約』**で、区分所有者にとって大切な共有財産の管理に関わる決議を委任することについて代理人となる者の資格について何の規定もないのは問題ではないかとされたことから、第5項の規定が再度見直されました。

第5項第一号では「一親等の親族」とされていますが、たとえば孫が代理人になる可能性がある場合には、「二親等以内の親族」と規定することもできます。

このように、代理人の範囲については、これまでに述べたような趣旨を理解した上で、管理組合を取り巻く状況の中で判断すればよいでしょう。

なお、筆者の経験でも、総会に際して、「白紙委任状は議長委任とする」旨の委任状を集めている管理組合が少なくありません。

【コメント】❻は、「そもそも総会が管理組合の最高の意思決定機関であることを考えると、組合員本人が自ら出席して……議案の賛否を直接意思表示することが望ましいのはもちろんである」としています。

その上で、「やむを得ず総会に出席できない場合であっても、組合員の意思を総会に直接反映させる観点からは、議決権行使書によって組合員本人が自ら賛否の意思表示をすることが望ましく……」と述べています。

このように考えると、白紙委任状を集めて総会で決議するのは望ましい手段とはいえないでしょう。

そこで、【コメント】❼では、委任状の様式等に次のような文言を記載することを推奨しています。

① 委任状を用いる場合には「白紙委任状」とせず、誰を代理人とするかについて組合員が主体的に決定することが必要であること。

2 単棟型マンションの標準管理規約

② 適当な代理人がいない場合は、代理人の欄を空欄とせず、議決権行使書によって組合員自らが賛否の意思表示をすることが必要であること。

◁コメント▷

❶ 議決権については、共用部分の共有持分の割合、あるいはそれを基礎としつつ賛否を算定しやすい数字に直した割合によることが適当である。

❷ 各住戸の面積があまり異ならない場合は、住戸1戸につき各1個の議決権により対応することも可能である。

また、住戸の数を基準とする議決権と専有面積を基準とする議決権を併用することにより対応することも可能である。

❸ ❶や❷の方法による議決権割合の設定は、各住戸が比較的均質である場合には妥当であるものの、高層階と低層階での眺望等の違いにより住戸の価値に大きな差が出る場合もあることのほか、民法第252条本文が共有物の管理に関する事項につき各共有者の持分の価格の過半数で決すると規定していることに照らして、新たに建てられるマンションの議決権割合について、より適合的な選択肢を示す必要があると考えられる。これにより、特に、大規模な改修や建替え等を行う旨を決定する場合、建替え前のマンションの専有部分の価値等を考慮して建替え後の再建マンションの専有部分を配分する場合等における合意形成の円滑化が期待できるといった考え方もある。

このため、住戸の価値に大きな差がある場合においては、単に共用部分の共有持分の割合によるのではなく、専有部分の階数(眺望、日照等)、方角(日照等)等を考慮した価値の違いに基づく価値割合を基礎として、議決権の割合を定めることも考えられる。

この価値割合とは、専有部分の大きさ及び立地(階数・方角等)等を考慮した効用の違いに基づく議決権割合を設定するものであり、住戸内の内装や備付けの設備等住戸内の豪華さ等も加味したものではないことに留意する。

また、この価値は、必ずしも各戸の実際の販売価格に比例するものではなく、全戸の販売価格が決まっていなくても、各戸の階数・方角(眺望、日照等)などにより、別途基準となる価値を設定し、その価値を基にした議決権割合を新築当初に設定することが想定される。ただし、前方に建物が建築されたことによる眺望の変化等の各住戸の価値に影響を及ぼすような事後的な

変化があったとしても，それによる議決権割合の見直しは原則として行わないものとする。

なお，このような価値割合による議決権割合を設定する場合には，分譲契約等によって定まる敷地等の共有持分についても，価値割合に連動させることが考えられる。

❹ 特定の者について利害関係が及ぶような事項を決議する場合には，その特定の少数者の意見が反映されるよう留意する。

❺ 総会は管理組合の最高の意思決定機関であることを踏まえると，代理人は，区分所有者としての組合員の意思が総会に適切に反映されるよう，区分所有者の立場から見て利害関係が一致すると考えられる者に限定することが望ましい。第5項は，この観点から，組合員が代理人によって議決権を行使する場合の代理人の範囲について規約に定めることとした場合の規定例である。また，総会の円滑な運営を図る観点から，代理人の欠格事由として暴力団員等を規約に定めておくことも考えられる。なお，成年後見人，財産管理人等の組合員の法定代理人については，法律上本人に代わって行為を行うことが予定されている者であり，当然に議決権の代理行使をする者の範囲に含まれる。

❻ 書面による議決権の行使とは，総会には出席しないで，総会の開催前に各議案ごとの賛否を記載した書面（いわゆる「議決権行使書」）を総会の招集者に提出することである。他方，代理人による議決権の行使とは，代理権を証する書面（いわゆる「委任状」）によって，組合員本人から授権を受けた代理人が総会に出席して議決権を行使することである。

このように，議決権行使書と委任状は，いずれも組合員本人が総会に出席せずに議決権の行使をする方法であるが，議決権行使書による場合は組合員自らが主体的に賛否の意思決定をするのに対し，委任状による場合は賛否の意思決定を代理人に委ねるという点で性格が大きく異なるものである。そもそも総会が管理組合の最高の意思決定機関であることを考えると，組合員本人が自ら出席して，議場での説明や議論を踏まえて議案の賛否を直接意思表示することが望ましいのはもちろんである。しかし，やむを得ず総会に出席できない場合であっても，組合員の意思を総会に直接反映させる観点からは，議決権行使書によって組合員本人が自ら賛否の意思表示をすることが望ましく，そのためには，総会の招集の

2 単棟型マンションの標準管理規約

通知において議案の内容があらかじめなるべく明確に示されることが重要であることに留意が必要である。

❼ 代理人による議決権の行使として，誰を代理人とするかの記載のない委任状（いわゆる「白紙委任状」）が提出された場合には，当該委任状の効力や議決権行使上の取扱いについてトラブルとなる場合があるため，そのようなトラブルを防止する観点から，例えば，委任状の様式等において，委任状を用いる場合には誰を代理人とするかについて主体的に決定することが必要であること，適当な代理人がいない場合には代理人欄を空欄とせず議決権行使書によって自ら賛否の意思表示をすることが必要であること等について記載しておくことが考えられる。

総会の会議及び議事

第47条　総会の会議は，前条第1項に定める議決権総数の半数以上を有する組合員が出席しなければならない。

2　総会の議事は，出席組合員の議決権の過半数で決する。

3　次の各号に掲げる事項に関する総会の議事は，前項にかかわらず，組合員総数の4分の3以上及び議決権総数の4分の3以上で決する。

一　規約の制定，変更又は廃止

二　敷地及共用部分等の変更（その形状又は効用の著しい変更を伴わないもの及び建築物の耐震改修の促進に関する法律第25条第2項に基づく認定を受けた建物の耐震改修を除く。）

三　区分所有法第58条第1項，第59条第1項又は第60条第1項の訴えの提起

四　建物の価格の2分の1を超える部分が滅失した場合の滅失した共用部分の復旧

五　その他総会において本項の方法により決議することとした事項

4　建替え決議は，第2項にかかわらず，組合員総数の5分の4以上及び議決権総数の5分の4以上で行う。

5　マンション敷地売却決議は，第2項にかかわらず，組合員総数，議決権総数及び敷地利用権の持分の価格の各5分の4以上で行う。

(ア)　電磁的方法が利用可能ではない場合

6　前五項の場合において，書面又は代理人によって議決権を行使する者は，出席組合員とみなす。

(イ)　電磁的方法が利用可能な場合

6　前五項の場合において，書面，電磁的方法又は代理人によって議決権を行使する者は，出席組合員とみなす。

7　第3項第一号において，規約の制定，変更又は廃止が一部の組合員の権利に特別の影響を及ぼすべきときは，その承諾を得なければならない。この場合において，その組合員は正当な理由がなければこれを拒否してはならない。

8　第3項第二号において，敷地及び共用部分等の変更が，専有部分又は専用使用部分の使用に特別の影響を及ぼすべきときは，その専有部分を所有する組合員又はその専用使用部分の専用使用を認められている組合員の承諾を得なければならない。この場合において，その組合員は正当な理由がなければこれを拒否してはならない。

9　第3項第三号に掲げる事項の決議を行うには，あらかじめ当該組合員又は占有者に対し，弁明する機会を与えなければならない。

2 単棟型マンションの標準管理規約

> 10　総会においては，第43条第1項によりあらかじめ通知した事項についてのみ，決議することができる。

　法第39条《議事》第1項では，区分所有法または規約に別段の定めがない限り，総会の議事は，区分所有者および議決権の各過半数で決する旨が規定されています。

　すなわち，決議要件については，区分所有法において特別多数決議と規定されている事項（具体的には第3項に規定されている諸事項）を除くと，規約で別段の定めをすることができます（特別決議とされた事項以外の事項（以下，「普通決議事項」といいます）については，決議要件を緩和することも厳しくすることも可能となります）。

　本条第1項では，総会の成立要件を**第46条《議決権》**第1項に定める議決権総数の半数以上と規定し，第2項では，普通決議事項は出席組合員の議決権の過半数で決するという別段の定めをしています（1の「31」参照）。

　これをケーススタディで考えると，次のようになります。

―――――◆ケーススタディ◆―――――

　区分所有者数が「100人」で，専有面積は同一とし，土地共有持分も1人当たり1/100とするマンションで，1人で複数の住戸を所有している区分所有者はいないものとします。

		総会出席者		賛　成　者		議決結果
		区分所有者	議決権	区分所有者	議決権	
区分所有法		51	51	51	51	決議
標準管理規約	ケース1	—	60	—	31	決議
	ケース2	—	50	—	26	決議
	ケース3	—	50	—	25	否決

第47条　総会の会議及び議事

　区分所有法は，法人格を持たない管理組合については特段の定めをしていませんので，当然ながら総会の成立要件等についても規定されていません。

　そのため，規約が設定されていないマンションで区分所有者の集会を開いて，特別決議事項以外の何らかの事項を決議するには，法第39条《議事》第1項の規定により，区分所有者および議決権の各「過半数」で決議をする必要があります。

　この場合の「過半数」は，区分所有者および議決権とも「51」になります。

　すなわち，規約が設定されていない管理組合で総会を開いた場合には，そもそも総会の出席者が「過半数」に満たなければ，その出席者全員が賛成したとしても，また普通決議事項であっても議案は成立しません。

　繰り返しになりますが，区分所有法では普通決議事項の要件は区分所有者および議決権の各「過半数」とされています。

　そのため，区分所有法の規定で考えると，総会の出席者がギリギリ「過半数」を超えている状況であれば，その全員が賛成しないと議案は可決されないことになります（この場合の総会の出席者とは，議決権行使書を提出した区分所有者や委任状を提出して代理人に委任をした区分所有者を含みます）。

　これに対して，『標準管理規約』では，議決権の「半数」の出席が総会の成立要件となっています。

　したがって，区分所有者が「100人」で各自同じ議決権割合を有していますので，最低「50人」（議決権も「50」）が出席すれば，総会は成立します。

　次に，普通決議については出席者の議決権の「過半数」となりますので，仮に区分所有者の議決権の「半数」ギリギリで総会が成立している場合は「26」で決議することができます。

　なお，この件については，「半数」と「過半数」という言葉の違いに注意が必要です。

　第3項は，特別決議の議事について定めています。

　ところで，耐震改修促進法では，耐震診断の結果，耐震性に問題があることが判明したマンションで，特定行政庁より「要耐震改修認定建築物」の認定を

2 単棟型マンションの標準管理規約

受けたマンションについては，耐震改修工事に関しては形状や効用に著しい変更がある場合でも，特別多数決議によらず普通決議により決定できることが規定されているため，同じく普通決議で決定できる形状や効用に著しい変更がない共有物の変更の場合とともに，敷地および共用部分の変更の際の例外として第3項第二号のカッコ書に示されています。

　なお，普通決議となる工事と特別多数決議が必要な工事の違いはわかりにくいため，【コメント】❺では，工事の種類ごとに次のような例示をしています。
　以下では，それを表にまとめてみました。

工事の種類	普通決議となる工事	特別多数決議が必要な工事
バリアフリー化工事	建物の基本的構造部分を取り壊す等の加工を伴わずに階段にスロープを併設し，手すりを追加する工事	階段室部分を改造したり，建物の外壁に新たに外付けしたりして，エレベータを新たに設置する工事
耐震改修工事	柱や梁に炭素繊維シートや鉄板を巻き付けて補修する工事や，構造躯体に壁や筋かいなどの耐震部材を設置する工事で基本的構造部分への加工が小さいもの	
防犯化工事	オートロック設備を設置する際，配線を，空き管路内に通したり，建物の外周に敷設したりするなど共用部分の加工の程度が小さい場合の工事や，防犯カメラ，防犯灯の設置工事	
IT化工事	既存のパイプスペースを利用するなど共用部分の形状に変更を加えることなく実施できる光ファイバー・ケーブルの	

	敷設工事や，新たに光ファイバー・ケーブルを通すために，外壁や耐力壁等に工事を加え，その形状を変更するような場合でも，建物の躯体部分に相当程度の加工を要するものではなく，外観を見苦しくない状態に復元するもの	
計画修繕工事	鉄部塗装工事，外壁補修工事，屋上等防水工事，給水管更生・更新工事，照明設備，共聴設備，消防用設備，エレベータ設備の更新工事	
その他	窓枠，窓ガラス，玄関扉の一斉交換工事，すでに不要となったダストボックスや高置水槽等の撤去工事	集会室，駐車場，駐輪場の増改築工事などで，大規模なものや著しい加工を伴うもの

　また，区分所有法では，次の決議をする場合で，特別の影響が組合員（区分所有者）の権利に及ぶ場合には，その人の承諾を得なければならないと規定しています。もっとも，組合員の側も，正当な理由なしにこれを拒否してはいけない旨も『標準管理規約』において定められています。

① 規約の設定や変更または廃止（法第31条第1項）
② 共有部分の変更（法第17条第2項）

第7項および第8項の規定は，これに対応する内容となっています。

　ところで，第6項は，総会に出席しないで議決権行使書を提出した組合員や，委任状を交付した代理人を立てた組合員も，総会に出席したものとみなす旨が確認の意味で規定されています（1の「32」参照）。

　そのため，前述のケーススタディで，総会出席者の議決権が「10」（人数も「10

2 単棟型マンションの標準管理規約

人」)しかない場合でも、議決権行使書を提出した区分所有者の議決権が「40」（人数も「40人」）、委任状を提出した区分所有者の議決権が「30」（人数も「30人」）あった場合には、総会出席の議決権は「80」（人数も「80人」）となるため、総会は成立します。

次に、義務違反者に対して、使用禁止の請求（法第58条）、区分所有権の競売の請求（法第59条）、占有者に対する引渡し請求（法第60条）の決議をする場合には、あらかじめ、その区分所有者に弁明の機会を与えなければならない旨が**法第58条《使用禁止の請求》**第3項に規定されていますが、『標準管理規約』ではこのことが本条第9項に定められています。

また、**法第37条《決議事項の制限》**第1項は、集会ではあらかじめ通知した事項についてのみ決議することができる旨を規定していますが、第2項は、特別多数決議以外の議案については規約で別段の定めをすることができると規定しています。

この場合の別段の定めとは、具体的には、「緊急動議」の取扱いが考えられます。

すなわち、特別多数決議以外の議案については、緊急動議も審議できると規約で定めることは可能です（1の「30」参照）。

ちなみに、区分所有法において特別多数決議が必要とされる事項を以下に挙げます。

① 共用部分の変更（形状または効用に著しい変更を伴うものを除く。法第17条第1項)
② 規約の設定、変更および廃止（法第31条第1項）
③ 管理組合法人の設立（法第47条第1項)、解散（法第55条第2項）
④ 義務違反者に対する使用禁止の請求の訴え（法第58条第2項）
⑤ 区分所有権の競売の請求の訴え（法第59条第2項）
⑥ 占有者に対する引渡し請求の訴え（法第60条第2項）

第47条　総会の会議及び議事

⑦　建物価格の2分の1を超える滅失の場合の復旧（法第61条第5項）
⑧　建替え（法第62条第1項）
⑨　団地管理規約の設定（法第68条第1項）
⑩　団地内建物の建替え承認（法第69条第1項）
⑪　団地内建物の一括建替え（法第70条第1項）

ところで，第10項では，「あらかじめ通知した事項についてのみ，決議することができる」という規定にとどめています。

すなわち，『標準管理規約』では緊急動議を認める定めは採用していません。

区分所有者の大多数が総会に出席する場合はともかく，区分所有者の多くが議長委任で委任状を出しているのに緊急動議を認めてしまうと，圧倒的多数の区分所有者が知らない間にどんどん物事が決まっていくことにもなりかねませんので，『標準管理規約』の考え方は妥当といえるでしょう。

> コメント

❶　第2項は，議長を含む出席組合員（書面又は代理人によって議決権を行使する者を含む。）の議決権の過半数で決議し，過半数の賛成を得られなかった議事は否決とすることを意味するものである。

❷　特に慎重を期すべき事項を特別の決議によるものとした。あとの事項は，会議運営の一般原則である多数決によるものとした。

❸　区分所有法では，共用部分の変更に関し，区分所有者及び議決権の各4分の3以上の多数による集会の決議（特別多数決議）で決することを原則

としつつ，その形状又は効用の著しい変更を伴わない共用部分の変更については区分所有者及び議決権の各過半数によることとしている（なお，共用部分の変更が専有部分の使用に特別の影響を及ぼすべきときは，区分所有法第17条第2項（第18条第3項において準用する場合を含む。）の規定に留意が必要である。（第8項参照））。

　建物の維持・保全に関して，区分所有者は協力してその実施に努めるべきであることを踏まえ，機動的な実施を可能とするこの区分所有法の規定を，標準管理規約上も確認的に規定したの

が第47条第3項第二号である。

なお、建築物の耐震改修の促進に関する法律第25条の規定により、要耐震改修認定区分所有建築物の耐震改修については、区分所有法の特例として、敷地及び共用部分等の形状又は効用の著しい変更に該当する場合であっても、過半数の決議（普通決議）で実施可能となっている。

❹ 第1項に基づき議決権総数の半数を有する組合員が出席する総会において、第2項に基づき出席組合員の議決権の過半数で決議（普通決議）される事項は、総組合員の議決権総数の4分の1の賛成により決議されることに鑑み、例えば、大規模修繕工事のように多額の費用を要する事項については、組合員総数及び議決権総数の過半数で、又は議決権総数の過半数で決する旨規約に定めることもできる。

❺ このような規定の下で、各工事に必要な総会の決議に関しては、例えば次のように考えられる。ただし、基本的には各工事の具体的内容に基づく個別の判断によることとなる。

ア）バリアフリー化の工事に関し、建物の基本的構造部分を取り壊す等の加工を伴わずに階段にスロープを併設し、手すりを追加する工事は普通決議により、階段室部分を改造したり、建物の外壁に新たに外付けしたりして、エレベーターを新たに設置する工事は特別多数決議により実施可能と考えられる。

イ）耐震改修工事に関し、柱やはりに炭素繊維シートや鉄板を巻き付けて補修する工事や、構造躯体に壁や筋かいなどの耐震部材を設置する工事で基本的構造部分への加工が小さいものは普通決議により実施可能と考えられる。

ウ）防犯化工事に関し、オートロック設備を設置する際、配線を、空き管路内に通したり、建物の外周に敷設したりするなど共用部分の加工の程度が小さい場合の工事や、防犯カメラ、防犯灯の設置工事は普通決議により、実施可能と考えられる。

エ）ＩＴ化工事に関し、光ファイバー・ケーブルの敷設工事を実施する場合、その工事が既存のパイプスペースを利用するなど共用部分の形状に変更を加えることなく実施できる場合や、新たに光ファイバー・ケーブルを通すために、外壁、耐力壁等に工事を加え、その形状を変更するような場合でも、建物の躯体部分に相当程度の加工を要

するものではなく，外観を見苦しくない状態に復元するのであれば，普通決議により実施可能と考えられる。

オ）計画修繕工事に関し，鉄部塗装工事，外壁補修工事，屋上等防水工事，給水管更生・更新工事，照明設備，共聴設備，消防用設備，エレベーター設備の更新工事は普通決議で実施可能と考えられる。

カ）その他，集会室，駐車場，駐輪場の増改築工事などで，大規模なものや著しい加工を伴うものは特別多数決議により，窓枠，窓ガラス，玄関扉等の一斉交換工事，既に不要となったダストボックスや高置水槽等の撤去工事は普通決議により，実施可能と考えられる。

❻ 建替え決議及びマンション敷地売却決議の賛否は，売渡し請求の相手方になるかならないかに関係することから，賛成者，反対者が明確にわかるよう決議することが必要である。なお，第4項及び第5項の決議要件については，法定の要件を確認的に規定したものである。

議決事項

第48条 次の各号に掲げる事項については，総会の決議を経なければならない。

一 収支決算及び事業報告

二 収支予算及び事業計画

三 管理費等及び使用料の額並びに賦課徴収方法

四 規約及び使用細則等の制定，変更又は廃止

五 長期修繕計画の作成又は変更

六 第28条第1項に定める特別の管理の実施並びにそれに充てるための資金の借入れ及び修繕積立金の取崩し

七 第28条第2項及び第3項に定める建替え等に係る計画又は設計等の経費のための修繕積立金の取崩し

2　単棟型マンションの標準管理規約

> 八　修繕積立金の保管及び運用方法
> 九　第21条第2項に定める管理の実施
> 十　区分所有法第57条第2項及び前条第3項第三号の訴えの提起並びにこれらの訴えを提起すべき者の選任
> 十一　建物の一部が滅失した場合の滅失した共用部分の復旧
> 十二　区分所有法第62条第1項の場合の建替え及び円滑化法第108条第1項の場合のマンション敷地売却
> 十三　役員の選任及び解任並びに役員活動費の額及び支払方法
> 十四　組合管理部分に関する管理委託契約の締結
> 十五　その他管理組合の業務に関する重要事項

　総会の議決事項は、基本的には本条の規定通りです。

　各号は、『標準管理規約』の条項が引用されているもの以外は読んだとおりの内容ですから、以下では、条項が引用されているものについて簡単に説明します。

　なお、個々に掲げられていない事項であっても、管理組合の業務にとって必要であれば、第十五号に該当する「重要事項」として議決事項にすることは可能です。

　まず、第六号で規定されている「第28条第1項に定める特別の管理」についてですが、**第28条《修繕積立金》**は修繕積立金に関する規定であり、管理組合として修繕積立金を積み立てることを規定するとともに、修繕積立金の使途を限定して、その範囲内に限って修繕積立金を取り崩すことができると規定しています。

　次に、第七号でも引用されている第28条第2項と第3項では、建替えやマンション敷地の売却については、決議後であっても、その後に円滑化法の組合

第 49 条　議事録の作成，保管等

施行方式で事業を進める場合には，組合が認可されるまでの費用を支出できる旨とその限度額が規定されています。建替え等の決議から組合設立までの間も，建替え等の具体化のためにさまざまな活動をする必要がありますし，そのための経費も発生することから，これらに関する件も総会の議決事項になっているわけです。なお，具体的な内容は，第 28 条の説明をご参照ください。

また，第九号で引用されている**第 21 条《敷地及び共用部分等の管理》**第 2 項では，「専有部分である設備のうち共用部分と構造上一体となった部分の管理を共用部分の管理と一体として行う必要があるときは，管理組合がこれを行うことができる」と規定されていますので，そのことが確認の意味でここに記載されています。

さらに，第十号で引用されている**法第 57 条《共同の利益に反する行為の停止等の請求》**第 1 項では，区分所有者の共同の利益に反する行為をしたり，そのような行為をするおそれがある場合には，裁判を起こして，共同の利益に反する行為の停止や，共同の利益に反する行為の結果を除去すること，あるいは共同の利益に反する行為を予防することを請求できると規定されています。そして，第 2 項では，第 1 項の規定にもとづいて訴訟を提起するには，集会の決議によらなければならないと規定されています。

また，**第 47 条《総会の会議及び議事》**第 3 項第三号の訴えとは，**法第 58 条《使用禁止の請求》**第 1 項，**法第 59 条《区分所有権の競売の請求》**第 1 項，**法第 60 条《占有者に対する引渡し請求》**第 1 項の訴えを示します。

(ア)　電磁的方法が利用可能ではない場合

議事録の作成，保管等

第 49 条　総会の議事については，議長は，議事録を作成しなけれ

ばならない。
2 議事録には、議事の経過の要領及びその結果を記載し、議長及び議長の指名する2名の総会に出席した組合員がこれに署名押印しなければならない。
3 理事長は、議事録を保管し、組合員又は利害関係人の書面による請求があったときは、議事録の閲覧をさせなければならない。この場合において、閲覧につき、相当の日時、場所等を指定することができる。
4 理事長は、所定の掲示場所に、議事録の保管場所を掲示しなければならない。

書面による決議

第50条 規約により総会において決議をすべき場合において、組合員全員の承諾があるときは、書面による決議をすることができる。
2 規約により総会において決議すべきものとされた事項については、組合員全員の書面による合意があったときは、書面による決議があったものとみなす。
3 規約により総会において決議すべきものとされた事項についての書面による決議は、総会の決議と同一の効力を有する。
4 前条第3項及び第4項の規定は、書面による決議に係る書面について準用する。
5 総会に関する規定は、書面による決議について準用する。

第50条 書面による決議

　法第42条《議事録》第1項では，議長は議事録を作成しなければならないとし，議事録には議事の経過の要領とその結果を記載する（同条第2項）とともに，議事録を書面で作成する場合には議長および総会に出席した区分所有者（＝組合員）の2人がこれに署名押印をしなければならない（同条第3項）と規定されています。

　本条第1項と第2項では，これらの事項を確認の意味で定めています。

　なお，議論された内容を一言一句議事録に記載している組合もありますが，前述のように，区分所有法では，議事録には議事の経過の要領を記載すればよいとしています（1の「33」参照）。また，質疑応答の内容も，すべてを記録する必要はなく，重要なことが記載されていれば問題ありません。

　もちろん，議事録に細かく記載するのは悪いことではありませんが，時間をかけてテープを起こして一言一句記載するよりも，議事の経過の要領とその結果を欠席した区分所有者に早めに知らせるほうが重要です。

　なお，議事の経過の要領は，集会の日時や場所を記載した上で，次のような構成となるでしょう。

① 集会招集者による開会の宣言（「定足数○○に対して，出席者数は△△であるため総会は成立している」等）
② 議事録署名人の選任（「議長は，○○と△△を議事録署名人として指名した」等）
③ 議案の説明
④ 質疑応答（主要な内容を記載すればよい）
⑤ 議論の概要（同上）
⑥ 採決結果
⑦ 閉会の宣言

　次に，第3項で，理事長は議事録を保管するとともに，組合員または利害関係人から書面による請求があった場合には，議事録を閲覧させなければならな

2 単棟型マンションの標準管理規約

いと定めています。

　この場合の利害関係人とは、具体的には、各住戸の抵当権者や差押え債権者等、住戸の賃借人、および住戸の売買等の媒介の依頼を受けている不動産業者等をいい、単に事実上利益や不利益を受けたりする人や親族関係にあるだけの人等は対象とはならないことが【コメント】❶に記載されています。

　なお、**法第42条《議事録》**第5項では、**法第33条《規約の保管及び閲覧》**第3項の規定を準用しているので、議事録は「建物内の見やすい場所に掲示しなければならない」こととなりますが、『標準管理規約』では、「所定の掲示場所」（通常は、マンション内の掲示板等が所定の掲示場所に指定されているでしょう）に掲示しなければならないとしています（第4項）。

　次に、**法第45条《書面又は電磁的方法による決議》**は、書面または電磁的方法による決議について規定しています。

　総会で決議をしなければいけない事項が区分所有法や規約に規定されていても、区分所有者の全員が承諾すれば、書面や電磁的手法で決議ができます。

　「区分所有者の全員」とは、たとえば住戸を何人かで共有している場合は、この共有者を含めた全員となることに注意が必要です。

　次の《例》を参考にしてください。

《例》　10戸で構成されているマンションで、区分所有者数が次の場合

住　戸	101	102	103	104	105	106	107	108	109	110
所有者	a，b	c	d	e，f	g	h	i	j	k	l，m，n

　この場合の区分所有者全員の承諾とは、101号室の共有者a，b，104号室の共有者e，f，110号室の共有者l，m，nの全てを含めた、a，b，c，d，e，f，g，h，i，j，k，l，m，nの全員の承諾をいいます。

　たとえば、110号室の共有者mは、専有部分の1/100を共有しているにす

ぎないとしても，この1/100の共有持分権者も含めた全員が賛成しなければ，区分所有者全員の同意は構成されないことになります。

さて，**第50条《書面による決議》**第1項には，**法第45条《書面又は電磁的方法による決議》**第1項の内容がそのまま記載されています。ちなみに，この場合の具体的な手続きは，まず区分所有者全員で書面による決議をすることについて承諾する必要があります。そして，その上で，書面決議をすることとなります。

また，第2項は法第45条第2項に対応するものであり，組合員全員の書面による合意があったときは，書面による決議があったものとみなす旨が定められています。ちなみに，この第2項の書面により全員合意することができる事項は，区分所有法または規約により集会において決議すべきものとされた事項となります。

なお，第1項の書面決議は，あくまでも「決議」ですから，賛成者も反対者もいることになります。

第3項では，書面による決議は総会の決議と同じ効力を持つことを，また第4項では，決議した書面等の保管や閲覧等については議事録と同じ規定を準用する旨が規定されています。

同じく，総会に関する規定は書面による決議についても準用されます（第5項）。

なお，この条文はかなりややこしいので，次表に整理します。

摘要条文	第50条第1項	第50条第2項
概　　要	区分所有者全員の承諾があった場合には，書面による決議をすることができる。	区分所有者全員の書面による合意があったときは，書面による決議があったものとみなす。
決議要件	普通決議もしくは特別多数決議	全員合意

また，第49条と第50条について「電磁的方法が利用可能な場合」の条文は次の通りとなります。

(イ) 電磁的方法が利用可能な場合

議事録の作成，保管等

第49条　総会の議事については，議長は，書面又は電磁的記録により，議事録を作成しなければならない。

2　議事録には，議事の経過の要領及びその結果を記載し，又は記録しなければならない。

3　前項の場合において，議事録が書面で作成されているときは，議長及び議長の指名する2名の総会に出席した組合員がこれに署名押印しなければならない。

4　第2項の場合において，議事録が電磁的記録で作成されているときは，当該電磁的記録に記録された情報については，議長及び議長の指名する2名の総会に出席した組合員が電子署名（電子署名及び認証業務に関する法律（平成12年法律第102号）第2条第1項の「電子署名」をいう。以下同じ。）をしなければならない。

5　理事長は，議事録を保管し，組合員又は利害関係人の書面又は電磁的方法による請求があったときは，議事録を閲覧（議事録が電磁的記録で作成されているときは，当該電磁的記録に記録された情報の内容を紙面又は出力装置の映像面に表示する方法により表示したものの当該議事録の保管場所における閲覧をいう。）をさせなければならない。この場合において，閲覧につき，相当の

日時，場所を指定することができる。
6　理事長は，所定の掲示場所に，議事録の保管場所を掲示しなければならない。

書面又は電磁的方法による決議

第50条　規約により総会において決議をすべき場合において，組合員全員の承諾があるときは，書面又は電磁的方法による決議をすることができる。ただし，電磁的方法による決議に係る組合員の承諾については，あらかじめ，組合員に対し，その用いる電磁的方法の種類及び内容を示し，書面又は電磁的方法による承諾を得なければならない。
2　前項の電磁的方法の種類及び内容は，次に掲げる事項とする。
　一　第44条第4項各号に定める電磁的方法のうち，送信者が使用するもの
　二　ファイルへの記録の方式
3　規約により総会において決議すべきものとされた事項については，組合員の全員の書面又は電磁的方法による合意があったときは，書面又は電磁的方法による決議があったものとみなす。
4　規約により総会において決議すべきものとされた事項についての書面又は電磁的方法による決議は，総会の決議と同一の効力を有する。
5　前条第5項及び第6項の規定は，書面又は電磁的方法による決議に係る書面並びに第1項及び第3項の電磁的方法が行われた場合に当該電磁的方法により作成される電磁的記録について準用す

> る。
> 6　総会に関する規定は，書面又は電磁的方法による決議について準用する。

　電磁的方法が利用可能ではない場合の規定に，電磁的方法についての内容を加えたものが上記の規定となります。

　そのため，内容は電磁的方法が利用可能ではない場合の規定に準じます。

　なお，分かりにくい部分を解説すると，次のようになります。

○第3項

　　議事録が電磁的記録（具体的には，磁気ディスクやICカード，ICメモリー，CD-ROM等）で作成されているときは，議長と議事録の署名人は電子署名をする旨が定められています。

　　ちなみに，電子署名及び認証業務に関する法律第2条第1項の「電子署名」とは，電磁的記録に記録できる情報について行われる措置であり，次のいずれかに該当するものを指します。

　　① 電磁的記録をした者が，その情報を作成したことを示すものであること

　　② その情報が改変されていないかどうかが確認できるものであること

○第5項

　　理事長は，組合員やその利害関係人から請求があったときに，電磁的方法で閲覧させる場合は，その電磁的記録に記録された情報をアウトプットした書面で示すか，または情報が保管されているPCの画面で確認してもらいます。

> コメント

❶ 第3項の「利害関係人」とは、敷地、専有部分に対する担保権者、差押え債権者、賃借人、組合員からの媒介の依頼を受けた宅地建物取引業者等法律上の利害関係がある者をいい、単に事実上利益や不利益を受けたりする者、親族関係にあるだけの者等は対象とはならない。

❷ 電磁的記録の具体例には、磁気ディスク、磁気テープ、フロッピーディスク等のような磁気的方式によるもの、ICカード、ICメモリー等のような電子的方式によるもの、CD-ROMのような光学的方式によるものなどによって調製するファイルに情報を記録したものがある。

❸ 電子署名及び認証業務に関する法律第2条第1項の電子署名とは、電磁的記録（電子的方式、磁気的方式その他人の知覚によっては認識することができない方式で作られる記録であって、電子計算機による情報処理の用に供されるもの）に記録することができる情報について行われる措置であって、次のア）及びイ）のいずれにも該当するものである。

ア）当該情報が当該措置を行ったものの作成に係るものであることを示すためのものであること。

イ）当該情報について改変が行われていないかどうかを確認することができるものであること。

第5節　理事会

第5節「理事会」は、第51条から第55条までの5条で構成されています。内容は、理事会とその運営に関するものとなっています。

理事会

第51条　理事会は、理事をもって構成する。

2　理事会は、次に掲げる職務を行う。

2　単棟型マンションの標準管理規約

> 一　規約若しくは使用細則等又は総会の決議により理事会の権限として定められた管理組合の業務執行の決定
> 二　理事の職務の執行の監督
> 三　理事長，副理事長及び会計担当理事の選任
> 3　理事会の議長は，理事長が務める。

　理事会は，管理組合の業務を執行する機関です。

　以前の『標準管理規約』では「理事会は，理事をもって構成する」と定めるのみで，理事会が具体的にどういった業務を担う機関であるかについては特に規定されていませんでしたが，**2016年改正**『**標準管理規約**』で，理事会の業務が明確に定められました。

　このうち，第一号の「規約若しくは使用細則等又は総会の決議により理事会の権限として定められた管理組合の業務執行の決定」のうち，基本的なものについては，理事会の議決事項としては**第54条**《**議決事項**》に定められていますので，そちらをご参照ください。

　また，**第37条の2**《**利益相反取引の防止**》で，理事の利益相反取引等の問題を取り上げています。

　2016年改正『**標準管理規約**』では，理事長や理事の利益相反取引を取り締まる諸規定を設けるとともに，理事会でも理事の業務執行を監督することが規定されています。

　加えて，**第41条**《**監事**》に示すように，監事の業務を強化することで，適切な組合運営を行うことができる仕組みを構築したということができます。

　もっとも，仕組みだけができても，実際の運営にあたる人がその仕組みを有効に使わなければ意味がありません。

　本書の冒頭でも述べましたが，適切なマンション管理は自分達の大切な財産

であるマンションの価値の維持につながること，また資産価値が良く維持されたマンションは居住性も良いマンションであること等を念頭において，区分所有者はマンション管理に真摯に向かうべきだということを忘れないようにしてください。

なお，第3項により，理事会の議長は理事長が務めることとなります。

◁コメント▷

(第2項関係)
管理組合の業務執行の決定だけでなく，業務執行の監視・監督機関としての機能を理事会が有することを明確化するとともに，第35条第3項の規定に基づく理事長等の選任を含め，理事会の職務について明示した。

招 集

> 第52条　理事会は，理事長が招集する。
> 2　理事が○分の1以上の理事の同意を得て理事会の招集を請求した場合には，理事長は速やかに理事会を招集しなければならない。
> 3　前項の規定による請求があった日から○日以内に，その請求があった日から○日以内の日を理事会の日とする理事会の招集の通知が発せられない場合には，その請求をした理事は，理事会を招集することができる。
> 4　理事会の招集手続については，第43条（建替え決議又はマンション敷地売却決議を会議の目的とする場合の第1項及び第4項から第8項までを除く。）の規定を準用する。この場合において，同条中「組合員」とあるのは「理事及び監事」と，同条第9項中「理事会の承認」とあるのは「理事及び監事の全員の同意」と読

> み替えるものとする。ただし，理事会において別段の定めをすることができる。

　理事会は理事長が招集しますが，規約で定める数（○分の1以上）の理事が理事長に対して理事会の招集を請求した場合は，理事長は理事会を招集しなければなりません。

　ところで，たとえば理事長が独断的な人であると，他の理事の言うことを聞かないことも考えられます。

　2016年改正『標準管理規約』では，規約で定めた割合以上の理事が理事長に理事会の招集を求めたにもかかわらず，定められた期間内に理事長が理事会を招集しない場合の対応が規定されています。

　この規定は，総会の招集は区分所有者と議決権の各5分の1以上で理事長に請求できるが，その請求にもかかわらず理事長が集会を招集しない場合の区分所有法および『標準管理規約』の手続きの一部を準用しています。

　すなわち，理事の○分の1以上の同意を得て理事会の招集を理事長に請求したにもかかわらず，理事長が理事会を招集しないときは，理事長に対して招集を請求した理事が理事会を招集することができます。

　理事会の招集は，区分所有者による総会招集の手続き方法（**第43条《招集手続き》**に規定されています）を準用します。

　もっとも，第43条に定める手続きの中で，建替え決議やマンション敷地の売却決議の手続きは特殊な内容になっていますので，それらの手続きの該当部分を除くことが第4項で定められています。すなわち，次のようになります。

① 　理事長は，少なくとも会議を開く2週間前までに，会議の場所および目的を示した通知を理事に発しなければならない。

② 　①の通知は，理事が届け出た宛先に発する。ただし，届け出のない理事

第 53 条　理事会の会議及び議事

に対しては，対象物件内の専有部分宛てに発すれば足りる。
③　①の通知は，対象物件内に居住する理事および監事，および②の届け出のない理事および監事に対しては，その内容を所定の掲示場所に掲示することをもってこれに代えることができる。
④　①の通知は，緊急を要する場合は，理事長は，理事および監事の全員の同意を得て，5日間を下回らない範囲において期間を短縮することができる。

> コメント

各理事は，理事会の開催が必要であると考える場合には，理事長に対し，理事会の目的である事項を示して，理事会の招集を促すこともできる。ただし，理事長が招集しない場合には，第2項の手続により招集を請求することとなる。それでも理事長が招集の通知を発出しない場合には，招集を請求した理事が，理事会を招集できることとなる。

理事会の会議及び議事

第 53 条　理事会の会議は，理事の半数以上が出席しなければ開くことができず，その議事は出席理事の過半数で決する。
2　次条第1項第五号に掲げる事項については，理事の過半数の承諾があるときは，書面又は電磁的方法による決議によることができる。
3　前二項の決議について特別の利害関係を有する理事は，議決に加わることができない。

(ｱ)　電磁的方法が利用可能ではない場合

4　議事録については，第49条（第4項を除く。）の規定を準用す

> る。ただし，第49条第2項中「総会に出席した組合員」とあるのは「理事会に出席した理事」と読み替えるものとする。
>
> (イ) 電磁的方法が利用可能な場合
>
> 4 議事録については，第49条（第6項を除く。）の規定を準用する。ただし，第49条第3項中「総会に出席した組合員」とあるのは「理事会に出席した理事」と読み替えるものとする。

【コメント】❶にもあるように，理事会には理事本人が出席して，管理組合の業務を執行するための議論をし，理事会の場で具体的な手続きを決議する必要があります。

第1項も，理事の半数以上が出席することを求めていますが，この場合の理事とは理事本人であると理解する必要があります。

なお，この件について，理事に事故があった場合は一定範囲の親族を代理人とすることができる旨の規定が規約にあれば，規約に定められている範囲の人物であれば，理事の代理出席が認められるとする判例があります（最高裁二小平成2年11月16日判決）。【コメント】❸も，この点について言及しています。

したがって，規約にこのような規定がある場合は，規約で定める範囲内の人が理事会に代理出席することは可能ですが，規約にこのような規定がない場合は，理事の代理出席は認められません。

規約に定めがないにもかかわらず代理出席している人がいる場合，理事会が成立しているか否かは，代理出席をした人を除いた，理事の資格を満たす人の頭数で判断する必要がありますし，理事会での議決についても同様に考えるべきです。

加えて，理事会が成立しているか否かを判断するときは，**第35条《役員》**

第 53 条　理事会の会議及び議事

でも述べたように，区分所有者である法人の役員や職員が理事に就任している場合にも注意が必要です。

また，【コメント】❹は，理事が事故等で出席できない場合は，代理出席によるのではなく，事前に議決権行使書等を提出してもらう方がよいのではないかという提案をしています。

理事の本来の使命を考えると，代理出席よりは議決権行使書等で理事本人の意思を表示するほうが適切だと思われますので，場合によっては，理事の書面出席を規約で定めてもよいかもしれません。

もっとも，議決権行使書等による決議を認める場合は，理事会を招集する時点で，議案やその要旨を全理事に知らせておく必要があるでしょう（そうでなければ，欠席をする理事は，賛否の意思決定をすることができません）。

次に，理事会の議事録については，保管場所を掲示することを除いて，総会の議事録の規定を準用しています。そのため，理事会の議長は，書面または電磁的記録により議事録を作成しなければいけませんし，議事録には議事の経過の要領とその結果を記載（電磁的記録による場合は記録）しなければいけません。

また，議事録には，議長のほかに理事会に出席した理事2名の署名押印が必要ですし，理事長は議事録を保管し，組合員や利害関係人から請求があった場合は，議事録を閲覧させる必要があります（注）。

なお，実務上は，「理事会ニュース」等として，理事会における議事の概要を印刷したものを各戸に配布等したほうがよいでしょう。

（注）　第35条《役員》にもかかる点ですが，小規模なマンションで理事の人数が3人の場合は，理事会の議事録に議長のほかに出席した理事2名の署名押印が必要だとすれば，理事会には常に3人の理事全員の参加が必要となります。このように考えると，規模が小さい管理組合でも理事の定数を5人とするか，あるいは議長以外の議事録の署名人を1名とするかの工夫が必要となるでしょう。

> コメント

❶ 理事は、総会で選任され、組合員のため、誠実にその職務を遂行するものとされている。このため、理事会には本人が出席して、議論に参加し、議決権を行使することが求められる。

❷ したがって、理事の代理出席（議決権の代理行使を含む。以下同じ。）を、規約において認める旨の明文の規定がない場合に認めることは適当でない。

❸ 「理事に事故があり、理事会に出席できない場合は、その配偶者又は一親等の親族（理事が、組合員である法人の職務命令により理事となった者である場合は、法人が推挙する者）に限り、代理出席を認める」旨を定める規約の規定は有効であると解されるが、あくまで、やむを得ない場合の代理出席を認めるものであることに留意が必要である。この場合においても、あらかじめ、総会において、それぞれの理事ごとに、理事の職務を代理するにふさわしい資質・能力を有するか否かを審議の上、その職務を代理する者を定めておくことが望ましい。

なお、外部専門家など当人の個人的資質や能力等に着目して選任されている理事については、代理出席を認めることは適当でない。

❹ 理事がやむを得ず欠席する場合には、代理出席によるのではなく、事前に議決権行使書又は意見を記載した書面を出せるようにすることが考えられる。これを認める場合には、理事会に出席できない理事が、あらかじめ通知された事項について、書面をもって表決することを認める旨を、規約の明文の規定で定めることが必要である。

❺ 理事会に出席できない理事について、インターネット技術によるテレビ会議等での理事会参加や議決権行使を認める旨を、規約において定めることも考えられる。

❻ 第2項は、本来、❶のとおり、理事会には理事本人が出席して相互に議論することが望ましいところ、例外的に、第54条第1項第五号に掲げる事項については、申請数が多いことが想定され、かつ、迅速な審査を要するものであることから、書面又は電磁的方法（電子メール等）による決議を可能とするものである。

❼ 第3項については、第37条の2関係を参照のこと。

議決事項

> 第54条　理事会は，この規約に別に定めるもののほか，次の各号に掲げる事項を決議する。
> 　一　収支決算案，事業報告案，収支予算案及び事業計画案
> 　二　規約及び使用細則等の制定，変更又は廃止に関する案
> 　三　長期修繕計画の作成又は変更に関する案
> 　四　その他の総会提出議案
> 　五　第17条，第21条及び第22条に定める承認又は不承認
> 　六　第58条第3項に定める承認又は不承認
> 　七　第60条第4項に定める未納の管理費等及び使用料の請求に関する訴訟その他法的措置の追行
> 　八　第67条に定める勧告又は指示等
> 　九　総会から付託された事項
> 　十　災害等により総会の開催が困難である場合における応急的な修繕工事の実施等
> 2　第48条の規定にかかわらず，理事会は，前項第十号の決議をした場合においては，当該決議に係る応急的な修繕工事の実施に充てるための資金の借入れ及び修繕積立金の取崩しについて決議することができる。

　理事会の主たる業務は，**第51条《理事会》**第2項に定めるように，規約や使用細則と総会の決議によって理事会の権限となった管理組合の業務の執行を決定することです。

2 単棟型マンションの標準管理規約

このうち，管理組合の業務は**第32条《業務》**に列挙されています。
すなわち，次の業務です。

① 管理組合が管理する敷地および共用部分等の保安，保全，保守，清掃，消毒およびごみ処理
② 組合管理部分の修繕
③ 長期修繕計画の作成または変更に関する業務および長期修繕計画書の管理
④ 建替え等に係る合意形成に必要となる事項の調査に関する業務
⑤ **適正化法第103条《設計図書の交付等》第1項に定める，**宅地建物取引業者から交付を受けた設計図書の管理
⑥ 修繕等の履歴情報の整理および管理等
⑦ 共用部分等に係る火災保険，地震保険その他の損害保険に関する業務
⑧ 区分所有者が管理する専用使用部分について管理組合が行うことが適当であると認められる管理行為
⑨ 敷地および共用部分等の変更および運営
⑩ 修繕積立金の運用
⑪ 官公署，町内会等との渉外業務
⑫ マンションおよび周辺の風紀，秩序および安全の維持，防災ならびに居住環境の維持および向上に関する業務
⑬ 広報および連絡業務
⑭ 管理組合の消滅時における残余財産の清算
⑮ その他建物ならびにその敷地および附属施設の管理に関する業務

第38条《理事長》第2項により，区分所有法に定める管理者とされている理事長は，規約，使用細則等または総会もしくは理事会の決議により，理事長の職務として定められた事項を遂行することになります。

理事会の決議事項の第一は，総会の議案です。

第 54 条　議決事項

　第 1 項の第一号〜第四号は，いずれも総会の議案となります。すなわち，管理組合は予算と事業計画に基づいて活動する機関ですから，予算と事業計画を総会で承認するとともに，決算と事業報告も承認される必要があります。

　また，総会の議案は理事会で決議する必要がありますので，収支決算案と事業報告案，また収支予算案や事業計画案は理事会の議決事項となります。

　このうち収支決算案と事業報告案は，あらかじめ監事の承認が必要となります。

　加えて，規約や使用細則の設定や変更等も総会で決議しますので，この案も理事会の決議事項となります。長期修繕計画についても同様です。

　次に，第五号以下については，次の通りです（詳細は，それぞれの条項をご参照ください）。

○第五号「第 17 条，第 21 条及び第 22 条に定める承認又は不承認」

　第 17 条《専有部分の修繕等》 は，専有部分の一定の修繕については理事長の承認が必要であるとする条項です。

　第 21 条《敷地及び共用部分等の管理》 は，共用部分の管理についての条項です。共用部分のうち，バルコニー等の専用使用部分で通常の使用に関するものと，あらかじめ理事長に申請して書面による承認を受けた場合を除き，共用部分の保存行為は行うことができないと規定しています。

　第 22 条《窓ガラス等の改良》 は，窓ガラス等の改良に関する条項です。管理組合が窓ガラス等の改良工事を速やかに実施できない場合には，区分所有者は，あらかじめ理事長に書面で申請して承認を受け，工事ができることを定めた条項です。

○第六号「第 58 条第 3 項」

　第 58 条《収支予算の作成及び変更》 第 3 項は，新しい期がはじまってから定時総会が開かれるまでの間の経常経費等については，理事会の承認を得て支出できる旨を規定しています。

○第七号「第60条第4項」

第60条《管理費等の徴収》 第4項は，管理費等が未納の組合員に対して督促等の必要な措置を講じることができることを規定しています。

○第八号「第67条に定める勧告又は指示等」

第67条《理事長の勧告及び指示等》 は，義務違反者等に対する理事長の勧告や指示等に関する規定です。理事長は，理事会の決議を経て，これらの手続きができると規定されています。

○第十号「災害等により総会の開催が困難である場合における応急的な修繕工事の実施等」

災害等により総会の開催が困難な場合には，理事会の決議で応急的な修繕工事をすることができる旨の規定が **2016年改正『標準管理規約』** に追加されました。

「総会の開催が困難である場合」とは，区分所有者の多くが避難していて連絡がとれない場合や，交通手段の途絶等により総会への出席が困難な場合を示します。

次に，「応急的な修繕工事」とは，単なる修繕に止まらず，二次被害の防止や生活を維持するために緊急対応が必要な共用部分の軽微な変更（形状や効用の著しい変更を伴わないもの）や，狭義の管理行為も含まれる旨が【コメント】❶に記載されています。

なお，同【コメント】では，「応急的な修繕工事」の具体例として，次が挙げられています。

① 給水・排水，電気，ガス，通信といったライフライン等の応急的な更新
② エレベータ附属設備の更新
③ 炭素繊維シート巻付けによる柱の応急的な耐震補強など

また，被災により理事会の開催が困難な場合は，応急的な保存行為にとどまらず，一定の範囲までの応急的な修繕工事についても理事長の判断で行うこと

ができる旨を規約で定めることが可能であると言及されています。

　もっとも，マンションを取り巻く状況等を鑑みて，こうした対応の検討が必要な場合もありますが，この場合に，理事長の判断に委ねる内容には一定の制約も必要でしょう。

　第2項は，第1項に挙げる応急的な修繕工事を行うために必要な資金について，修繕積立金の取崩しや借入れ等について理事会の決議で対応できる旨を規定しています。

　管理組合は，そもそも予算と事業計画に基づいて活動する団体ですから，マンションが被災することを期初の段階で予想することはできない以上，被災した場合の応急措置に必要な予算等は計上されていないはずです。

　マンションが被災した際の応急措置のために支出する場合も，本来であれば予算や事業計画を変更し，また修繕積立金等の取崩しを決定することが必要ですし，そのためには総会を開いて決議することとなります(**第48条《議決事項》**)。しかしながら，総会の開催が困難な場合には，理事会がこうした判断をできるとしたものが，この規定です。

　また，【コメント】❸では，マンションの規模等の実態に応じて機動的に組合を運営するために，共用部分の軽微な変更や狭義の管理行為は理事会の議決事項とする規定を設定することも可能であるとしています。

　もっとも，こうした場合は，一方で理事の利益相反行為を生んでしまうことも考えられますので，監事による監視機能の強化を図る等の対応も併せて検討する必要があります。

＜コメント＞

❶　第1項第十号の「災害等により総会の開催が困難である場合における応急的な修繕工事の実施等」の具体的内容については，次のとおりである。

ア）　緊急対応が必要となる災害の範囲としては，地震，台風，集中豪雨，竜巻，落雷，豪雪，噴火などが考えられる。なお，「災害等」の「等」

の例としては，災害と連動して又は単独で発生する火災，爆発，物の落下などが該当する。
- イ）「総会の開催が困難である場合」とは，避難や交通手段の途絶等により，組合員の総会への出席が困難である場合である。
- ウ）「応急的な修繕工事」は，保存行為に限られるものではなく，二次被害の防止や生活の維持等のために緊急対応が必要な，共用部分の軽微な変更（形状又は効用の著しい変更を伴わないもの）や狭義の管理行為（変更及び保存行為を除く，通常の利用，改良に関する行為）も含まれ，例えば，給水・排水，電気，ガス，通信といったライフライン等の応急的な更新，エレベーター附属設備の更新，炭素繊維シート巻付けによる柱の応急的な耐震補強などが「応急的な修繕工事」に該当する。また，「応急的な修繕工事の実施等」の「等」としては，被災箇所を踏まえた共用部分の使用方法の決定等が該当する。

なお，理事会の開催も困難な場合の考え方については，第21条関係❶を参照のこと。

❷ 第2項は，応急的な修繕工事の実施に伴い必要となる資金の借入れ及び修繕積立金の取崩しについて，第48条の規定によれば総会の決議事項であるところ，第1項第十号の決議に基づき実施する場合には，理事会で決議することができるとするものである。

❸ ❶のほかにも，共用部分の軽微な変更及び狭義の管理行為については，大規模マンションなど，それぞれのマンションの実態に応じて，機動的な組合運営を行う観点から，これらのうち特定の事項について，理事会の議決事項として規約に定めることも可能である。その場合には，理事の行為が自己契約，双方代理など組合員全体の利益に反することとならないよう監事による監視機能の強化を図るなどの取組み，理事会活動の事前・事後の組合員に対する透明性の確保等について配慮することが必要である。

専門委員会の設置

第55条　理事会は，その責任と権限の範囲内において，専門委員会を設置し，特定の課題を調査又は検討させることができる。

第55条 専門委員会の設置

> 2 専門委員会は、調査又は検討した結果を理事会に具申する

　多くの場合、理事の任期は1～2年程度ですから、マンション再生等のように長期にわたり考えなければいけない事項を検討する場合や、その他必要なときには、理事会の諮問機関として専門委員会を設置し、その問題に関して知見等を貯え、深く検討することで、具体的に計画を進めるという手法が有効であることが少なくありません。

　なお、専門委員会における検討に際して一定の資金が必要な場合には、あらかじめ予算を確保しておくべきです。

　また、専門委員会の役割の大きさによっては、専門委員会に関する細則等を設定する方がよい場合もありますし、その必要がない場合もあります。これについては、専門委員会の目的とする業務内容や役割の大きさによって判断すべきでしょう。

　【コメント】❶にも記載されていますが、専門委員会の検討対象が理事会の責任と権限を越える事項である場合や、理事会活動に認められている以上の過大な経費が必要となる場合、運営細則の制定が必要な場合は、専門委員会の設置は理事会の決議ではなく、総会の決議が必要となります。

<コメント>

❶　専門委員会の検討対象が理事会の責任と権限を越える事項である場合や、理事会活動に認められている経費以上の費用が専門委員会の検討に必要となる場合、運営細則の制定が必要な場合等は、専門委員会の設置に総会の決議が必要となる。

❷　専門委員会は、検討対象に関心が強い組合員を中心に構成されるものである。必要に応じ検討対象に関する専門的知識を有する者（組合員以外も含む。）の参加を求めることもできる。

《法人は管理組合の理事になることができるか？》

　2016年改正『標準管理規約』では，【コメント】が大幅に拡充されています。そして，その中には，管理を考える上で留意しなければいけない項目がいくつも散りばめられています。

　その一つが，第35条《役員》の【コメント】❹の「法人そのものは役員になることができないと解すべき」という点です。

　前掲の『新しいマンション法』では，管理組合法人に関する項目の中で，「理事の資格については何も制限がありませんが，管理者と異なり，法人を理事とすることは出来ないと解されます」と解説されています。

　理事は，その個人の資質により就任しますから，理事に就任できるのはあくまで自然人である必要があります。

　そのため，同【コメント】でも，「管理組合役員の任務に当たることを当該法人の職務命令として受けた者等を選任することが一般的に想定される」としています。

　現実の管理組合の中には法人名で理事に就任している事例が散見されますが，注意する必要があります。

第7章 会　　計

　第7章「会計」は，会計に関する規定で，第56条から第65条までの10条で構成されます。内容は，会計年度と組合の収支や予算の作成等，会計にかかる通常業務の他，消滅時の財産の清算までが規定されています。

会計年度

> 第56条　管理組合の会計年度は，毎年○月○日から翌年○月○日までとする。

　多くの管理組合では，4月1日から翌年3月31日までを会計年度としています。

　ところで，**第42条《総会》**第2項では，新しい期（会計年度）がはじまってから2か月以内に通常総会を開催することを規定していますが，管理会社に管理業務を委託している場合には，同じ時期に総会が重なると，管理会社の手間も同じ時期に集中するため，管理組合によっては，通常総会の開催時期を新しい期がはじまってから3か月以内とする等と規約において規定しているケースもあるようです（管理組合が管理会社の都合を考えるのがよいか否かは，それぞれの管理組合で判断すべき問題です）。

　しかしながら，通常総会の開催が新しい期がはじまってから遅くなるのは望

ましいことではありませんので，仮にそうした調整をする場合は，新会計年度の開始を4月からに設定しない選択肢もあります。

たとえば，会計年度を5月1日から翌年4月30日までと設定している管理組合も現にあります。

管理組合の収入及び支出

> 第57条　管理組合の会計における収入は，第25条に定める管理費等及び第29条に定める使用料によるものとし，その支出は第27条から第29条に定めるところにより諸費用に充当する。

　管理組合の収入源は，基本的には，管理費等と，駐車場やルーフバルコニー等の専用使用部分の使用料です。

　その他に，駐車場に余裕がある場合には外部に駐車場を貸すことで区分所有者等以外から収益を得ることもありますし，マンションの敷地内に飲み物の自動販売機等を設置して収益を得たり，最近では携帯電話の基地局を敷地内に設置して携帯電話会社から使用料を得るケースも少なくないようですが，そのような場合には注意点があります。

　すなわち，組合員から徴収する管理費や駐車場料金は課税対象とはなりませんが，管理組合が外部の人から賃貸料等の収入を得ているような場合は，収入から必要経費（損金）を差し引いた残額が「所得」となり，その所得に対して法人税が課されますし，そもそも確定申告が必要となります（この件に関しては，**第15条《駐車場の使用》**関連の【コメント】❶を参照してください）。

　なお，マンションの敷地は管理組合の所有物ではなく区分所有者の共有物であることからすると，共用部分からの収入は管理組合の収入ではなく各区分所

有者の収入であり，持ち分に応じて各共有者に配分すべきではないかという考え方も成り立つように思われます。

　この件に関連して，一部の区分所有者が管理組合に対して共用部分からの利益の分配を求めた裁判例があります。

　そもそも共有とはいっても，区分所有建物の場合は，共有物分割や共有関係の解消が禁止されており，また専有部分と共用部分の分離処分もできないことから，区分所有者もそうした区分所有者間の結合関係に伴う団体的な拘束を受けざるをえないことになります。

　マンションの共用部分から収益をあげるためには，規約や総会の決議で収益事業を行うことを決定し，区分所有者から委任を受けた管理者が区分所有者団体の事業として収益をあげ，また必要経費も支払っていることから，共用部分から発生した利益を受ける権利も団体的な拘束から自由ではないことになります。そのため，この裁判では，各区分所有者等は収益の発生と同時にこれを行使することができるものではないという判断が下されています（東京地裁平成3年5月29日判決）。

　管理組合の収益体質を強化するために，外部からの収益手段の確保を検討する管理組合も少なくないと思われますが，マンション管理においては，こうしたことも知識として持っていてください。

　また，収益がある場合には税の問題も発生することから，税理士等の専門家に相談されることをお勧めします。

　なお，決算については，監事による監査が必要となります。手続きとしては，監事による決算書の監査を経てから，理事会での決議後，総会を招集し，決議をすることになります。ちなみに，監事による監査では，決算書と証憑類のチェック等も必要となりますので，こうした手続きも踏まえて決算書を作成しなければいけないことを理解しておく必要があります（**第59条《会計報告》**の解説も参照してください）。

収支予算の作成及び変更

第58条　理事長は，毎会計年度の収支予算案を通常総会に提出し，その承認を得なければならない。

2　収支予算を変更しようとするときは，理事長は，その案を臨時総会に提出し，その承認を得なければならない。

3　理事長は，第56条に定める会計年度の開始後，第1項に定める承認を得るまでの間に，以下の各号に掲げる経費の支出が必要となった場合には，理事会の承認を得てその支出を行うことができる。

　一　第27条に定める通常の管理に要する経費のうち，経常的であり，かつ第1項の承認を得る前に支出することがやむを得ないと認められるもの

　二　総会の承認を得て実施している長期の施工期間を要する工事に係る経費であって，第1項の承認を得る前に支出することがやむを得ないと認められるもの

4　前項の規定に基づき行った支出は，第1項の規定により収支予算案の承認を得たときは，当該収支予算案による支出とみなす。

5　理事会が第54条第1項第十号の決議をした場合には，理事長は，同条第2項の決議に基づき，その支出を行うことができる。

6　理事長は，第21条第6項の規定に基づき，敷地及び共用部分等の保存行為を行う場合には，そのために必要な支出を行うことができる。

第 58 条　収支予算の作成及び変更

　管理組合は，その期の事業計画と予算に基づいて活動します。そして，事業計画と予算は，通常総会において承認を受ける必要があります。
　なお，『標準管理規約』においては，通常総会は新会計年度が始まってから2か月以内に招集することになっています（**第 42 条《総会》**第 3 項）。
　ところで，期の途中で，当初の予算案にない支出が必要となる場合があります。あらかじめ予算で計上していた事項について，やむを得ない事情等により予算額を上回る支出が生じる場合には，理事会の決議で予備費を充当して対応することも可能ですが，そもそも予算に計上していなかった事項については，予備費があったとしても，その支出を理事会で決定することはできません。
　さて，理事のメンバー全員が毎年入れ替わる管理組合では，結果的に年度の事業計画も予算も前期の理事会で決定した事項となっています。
　もっとも，通常の状態であれば，期が変わっても管理組合の業務が大きく変わることはありませんが，建物の経年化が進んだマンションでは，新しい理事が就任した期の途中で期初の事業計画や予算では考えていなかったマンション再生の検討を始めることがあります。このように期の途中からマンション再生の具体的な検討等，期初に予定していない事業を始める場合には，臨時総会を開き，事業計画と予算の修正決議をすることが必要となります（第 2 項）。
　次に，第 3 項は，2011 年の『標準管理規約』の改正の際に新設された条項です。
　管理組合で毎月経常的に発生している経費は，新しい期がはじまってから通常総会までの間でも発生しますが，一方で，その期の通常総会で予算が承認されるまでは，その期の予算は総会で承認されていないため，総会までの間は，その経費も支出できないはずです。
　そのため，**第 27 条《管理費》**に定める通常の管理に要する経常的な経費であり，通常総会前であっても支出がやむを得ない経費等は，理事長は理事会の承認を得て支出することができると規定しているのが第 3 項第一号です。

2 単棟型マンションの標準管理規約

　たとえば，管理会社に支払う管理委託費用や，自主管理マンションで管理員を雇用している場合の管理員に対する給与，毎月の定期的な清掃の費用等が，これに該当するでしょう。

　また，大規模修繕工事や大規模改修工事（当然ですが，総会の承認を得ている必要があります）では，工期が数か月以上になることもあります。そうなると，工期が会計年度をまたいでしまうこともあります。このようなときも，本来であれば，代金の支払いは予算の承認後となりますが，やむを得ない事情により，総会での決議の前に工事代金の支払いの必要性が生じた場合には，理事長は理事会の承認を得て支出できると規定しているのが第3項第二号です。

　なお，第3項の規定にもとづいて行った支出は，その後の通常総会において，これらの支出を含めた収支予算案が承認されたときは，その予算案による支出とみなされるとしています（第4項）。

　さらに，第5項は，理事会の議決事項として定められている**第54条《議決事項》**第1項第十号（災害等により総会の開催が困難である場合における応急的な修繕工事の実施等）が決議された場合には，同条第2項の規定（前述の第十号が理事会で決議された場合には，そのための資金の借入れや修繕積立金の取崩しを理事会で決議できるとした規定）に基づき，その支出ができることを確認の意味で定めたものです。

　また，第6項は，**第21条《敷地及び共用部分等の管理》**第6項の規定により，災害等の緊急時における敷地および共用部分等の保存行為は理事長の判断で支出できることを定めた規定です。

〈コメント〉

❶　通常総会は，第42条第3項で新会計年度開始以後2か月以内に招集することとしているため，新会計年度開始後，予算案の承認を得るまでに一定の期間を要することが通常である。第3項及び第4項の規定は，このような

期間において支出することがやむを得ない経費についての取扱いを明確化することにより，迅速かつ機動的な業務の執行を確保するものである。なお，第4項の規定については，公益法人における実務運用を参考として，手続の簡素化・合理化を図ったものである。

❷　第3項第一号に定める経費とは，第27条各号に定める経費のうち，経常的であり，かつ，第1項の承認を得る前に支出することがやむを得ないと認められるものであることから，前年の会計年度における同経費の支出額のおよその範囲内であることが必要である。

❸　第3項第二号に定める経費とは，総会の承認を得て実施している工事であって，その工事の性質上，施工期間が長期となり，二つの会計年度を跨ってしまうことがやむを得ないものであり，総会の承認を得た会計年度と異なる会計年度の予算として支出する必要があるものであって，かつ，第1項の承認を得る前に支出することがやむを得ないと認められるものであることが必要である。

❹　第5項は，第54条第2項の決議に基づき，理事長が支出を行うことができることについて定めるものである。

❺　第6項は，第21条第6項の規定に基づき，災害等の緊急時において敷地及び共用部分等の保存行為を行う場合に，理事長が支出を行うことができることについて定めるものである。

会計報告

> 第59条　理事長は，毎会計年度の収支決算案を監事の会計監査を経て，通常総会に報告し，その承認を得なければならない。

本条は，読んだ通りの内容です。

理事長は，監事の会計監査を経た後に，通常総会で収支決算を報告してその承認を得ます。

手続き面での留意点には，次があります。

第42条《総会》第3項の規定により，定時総会は新会計年度の開始日から

2 単棟型マンションの標準管理規約

2か月以内に招集しなければなりません。また，総会で議論する収支決算案は，理事会での決議が必要です（**第54条《議決事項》第1項第一号**）。したがって，監事の監査を受ける時期は，理事会を招集する前になります。

このように，新会計年度の開始日から2か月以内に通常総会を招集するには，時間の管理をきっちりしておかないとかなり厳しいということができるでしょう。

以上をまとめると，ざっと次のような手続きとなりますので，総会の開催日から逆算して，いつまでに何をすべきかを考えてから行動すべきでしょう。

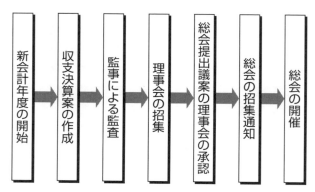

新会計年度の開始 → 収支決算案の作成 → 監事による監査 → 理事会の招集 → 総会提出議案の理事会の承認 → 総会の招集通知 → 総会の開催

管理費等の徴収

> **第60条** 管理組合は，第25条に定める管理費等及び第29条に定める使用料について，組合員が各自開設する預金口座から口座振替の方法により第62条に定める口座に受け入れることとし，当月分は別に定める徴収日までに一括して徴収する。ただし，臨時に要する費用として特別に徴収する場合には，別に定めるところによる。
>
> 2　組合員が前項の期日までに納付すべき金額を納付しない場合に

は，管理組合は，その未払金額について，年利〇％の遅延損害金と，違約金としての弁護士費用並びに督促及び徴収の諸費用を加算して，その組合員に対して請求することができる。

3　管理組合は，納付すべき金額を納付しない組合員に対し，督促を行うなど，必要な措置を講ずるものとする。

4　理事長は，未納の管理費等及び使用料の請求に関して，理事会の決議により，管理組合を代表して，訴訟その他法的措置を追行することができる。

5　第2項に基づき請求した遅延損害金，弁護士費用並びに督促及び徴収の諸費用に相当する収納金は，第27条に定める費用に充当する。

6　組合員は，納付した管理費等及び使用料について，その返還請求又は分轄請求をすることができない。

　第1項の規定は，管理費等は，組合員それぞれの預金口座から管理組合の預金口座に口座振替の方法で支払う手法を想定しています。

　この規定は，**マンションの管理の適正化の推進に関する法律施行規則**（以下，「**適正化法施行規則**」といいます）**第87条《財産の分別管理》第2項イまたはハ**の方法を前提としています。

　もっとも，その他に，各組合員が組合の口座に振り込む手法等，『標準管理規約』とは別の方法を採用する管理組合もあると思われますので，このような場合には管理組合の実態に則した規定にすればよいでしょう。

　なお，管理費等の管理をマンション管理業者に委託する場合には，適正化法施行規則第87条第2項や第3項に定める方法に則した管理方法とする必要が

2 単棟型マンションの標準管理規約

あります。

　ちなみに，適正化法施行規則第87条第2項では，修繕積立金等の金銭は，マンション管理業者が受託契約を締結した管理組合の口座において預貯金として管理する方法とすることが定められています。

　また，同条第3項の規定は，マンション管理業者が収納代行方式により修繕積立金等を管理する場合で，その管理業者が区分所有者等から修繕積立金等を徴収してから1か月以内に，その間に支払った費用を修繕積立金等から控除した残額を，管理組合の口座に移し替える場合は，第2項の規定を適用しないとするものです。

　なお，「収納代行方式」とは，マンション管理業者が管理費の収納をする際の代表的な手法の一つです。その具体的な内容は，前述のように，マンション管理業者が，管理組合から委託を受けて区分所有者等から徴収した修繕積立金等の金銭を，その管理業者名義の口座にいったん預け入れ，管理事務費用をその口座から支払う手法です。

　ちなみに，マンション管理業者が第三者との間で保証契約を締結していれば，万一その管理業者が倒産した場合でも，その管理業者の口座に一時的に預けられている管理組合の資金は損害を被ることはありません。

　また，管理費等の徴収について，従前は「当月分は前月の〇日までに一括して徴収する」とされていましたが，**2016年改正『標準管理規約』**で，「当月分は別に定める徴収日までに一括して徴収する」とされています。

　この理由は，規約で徴収期日を規定していると，たとえばマンション管理業者を変更すると，その期日も変更されることが考えられ，規約の改正まで必要となってしまうためです。こうした場合に備えて，このようなことも検討しておいてもよいでしょう。

　第2項は，管理費を滞納する区分所有者に対して，その未払金額について，遅延損害金と，違約金としての弁護士費用や督促や徴収に要した諸費用を請求

できることを規定しています。

この場合の遅延損害金の金利について，【コメント】❹は，滞納についての専門的な知識やノウハウを持っている金融機関とは異なり，管理組合が滞納管理を行うにはコストも手間もかかることから，利息制限法や消費者契約法等における遅延損害金よりも高い利率を設定することも考えられると指摘しています。

また，【コメント】❺は，この場合の「督促及び徴収に要する費用」を次のように例示しています。

① 配達証明付内容証明郵便によって督促した場合には，郵便代の実費と事務手数料
② 支払い督促申立その他の法的措置については，それに伴う印紙代，予納切手代，その他の実費
③ その他，督促および徴収に要した費用

次に，管理費を納付しない組合員に対して，管理組合は督促等の必要な措置を講じるという規定が第3項にありますが，これは**2016年改正『標準管理規約』**で新設された規定です。

管理費等はマンション管理のための主たる収入ですから，この滞納を放置しておくと，組合の会計にも悪い影響を与えますし，他の組合員にも迷惑をかけることとなります。

『標準管理規約』の【別添3】（省略）に，「滞納管理費等回収のための管理組合による措置に係るフローチャート」とその解説がありますので参照してください。

滞納者に対してはまず督促等を行いますが，督促をしても納付しない場合は，理事長は，理事会の決議により，管理組合を代表して，訴訟等の法的な措置を講じることができる旨が第4項で規定されています。

また，弁護士費用をはじめ，督促や徴収等に要した費用は**第27条《管理費》**

② 単棟型マンションの標準管理規約

に定める費用とされます。

> **コメント**

❶ 管理費等に関し、組合員が各自開設する預金口座から管理組合の口座に受け入れる旨を規定する第１項の規定は、マンションの管理の適正化の推進に関する法律施行規則（平成13年国土交通省令第110号。以下「適正化法施行規則」という。）第87条第２項第一号イの方法（収納口座の名義人を管理組合又は管理者とする場合に限る。）又は同号ハの方法を前提とした規定であり、これ以外の方法をとる場合には、その実状にあった規定とする必要がある。その際、管理費等の管理をマンション管理業者に委託する場合には、適正化法施行規則第87条第２項に定める方法に則した管理方法とする必要がある。

❷ 徴収日を別に定めることとしているのは、管理業者や口座（金融機関）の変更等に伴う納付期日の変更に円滑に対応できるようにするためである。

❸ 管理費等の確実な徴収は、管理組合がマンションの適正な管理を行う上での根幹的な事項である。管理費等の滞納は、管理組合の会計に悪影響を及ぼすのはもちろんのこと、他の区分所有者への負担転嫁等の弊害もあることから、滞納された管理費等の回収は極めて重要であり、管理費等の滞納者に対する必要な措置を講じることは、管理組合（理事長）の最も重要な職務の一つであるといえる。管理組合が滞納者に対してとり得る各種の措置について段階的にまとめたフローチャート及びその解説を別添３（省略）に掲げたので、実務の参考とされたい。

❹ 滞納管理費等に係る遅延損害金の利率の水準については、管理費等は、マンションの日々の維持管理のために必要不可欠なものであり、その滞納はマンションの資産価値や居住環境に影響し得ること、管理組合による滞納管理費等の回収は、専門的な知識・ノウハウを有し大数の法則が働く金融機関等の事業者による債権回収とは違い、手間や時間コストなどの回収コストが膨大となり得ること等から、利息制限法や消費者契約法等における遅延損害金利率よりも高く設定することも考えられる。

❺ 督促及び徴収に要する費用とは、次のような費用である。
ア） 配達証明付内容証明郵便による督促は、郵便代の実費及び事務手

数料
イ）支払督促申立その他の法的措置については，それに伴う印紙代，予納切手代，その他の実費
ウ）その他督促及び徴収に要した費用
❻ 第2項では，遅延損害金と，違約金としての弁護士費用並びに督促及び徴収の諸費用を加算して，その組合員に対して請求することが「できる」と規定しているが，これらについては，請求しないことについて合理的事情がある場合を除き，請求すべきものと考えられる。

管理費等の過不足

> 第61条　収支決算の結果，管理費に余剰を生じた場合には，その余剰は翌年度における管理費に充当する。
> 2　管理費等に不足を生じた場合には，管理組合は組合員に対して第25条第2項に定める管理費等の負担割合により，その都度必要な金額の負担を求めることができる。

　管理費が余った場合には，その余剰金は次の期の管理費に繰り越すし，足りなければ必要な金額を請求するという規定です。
　しかしながら，現実には不足分の徴収はかなり大変ですから，管理費等はあらかじめ不足が生じない程度の額で設定しておく必要があるでしょう。

預金口座の開設

> 第62条　管理組合は，会計業務を遂行するため，管理組合の預金口座を開設するものとする。

2 単棟型マンションの標準管理規約

　実務上は，管理費会計と修繕積立金会計を分けるために，二つの口座をつくるという選択肢も考えられます。

　なお，【コメント】では，預金口座の印鑑は施錠可能な場所に保管し，印鑑と鍵は理事長と副理事長とで別々に保管する等，適切な取扱い方法を検討した上で，その取扱いについては総会の承認を得て細則等に定めておくことが望ましいとしています。

　また，通帳と印鑑の分別管理等も一つの対応策といえるでしょう。

◁コメント▷

　預金口座に係る印鑑等の保管にあたっては，施錠の可能な場所（金庫等）に保管し，印鑑の保管と鍵の保管を理事長と副理事長に分けるなど，適切な取扱い方法を検討し，その取扱いについて総会の承認を得て細則等に定めておくことが望ましい。

借入れ

第63条　管理組合は，第28条第1項に定める業務を行うために必要な範囲内において，借入れをすることができる。

　第28条《修繕積立金》第1項に定める業務とは，修繕に関する業務です。

　長期修繕計画の作成を管理組合の業務とする規定は，1997年の『標準管理規約』の改正の際に初めて定められました。

　そのため，1997年以前に分譲されたマンションでは，長期修繕計画に基づいて修繕費を算定していないものも少なくなく，結果として分譲時の修繕積立金の額がかなり低い水準であった可能性があります。

　このようなことから，いざ大規模修繕にとりかかろうとした際に，修繕積立

第64条　借入れ

金が大幅に不足している管理組合も少なくありません。このような場合でも，必要な大規模修繕を進めようとすると，金融機関等から不足分を借り入れざるを得ないこともあります。

ところで，管理組合が借入れをする場合は，融資を受ける金融機関や借入れ条件（返済年数や金利等）を示した上で，総会の決議を得る必要があります。

たとえば，住宅金融公庫のフラット35のリフォームローンですと，一戸当たり150万円か工事費の80％のいずれか低い額が融資額の上限であり，返済年数は10年です（平成29年2月末日現在）。

また，借入金の返済は修繕積立金を充当することになっていますが，規約に修繕積立金を取り崩して借入金を返済することが規定されていないと，規約の改正が必要になりますので注意してください。

なお，『標準管理規約』は，このケースにも対応する内容になっています。

(ア)　電磁的方法が利用可能ではない場合

帳票類等の作成，保管

第64条　理事長は，会計帳簿，什器備品台帳，組合員名簿及びその他の帳票類を作成して保管し，組合員又は利害関係人の理由を付した書面による請求があったときは，これらを閲覧させなければならない。この場合において，閲覧につき，相当の日時，場所等を指定することができる。

2　理事長は，第32条第三号の長期修繕計画書，同条第五号の設計図書及び同条第六号の修繕等の履歴情報を保管し，組合員又は利害関係人の理由を付した書面による請求があったときは，これらを閲覧させなければならない。この場合において，閲覧につき，

相当の日時，場所等を指定することができる。

3　理事長は，第49条第3項（第53条第4項において準用される場合を含む。），本条第1項及び第2項並びに第72条第2項及び第4項の規定により閲覧の対象とされる管理組合の財務・管理に関する情報については，組合員又は利害関係人の理由を付した書面による請求に基づき，当該請求をした者が求める情報を記入した書面を交付することができる。この場合において，理事長は，交付の相手方にその費用を負担させることができる。

(イ)　電磁的方法が利用可能な場合

帳票類等の作成，保管

第64条　理事長は，会計帳簿，什器備品台帳，組合員名簿及びその他の帳票類を，書面又は電磁的記録により作成して保管し，組合員又は利害関係人の理由を付した書面又は電磁的方法による請求があったときは，これらを閲覧させなければならない。この場合において，閲覧につき，相当の日時，場所等を指定することができる。

2　理事長は，第32条第三号の長期修繕計画書，同条第五号の設計図書及び同条第六号の修繕等の履歴情報を，書面又は電磁的記録により保管し，組合員又は利害関係人の理由を付した書面又は電磁的方法による請求があったときは，これらを閲覧させなければならない。この場合において，閲覧につき，相当の日時，場所等を指定することができる。

3　理事長は，第49条第5項（第53条第4項において準用される

第64条　帳票類等の作成，保管

> 場合を含む。)，本条第1項及び第2項並びに第72条第2項及び第4項の規定により閲覧の対象とされる管理組合の財務・管理に関する情報については，組合員又は利害関係人の理由を付した書面又は電磁的方法による請求に基づき，当該請求をした者が求める情報を記入した書面を交付し，又は当該書面に記載すべき事項を電磁的方法により提出することができる。この場合において，理事長は，交付の相手方にその費用を負担させることができる。
> 4　電磁的記録により作成された書類等の閲覧については，第49条第5項に定める議事録の閲覧に関する規定を準用する。

　本書でもたびたび指摘しているように，管理組合の基本的な役割は組合員（＝区分所有者）の財産管理です。

　そのため，理事長は，会計帳簿や什器等の備品台帳等の組合財産についての基本的な情報と，組合を構成する組合員の名簿を作成し，保管しなければなりませんし，組合員や利害関係人から請求があった場合には，これらを閲覧させなければなりません。

　本条は，従来はこの規定のみでしたが，組合員の財産管理に必要な書類等としては，他に「設計図書」，「長期修繕計画書」および「修繕等の履歴情報」を挙げることができます。

　「設計図書」は建物の大規模修繕や改修等をするときには重要な情報になりますし，「長期修繕計画書」や「修繕等の履歴情報」はマンションを中古市場で売買するときには購入者の側の重要な判断材料になります。

　そこで，こうした書類は理事長が保管すべきことが『標準管理規約』で定められています。

　ところで，管理室等があるマンションでは，これらの書類はその管理室等に

2　単棟型マンションの標準管理規約

保管することが可能です。

　しかしながら，管理室がないマンション（規模が小さなマンションでは，管理室がないマンションも少なくありません）では，これらの書類は理事長が自宅に保管することが多いと思われますが，このような場合には注意していないと書類が散逸してしまう可能性があります。

　たとえば，理事長が交代したときに書類の引継ぎが行われず，その後日数が経過するうちに無くしてしまったり，あるいは書類を保管していた元理事長が自宅を売却して，書類をもったまま転出してしまうこともありえます。

　また，大規模修繕工事等の際に「設計図書」を工事業者に貸し出したまま返してもらっていないケースもあるようです。

　『標準管理規約』には明確な記載はありませんが，帳票類とともに，**法第33条《規約の保管及び閲覧》**で規定されている規約はもとより，総会の招集通知と議事録等も理事長が保管しておくべき書類といえるでしょう。

　なお，【コメント】❹には，理事長の責に帰すべき事由により第１項の帳票類や第２項に掲げる書類を再作成しなければならなくなった場合には，理事長はその費用を負担する等の責任を負うという非常に厳しい指摘があります。

　管理者である理事長が，財産管理のために必要な書類等を故意もしくは重大な過失で紛失すれば，組合員全体に迷惑を及ぼすことになるわけですから，こうした指摘ももっともであると思われます。

　いずれにしても，理事長は「他人から大切な預かり物をしている」という意識で，帳票類等を適切に管理すべきことを十分に認識していなければいけないということでしょう。

　ところで，書類等を管理室に保管する場合でも，あるいは理事長の自宅に保管する場合でも，大規模災害のほか，火事等が発生することを想定すると，重要書類はあらかじめバックアップを取っておく必要があるのではないでしょうか。

第64条　帳票類等の作成，保管

　次に，第2項で，組合員または利害関係人は書類等の閲覧を請求できると規定しています。この場合の利害関係人は，【コメント】❶に記載されている利害関係人となります。すなわち，各住戸の抵当権者や差押え債権者等，住戸の賃借人や，住戸の売却依頼を受けている不動産業者等が，この場合の利害関係人となります。

　また，第3項の「組合員又は利害関係人の理由を付した書面による請求に基づき，当該請求をした者が求める情報を記入した書面を交付する」とは，管理組合によっては，閲覧ではなく，閲覧を請求した人自らが必要とする情報のみを特定した書面の交付を請求させる体制をとっているケースもあることから，その照会内容に該当する情報を記入した書面を交付することを前提としています。

　【コメント】❺では，この場合における書面交付の対象とする情報として以下の事項を挙げています。なお，その範囲と，交付の相手方から求める費用については細則で定めておくことが望ましいとしています。

　①　大規模修繕工事等の実施状況，今後の実施予定
　②　その裏付けとなる修繕積立金の積立ての状況（マンション全体の滞納の状況も含む）
　③　ペットの飼育制限
　④　楽器の使用制限
　⑤　駐車場や駐輪場の空き状況

　さらに，【コメント】❻は，住戸の購入予定者を含めて書面交付の対象者を規定することが考えられるとしています。しかしながら，開示する情報の中には防犯上の懸念等も考えられることから，それぞれのマンションの個別の事情を踏まえて，その範囲等の検討が必要であるとしています。

[2] 単棟型マンションの標準管理規約

<コメント>

❶ 第1項から第3項までにおける「利害関係人」については、コメント第49条関係❶を参照のこと。

❷ 作成、保管すべき帳票類としては、第64条第1項に規定するものの他、領収書や請求書、管理委託契約書、修繕工事請負契約書、駐車場使用契約書、保険証券などがある。

❸ 組合員名簿の閲覧等に際しては、組合員のプライバシーに留意する必要がある。

❹ 第2項は、第32条で管理組合の業務として掲げられている各種書類等の管理について、第1項の帳票類と同様に、その保管及び閲覧に関する業務を理事長が行うことを明確にしたものである。なお、理事長は、理事長の責めに帰すべき事由により第1項の帳票類又は第2項に掲げる書類が適切に保管されなかったため、当該帳票類又は書類を再作成することを要した場合には、その費用を負担する等の責任を負うものである。

❺ 第3項は、組合員又は利害関係人が、管理組合に対し、第49条第3項(第53条第4項において準用される場合を含む。)、本条第1項、第2項並びに第72条第2項及び第4項の閲覧で

はなく、管理組合の財務・管理に関する情報のうち、自らが必要とする特定の情報のみを記入した書面の交付を求めることが行われている実態を踏まえ、これに対応する規定を定めるものである。書面交付の対象とする情報としては、大規模修繕工事等の実施状況、今後の実施予定、その裏付けとなる修繕積立金の積立ての状況(マンション全体の滞納の状況も含む。)や、ペットの飼育制限、楽器使用制限、駐車場や駐輪場の空き状況等が考えられるが、その範囲については、交付の相手方に求める費用等とあわせ、細則で定めておくことが望ましい。別添4(省略)は、住戸の売却予定者(組合員)から依頼を受けた宅地建物取引業者が当面必要とすると考えられる情報を提供するための様式の一例に記載のある主な情報項目であり、上述の細則を定める場合の参考とされたい。

❻ 第3項に規定する管理組合の財務・管理に関する情報については、これらの情報が外部に開示されることにより、優良な管理が行われているマンションほど市場での評価が高まることや、こうした評価を通じて管理の適正化が促されることが想定されることか

ら，書面交付の対象者に住戸の購入予定者を含めて規定することも考えられる。一方で，開示には防犯上の懸念等もあることから，各マンションの個別の事情を踏まえて検討することが必要である。

消滅時の財産の清算

> 第65条　管理組合が消滅する場合，その残余財産については，第10条に定める各区分所有者の共用部分の共有持分割合に応じて各区分所有者に帰属するものとする。

2004年の『標準管理規約』の改正の際に新たに加えられた条項の一つが，この「消滅時の財産の清算」です。

同年の改正に際しては，たとえば修繕積立金の使途として，マンションの建替えの検討に関する費用が付け加えられましたが，仮に建替えが決議され，既存の建物が解体されてしまうと，管理組合が管理をする対象物が消滅してしまいますので，この時点で管理組合を解散した上で清算する必要があります。

区分所有法では法人格を持たない管理組合についての具体的な規定はありませんので，建替えやマンション敷地売却等により管理組合が消滅したときの清算に関しても，規約で定めておく必要があります。

この場合の清算とは，通常は，管理費や修繕積立金の残高を区分所有者間で配分することが中心となりますが，仮に管理組合に第三者からの債務があり，その債務の残高が管理費や修繕積立金の残高を超えている場合には，その不足分を区分所有者間で負担することを意味します。

さて，『標準管理規約』では共用部分の共有持分割合で清算すると規定されていますが，そのほか，管理費や修繕積立金の負担割合が共用部分の共有持分割合と異なる形で定められている場合には，そうした数字も考慮に入れる等，

2 単棟型マンションの標準管理規約

それぞれのマンションの実態に合わせてできるだけ衡平な内容にすべきでしょう。

<コメント>

　共有持分割合と修繕積立金等の負担割合が大きく異なる場合は負担割合に応じた清算とするなど，マンションの実態に応じて衡平な清算の規定を定めることが望ましい。

第8章　雑　則

義務違反者に対する措置

第66条　区分所有者又は占有者が建物の保存に有害な行為その他建物の管理又は使用に関し区分所有者の共同の利益に反する行為をした場合又はその行為をするおそれがある場合には，区分所有法第57条から第60条までの規定に基づき必要な措置をとることができる。

理事長の勧告及び指示等

第67条　区分所有者若しくはその同居人又は専有部分の貸与を受けた者若しくはその同居人（以下「区分所有者等」という。）が，法令，規約又は使用細則等に違反したとき，又は対象物件内における共同生活の秩序を乱す行為を行ったときは，理事長は，理事会の決議を経てその区分所有者等に対し，その是正等のため必要な勧告又は指示若しくは警告を行うことができる。

2　区分所有者は，その同居人又はその所有する専有部分の貸与を

受けた者若しくはその同居人が前項の行為を行った場合には，その是正等のため必要な措置を講じなければならない。
3 区分所有者等がこの規約若しくは使用細則等に違反したとき，又は区分所有者等若しくは区分所有者等以外の第三者が敷地及び共用部分等において不法行為を行ったときは，理事長は，理事会の決議を経て，次の措置を講ずることができる。
  一 行為の差止め，排除又は原状回復のための必要な措置の請求に関し，管理組合を代表して，訴訟その他法的措置を追行すること
  二 敷地及び共用部分等について生じた損害賠償金又は不当利得による返還金の請求又は受領に関し，区分所有者のために，訴訟において原告又は被告となること，その他法的措置をとること
4 前項の訴えを提起する場合，理事長は，請求の相手方に対し，違約金としての弁護士費用及び差止め等の諸費用を請求することができる。
5 前項に基づき請求した弁護士費用及び差止め等の諸費用に相当する収納金は，第27条に定める費用に充当する。
6 理事長は，第3項の規定に基づき，区分所有者のために，原告又は被告となったときは，遅滞なく，区分所有者にその旨を通知しなければならない。この場合には，第43条第2項及び第3項の規定を準用する。

法第57条《共同の利益に反する行為の停止等の請求》から第60条《占有

者に対する引渡し請求》までは，「義務違反者に対する措置」が規定されています。

　マンションは多くの人が居住する集合住宅ですから，居住者はそれぞれ一定のルールを守り，居住者間で譲り合うべきところは譲り合って暮らす必要があります。

　たとえば，**法第6条《区分所有者の権利義務等》**第1項では，次のように規定されています。

　　「区分所有者は，建物の保存に有害な行為その他建物の管理又は使用に関し区分所有者の共同の利益に反する行為をしてはならない。」

　また，同条第3項では，次のように規定されています。

　　「第1項の規定は，区分所有者以外の専有部分の占有者に準用する。」

　すなわち，区分所有者やその同居人はもとより，賃借人（占有者となります）やその同居人も含めて，建物の保存に有害な行為をしてはいけませんし，建物の管理または使用に際して他の区分所有者に迷惑をかけるような行為をしてはいけないという，ごく当たり前のことが法律の中でも規定されているわけです。

　しかしながら，残念なことに，マンションに暮らす多くの人の中には，他人に迷惑をかける行為をする人もいます。そのため，区分所有法では，そうした区分所有者の共同の利益に反する行為をした人に対しては，次のようなことを規定しています。

① 　共同の利益に反する行為をしたり，その恐れがある区分所有者に対して，共同の利益に反する行為の停止を求めることや，その行為の結果を除去すること，あるいはその行為を予防するために必要な措置を講じることを請求することができます。また，区分所有者集会の決議により，訴訟を提起することもできます（**法第57条《共同の利益に反する行為の停止等の請求》**）。

② 　共同の利益に反する行為による区分所有者の共同生活上の障害が著しい場合であり，法第57条の請求だけでは問題が解決できないような場合に

は，区分所有者集会の決議（特別多数決議）により，専有部分の使用の禁止を請求することができます（**法第58条《使用禁止の請求》**）。

③　共同の利益に反する行為による区分所有者の共同生活上の障害が著しい場合であり，他の方法では問題の解決が困難な場合には，区分所有者集会の決議（特別多数決議）により，その行為を行う区分所有者の区分所有権および敷地利用権の競売を求める訴訟を提起できます（**法第59条《区分所有権の競売の請求》**）。

④　占有者（賃借人等）の共同の利益に反する行為による区分所有者の共同生活上の障害が著しい場合であり，他の方法では問題の解決が困難な場合には，区分所有者集会の決議（特別多数決議）により，その占有者と貸主との賃貸借契約の解除および専有部分の引渡しを求める訴訟を提起することができます（**法第60条《占有者に対する引渡し請求》**）。

第66条《義務違反者に対する措置》は以上のことを確認した規定であり，**第67条《理事長の勧告及び指示等》**は義務違反者に対して理事長がとるべき措置を具体的に規定したものです。

ところで，**法第57条《共同の利益に反する行為の停止等の請求》**，**法第58条《使用禁止の請求》**，および**法第59条《区分所有権の競売の請求》**は，その請求を受ける区分所有者を除いた区分所有者の全員もしくは管理組合法人が行うこととなります。

また，**法第60条《占有者に対する明渡し請求》**も，区分所有者全員もしくは管理組合法人が請求をすることが原則となっています。

『標準管理規約』は法人格をもたない管理組合を対象としたものですが，現実にこれらの請求を全員で行うことは困難です。

さて，**法第26条《権限》**第4項では，管理者は，規約または集会の決議により，その職務に関し，区分所有者のために原告または被告となることができる旨を規定しています。第3項では，このことを定めています。

ちなみに，法第57条第3項でも，管理者もしくは集会で指定された区分所有者は，集会の決議により，共同の利益に反する行為等の停止の請求の訴えを提起できますし，法第58条，法第59条，法第60条の定めにより，これらの請求の訴えも提起できるとされています。

また，法第26条第5項では，第4項の規定により，管理者が原告もしくは被告となったときは，遅滞なく区分所有者にその旨を通知しなければならないと規定していますが，本条第6項はこのことを確認する意味で定めたものです（なお，1の「36」～「38」も参照してください）。

合意管轄裁判所

第68条　この規約に関する管理組合と組合員間の訴訟については，対象物件所在地を管轄する○○地方（簡易）裁判所をもって，第一審管轄裁判所とする。
2　第48条第十号に関する訴訟についても，前項と同様とする。

当事者間で紛争があって裁判となる場合には，通常は被告の住所地の管轄裁判所が第一審の裁判所となります。

仮に管理組合と区分所有者間で紛争が生じた場合で，区分所有者が管理組合を相手取って提訴する場合には，管理組合が被告となるため，管理組合の住所地の裁判所が管轄裁判所となりますが，逆に管理組合が区分所有者を相手取って裁判を起こす場合で，その区分所有者が他の地区に居住している場合には，その区分所有者が居住している地区を管轄する裁判所が担当裁判所になります。

ところで，第一審の管轄裁判所について当事者間であらかじめ合意されてい

れば，その裁判所で裁判をすることができます。そのため，本条で管轄裁判所をあらかじめ定めることとしているわけです。

また，第2項の「第48条第十号に関する訴訟」とは義務違反者に対する訴訟です。この場合も第1項と同様に，マンションの所在地を管轄する地方裁判所や簡易裁判所を第一審の管轄裁判所としています。

市及び近隣住民との協定の遵守

> **第69条** 区分所有者は，管理組合が○○市又は近隣住民と締結した協定について，これを誠実に遵守しなければならない。

本条では，組合員は，管理組合が市や近隣住民と締結した協定を遵守すべきことが定められています。

これらの協定には，総会の議決を経たものと，マンション分譲会社が販売前に市や近隣住民と締結したものがあります。

このうち，組合員は総会の決議事項を遵守する義務がありますが，マンション分譲会社が販売前に締結した協定についても，マンション販売時に重要事項説明書等で説明されているほか，販売時に購入者全員から署名押印を得ている「原始規約」の附則等の中でその内容が定められているときには，区分所有者はこれを遵守する必要があります。

なお，具体的な協定としては，次のようなものが考えられます。

① 公開空地にかかるもの
② 緑地の保全等にかかるもの
③ 共同アンテナの使用等にかかるもの
④ その他

> ◁コメント▷
>
> ❶ 分譲会社が締結した協定は，管理組合が再協定するか，附則で承認する旨規定するか，いずれかとする。
> ❷ 協定書は規約に添付することとする。
> ❸ ここでいう協定としては，公園，通路，目隠し，共同アンテナ，電気室等の使用等を想定している。

細 則

> **第70条** 総会及び理事会の運営，会計処理，管理組合への届出事項等については，別に細則を定めることができる。

　第18条《使用細則》には，対象物件の使用細則を別途定める旨の規定がおかれています。

　ところで，理事会の運営や会計処理，管理組合の届出事項は，対象物件の使用には直接かかわらないため，この規定を設けることにより，対象物件の使用以外についても細則をおくことができるようになっています。

　なお，使用細則については，規約の中で特に定めがない限りは，普通決議で，設定，変更，廃止等を決議することができます。

　もっとも，細則は，規約の定めに基づいて具体的にその手続きや内容を定めるものですから，区分所有者への影響が大きいものも少なくないため，設定，変更，廃止等を審議する場合には十分な議論が必要と思われます。また，決議要件については，普通決議よりも重いものとすることを規約で定めることも可能です。

　本条の関連で考えられる細則としては，たとえば次のようなものを挙げることができます。

　① 理事会の運営に関するもの

② 役員選挙等に関するもの
③ 専門委員会の運営に関するもの
④ 会計処理に関するもの
⑤ 組合への届出に関するもの
⑥ 規約や議事録の保管や閲覧に関するもの，等

◁コメント▷

細則は他に，役員選出方法，管理事務の委託業者の選定方法，文書保存等に関するものが考えられる。

規約外事項

> **第71条** 規約及び使用細則等に定めのない事項については，区分所有法その他の法令の定めるところによる。
> 2 規約，使用細則等又は法令のいずれにも定めのない事項については，総会の決議により定める。

マンションの管理について基本的な事項は，区分所有法のほか，規約や使用細則で定められています。

しかしながら，多数の区分所有者で構成されるマンションの管理に必要な事項の全てを規約や使用細則で定めることはできません。

そのため，法律にも，規約にも，使用細則にも定めがないことについては総会で決議して定めることとなりますし，総会の決議事項は規約等とともに区分所有者とその同居人は遵守する必要があります（**第3条《規約及び総会の決議の遵守義務》**第1項）し，区分所有者の包括承継人や特定承継人にも，その効力を有することとなります（**第5条《規約及び総会の決議の効力》**第1項）。

さらに、対象物件の使用方法について、規約や総会の決議について負う義務と同じ義務を賃借人等の占有者も負います（同条第2項）。

> (ア) 電磁的方法が利用可能ではない場合
>
> 規約原本等
> 第72条 この規約を証するため、区分所有者全員が記名押印した規約を1通作成し、これを規約原本とする。
> 2 規約原本は、理事長が保管し、区分所有者又は利害関係人の書面による請求があったときは、規約原本の閲覧をさせなければならない。
> 3 規約が規約原本の内容から総会決議により変更されているときは、理事長は、1通の書面に、現に有効な規約の内容と、その内容が規約原本及び規約変更を決議した総会の議事録の内容と相違ないことを記載し、署名押印した上で、この書面を保管する。
> 4 区分所有者又は利害関係人の書面による請求があったときは、理事長は、規約原本、規約変更を決議した総会の議事録及び現に有効な規約の内容を記載した書面（以下「規約原本等」という。）並びに現に有効な第18条に基づく使用細則及び第70条に基づく細則その他の細則の内容を記載した書面（以下「使用細則等」という。）の閲覧をさせなければならない。
> 5 第2項及び前項の場合において、理事長は、閲覧につき、相当の日時、場所等を指定することができる。
> 6 理事長は、所定の掲示場所に、規約原本等及び使用細則等の保

管場所を掲示しなければならない。

(イ)　電磁的方法が利用可能な場合

規約原本等

第72条　この規約を証するため，区分所有者全員が書面に記名押印又は電磁的記録に電子署名した規約を1通作成し，これを規約原本とする。

2　規約原本は，理事長が保管し，区分所有者又は利害関係人の書面又は電磁的方法による請求があったときは，規約原本の閲覧をさせなければならない。

3　規約が規約原本の内容から総会決議により変更されているときは，理事長は，1通の書面又は電磁的記録に，現に有効な規約の内容と，その内容が規約原本及び規約変更を決議した総会の議事録の内容と相違ないことを記載又は記録し，署名押印又は電子署名した上で，この書面又は電磁的記録を保管する。

4　区分所有者又は利害関係人の書面又は電磁的方法による請求があったときは，理事長は，規約原本，規約変更を決議した総会の議事録及び現に有効な規約の内容を記載した書面又は記録した電磁的記録（以下「規約原本等」という。）並びに現に有効な第18条に基づく使用細則及び第70条に基づく細則その他の細則の内容を記載した書面又は記録した電磁的記録（以下「使用細則等」という。）の閲覧をさせなければならない。

5　第2項及び前項の場合において，理事長は，閲覧につき，相当の日時，場所等を指定することができる。

第72条　規約原本等

> 6　理事長は，所定の掲示場所に，規約原本等及び使用細則等の保管場所を掲示しなければならない。
> 7　電磁的記録により作成された規約原本等及び使用細則等の閲覧については，第49条第5項に定める議事録の閲覧に関する規定を準用する。

　管理組合内部で紛争が生じたようなときは，場合によっては，規約の正当性が問われる場面も考えられます。このように考えると，規約原本の保管は，マンション管理においてきわめて重要な事項であるといえるでしょう。そして，規約原本が正しいものであることを証するため，区分所有者全員が記名押印した規約を作成し，それを大切に保管しておく必要があるわけです。

◆コメント◆

❶　区分所有者全員が記名押印した規約がない場合には，分譲時の規約案及び分譲時の区分所有者全員の規約案に対する同意を証する書面又は初めて規約を設定した際の総会の議事録が，規約原本の機能を果たすこととなる。

❷　第4項では，第18条に基づく使用細則及び第70条その他の細則に基づく細則についても，規約原本等と同じ手続で閲覧を認めることを明確に定めた。

2 単棟型マンションの標準管理規約

附　則

規約の発効

第1条　この規約は，平成○年○月○日から効力を発する。

コメント

❶　新規分譲において，分譲会社等が原始規約案を作成する際の参考とする場合は，附則第1条の次に以下のような附則を規定することが考えられる。

（管理組合の成立）

第2条　管理組合は，平成○年○月○日に成立したものとする。

（初代役員）

第3条　第35条にかかわらず理事○名，監事○名とし，理事長，副理事長，会計担当理事，理事及び監事の氏名は別に定めるとおりとする。

2　前項の役員の任期は，第36条第1項にかかわらず平成○年○月○日までとする。

（管理費等）

第4条　各区分所有者の負担する管理費等は，総会においてその額が決定されるまでは，第25条第2項に規定する方法により算出された別に定める額とする。

（経過措置）

第5条　この規約の効力が発生する日以前に，区分所有者が○○会社との間で締結した駐車場使用契約は，この規約の効力が発生する日において管理組合と締結したものとみなす。

❷　❶に記載するもののほか，初年度の予算及び事業計画等に関しても必要に応じて附則で特例を設けるものとする。

❸　新規分譲において，分譲会社等が原始規約案を作成する際の参考とする場合は，次の点に留意する。

ア）　規約の効力発生時点は，最初に住戸の引渡しがあった時とする。また，管理組合の成立年月日も，規約の効力発生時点と同じく，最

初に住戸の引渡しがあった時とする。
イ) 役員の任期については，区分所有者が自立的に役員を選任することができるようになるまでとする。
ウ) 入居後直ちに開催する総会で抽選で駐車場の使用者を決定する場合には，附則第5条は，不要である。

② 単棟型マンションの標準管理規約

別表第1　対象物件の表示

物件名		
敷地	所在地	
	面積	
	権利関係	
建物	構造等	造　地上　階　地下　階　塔屋 　階建共同住宅 延べ面積　　　　㎡　建築面積　　　　㎡
	専有部分	住戸戸数　　　　戸 延べ面積　　　　㎡
附属施設	塀，フェンス，駐車場，通路，自転車置場，ごみ集積所，排水溝，排水口，外灯設備，植栽，掲示板，専用庭，プレイロット等建物に附属する施設	

別表第2　共用部分の範囲

1　エントランスホール，廊下，階段，エレベーターホール，エレベーター室，共用トイレ，屋上，屋根，塔屋，ポンプ室，自家用電気室，機械室，受水槽室，高置水槽室，パイプスペース，メーターボックス（給湯器ボイラー等の設備を除く。），内外壁，界壁，床スラブ，床，天井，柱，基礎部分，バルコニー等専有部分に属さない「建物の部分」
2　エレベーター設備，電気設備，給水設備，排水設備，消防・防災設備，インターネット通信設備，テレビ共同受信設備，オートロック設備，宅配ボックス，避雷設備，集合郵便受箱，各種の配線配管（給水管については，本管から各住戸メーターを含む部分，雑排水管及び汚水管については，配管継手及び立て管）等専有部分に属さない「建物の附属物」
3　管理事務室，管理用倉庫，清掃員控室，集会室，トランクルーム，倉庫及びそれらの附属物

別表第3　敷地及び共用部分等の共有持分割合

持分割合　住戸番号	敷　地　及び　附属施設	共　用　部　分
○○号室	○○○分の○○	○○○分の○○
○○号室	○○○分の○○	○○○分の○○
○○号室	○○○分の○○	○○○分の○○
○○号室	○○○分の○○	○○○分の○○
○○号室	○○○分の○○	○○○分の○○
︙	︙	︙
合　　計	○○○分の○○○	○○○分の○○○

別表第4　バルコニー等の専用使用権

専用使用 部分 区分	バルコニー	玄関扉 窓枠 窓ガラス	1階に面する庭	屋上テラス
1　位　置	各住戸に接するバルコニー	各住戸に付属する玄関扉，窓枠，窓ガラス	別添図のとおり	別添図のとおり
2　専用使用権者	当該専有部分の区分所有者	同　左	○○号室住戸の区分所有者	○○号室住戸の区分所有者

別表第5　議決権割合

住戸番号	議決権割合	住戸番号	議決権割合
○○号室	○○○分の○○	○○号室	○○○分の○○
○○号室	○○○分の○○	○○号室	○○○分の○○
○○号室	○○○分の○○	○○号室	○○○分の○○
○○号室	○○○分の○○	○○号室	○○○分の○○
○○号室	○○○分の○○	○○号室	○○○分の○○
･	･	･	･
･	･	･	･
･	･	･	･
･	･	･	･
･	･	･	･
		合計	○○○分の○○○

⟨コメント⟩

〈別表第1関係〉
❶ 敷地は，規約により建物の敷地としたものも含むものである。
❷ 所在地が登記簿上の所在地と住居表示で異なる場合は，両方を記載すること。

〈別表第2関係〉
❶ ここでいう共用部分には，規約共用部分のみならず，法定共用部分も含む。

❷ 管理事務室等は，区分所有法上は専有部分の対象となるものであるが，区分所有者の共通の利益のために設置されるものであるから，これを規約により共用部分とすることとしたものである。

❸ 一部の区分所有者のみの共有とする共用部分があれば，その旨も記載する。

3

団地型マンションの標準管理規約

1　団地とは？

　団地型マンションの標準管理規約（以下，『団地型標準管理規約』といいます）を考えるときは，まず区分所有法で規定している「団地」について理解する必要があります。

　少し複雑な話になりますが，以下の事項についてご理解ください。

　分譲マンションは，大きく分けると，「単棟型」と，1つの敷地内に2棟以上の建物が建っている「団地型」の2つに分類されます。

　「団地」というと，郊外の規模の大きなものを想像する人が多いと思いますが，現実には，たとえば2棟で各棟16戸，合計32戸で構成される団地もあります。

　「単棟型」マンションでも，タワーマンションの中には200戸を超える規模のものもあることを考えると，必ずしも団地が単棟型マンションよりも規模が大きいとは限らないことがわかります。

　さて，法第65条《団地建物所有者の団体》では，団地について次のような定義をしています。

> 　一団地内に数棟の建物があって，その団地内の土地又は附属施設（これらに関する権利を含む。）がそれらの建物の所有者（専有部分のある建物にあっては，区分所有者）の共有に属する場合には，それらの所有者（以下「団地建物所有者」という。）は，全員で，その団地内の土地，附属施設及び専有部分のある建物の管理を行うための団体を構成し，この法律の定めるところにより，集会を開き，規約を定め，及び管理者を置くことができる。

3 団地型マンションの標準管理規約

　区分所有法では，たとえば一戸建て住宅地の場合でも，その団地敷地内の一戸建て住宅の所有者が全員で，土地や附属施設（たとえば，団地内の集会所）を共有している場合は，その土地なり附属施設なりを管理する団地が成立する旨規定されています。

　もちろん，団地内に数棟の区分所有建物があり，その区分所有建物の区分所有者らで，たとえばその団地の敷地を共有している場合には，その土地を管理するために集会を開いたり，規約を定めたり，あるいは管理者を置くことができます。

　この団地建物所有者らで共有物を管理するための団体が「団地管理組合」となります（注1）。

　さて，これまでの説明からもおわかりのように，区分所有建物は，専有部分と共用部分で構成されており，共用部分については，一部共用部分を除くと区分所有者全員で共有されています（一部共用部分についても規約で定めがある場合には区分所有者全員で共有することができます）。

　ところで，規模の大小にかかわらず，1棟だけで構成されるマンションの場合は，建物も建物の附属施設も，また建物の敷地も，その1棟のマンションの区分所有者で共用部分も敷地も共有されることになるので問題はありません。

　しかし，2棟以上で構成される団地で，土地が団地所有者全員で共有されている場合は，団地内の各区分所有建物は，その区分所有建物の所有者の共有物であり，土地が団地区分所有者の共有物ということになります。

　〈図1〉をご覧ください。

　土地甲の上にA棟とB棟の2棟の建物が建っています。

　A棟はa，b，c，d，eの5名が区分所有し，B棟はf，g，h，i，

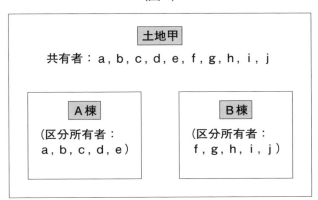

〈図1〉

jの5名が区分所有しているとします。

そして、土地甲はa, b, c, d, e, f, g, h, i, jの10名で共有しているとすると、A棟の区分所有者とB棟の区分所有者で「土地共有団地」を構成することになります。

もっとも、団地内のA棟の専有部分以外はa, b, c, d, eの5名で、B棟の専有部分以外はf, g, h, i, jの5名で共有していることになります。

ところで、〈図1〉の例に近いのですが、〈図2〉をご覧ください。

この図は、隣接してC棟とD棟が建っている例ですが、登記簿を見ると、C棟は土地乙上に、D棟は土地丙上に建っています。

そして、土地乙はC棟の区分所有者であるk, l, m, n, oの5名で共有され、土地丙はD棟の区分所有者であるp, q, r, s, tの5名で共有されています。

仮に土地乙と土地丙は登記上は別々の土地で、共有者は異なっているとしても、外構計画は土地乙と土地丙を囲むようにしてつくられていて、

3 団地型マンションの標準管理規約

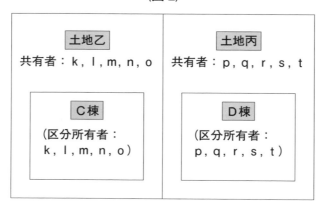
〈図2〉

庭部分はC棟とD棟の区分所有者らで共同で使っていれば，2つの棟の区分所有者らは，C棟とD棟は団地を構成していると考える可能性がありますし，もしかすると，規約を設定して「団地管理組合」と称する団体を設立しているかもしれません。

しかしながら，仮に2つの棟の区分所有者らで「団地管理組合」を設立して，現に「団地管理組合」として活動していたとしても，この2つの棟の区分所有者らで土地なり附属施設なりを共有していない限りは，この「団地管理組合」は，区分所有法上の「団地管理組合」ではありません。しかしながら，現実には，この〈図2〉のようなケースで，「団地管理組合」と称して「団地」の管理を担っている事例は存在します。

もちろん，この組合が構成員全員の同意を得て規約を設定して設立されたものであるとすれば，民法上の組合は構成されますし，規約もその時点で組合員全員の同意により定められたのだとすれば，民法上の組合の規約としても有効となります。

しかしながら，2棟の区分所有者全体で「総会」を開いて，その総会

において，全員合意ではなく，それぞれの棟の区分所有者の合計の4分の3以上で規約を設定したうえで「団地管理組合」を設定しているようなときは，その団体が「団地管理組合」と称していたとしても，その「団地管理組合」は民法上の組合の要件を満たしていないことになります。

また，法第68条《規約の設定の特例》の規定に準じて，各棟および2棟の建物の区分所有者全体による集会を団地集会と称して特別多数決議で規約を設定したとしても，そもそもC棟の区分所有者とD棟の区分所有者とでは共有する土地も建物もないことから，区分所有法の団地管理組合ともなりません。

なお，仮に，〈図2〉の「団地管理組合」が民法上の組合としては有効な団体であったとしても，この「団地管理組合」は，名称の如何にかかわらず区分所有法上の「団地管理組合」ではありませんから，この「団地管理組合」の活動については，区分所有法の適用は受けません。そのため，仮に，将来的に建替えの検討をするような場面になったとしても，この2棟で法第70条に規定する《団地内の建物の一括建替え決議》をすることはできません。

2　団地管理組合規約の設定

(1)　団地管理組合で各棟の管理をする場合の規約の設定

団地の場合は，団地建物所有者らで共用部分を管理することは当然ですが，団地管理組合規約により，一部共用部分を団地管理組合で管理できるほか，各棟についても団地管理組合で管理できることを規定するこ

ともできます。

　もっとも，団地管理組合で各棟の管理もするための団地管理組合規約を設定するには，団地内の各棟の集会で棟の区分所有者と議決権の各4分の3以上の決議と，団地集会で団地全体の所有者と土地共有持分価格の4分の3以上の決議が必要となります。

　多くのマンションでは，団地を含めて，マンションの分譲時点で，購入者全員から規約についての同意書を取得しているため，結果的には区分所有者全員の同意で規約が設定されています。

　しかしながら，団地において，最初から団地管理組合規約が設定されていない場合には，団地管理組合規約の設定に際しては慎重な手続きが必要となります。

　具体的には，割賦販売で購入した団地の場合には，割賦代金を完済するまでは所有権は売主に留保されますので，すべての区分所有者が割賦代金を完済した後に建物は区分所有建物となりますから（代金を完済するまでは売主が所有している建物にすぎません），その時点で新たに団地管理組合を立ち上げる必要があります。

　その際には，前述のような手続きで団地管理組合規約を設定する必要があります。

(2) 団地管理組合規約のその他の留意点

　そもそも，1997年の『標準管理規約』の改正までは，『単棟型標準管理規約』しか公表されていませんでした。

　そのため，それまでに供給された団地の多くは，単棟型の規約を若干アレンジした形で団地管理組合規約としていましたし，なかには団地であるにもかかわらず，アレンジもしないまま「単棟型」の規約が使われ

ているケースもあるようです。

　加えて、既存の団地で新たに団地管理組合規約を設定する場合においても、『標準管理規約』の「団地型」ではなく、あえて「単棟型」の規約を設定することもあるようです。

　さて、土地を団地内の建物所有者全員で共有する、いわゆる土地共有団地の場合は、共有物である土地や附属施設は当然に団地で管理することになりますが、棟については各棟の区分所有者で管理をすることが原則です。しかしながら、前述の手続きをとれば、規約により団地管理組合で各棟の管理をすることを定めることも可能です。

　そのため、団地でありながら、単棟型の規約を採用している場合には、その規約をもって団地管理組合で各棟の管理ができる形態となっているか否かの確認が必要になるでしょう。

　そして、もし団地管理組合で各棟の管理ができる旨の内容となっていない場合で、団地管理組合が棟の管理を委任することを希望する場合には、前述のような手続きにより規約をあらためて設定する必要があります。

3　団地型マンションの標準管理規約の構成

(1)　用語の違い

　『団地型標準管理規約』と『単棟型標準管理規約』とでは、用語が一部異なります。

　具体的には、次のような点に留意が必要です。

3 団地型マンションの標準管理規約

〈単棟型標準管理規約〉		〈団地型標準管理規約〉
区分所有者	⟶	団地建物所有者
敷　地	⟶	土　地
修繕積立金	⟶	団地修繕積立金，各棟修繕積立金
総　会	⟶	団地総会，棟総会

　上記のほか，単棟型マンションの建替えに関する内容は，法第62条《建替え決議》によることになりますが，団地型マンションの場合には法第70条《団地内の建物の一括建替え決議》と，法第62条《建替え決議》をした団地内の棟の建替えを団地管理組合で承認する法第69条《団地内の建物の建替え承認決議》のいずれかになることから，建替えに関する規定や引用条文が異なります。

　また，現状では，円滑化法の「マンション敷地売却決議」は，団地への適用が困難と考えられているため，団地型標準管理規約においては，この点についての規定はありません。

(2) **全体的な構成**

　『団地型標準管理規約』と『単棟型標準管理規約』とを比較した場合の基本的な違いは，前記の用語の違いのほかに，次のような点をあげることができます。

　① 用語にもかかわることですが，修繕積立金は，団地修繕積立金と各棟修繕積立金に分かれているため，条項も2つの条項となっています。

　② 第67条《消滅時の財産の清算》までは，団地管理組合の規約となっていますが，第68条〜第75条で棟総会に係る条項が挿入さ

れています（注2）。

　棟総会の議決事項は，第 72 条《議決事項》に次の通り規定されています。

○区分所有法で団地関係に準用されていない規定に定める事項に係る規約の設定，変更または廃止
○義務違反者に対する措置
○建物の一部が滅失した場合の滅失した棟の共用部分の復旧
○建物の建替え決議とその調査・検討のための各棟修繕積立金の取崩し
○団地内の他の棟と一括して団地総会に対して建替え承認決議に付すること

（注1）　仮に一戸建て住宅の住宅地であっても，住宅所有者全体で集会所を共有していれば，その集会所を管理する目的で区分所有法上の団地管理組合が成立しますし，区分所有法の手続きを踏めば，団地管理組合法人を設立することも可能です。
（注2）　団地管理組合とは別に，各棟については棟別の管理組合を設立することも可能です。

　なお，以下の団地型および複合用途型マンションの標準管理規約の【コメント】は単棟型マンションの標準管理規約の【コメント】と重複している部分がありますので抜粋しています。

第1章 総 則

第1章「総則」は，基本的には，『単棟型標準管理規約』と同じ内容となっていますが，用語が異なる部分が変更点となっています。

目 的

> 第1条　この規約は，○○団地の管理又は使用に関する事項等について定めることにより，団地建物所有者の共同の利益を増進し，良好な住環境を確保することを目的とする。

定 義

> 第2条　［本文は単棟型標準管理規約第2条と同じ］
> 　一　［単棟型標準管理規約第2条第一号と同じ］
> 　二　［単棟型標準管理規約第2条第二号と同じ］
> 　三　団地建物所有者　区分所有法第65条の団地建物所有者をいう。
> 　四　［単棟型標準管理規約第2条第三号と同じ］
> 　五　［単棟型標準管理規約第2条第四号と同じ］

> 六　共用部分　区分所有法第2条第4項の共用部分（以下「棟の共用部分」という。）及び区分所有法第67条第1項の団地共用部分（以下「団地共用部分」という。）をいう。
> 七　<u>土地</u>　区分所有法第65条の土地をいう。
> 八　［単棟型標準管理規約第2条第七号と同じ］
> 九　専用使用権　土地及び共用部分等の一部について，特定の<u>団地建物所有者</u>が排他的に使用できる権利をいう。
> 十　専用使用部分　専用使用権の対象となっている<u>土地</u>及び共用部分等の部分をいう。

　『単棟型標準管理規約』では，管理組合員は「区分所有者」と表現されていますが，『団地型標準管理規約』では，団地管理組合員については「団地建物所有者」と表現されています。

　もっとも，団地管理組合の組合員であっても，団地の中のそれぞれの棟の権利者として表現するときは，「区分所有者」とされています。

　また，共用部分についても，団地建物所有者全体で共有する共用部分と，団地の中のそれぞれの棟の区分所有者で共有する棟の共用部分とがあります。

　さらに，単棟型マンションの場合は，マンションの土地は「敷地」と呼んでいますが，団地の場合は「土地」と呼んでいます。

規約及び団地総会の決議の遵守義務

> **第3条**　<u>団地建物所有者</u>は，円滑な共同生活を維持するため，この規約及び<u>区分所有法第65条の集会</u>（以下「団地総会」という。）の決議を誠実に遵守しなければならない。

> 2 <u>団地建物所有者</u>は，同居する者に対してこの規約及び団地総会の決議を遵守させなければならない。

『単棟型標準管理規約』で「総会」とされている部分も，『団地型標準管理規約』のうち，団地の総会に該当する部分は「団地総会」と表現されています。

なお，団地では，団地全体の総会以外に，団地内の各棟単位で総会を行うことがあります（『団地型標準管理規約』では，この棟単位の総会は「棟総会」としています）。

ちなみに，『団地型標準管理規約』においては，第8章「棟総会」において棟総会に関連する事項が規定されています。

対象物件の範囲

> 第4条　この規約の対象となる物件の範囲は，別表第1に記載された<u>土地，建物及び附属施設</u>（以下「対象物件」という。）とする。

規約及び団地総会の決議の効力

> 第5条　この規約及び<u>団地総会の決議</u>は，<u>団地建物所有者</u>の包括承継人及び特定承継人に対しても，その効力を有する。
> 2　占有者は，対象物件の使用方法につき，<u>団地建物所有者</u>がこの規約及び<u>団地総会</u>の決議に基づいて負う義務と同一の義務を負う。

管理組合

> **第6条** 団地建物所有者は、区分所有法第65条に定める団地内の土地、附属施設及び専有部分のある建物の管理を行うための団体として、第1条に定める目的を達成するため、団地建物所有者全員をもって○○団地管理組合（以下「管理組合」という。）を構成する。
>
> 2　［単棟型標準管理規約第6条第2項と同じ］
>
> 3　［単棟型標準管理規約第6条第3項と同じ］

『団地型標準管理規約』では、団地建物所有者全員で構成される団地管理組合が、土地と附属施設とともに各棟の管理をすることが規定されています。

なお、『団地型標準管理規約』では、**第68条《棟総会》**から**第75条《書面による決議》**まで棟総会についての規定を置いています。

棟総会では、**第72条《議決事項》**に規定する事項を決議する旨が定められています。

コメント

❷　この団地型標準管理規約が対象としているのは、一般分譲の住居専用のマンションが数棟所在する団地型マンションで、団地内の土地及び集会所等の附属施設がその数棟の区分所有者（団地建物所有者）全員の共有となっているものである。各棟及び各住戸についてはその床面積、規模等が、均質のものもバリエーションのあるものも含めている。

なお、この規約の対象となる団地の単位は、敷地が共有関係にある棟の範囲である。団地型マンションで土地の共有関係が数棟ごとに分かれている場合には、それごとに一つの管理組合を構成し、規約を作成することとなる。

❸　団地の形態の典型的なものとして、「団地内の土地全体が全団地建物所有

3 団地型マンションの標準管理規約

図1　団地内の土地全体が全団地建物所有者の共有となっている形態（マンション標準管理規約（団地型）の対象とする形態）

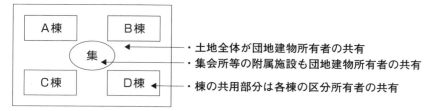

・土地全体が団地建物所有者の共有
・集会所等の附属施設も団地建物所有者の共有
・棟の共用部分は各棟の区分所有者の共有

・団地建物所有者の共有である団地内の土地及び集会所等の附属施設とともに，区分所有建物（A～D棟の各共用部分）全部を一元的に管理する場合。
・マンション標準管理規約（団地型）を参考に団地建物所有者全員で規約を作成。

図2　土地の共有関係は各棟ごとに分かれ，集会所等の附属施設が全団地建物所有者の共有となっている形態（マンション標準管理規約（団地型）の対象としない形態）

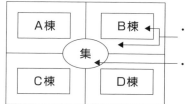

・敷地及び区分所有建物の共有関係が各棟ごとに分かれている
・集会所等の附属施設が全棟の共有

・敷地及び区分所有建物（A～D棟の各共用部分）管理は，マンション標準管理規約（単棟型）を参考として，各棟ごとに規約を作成。
・集会所等の全棟で共有している附属施設についてのみ全棟で規約を作成。

者の共有となっている形態」(**図1**)と「土地の共有関係は各棟ごとに分かれ、集会所等の附属施設が全団地建物所有者の共有となっている形態」(**図2**)とがあるが、本規約の対象としては、団地型として最も一般的な前者の形態であり、特に、

ア) 団地内にある数棟の建物の全部が区分所有建物であること

イ) ア)の建物の敷地(建物の所在する土地と規約により敷地と定められた土地の両方を含む。)がその団地内にある建物の団地建物所有者の共有に属していること(建物の敷地利用権が所有権以外の権利である場合は、その権利が準共有に属していること)

ウ) 団地管理組合において、団地内にある区分所有建物全部の管理又は使用に関する規約が定められていること

の三つの要件を満たしている団地(**図1**)とした。

後者の形態の場合には、基本的に各棟は単棟型の標準管理規約を使用し、附属施設についてのみ全棟の区分所有者で規約を設定することとなる。

❹ いわゆる等価交換により特定の者が多数の住戸を区分所有する場合、一部共用部分が存する場合、管理組合を法人とする場合、団地型マンションでも店舗併用等の複合用途型がある場合、事務所又は店舗専用の区分所有建物が団地内に併存する場合等は別途考慮するものとする。

❺ この規約では、団地建物所有者の共有物である団地内の土地、附属施設及び団地共用部分のほか、それぞれの棟についても団地全体で一元的に管理するものとし、管理組合は団地全体のものを規定し、棟別のものは特に規定していない。ただし、区分所有法で棟ごとに適用されることとなっている事項(義務違反者に対する措置、復旧及び建替え)については、棟ごとの棟総会で決議するものである。

なお、棟の管理は各棟の管理組合で行うことと規約で位置づけた場合であっても、団地全体としての管理水準の統一、効率的な管理の確保等の観点から、全棟で管理のための連絡協議会のような組織を設置し、緩やかな形での統合的な管理を行っていくことが考えられる。

(以上、『団地型標準管理規約』の全般関係のコメント)

第2章　専有部分等の範囲

　第2章「専有部分等の範囲」についても，『単棟型標準管理規約』との用語の違いのみの変更となります。

専有部分の範囲

> **第7条**
>
> 1　［単棟型標準管理規約第7条第1項と同じ］
>
> 2　［単棟型標準管理規約第7条第2項と同じ］
>
> 3　第1項又は前項の専有部分の専用に供される設備のうち<u>棟の共用部分</u>内にある部分以外のものは，専有部分とする。

共用部分の範囲

> **第8条**　［単棟型標準管理規約第8条と同じ］

第3章 土地及び共用部分等の共有

　第3章「土地及び共用部分等の共有」では，**第9条《共有》**について，団地と各棟の違いが明記されているほかは，文言の表現上の違いが変更点となっています。

共　有

> **第9条**　対象物件のうち，<u>土地，団地共用部分及び附属施設は団地建物所有者の共有とし，棟の共用部分はその棟の区分所有者の共有とする</u>。

　『団地型標準管理規約』は，土地を団地建物所有者全体で共有していることを前提につくられています。

　なお，団地管理組合については，理論上は，土地以外のもの，たとえば，土地は棟ごとに分筆されており，各棟の区分所有者がそれぞれの土地を共有しているにすぎない場合でも，別棟で建っている集会室を団地建物区分所有者で共有している場合には，その集会室を管理するための団地管理組合は成立します。

　同じく棟ごとに筆が異なっており，それぞれの棟の区分所有者がそれぞれの筆の土地を共有しているにすぎない場合でも，別に独立した筆の駐車場があり，その駐車場用地を各建物所有者全体で共有している場合には，その駐車場を管

理するために団地管理組合が成立します。

さて，話を元に戻しましょう。

以上に述べたように，団地にはいろいろな形態が想定されますが，一般的な形態は「土地共有団地」です。

さて，土地共有団地の場合は，団地全体と棟とに分けて，共有関係を理解する必要があります。そのことについて本条で規定されています。

本条によれば，共有関係は，団地建物所有者による共有関係と，棟の区分所有者による共有関係とに分類されます。このうち，団地建物所有者は，団地共用部分を共有します。

「団地共用部分」とは，下記のように，土地や団地共用部分と附属施設が相当します。

これに対して，各棟の構造躯体や各棟の廊下や階段，エレベータ等は，その棟の区分所有者の共有物となります。各棟の共用部分とは，そうしたものを指します。

　○土地，団地共用部分，附属施設……団地建物所有者の共有
　○棟の共用部分……………………………棟の区分所有者の共有

共有持分

> 第10条　各団地建物所有者及び各区分所有者の共有持分は，別表第3に掲げるとおりとする。

分割請求及び単独処分の禁止

> 第11条　団地建物所有者又は区分所有者は，土地又は共用部分等

第11条　分割請求及び単独処分の禁止

　の分割を請求することはできない。
2　<u>団地建物所有者又は</u>区分所有者は，専有部分と<u>土地及び共用部分等</u>の共有持分とを分離して譲渡，抵当権の設定等の処分をしてはならない。

コメント

〈第10条関係〉

❶　土地，団地共用部分及び附属施設の共有持分の割合については，各棟の延べ面積の全棟の延べ面積に占める割合を出した上で，各棟の中での各住戸の専有部分の床面積の割合によることとし，棟の共用部分の共有持分の割合については，各棟の区分所有者の専有部分の床面積の割合によることとする。ただし，土地については，公正証書によりその割合が定まっている場合，それに合わせる必要がある。

第4章 用 法

　第4章「用法」は，**第17条《専有部分の修繕等》**以外は，『単棟型標準管理規約』と用語が変わっている点以外の違いはありません。また，第17条も，「棟の共用部分」という概念があるだけで，これも『単棟型標準管理規約』の第17条と基本的には同じ内容となっています。

専有部分の用途

　第12条　団地建物所有者は，その専有部分を専ら住宅として使用するものとし，他の用途に供してはならない。

土地及び共用部分等の用法

　第13条　団地建物所有者は，土地及び共用部分等をそれぞれの通常の用法に従って使用しなければならない。

バルコニー等の専用使用権

　第14条　団地建物所有者は，別表第4に掲げるバルコニー，玄関扉，

窓枠，窓ガラス，一階に面する庭及び屋上テラス（以下この条，第21条第1項及び別表第4において「バルコニー等」という。）について，同表に掲げるとおり，専用使用権を有することを承認する。

2　［単棟型標準管理規約第14条第2項と同じ］

3　団地建物所有者から専有部分の貸与を受けた者は，その団地建物所有者が専用使用権を有しているバルコニー等を使用することができる。

（駐車場の使用）

第15条　管理組合は，別添の図に示す駐車場について，特定の団地建物所有者に駐車場使用契約により使用させることができる。

2　［単棟型標準管理規約第15条第2項と同じ］

3　団地建物所有者がその所有する専有部分を，他の団地建物所有者又は第三者に譲渡又は貸与したときは，その団地建物所有者の駐車場使用契約は効力を失う。

（土地及び共用部分等の第三者の使用）

第16条　管理組合は，次に掲げる土地及び共用部分等の一部を，それぞれ当該各号に掲げる者に使用させることができる。

一　［単棟型標準管理規約第16条第1項第一号と同じ］

二　〔単棟型標準管理規約第16条第1項第二号と同じ〕

　　　三　〔単棟型標準管理規約第16条第1項第三号と同じ〕

2　前項に掲げるもののほか，管理組合は，団地総会の決議を経て，土地及び共用部分等（駐車場及び専用使用部分を除く。）の一部について，第三者に使用させることができる。

専有部分の修繕等

第17条　団地建物所有者は，その専有部分について，修繕，模様替え又は建物に定着する物件の取付け若しくは取替え（以下「修繕等」という。）であって棟の共用部分又は他の専有部分に影響を与えるおそれのあるものを行おうとするときは，あらかじめ，理事長（第37条に定める理事長をいう。以下同じ。）にその旨を申請し，書面による承認を受けなければならない。

2　前項の場合において，団地建物所有者は，設計図，仕様書及び工程表を添付した申請書を理事長に提出しなければならない。

3　理事長は，第1項の規定による申請について，理事会（第53条に定める理事会をいう。以下同じ。）の決議により，その承認又は不承認を決定しなければならない。

4　第1項の承認があったときは，団地建物所有者は，承認の範囲内において，専有部分の修繕等に係る棟の共用部分の工事を行うことができる。

5　理事長又はその指定を受けた者は，本条の施行に必要な範囲内

において，修繕等の箇所に立ち入り，必要な調査を行うことができる。この場合において，<u>団地建物所有者</u>は，正当な理由がなければこれを拒否してはならない。
6　第1項の承認を受けた修繕等の工事後に，当該工事により<u>棟の共用部分又は他の専有部分</u>に影響が生じた場合は，当該工事を発注した<u>団地建物所有者</u>の責任と負担により必要な措置をとらなければならない。
7　<u>団地建物所有者</u>は，第1項の承認を要しない修繕等のうち，工事業者の立入り，工事の資機材の搬入，工事の騒音，振動，臭気等工事の実施中における<u>棟の共用部分又は他の専有部分</u>への影響について管理組合が事前に把握する必要があるものを行おうとするときは，あらかじめ，理事長にその旨を届け出なければならない。

　団地建物所有者が所有する専有部分を修繕する場合は，その旨を団地管理組合の理事長に申請しその許可を受けることとなりますが，団地建物所有者の専有部分の修繕等に際して影響があるのは，その棟の共用部分とその棟の隣接住戸や上下階の住戸等の専有部分となるため，上記のような表現になっています。

使用細則

第18条　［単棟型標準管理規約第18条と同じ］

専有部分の貸与

> 第19条　団地建物所有者は，その専有部分を第三者に貸与する場合には，この規約及び使用細則に定める事項をその第三者に遵守させなければならない。
> 2　前項の場合において，団地建物所有者は，その貸与に係る契約にこの規約及び使用細則に定める事項を遵守する旨の条項を定めるとともに，契約の相手方にこの規約及び使用細則に定める事項を遵守する旨の誓約書を管理組合に提出させなければならない。

※専有部分の貸与に関し，暴力団員への貸与を禁止する旨の規約の規定を定める場合

暴力団員の排除

> 第19条の2　団地建物所有者は，その専有部分を第三者に貸与する場合には，前条に定めるもののほか，次に掲げる内容を含む条項をその貸与に係る契約に定めなければならない。
> 一　［単棟型標準管理規約第19条の2第1項第一号の内容と同じ］
> 二　契約の相手方が暴力団員であることが判明した場合には，何らの催告を要せずして，団地建物所有者は当該契約を解約することができること。
> 三　団地建物所有者が前号の解約権を行使しないときは，管理組合は，団地建物所有者に代理して解約権を行使することができること。

2　前項の場合において，<u>団地建物所有者</u>は，前項第三号による解約権の代理行使を管理組合に認める旨の書面を提出するとともに，契約の相手方に暴力団員ではないこと及び契約後において暴力団員にならないことを確約する旨の誓約書を管理組合に提出させなければならない。

第5章 管 理

管理に関しては,団地全体にかかるものと棟にかかるもので違いがあります。たとえば,修繕積立金については,「団地修繕積立金」と「棟別の修繕積立金」の区分があります。そして,団地修繕積立金と棟別の修繕積立金では,使途も違う部分があります。特に建替えにかかる部分の違いは【コメント】や解説を参考にしてください。

第1節 総　　則

団地建物所有者の責務

> 第20条　団地建物所有者は,対象物件について,その価値及び機能の維持増進を図るため,常に適正な管理を行うよう努めなければならない。

土地及び共用部分等の管理

> 第21条　土地及び共用部分等の管理については,管理組合がその責任と負担においてこれを行うものとする。ただし,バルコニー

等の保存行為（区分所有法第18条第1項ただし書の「保存行為」をいう。以下同じ。）のうち，通常の使用に伴うものについては，専用使用権を有する者がその責任と負担においてこれを行わなければならない。

2　専有部分である設備のうち棟の共用部分と構造上一体となった部分の管理を棟の共用部分の管理と一体として行う必要があるときは，管理組合がこれを行うことができる。

3　団地建物所有者は，第1項ただし書の場合又はあらかじめ理事長に申請して書面による承認を受けた場合を除き，土地及び共用部分等の保存行為を行うことができない。ただし，専有部分の使用に支障が生じている場合に，当該専有部分を所有する団地建物所有者が行う保存行為の実施が，緊急を要するものであるときは，この限りでない。

4　［単棟型標準管理規約第21条第4項と同じ］

5　第3項の規定に違反して保存行為を行った場合には，当該保存行為に要した費用は，当該保存行為を行った団地建物所有者が負担する。

6　理事長は，災害等の緊急時においては，団地総会又は理事会の決議によらずに，土地及び共用部分等の必要な保存行為を行うことができる。

『団地型標準管理規約』では，各棟の共用部分の管理も団地管理組合が担うこととしています。

第21条第2項で規定されている専有部分と一体として行ったほうがよい管

3 団地型マンションの標準管理規約

理は，その専有部分が帰属する棟の共用部分となります。そのため，ここでは「棟の共用部分」という表現が使われています。

　管理組合が管理に際して専有部分の設備等と構造上一体となる共用部分とは棟の共用部分となるので，第2項ではこのような定めとなっています。

窓ガラス等の改良

第22条

1　［単棟型標準管理規約第22条第1項と同じ］

2　<u>団地建物所有者</u>は，管理組合が前項の工事を速やかに実施できない場合には，あらかじめ理事長に申請して書面による承認を受けることにより，<u>当該工事</u>を当該<u>団地建物所有者</u>の責任と負担において実施することができる。

3　［単棟型標準管理規約第22条第3項と同じ］

必要箇所への立入り

第23条　［単棟型標準管理規約第23条と同じ］

損害保険

第24条　<u>団地建物所有者</u>は，共用部分等に関し，管理組合が火災保険，地震保険その他の損害保険の契約を締結することを承認する。

> 2 理事長は，前項の契約に基づく保険金額の請求及び受領について，団地建物所有者を代理する。

第2節　費用の負担

管理費等

> 第25条　団地建物所有者は，土地及び共用部分等の管理に要する経費に充てるため，次の費用（以下「管理費等」という。）を管理組合に納入しなければならない。
> 一　［単棟型標準管理規約第25条第1項第一号と同じ］
> 二　団地修繕積立金
> 三　各棟修繕積立金
> 2　管理費の額については，棟の管理に相当する額はそれぞれの棟の各区分所有者の棟の共用部分の共有持分に応じ，それ以外の管理に相当する額は各団地建物所有者の土地の共有持分に応じて算出するものとする。
> 3　団地修繕積立金の額については，各団地建物所有者の土地の共有持分に応じて算出するものとする。
> 4　各棟修繕積立金の額については，それぞれの棟の各区分所有者の棟の共用部分の共有持分に応じて算出するものとする。

　団地の管理については，団地管理組合で団地内の各棟を一括管理する手法と，団地管理組合は団地共用部分のみを管理し，棟については各棟の区分所有者で管理する手法のいずれかをとることができます。

3 団地型マンションの標準管理規約

　このうち，棟別管理を採用する場合は，管理費についても全体管理費以外に棟管理費を徴収する必要があります。

　また，団地一括で管理をする場合でも，管理費も修繕積立金も全体と棟に分けて徴収して別々に管理することもできますし，棟ごとの管理費や修繕積立金は収受しないこともあります。各棟が同じような構造，高さでつくられている団地では，後者の形態を採用しているケースも少なくないと思われます。

　ただし，特に築年数が経過すると，棟によって修繕の必要性に差がつくこともありますが，このような状態になると，ある特定の棟だけに全体修繕費が使われることについて団地内で問題が発生することもあります。したがって，修繕積立金については，可能であれば，全体と棟の2つに区分したほうがよいでしょう。

　ところで，『団地型標準管理規約』は，団地一括管理方式を採用しています。そのため，『団地型標準管理規約』においては，管理組合が納付を受ける経費としては，管理費と団地修繕積立金（**第28条《団地修繕積立金》**第1項および第2項の用途に使用する場合にのみ取り崩すことができます）と各棟修繕積立金（**第29条《各棟修繕積立金》**第1項および第2項の用途に使用する場合にのみ取り崩すことができます）となります。

　もっとも，管理費も「棟管理費」と明確に表現されているわけではありませんが，第2項では，「棟の管理に相当する額はそれぞれの棟の各区分所有者の棟の共用部分の共有持分に応じて……算出するものとする」と規定しています。

　そのため，管理費や修繕積立金の配分は，次のように定められていることになります。

　○団地全体のための管理費や団地修繕積立金……土地共有持分割合による。
　○各棟に相当する管理費や各棟修繕積立金……各棟の共用部分の共有持分割合による。

　ちなみに，土地共有持分割合や各棟の共用部分の共有持分割合は**【別表第3】**

(398ページ)に記載されています。

承継人に対する債権の行使

> 第26条　管理組合が管理費等について有する債権は、団地建物所有者の特定承継人に対しても行うことができる。

管理費

> 第27条　[本文は、単棟型標準管理規約第27条と同じ]
> 　一～十　[単棟型標準管理規約第27条第一号～第十号と同じ]
> 　十一　その他第34条に定める業務に要する費用（次条及び第29条に規定する経費を除く。）

『単棟型標準管理規約』第28条《修繕積立金》で規定されている修繕積立金の項目が、『団地型標準管理規約』では第28条《団地修繕積立金》と第29条《各棟修繕積立金》に分けて定められています。

また、第30条《区分経理》も、『単棟型標準管理規約』第28条が独立した規定となっているため、それ以下の条項が『単棟型標準管理規約』の場合と比較するとズレが生じています。

団地修繕積立金

> 第28条　管理組合は、各団地建物所有者が納入する団地修繕積立金を積み立てるものとし、積み立てた団地修繕積立金は、土地、

3 団地型マンションの標準管理規約

附属施設及び団地共用部分の，次の各号に掲げる特別の管理に要する経費に充当する場合に限って取り崩すことができる。
一　［単棟型標準管理規約第28条第1項第一号と同じ］
二　［単棟型標準管理規約第28条第1項第二号と同じ］
三　土地，附属施設及び団地共用部分の変更
四　建物の建替えに係る合意形成に必要となる事項の調査
五　その他土地，附属施設及び団地共用部分の管理に関し，団地建物所有者全体の利益のために特別に必要となる管理
2　前項にかかわらず，区分所有法第70条第1項の一括建替え決議（以下「一括建替え決議」という。）又は一括建替えに関する団地建物所有者全員の合意の後であっても，マンションの建替え等の円滑化に関する法律（平成14年法律第78号。以下本項及び次条において「円滑化法」という。）第9条のマンション建替組合（以下「建替組合」という。）の設立の認可又は円滑化法第45条のマンション建替事業の認可までの間において，建物の建替えに係る計画又は設計等に必要がある場合には，その経費に充当するため，管理組合は，団地修繕積立金から管理組合の消滅時に建替え不参加者に帰属する団地修繕積立金相当額を除いた金額を限度として，団地修繕積立金を取り崩すことができる。
3　管理組合は，第1項各号の経費に充てるため借入れをしたときは，団地修繕積立金をもってその償還に充てることができる。

　団地管理組合が対応する建替えは，団地全体の建替えとなります。そのため，建替えについての引用条文は，単棟型マンションの建替えの規定である**法第**

62条《建替え決議》第1項ではなく，団地一括建替え決議の規定である**法第70条《団地内の建物の一括建替え決議》**第1項となります。

なお，『単棟型標準管理規約』では，円滑化法第108条の「マンション敷地売却決議」にかかる規定がおかれていますが，この「マンション敷地売却決議」は団地には適用されないとされているため，『団地型標準管理規約』においては，この点については何の規定もありません。

各棟修繕積立金

第29条　管理組合は，それぞれの棟の各区分所有者が納入する各棟修繕積立金を積み立てるものとし，積み立てた各棟修繕積立金は，それぞれの棟の共用部分の，次の各号に掲げる特別の管理に要する経費に充当する場合に限って取り崩すことができる。

一　［単棟型標準管理規約第28条第1項第一号と同じ］

二　［単棟型標準管理規約第28条第1項第二号と同じ］

三　棟の共用部分の変更

四　建物の建替えに係る合意形成に必要となる事項の調査

五　その他棟の共用部分の管理に関し，その棟の区分所有者全体の利益のために特別に必要となる管理

2　前項にかかわらず，区分所有法第62条第1項に規定する建替え決議（以下「建替え決議」という。），一括建替え決議又は建替えに関する区分所有者全員の合意の後であっても，円滑法第9条の建替組合の設立の認可又は円滑化法第45条のマンション建替事業の認可までの間において，建物の建替えに係る計画又は設計等に必要がある場合には，その経費に充当するため，管理組合は，

> 各棟修繕積立金から建物の取壊し時に建替え不参加者に帰属する各棟修繕積立金相当額を除いた金額を限度として，各棟修繕積立金を取り崩すことができる。
> 3　管理組合は，第1項各号の経費に充てるため借入れをしたときは，各棟修繕積立金をもってその償還に充てることができる。

　団地の建替えは，一括建替え決議以外に，団地内の各棟についても，棟で**法第62条《建替え決議》**第1項の建替え決議を行った後に，団地の総会で**法第69条《団地内の建物の建替え承認決議》**による建替え承認決議を得ることで棟の建替えをすすめることができます。

　このような場合には，建替えにかかる諸経費や，建替えにかかる管理組合内の意思決定の後，円滑化法の組合設立等までの期間における費用は，団地全体の修繕積立金ではなく，棟の修繕積立金を使うことになります。

　そこで，棟の修繕積立金においても，「建替えの合意形成」等の事項について言及されています。

区分経理

> 第30条　管理組合は，次の各号に掲げる費用ごとにそれぞれ区分して経理しなければならない。
> 　一　管理費
> 　二　団地修繕積立金
> 　三　各棟修繕積立金
> 　2　各棟修繕積立金は，棟ごとにそれぞれ区分して経理しなければ

> ならない。

　『単棟型標準管理規約』では、**第 28 条《修繕積立金》**第 5 項で管理費と修繕積立金についての区分経理が規定されていますが、団地管理組合の場合には、これまで述べてきたように、修繕積立金が「団地修繕積立金」と「各棟修繕積立金」に分類されることで複雑になるため、区分経理として条項が別途設けられています。

使用料

> 第 31 条　駐車場使用料その他の<u>土地及び共用部分等に係る使用料</u>（以下「使用料」という。）は、それらの管理に要する費用に充てるほか、<u>団地建物所有者の土地の共有持分に応じて棟ごとに各棟修繕積立金</u>として積み立てる。

◁コメント▷

〈第 31 条関係〉

❶　機械式駐車場を有する場合は、その維持及び修繕に多額の費用を要することから、管理費、団地修繕積立金及び各棟修繕積立金とは区分して経理することもできる。

❷　この団地型標準管理規約では、棟の共用部分の修繕費用の方が団地共用部分等の修繕費用より相対的に多額になることが想定されることを考慮して、使用料はそれらの管理に要する費用に充てるほか、各棟修繕積立金として積み立てることとしているが、団地共用部分等の修繕に多額の費用が見込まれる場合には、団地修繕積立金として積み立てることが適当である。

第6章 管理組合

『団地型標準管理規約』では,「団地総会」(本章第4節の第44条～第52条)と「棟総会」(第8章の第68条～第76条)の2種類の総会についての定めがあります。

それぞれ基本的な内容は同じですが,団地全体を管理する管理組合による「団地総会」と,棟で必要なことについては棟の区分所有者で決議をする「棟総会」とでは,審議をする内容が異なりますし,他にも異なる点があります。他の条項は一部の文言のみの変更となります。

第1節　組合員

組合員の資格

> 第32条　組合員の資格は,団地建物所有者となったときに取得し,団地建物所有者でなくなったときに喪失する。

届出義務

> 第33条　［単棟型標準管理規約第31条と同じ］

第2節　管理組合の業務

業　務

第34条　管理組合は，団地内の土地，附属施設及び専有部分のある建物の管理のため，次の各号に掲げる業務を行う。

一　管理組合が管理する土地及び共用部分等（以下本条及び第50条において「組合管理部分」という。）の保安，保全，保守，清掃，消毒及びごみ処理

二　［単棟型標準管理規約第32条第二号と同じ］

三　［単棟型標準管理規約第32条第三号と同じ］

四　建物の建替えに係る合意形成に必要となる事項の調査に関する業務

五　［単棟型標準管理規約第32条第五号と同じ］

六　［単棟型標準管理規約第32条第六号と同じ］

七　［単棟型標準管理規約第32条第七号と同じ］

八　団地建物所有者が管理する専用使用部分について管理組合が行うことが適当であると認められる管理行為

九　土地及び共用部分等の変更及び運営

十　団地修繕積立金及び各棟修繕積立金の運用

十一　［単棟型標準管理規約第32条第十一号と同じ］

十二　［単棟型標準管理規約第32条第十二号と同じ］

十三　［単棟型標準管理規約第32条第十三号と同じ］

十四　管理組合の消滅時における残余財産の清算及び建物の取壊し時における当該棟に係る残余財産の清算

3 団地型マンションの標準管理規約

> 十五　その他団地内の土地，附属施設及び専有部分のある建物の管理に関する業務

業務の委託等

> 第35条　［単棟型標準管理規約第33条と同じ］

専門的知識を有する者の活用

> 第36条　［単棟型標準管理規約第34条と同じ］

第3節　役　　員

　役員に関する規定も，基本的には『単棟型標準管理規約』に準じています。

　なお，規模の大きな団地になると，役員を棟から1人ずつ任命する手法等も考えられます。

　また，たとえば4～5階建てのエレベータ無しの団地（1つの階段を各階2戸で利用する形態のもの）では，管理組合と区分所有者のパイプ役等として階段ごとに階段委員を設けている例も少なくないようです。

　なお，階段委員のような役割を置く場合は，細則等のルールを設定しておくべきでしょう。

役員

第37条

1　［単棟型標準管理規約第35条第1項と同じ］

2　理事及び監事は，組合員のうちから，団地総会で選任する。

3　［単棟型標準管理規約第35条第3項と同じ］

＊外部専門家を役員として選任できることとする場合

2　理事及び監事は，団地総会で選任する。

3　［単棟型標準管理規約第35条第3項と同じ］

4　［単棟型標準管理規約第35条第4項と同じ］

役員の任期

第38条　［単棟型標準管理規約第36条と同じ］

役員の欠格条項

第38条の2　［単棟型標準管理規約第36条の2と同じ］

役員の誠実義務等

第39条　役員は，法令，規約及び使用細則その他細則（以下「使

用細則等」という。）並びに団地総会及び理事会の決議に従い，組合員のため，誠実にその職務を遂行するものとする。

2　［単棟型標準管理規約第37条第2項と同じ］

利益相反取引の防止

第39条の2　［単棟型標準管理規約第37条の2と同じ］

理事長

第40条

1　［本文は単棟型標準管理規約第38条第1項と同じ］

　一　規約,使用細則等又は団地総会若しくは理事会の決議により，理事長の職務として定められた事項

　二　［単棟型標準管理規約第38条第1項第二号と同じ］

2～6　［単棟型標準管理規約第38条第2項～第6項と同じ］

副理事長

第41条　［単棟型標準管理規約第39条と同じ］

理 事

第42条 ［単棟型標準管理規約第40条と同じ］

監 事

第43条 監事は、管理組合の業務の執行及び財産の状況を監査し、その結果を団地総会に報告しなければならない。

2 監事は、いつでも、理事及び第40条第1項第二号に規定する職員に対して業務の報告を求め、又は業務及び財産の状況の調査をすることができる。

3 ［単棟型標準管理規約第41条第3項と同じ］

4 ［単棟型標準管理規約第41条第4項と同じ］

5 監事は、理事が不正の行為をし、若しくは当該行為をするおそれがあると認めるとき、又は法令、規約、使用細則等、団地総会の決議若しくは理事会の決議に違反する事実若しくは著しく不当な事実があると認めるときは、遅滞なく、その旨を理事会に報告しなければならない。

6 ［単棟型標準管理規約第41条第6項と同じ］

7 ［単棟型標準管理規約第41条第7項と同じ］

第4節　団地総会

『単棟型標準管理規約』では，単に「総会」で節を構成していますが，団地管理組合では本節で定める団地総会以外に，第8章で「棟総会」が規定されていることが，『団地型標準管理規約』の特色といえるでしょう。

なお，団地総会は，原則として団地管理組合の理事会で総会の議案を検討し，理事長が総会を招集するのに対して，棟総会は，棟の区分所有者と議決権の各5分の1以上で集会を招集すること（すなわち，棟の管理者に関する規定はありません）と，建替えにかかる部分が大きな違いといえるでしょう。

また，団地型マンションの建替えについては，**法第70条《団地内の建物の一括建替え決議》**の団地一括建替え決議による方法と，各棟で建替え決議をしたのちに，団地管理組合の総会で建替えの承認を求める方法のいずれかで進めることが一般的と思われます。

そのため，『団地型標準管理規約』の建替えにかかる部分の条項は，これらの内容を踏まえたものとなっています。

団地総会

> 第44条　管理組合の団地総会は，総組合員で組織する。
> 2　団地総会は，通常総会及び臨時総会とする。
> 3　[単棟型標準管理規約第42条第3項と同じ]
> 4　[単棟型標準管理規約第42条第4項と同じ]
> 5　団地総会の議長は，理事長が務める。

招集手続

第45条　団地総会を招集するには，少なくとも会議を開く日の2週間前（会議の目的が区分所有法第69条第1項の建替え承認決議（以下「建替え承認決議」という。）又は一括建替え決議であるときは2か月前）までに，会議の日時，場所及び目的を示して，組合員に通知を発しなければならない。

2　［単棟型標準管理規約第43条第2項と同じ］

3　［単棟型標準管理規約第43条第3項と同じ］

4　第1項の通知をする場合において，会議の目的が第49条第3項第一号，第二号に掲げる事項の決議，建替え承認決議又は一括建替え決議であるときは，その議案の要領をも通知しなければならない。

5　会議の目的が建替え承認決議であるときは，前項に定める議案の要領のほか，新たに建築する建物の設計の概要（当該建物の当該団地内における位置を含む。）を通知しなければならない。

6　会議の目的が一括建替え決議であるときは，第4項に定める議案の要領のほか，次の事項を通知しなければならない。

　一〜三　［単棟型標準管理規約第43条第5項と同じ］

　四　建物につき団地修繕積立金及び各棟修繕積立金として積み立てられている金額

7　一括建替え決議を目的とする総会を招集する場合，少なくとも会議を開く日の1か月前までに，当該招集の際に通知すべき事項

> について組合員に対し説明を行うための説明会を開催しなければならない。
> 8 <u>第47条第2項の場合</u>には、第1項の通知を発した後遅滞なく、その通知の内容を、所定の掲示場所に掲示しなければならない。
> 9 第1項（会議の目的が<u>建替え承認決議又は一括建替え決議</u>であるときを除く。）にかかわらず、緊急を要する場合には、理事長は、理事会の承認を得て、5日間を下回らない範囲において、第1項の期間を短縮することができる。

　本章の冒頭で述べたように、建替えについては、『単棟型標準管理規約』においては**法第62条《建替え決議》**の建替え決議をする規定になっていますが、団地管理組合においては、**法第70条《団地内の建物の一括建替え決議》**の団地一括建替え決議と、**法第69条《団地内の建物の建替え承認決議》**の建替え承認決議にかかる手続きが想定されますので、それらを前提として規定されています。

　なお、建替え承認決議は、団地の中で建替えを検討している棟において、棟集会で建替え決議をしたときに、その棟の建替えを団地管理組合として承認するか否かを団地総会で決するものとなります。仮に棟の区分所有者全員が建替えに同意しているとしても、団地総会で建替えが承認されないと建替えはできません。

　ところで、『単棟型標準管理規約』**第43条《招集手続》**にはマンション敷地売却決議に関する規定がありますが、『団地型標準管理規約』にはそのような規定は設定されていないことを念のため確認しておきます（第28条の解説を参照）。

　なお、大規模団地の場合は、代議員制度の導入も考えられますが、仮に代議

員を設けたとしても，管理者は**法第34条**《**集会の招集**》第2項により集会を少なくとも毎年1回招集する必要がある旨が規定されていますので，定時総会は全区分所有者を相手に開くことになります。

また，普通決議の事項は代議員の集会で決定できる旨を規約に設定することは可能ですが，特別多数決議の事項については団地総会で決議する必要があることを考えると，代議員制度を設けるメリットはあまり大きくないかもしれません。

組合員の団地総会招集権

> **第46条** 組合員が組合員総数の5分の1以上及び第48条第1項に定める議決権総数の5分の1以上に当たる組合員の同意を得て，会議の目的を示して団地総会の招集を請求した場合には，理事長は，2週間以内にその請求があった日から4週間以内の日（会議の目的が建替え承認決議又は一括建替え決議であるときは，2か月と2週間以内の日）を会日とする臨時総会の招集の通知を発しなければならない。
>
> 2　［単棟型標準管理規約第44条第2項と同じ］
>
> 3　前二項により招集された臨時総会においては，第44条第5項にかかわらず，議長は，団地総会に出席した組合員（書面又は代理人によって議決権を行使する者を含む。）の議決権の過半数をもって，組合員の中から選任する。
>
> ［電磁的方法を利用した場合の第3項も上述の第3項と同じ部分を修正。電磁的方法を利用した場合の第4項は，単棟型標準管理規約と同じ］

出席資格

第47条　組合員のほか，理事会が必要と認めた者は，団地総会に出席することができる。

2　団地建物所有者の承諾を得て専有部分を占有する者は，会議の目的につき利害関係を有する場合には，団地総会に出席して意見を述べることができる。この場合において，団地総会に出席して意見を述べようとする者は，あらかじめ理事長にその旨を通知しなければならない。

議決権

第48条　各組合員の団地総会における議決権の割合は，別表第5に掲げるとおりとする。

2　［単棟型標準管理規約第46条第2項と同じ］

3　前項により一の組合員とみなされる者は，議決権を行使する者1名を選任し，その者の氏名をあらかじめ団地総会開会までに理事長に届け出なければならない。

4〜6　［単棟型標準管理規約第46条第4項〜第6項と同じ］

［電磁的方法が利用可能な場合の第7項は，単棟型標準管理規約と同じ］

団地総会の会議及び議事

第49条　団地総会の会議は，前条第1項に定める議決権総数の半数以上を有する組合員が出席しなければならない。

2　団地総会の議事は，出席組合員の議決権の過半数で決する。

3　次の各号に掲げる事項に関する団地総会の議事は，前項にかかわらず，組合員総数の4分の3以上及び議決権総数の4分の3以上で決する。

　一　規約の制定，変更又は廃止（第72条第一号の場合を除く。）

　二　土地及び共用部分等の変更（その形状又は効用の著しい変更を伴わないもの及び建築物の耐震改修の促進に関する法律第25条第2項に基づく認定を受けた建物の耐震改修を除く。）

　三　その他団地総会において本項の方法により決議することとした事項

4　建替え承認決議は，第2項にかかわらず，議決権（第48条第1項にかかわらず，建替えを行う団地内の特定の建物（以下「当該特定建物」という。）の所在する土地（これに関する権利を含む。）の持分の割合による。第6項において同じ。）総数の4分の3以上で行う。

5　当該特定建物の建替え決議又はその区分所有者の全員の合意がある場合における当該特定建物の団地建物所有者は，建替え承認決議においては，いずれもこれに賛成する旨の議決権を行使したものとみなす。

6　建替え承認決議に係る建替えが当該特定建物以外の建物（以下

「当該他の建物」という。）の建替えに特別の影響を及ぼすべきときは，建替え承認決議を会議の目的とする総会において，当該他の建物の区分所有者全員の議決権の4分の3以上の議決権を有する区分所有者が，建替え承認決議に賛成しているときに限り，当該特定建物の建替えをすることができる。

7　一括建替え決議は，第2項にかかわらず，組合員総数の5分の4以上及び議決権（第48条第1項にかかわらず，当該団地内建物の敷地の持分の割合による。）総数の5分の4以上で行う。ただし，当該団地総会において，当該各団地内建物ごとに，それぞれその区分所有者の3分の2以上及び議決権（第48条第1項に基づき，別表第5に掲げる議決権割合による。）総数の3分の2以上の賛成がなければならない。

8　前七項の場合において，書面又は代理人によって議決権を行使する者は，出席組合員とみなす。

　［電磁的方法が利用可能な場合の第8項も，上記の第8項と同じ部分を変更する。］

9　［単棟型標準管理規約第47条第7項と同じ］

10　第3項第二号において，土地及び共用部分等の変更が，専有部分又は専用使用部分の使用に特別の影響を及ぼすべきときは，その専有部分を所有する組合員又はその専用使用部分の専用使用を認められている組合員の承諾を得なければならない。この場合において，その組合員は正当な理由がなければこれを拒否してはならない。

11　団地総会においては，第45条第1項によりあらかじめ通知し

> た事項についてのみ、決議することができる。

　本条も、『単棟型標準管理規約』において建替え決議の要件が言及されていた部分について、団地一括型建替え決議や建替え承認決議を踏まえた条項に変えている点が異なります。

　なお、第4項に規定されているように、建替え承認決議は、団地の土地の共有持分割合（団地が借地権の場合は準共有持分割合）の4分の3以上でカウントすることになります（**法第69条《団地内の建物の建替え承認決議》第2項**）。

　また、第5項は、建替え承認決議においては、建替え決議等により建替えの合意形成をした棟の団地建物所有者は全員がこの承認決議に賛成したものとみなすという規定です。

　そのため、たとえば建替え承認決議の対象となる棟で建替え決議をした際に反対者が数名いたとしても、建替え承認決議の際は、反対者を含め、その棟の団地建物所有者は賛成しているものとしてカウントすることになります。この点は、法第69条第3項の規定を確認したものです。

　次に、その棟の建替えにより特別の影響を受ける棟があるときは、その棟の区分所有者の4分の3以上が賛成しないと建替え承認決議は可決できないことが第6項で定められています。この内容は、法第69条第5項に規定されているものです。

　さらに、第7項は、**法第70条《団地内の建物の一括建替え決議》**第1項の団地一括建替え決議の要件が確認の意味で規定されたものです（なお、団地一括建替え決議の場合の団地内建物の区分所有者の議決権も土地共有持分でカウントします。もっとも、団地内建物ごとの3分の2以上とする場合の議決権は建物の専有面積割合によります（法第70条第1項、第2項））。

3 団地型マンションの標準管理規約

議決事項

第 50 条　次の各号に掲げる事項については，団地総会の決議を経なければならない。

一～三　［単棟型標準管理規約第 48 条第一号～第三号と同じ］

四　規約（第 72 条第一号の場合を除く。）及び使用細則等の制定，変更又は廃止

五　［単棟型標準管理規約第 48 条第五号と同じ］

六　第 28 条第 1 項又は第 29 条第 1 項に定める特別の管理の実施（第 72 条第三号及び第四号の場合を除く。）並びにそれに充てるための資金の借入れ及び団地修繕積立金又は各棟修繕積立金の取崩し

七　第 28 条第 2 項又は第 29 条第 2 項に定める建物の建替えに係る計画又は設計等の経費のための団地修繕積立金又は各棟修繕積立金の取崩し

八　団地修繕積立金及び各棟修繕積立金の保管及び運用方法

九　［単棟型標準管理規約第 48 条第九号と同じ］

十　区分所有法第 69 条第 1 項の場合の建替えの承認

十一　区分所有法第 70 条第 1 項の場合の一括建替え

十二　［単棟型標準管理規約第 48 条第十三号と同じ］

十三　［単棟型標準管理規約第 48 条第十四号と同じ］

十四　［単棟型標準管理規約第 48 条第十五号と同じ］

議事録の作成，保管等

第51条　団地総会の議事については，議長は，議事録を作成しなければならない。
2　議事録には，議事の経過の要領及びその結果を記載し，議長及び議長の指名する2名の団地総会に出席した組合員がこれに署名押印しなければならない。
3〜4　［単棟型標準管理規約第49条第3項〜第4項と同じ］

＊電磁的方法が利用可能な場合

議事録の作成，保管等

第51条　団地総会の議事については，議長は，書面又は電磁的記録により，議事録を作成しなければならない。
2　［単棟型標準管理規約第49条第2項と同じ］
3　前項の場合において，議事録が書面で作成されているときは，議長及び議長の指名する2名の団地総会に出席した組合員がこれに署名押印しなければならない。
4　第2項の場合において，議事録が電磁的記録で作成されているときは，当該電磁的記録に記録された情報については，議長及び議長の指名する2名の団地総会に出席した組合員が電子署名（電子署名及び認証業務に関する法律（平成12年法律第102号）第2条第1項の「電子署名」をいう。以下同じ。）をしなければな

3 団地型マンションの標準管理規約

らない。
5 ［単棟型標準管理規約第49条第5項と同じ］
6 ［単棟型標準管理規約第49条第6項と同じ］

書面による決議

第52条　規約により団地総会において決議をすべき場合において，組合員全員の承諾があるときは，書面による決議をすることができる。
2　規約により団地総会において決議すべきものとされた事項については，組合員全員の書面による合意があったときは，書面による決議があったものとみなす。
3　規約により団地総会において決議すべきものとされた事項についての書面による決議は，団地総会の決議と同一の効力を有する。
4　［単棟型標準管理規約第50条第5項と同じ］
5　団地総会に関する規定は，書面による決議について準用する。

＊電磁的方法が利用可能な場合

書面又は電磁的方法による決議

第52条　規約により団地総会において決議をすべき場合において，組合員全員の承諾があるときは，書面又は電磁的方法による決議をすることができる。ただし，電磁的方法による決議に係る組合

員の承諾については，あらかじめ，組合員に対し，その用いる電磁的方法の種類及び内容を示し，書面又は電磁的方法による承諾を得なければならない。

2 ［本文は単棟型標準管理規約第50条第2項と同じ］
　一　第46条第4項各号に定める電磁的方法のうち，送信者が使用するもの
　二　［単棟型標準管理規約第50条第2項第二号と同じ］
3 規約により団地総会において決議すべきものとされた事項については，組合員全員の書面又は電磁的方法による合意があったときは，書面又は電磁的方法による決議があったものとみなす。
4 規約により団地総会において決議すべきものとされた事項についての書面又は電磁的方法による決議は，団地総会の決議と同一の効力を有する。
5 ［単棟型標準管理規約第50条第5項と同じ］
6 団地総会に関する規定は，書面又は電磁的方法による決議について準用する。

第5節　理事会

（理事会）

第53条
1 ［単棟型標準管理規約第51条第1項と同じ］
2 ［本文は単棟型標準管理規約第51条第2項と同じ］

3 団地型マンションの標準管理規約

> 一　規約若しくは使用細則等又は<u>団地総会</u>の決議により理事会の権限として定められた管理組合の業務執行の決定
> 二　［単棟型標準管理規約第51条第2項第二号と同じ］
> 三　［単棟型標準管理規約第51条第2項第三号と同じ］
> 3　［単棟型標準管理規約第51条第3項と同じ］

招　集

> 第54条
> 1～3　［単棟型標準管理規約第52条第1項～第3項と同じ］
> 4　理事会の招集手続については，<u>第45条</u>（<u>建替え承認決議又は一括建替え決議</u>を会議の目的とする場合の第1項及び第4項から<u>第7項</u>までを除く。）の規定を準用する。この場合において，同条中「組合員」とあるのは「理事及び監事」と，同条第9項中「理事会の承認」とあるのは「理事及び監事の全員の同意」と読み替えるものとする。ただし，理事会において別段の定めをすることができる。

理事会の会議及び議事

> 第55条
> 1～3　［単棟型標準管理規約第53条第1項～第3項と同じ］
> 4　議事録については，<u>第51条</u>（第4項を除く。）の規定を準用す

る。ただし，第51条第2項中「団地総会に出席した組合員」とあるのは，「理事会に出席した理事」と読み替えるものとする。

＊電磁的方法が利用可能な場合

［電磁的方法が利用可能な場合も，上記の第4項と同じ部分を変更する。］

議決事項

第56条
1　［本文は単棟型標準管理規約第54条第1項と同じ］
　一　［単棟型標準管理規約第54条第1項第一号と同じ］
　二　規約（第72条第一号の場合を除く。）及び使用細則等の制定，変更又は廃止に関する案
　三　［単棟型標準管理規約第54条第1項第三号と同じ］
　四　その他の団地総会提出議案
　五　［単棟型標準管理規約第54条第1項第五号と同じ］
　六　第60条第3項に定める承認又は不承認
　七　第62条第4項に定める未納の管理費等及び使用料の請求に関する訴訟その他法的措置の追行
　八　第77条に定める勧告又は指示等
　九　団地総会から付託された事項
　十　災害等により団地総会の開催が困難である場合における応急的な修繕工事の実施等

3　団地型マンションの標準管理規約

> 2　第50条の規定にかかわらず，理事会は，前項第十号の決議をした場合においては，当該決議に係る応急的な修繕工事の実施に充てるための資金の借入れ及び<u>団地修繕積立金及び各棟修繕積立金</u>の取崩しについて決議することができる。

専門委員会の設置

> **第57条**　［単棟型標準管理規約第55条と同じ］

コメント

〈第50条関係〉

規約の変更の際には以下の点に留意する必要がある。

1　団地内の棟が数期に分けて分譲され，新たに分譲された棟が従前の棟とその敷地等が同じ共用関係にある場合には，団地全体で管理する対象を再度決める必要があり，この場合は，従前の棟も含めた各棟の棟総会で，それぞれ各棟の区分所有者及び議決権の各4分の3以上で決議し，かつ団地総会で，団地建物所有者及び議決権の各4分の3以上で決議し，団地の規約に位置づける。

2　団地全体で管理することとしていた棟の管理を各棟で管理することにする場合は，団地総会で，団地建物所有者及び議決権の各4分の3以上で決議し，団地の規約を変更した上で，各棟でその棟の管理のための規約を制定する。

3　団地全体で管理する対象の管理の方法について変更する場合は，団地総会で，団地建物所有者及び議決権の各4分の3以上で決議し，団地の規約を変更する。

第7章 会　計

　第7章「会計」については、『単棟型標準管理規約』と『団地型標準管理規約』との文言の違いや、『団地型標準管理規約』において**第29条《各棟修繕積立金》**、**第30条《区分経理》**が挿入されたことによる条項のズレがあるところが『単棟型標準管理規約』との違いとなります。

会計年度

第58条　［単棟型標準管理規約第56条と同じ］

管理組合の収入及び支出

第59条　管理組合の会計における収入は、第25条に定める管理費等及び第31条に定める使用料によるものとし、その支出は第27条から第29条及び第31条に定めるところにより諸費用に充当する。

3 団地型マンションの標準管理規約

収支予算の作成及び変更

第60条

1　［単棟型標準管理規約第58条第1項と同じ］

2　［単棟型標準管理規約第58条第2項と同じ］

3　理事長は，第58条に定める会計年度の開始後，第1項に定める承認を得るまでの間に，以下の各号に掲げる経費の支出が必要となった場合には，理事会の承認を得てその支出を行うことができる。

　一　［単棟型標準管理規約第58条第3項第一号と同じ］

　二　団地総会の承認を得て実施している長期の施工期間を要する工事に係る経費であって，第1項の承認を得る前に支出することがやむを得ないと認められるもの

4　［単棟型標準管理規約第58条第4項と同じ］

5　理事会が第56条第1項第十号の決議をした場合には，理事長は，同条第2項の決議に基づき，その支出を行うことができる。

6　理事長は，第21条第6項の規定に基づき，土地及び共用部分等の保存行為を行う場合には，そのために必要な支出を行うことができる。

会計報告

第61条　［単棟型標準管理規約第59条と同じ］

管理費等の徴収

第62条　管理組合は、第25条に定める管理費等及び第31条に定める使用料について、組合員が各自開設する預金口座から口座振替の方法により第64条に定める口座に受け入れることとし、当月分は別に定める徴収日までに一括して徴収する。ただし、臨時に要する費用として特別に徴収する場合には、別に定めるところによる。

2～6　［単棟型標準管理規約第60条第2項～第6項と同じ］

管理費等の過不足

第63条

1　［単棟型標準管理規約第61条第1項と同じ］

2　管理費等に不足を生じた場合には、管理組合は組合員に対して第25条第2項から第4項に定める管理費等の負担割合に応じて、その都度必要な金額の負担を求めることができる。

預金口座の開設

第64条　［単棟型標準管理規約第62条と同じ］

3 団地型マンションの標準管理規約

借入れ

> 第65条　管理組合は，第28条第1項又は第29条第1項に定める業務を行うため必要な範囲内において，借入れをすることができる。

(ア)　電磁的方法が利用可能ではない場合

帳票類等の作成，保管

第66条

1　［単棟型標準管理規約第64条第1項と同じ］

2　理事長は，第34条第三号の長期修繕計画書，同条第五号の設計図書及び同条第六号の修繕等の履歴情報を保管し，組合員又は利害関係人の理由を付した書面による請求があったときは，これらを閲覧させなければならない。この場合において，閲覧につき，相当の日時，場所等を指定することができる。

3　理事長は，第51条第3項（第55条第4項において準用される場合を含む。），本条第1項及び第2項，第74条第4項並びに第82条第2項及び第4項の規定により閲覧の対象とされる管理組合の財務・管理に関する情報については，組合員又は利害関係人の理由を付した書面による請求に基づき，当該請求をした者が求める情報を記入した書面を交付することができる。この場合において，理事長は，交付の相手方にその費用を負担させることがで

き る 。

(イ) 電磁的方法が利用可能な場合

帳票類等の作成, 保管

第 66 条

1　［単棟型標準管理規約第 64 条第 1 項と同じ］

2　理事長は，第 34 条第三号の長期修繕計画書，同条第五号の設計図書及び同条第六号の修繕等の履歴情報を，書面又は電磁的記録により保管し，組合員又は利害関係人の理由を付した書面又は電磁的方法による請求があったときは，これらを閲覧させなければならない。この場合において，閲覧につき，相当の日時，場所等を指定することができる。

3　理事長は，第 51 条第 5 項（第 55 条第 4 項において準用される場合を含む。），本条第 1 項及び第 2 項，第 74 条第 6 項並びに第 82 条第 2 項及び第 4 項の規定により閲覧の対象とされる管理組合の財務・管理に関する情報については，組合員又は利害関係人の理由を付した書面又は電磁的方法による請求に基づき，当該請求をした者が求める情報を記入した書面を交付し，又は当該書面に記載すべき事項を電磁的方法により提供することができる。この場合において，理事長は，交付の相手方にその費用を負担させることができる。

4　電磁的記録により作成された書類等の閲覧については，第 51 条第 5 項に定める議事録の閲覧に関する規定を準用する。

消滅時の財産の清算

第67条 管理組合が消滅する場合,その残余財産について,団地に係る部分については,第10条に定める各団地建物所有者の団地共用部分の共有持分割合に応じて各団地建物所有者に,各棟に係る部分については,第10条に定める各区分所有者の棟の共用部分の共有持分割合に応じて各区分所有者に,帰属するものとする。

第8章 棟総会

　第4節の「団地総会」の項で述べましたが，土地や団地全体の共有物等を管理するのは団地管理組合となりますが，区分所有法で団地関係に準用されていない規定に定める事項に係る規約の制定，変更または廃止や，義務違反者に対する措置，建物の一部が滅失した場合の復旧と棟の建替え決議や，**法第69条《団地内の建物の建替え承認決議》**第7項の建物の建替えを団地内の他の建物の建替えと一括して建替え承認決議に付することについては，棟総会で決議する必要があります。

　本章では，そのための棟総会の招集から棟総会の会議の運営等についてまでを規定しています。

棟総会

> 第68条　棟総会は，区分所有法第3条の集会とし，○○団地内の棟ごとに，その棟の区分所有者全員で組織する。
> 2　棟総会は，その棟の区分所有者が当該棟の区分所有者総数の5分の1以上及び第71条第1項に定める議決権総数の5分の1以上に当たる区分所有者の同意を得て，招集する。
>
> ㋐　電磁的方法が利用可能ではない場合

> 3 棟総会の議長は、棟総会に出席した区分所有者（書面又は代理人によって議決権を行使する者を含む。）の議決権の過半数をもって、当該棟の区分所有者の中から選任する。
>
> (イ) 電磁的方法が利用可能な場合
>
> 3 棟総会の議長は、棟総会に出席した区分所有者（書面、電磁的方法又は代理人によって議決権を行使する者を含む。）の議決権の過半数をもって、当該棟の区分所有者の中から選任する。

　棟の管理者が規約の中で定められている場合には、管理者（棟担当理事となることが多いでしょう）が棟総会を招集することになります。

　『標準管理規約』では、特に棟管理組合の規定等はおいておらず、また棟の管理者についても定めていませんので、棟総会の招集は、**法第34条《集会の招集》**第5項の定めにより、棟の区分所有者と議決権の各5分の1以上で招集することとなります。

　また、管理者の定めもないため、棟総会は必ずしも毎年1回行う必要はありません（法第34条第2項では、管理者に対して毎年1回以上の集会の招集を求めています）。

　そのため、『団地型標準管理規約』**第72条《議決事項》**で決議するような事項があるときに随時開催することになります。

招集手続

> 第69条　棟総会を招集するには、少なくとも会議を開く日の2週間前（会議の目的が建替え決議であるときは2か月前）までに、

会議の日時，場所，目的及び議案の要領を示して，当該棟の区分所有者に通知を発しなければならない。
2　前項の通知は，管理組合に区分所有者が届出をしたあて先に発するものとする。ただし，その届出のない区分所有者に対しては，対象物件内の専有部分の所在地あてに発するものとする。
3　第1項の通知は，対象物件内に居住する区分所有者及び前項の届出のない区分所有者に対しては，その内容を所定の掲示場所に掲示することをもって，これに代えることができる。
4　会議の目的が建替え決議であるときは，次の事項を通知しなければならない。
　　一～三　［単棟型標準管理規約第43条第5項第一号～第三号と同じ］
　　四　建物につき各棟修繕積立金として積み立てられている金額
5　建替え決議を目的とする棟総会を招集する場合，少なくとも会議を開く日の1か月前までに，当該招集の際に通知すべき事項について区分所有者に対し説明を行うための説明会を開催しなければならない。
6　第70条の場合には，第1項の通知を発した後遅滞なく，その通知の内容を，所定の掲示場所に掲示しなければならない。
7　第1項（会議の目的が建替え決議であるときを除く。）にかかわらず，緊急を要する場合には，棟総会を招集する者は，その棟の区分所有者総数の5分の1以上及び第71条第1項に定める議決権総数の5分の1以上に当たる当該棟の区分所有者の同意を得て，5日間を下回らない範囲において，第1項の期間を短縮することができる。

出席資格

第70条　区分所有者の承諾を得て専有部分を占有する者は，会議の目的につき利害関係を有する場合には，棟総会に出席して意見を述べることができる。この場合において，棟総会に出席して意見を述べようとする者は，あらかじめ棟総会を招集する者にその旨を通知しなければならない。

議決権

第71条　各区分所有者の棟総会における議決権の割合は，別表第5に掲げるとおりとする。

2　住戸1戸が数人の共有に属する場合，その議決権行使については，これらの共有者をあわせて一の区分所有者とみなす。

3　前項により一の区分所有者とみなされる者は，議決権を行使する者1名を選任し，その者の氏名をあらかじめ棟総会開会までに棟総会を招集する者に届け出なければならない。

4　区分所有者は，書面又は代理人によって議決権を行使することができる。

5　区分所有者が代理人により議決権を行使しようとする場合において，その代理人は，以下の各号に掲げる者でなければならない。

　一　その区分所有者の配偶者（婚姻の届出をしていないが事実上婚姻関係と同様の事情にある者を含む。）又は一親等の親族
　二　その区分所有者の住戸に同居する親族

三　他の区分所有者
6　区分所有者又は代理人は，代理権を証する書面を棟総会を招集する者に提出しなければならない。

(ア)　電磁的方法が利用可能ではない場合

［規定なし］

(イ)　電磁的方法が利用可能な場合

7　区分所有者は，第4項の書面による議決権の行使に代えて，電磁的方法によって議決権を行使することができる。

（議決事項）

第72条　次の各号に掲げる事項については，棟総会の決議を経なければならない。
一　区分所有法で団地関係に準用されていない規定に定める事項に係る規約の制定，変更又は廃止
二　区分所有法第57条第2項，第58条第1項，第59条第1項又は第60条第1項の訴えの提起及びこれらの訴えを提起すべき者の選任
三　建物の一部が滅失した場合の滅失した棟の共用部分の復旧
四　建物の建替えに係る合意形成に必要となる事項の調査の実施及びその経費に充当する場合の各棟修繕積立金の取崩し

> 五　区分所有法第62条第1項の場合の建替え
> 六　区分所有法第69条第7項の建物の建替えを団地内の他の建物の建替えと一括して建替え承認決議に付すこと

棟総会の会議及び議事

> 第73条　棟総会の議事は，その棟の区分所有者総数の4分の3以上及び第71条第1項に定める議決権総数の4分の3以上で決する。
> 2　次の各号に掲げる事項に関する棟総会の議事は，前項にかかわらず，議決権総数の半数以上を有する区分所有者が出席する会議において，出席区分所有者の議決権の過半数で決する。
> 一　区分所有法第57条第2項の訴えの提起及び前条第二号の訴えを提起すべき者の選任
> 二　建物の価格の2分の1以下に相当する部分が滅失した場合の滅失した棟の共用部分の復旧
> 三　建物の建替えに係る合意形成に必要となる事項の調査の実施及びその経費に充当する場合の各棟修繕積立金の取崩し
> 3　前条第五号の建替え決議及び第六号の団地内の他の建物の建替えと一括して建替え承認決議に付する旨の決議は，第1項にかかわらず，その棟の区分所有者総数の5分の4以上及び議決権総数の5分の4以上で行う。
>
> ㈦　電磁的方法が利用可能ではない場合

4　前三項の場合において，書面又は代理人によって議決権を行使する者は，出席区分所有者とみなす。

5　前条第一号において，規約の制定，変更又は廃止がその棟の一部の区分所有者の権利に特別の影響を及ぼすべきときは，その承諾を得なければならない。この場合において，その区分所有者は正当な理由がなければこれを拒否してはならない。

6　区分所有法第58条第1項，第59条第1項又は第60条第1項の訴えの提起の決議を行うには，あらかじめ当該区分所有者又は占有者に対し，弁明する機会を与えなければならない。

7　棟総会においては，第69条第1項によりあらかじめ通知した事項についてのみ，決議することができる。

(イ)　電磁的方法が利用可能な場合

4　［電磁的方法が利用可能な場合の第4項も，上記の第4項と同じ部分を変更する。］

5～7　［上記第5項～第7項と同じ］

(ア)　電磁的方法が利用可能ではない場合

【議事録の作成，保管等】

第74条　棟総会の議事については，議長は，議事録を作成しなければならない。

2　議事録には，議事の経過の要領及びその結果を記載し，議長

及び議長の指名する2名の棟総会に出席した区分所有者がこれに署名押印しなければならない。

3　議長は，前項の手続きをした後遅滞なく，議事録を理事長に引き渡さなければならない。

4　理事長は，議事録を保管し，その棟の区分所有者又は利害関係人の書面による請求があったときは，議事録の閲覧をさせなければならない。この場合において，閲覧につき，相当の日時，場所等を指定することができる。

5　［単棟型標準管理規約第49条第4項と同じ］

(イ)　電磁的方法が利用可能な場合

議事録の作成，保管等

第74条　棟総会の議事については，議長は，書面又は電磁的記録により，議事録を作成しなければならない。

2　［単棟型標準管理規約第49条第2項と同じ］

3　前項の場合において，議事録が書面で作成されているときは，議長及び議長の指名する2名の棟総会に出席した区分所有者がこれに署名押印しなければならない。

4　第2項の場合において，議事録が電磁的記録で作成されているときは，当該電磁的記録に記録された情報については，議長及び議長の指名する2名の棟総会に出席した区分所有者が電子署名をしなければならない。

5　議長は，前項の手続きをした後遅滞なく，議事録を理事長に引き渡さなければならない。

6　理事長は，議事録を保管し，その棟の区分所有者又は利害関係人の書面又は電磁的方法による請求があったときは，議事録の閲覧（第51条第5項の閲覧をいう。）をさせなければならない。この場合において，閲覧につき，相当の日時，場所等を指定することができる。

7　［単棟型標準管理規約第49条第6項と同じ］

(書面による決議)

第75条　規約により棟総会において決議をすべき場合において，その棟の区分所有者全員の承諾があるときは，書面による決議をすることができる。

2　規約により棟総会において決議すべきものとされた事項については，その区分所有者全員の書面による合意があったときは，書面による決議があったものとみなす。

3　規約により棟総会において決議すべきものとされた事項についての書面による決議は，棟総会の決議と同一の効力を有する。

4　前条第3項から第5項の規定は，書面による決議に係る書面について準用する。

5　棟総会に関する規定は，書面による決議について準用する。

＊電磁的方法が利用可能な場合

書面又は電磁的方法による決議

第75条　規約により棟総会において決議をすべき場合において，その棟の区分所有者全員の承諾があるときは，書面又は電磁的方法による決議をすることができる。ただし，電磁的方法による決議に係るその棟の区分所有者の承諾については，あらかじめ，その棟の区分所有者に対し，その用いる電磁的方法の種類及び内容（第52条第2項に掲げる事項をいう。）を示し，書面又は電磁的方法による承諾を得なければならない。

2　規約により棟総会において決議すべきものとされた事項については，その棟の区分所有者全員の書面又は電磁的方法による合意があったときは，書面又は電磁的方法による決議があったものとみなす。

3　規約により棟総会において決議すべきものとされた事項についての書面又は電磁的方法による決議は，棟総会の決議と同一の効力を有する。

4　前条第5項から第7項の規定は，書面又は電磁的方法による決議に係る書面並びに第1項及び第2項の電磁的方法が行われた場合に当該電磁的方法により作成される電磁的記録について準用する。

5　棟総会に関する規定は，書面又は電磁的方法による決議について準用する。

義務違反者に対する措置

第76条 ［単棟型標準管理規約第66条と同じ］

コメント

〈第68条関係〉

❶ この団地型標準管理規約では、区分所有法で各棟ごとに適用されることとなっている事項についても、一覧性を確保する観点から、各棟固有の事項について意思決定を行うことが必要になった場合の棟総会について、本条から第75条において規定したものである。

なお、第69条及び第74条については、団地総会に関する第45条関係及び第51条関係のコメントを参考にする。

❷ 棟総会に関する管理規約の変更は、棟総会のみで議決できる。各棟によって棟総会に関する管理規約に差異が生じた場合は、第8章を団地管理規約から分離し、各棟の規約を別に定めることが望ましい。

❸ 各棟においては、日常的な管理は行わず、管理者は選任しないことから、棟総会は、区分所有法第34条第5項の規定に基づき、招集することとしている。

❹ 事前に棟総会を招集する場合の世話人的な役割の人を決めておくことが望ましい。世話人は、当該棟より選任された団地管理組合の役員が兼ねることも考えられるし、理事とは別の区分所有者に定めることも考えられる。

〈第71条関係〉

❶ 棟総会における議決権については、棟の共用部分の共有持分の割合、あるいはそれを基礎としつつ賛否を算定しやすい数字に直した割合によることが適当である。

❷ 各住戸の面積があまり異ならない場合には、住戸1戸につき各1個の議決権により対応することも可能である。

また、住戸の数を基準とする議決権と専有面積を基準とする議決権を併用することにより対応することも可能である。

〈第72条関係〉

❶ 棟総会の議決事項については、団地総会の議決事項とすることはできない。

③ 3 団地型マンションの標準管理規約

❷ 棟総会の議決事項は、団地全体や他の棟に影響を及ぼすことも考えられるので、計画段階において他の棟の意見を取り入れるといった方法や棟総会で決定する前に理事会又は団地総会等に報告するといった方法で、団地全体の理解を得る努力をすることが適当である。

❸ 各棟修繕積立金の取崩しは、基本的に、団地総会の決議を経なければならないと規定している（第50条第六号及び第七号）が、各棟の建替えに係る合意形成に必要となる事項の調査の実施経費に充当するための取崩しのみは、団地総会の決議ではなく、棟総会の決議を経なければならないと規定している。

〈第76条関係〉

区分所有法第57条から第60条までの規定は、団地関係に準用されていないことから、これらの措置は各棟ごとに実施することとなる。棟総会を招集する場合（コメント第68条関係❹参照）と同様に、義務違反者に対する措置を実施する場合についても、世話人的な役割の人を決めておくことが望ましい。

第9章 雑則

　第9章「雑則」は，基本的には『単棟型標準管理規約』と同じ内容になります。変更点は，用語と引用条項のずれとなります。

理事長の勧告及び指示等

> 第77条　<u>団地建物所有者</u>若しくはその同居人又は専有部分の貸与を受けた者若しくはその同居人（以下「<u>団地建物所有者等</u>」という。）が，法令，規約又は使用細則等に違反したとき，又は対象物件内における共同生活の秩序を乱す行為を行ったときは，理事長は，理事会の決議を経てその<u>団地建物所有者等</u>に対し，その是正等のため必要な勧告又は指示若しくは警告を行うことができる。
> 2　<u>団地建物所有者</u>は，その同居人又はその所有する専有部分の貸与を受けた者若しくはその同居人が前項の行為を行った場合には，その是正等のため必要な措置を講じなければならない。
> 3　<u>団地建物所有者等</u>がこの規約若しくは使用細則等に違反したとき，又は<u>団地建物所有者等</u>若しくは<u>団地建物所有者等</u>以外の第三者が<u>土地，団地共用部分及び附属施設</u>において不法行為を行ったときは，理事長は，理事会の決議を経て，次の措置を講ずることができる。

3 団地型マンションの標準管理規約

　　一　［単棟型標準管理規約第67条第3項第一号と同じ］
　　二　土地，団地共用部分及び附属施設について生じた損害賠償金又は不当利得による返還金の請求又は受領に関し，団地建物所有者のために，訴訟の原告又は被告になること，その他法的措置をとること
4　［単棟型標準管理規約第67条第4項と同じ］
5　［単棟型標準管理規約第67条第5項と同じ］
6　理事長は，第3項の規定に基づき，団地建物所有者のために，原告又は被告となったときは，遅滞なく，団地建物所有者にその旨を通知しなければならない。この場合には，第45条第2項及び第3項の規定を準用する。

合意管轄裁判所

第78条
1　［単棟型標準管理規約第68条第1項と同じ］
2　第72条第二号に関する訴訟についても，前項と同様とする。

市及び近隣住民との協定の遵守

第79条　団地建物所有者は，管理組合が○○市又は近隣住民と締結した協定について，これを誠実に遵守しなければならない。

(細　則)

第80条　団地総会，棟総会及び理事会の運営，会計処理，管理組合への届出事項等については，別に細則を定めることができる。

(規約外事項)

第81条
1　[単棟型標準管理規約第71条第1項と同じ]
2　規約，使用細則等又は法令のいずれにも定めのない事項については，団地総会の決議により定める。

(ア)　電磁的方法が利用可能ではない場合

(規約原本等)

第82条　この規約を証するため，団地建物所有者全員が記名押印した規約を1通作成し，これを規約原本とする。
2　規約原本は，理事長が保管し，団地建物所有者又は利害関係人の書面による請求があったときは，規約原本の閲覧をさせなければならない。
3　規約が規約原本の内容から団地総会決議又は棟総会決議により変更されているときは，理事長は，1通の書面に，現に有効な規約の内容と，その内容が規約原本及び規約変更を決議した団地総

会又は棟総会の議事録の内容と相違ないことを記載し，署名押印した上で，この書面を保管する。
4 団地建物所有者又は利害関係人の書面による請求があったときは，理事長は，規約原本，規約変更を決議した団地総会又は棟総会の議事録及び現に有効な規約の内容を記載した書面（以下「規約原本等」という。）並びに現に有効な第18条に基づく使用細則及び第80条に基づく細則その他の細則の内容を記載した書面(以下「使用細則等」という。）の閲覧をさせなければならない。
5 第2項及び前項の場合において，理事長は，閲覧につき，相当の日時，場所等を指定することができる。
6 理事長は，所定の掲示場所に，規約原本等及び使用細則等の保管場所を掲示しなければならない。

(イ) 電磁的方法が利用可能な場合

規約原本等

第82条 この規約を証するため，団地建物所有者全員が書面に記名押印又は電磁的記録に電子署名した規約を1通作成し，これを規約原本とする。
2 規約原本は，理事長が保管し，団地建物所有者又は利害関係人の書面又は電磁的方法による請求があったときは，規約原本の閲覧をさせなければならない。
3 規約が規約原本の内容から団地総会決議又は棟総会決議により

変更されているときは、理事長は、1通の書面又は電磁的記録に、現に有効な規約の内容と、その内容が規約原本及び規約変更を決議した団地総会又は棟総会の議事録の内容と相違ないことを記載し、署名押印又は電子署名した上で、この書面又は電磁的記録を保管する。

4　団地建物所有者又は利害関係人の書面又は電磁的方法による請求があったときは、理事長は、規約原本、規約変更を決議した団地総会又は棟総会の議事録及び現に有効な規約の内容を記載した書面又は記録した電磁的記録（以下「規約原本等」という。）並びに現に有効な第18条に基づく使用細則及び第80条に基づく細則その他の細則の内容を記載した書面又は記録した電磁的記録（以下「使用細則等」という。）の閲覧をさせなければならない。

5　［上記第5項と同じ］

6　［上記第6項と同じ］

7　電磁的記録により作成された規約原本等及び使用細則等の閲覧については、第51条第5項に定める議事録の閲覧に関する規定を準用する。

附　　則

規約の発効

第1条　［単棟型標準管理規約附則第1条と同じ］

別表第1　対象物件の表示

	物　件　名		
土地	所在地		
	面　積		
	権利関係		
建物	○号棟	構造等	造　　　地上　階　地下　階　塔屋 階建共同住宅 延べ面積　　　　㎡　建築面積　　　　㎡
		専有部分	住戸戸数　　　戸 延べ面積　　㎡
	○号棟	構造等	造　　　地上　階　地下　階　塔屋 階建共同住宅 延べ面積　　　　㎡　建築面積　　　　㎡
		専有部分	住戸戸数　　　戸 延べ面積　　㎡
	○号棟	構造等	造　　　地上　階　地下　階　塔屋 階建共同住宅 延べ面積　　　　㎡　建築面積　　　　㎡
		専有部分	住戸戸数　　　戸 延べ面積　　㎡
附属施設	管理事務所，集会所，管理用倉庫，塀，フェンス，駐車場，通路，自転車置場，ごみ集積所，排水溝，排水口，外灯設備，植栽，掲示板，案内板，専用庭，プレイロット及びその他の屋外の設備並びにこれらに附属する施設等団地内に存する施設		

別表第2　共用部分の範囲

1　棟の共用部分

　エントランスホール，廊下，階段，エレベーターホール，エレベーター室，共用トイレ，屋上，屋根，塔屋，ポンプ室，自家用電気室，機械室，受水槽室，高置水槽室，パイプスペース，メーターボックス（給湯器ボイラー等の設備を除く。），内外壁，界壁，床スラブ，基礎部分，床，天井，柱，バルコニー等専有部分に属さない「建物の部分」

　エレベーター設備，電気設備，給水設備，排水設備，消防・防災設備，インターネット通信設備，テレビ共同受信設備，オートロック設備，宅配ボックス，避雷設備，集合郵便受箱，各種の配線配管（給水管については，本管から各住戸メーターを含む部分，雑排水管及び汚水管については，配管継手及び立て管）等専有部分に属さない「建物の附属物」

2　団地共用部分

　管理事務所，集会所，管理用倉庫等「団地内の附属施設たる建物」

> コメント

〈別表第2関係〉

❶　ここでいう共用部分には，団地共用部分のみならず，法定共用部分も含む。

❷　区分所有建物とは独立して管理事務所等が存在するのではなく，区分所有建物内に管理事務室等を設ける場合は，当該部分は区分所有法上は専有部分の対象となるものであるが，団地建物所有者の共通の利益のために設置されるものであるから，これを規約により団地共用部分とすることができる。

❸　一部の団地建物所有者又は一部の区分所有者のみの共有とする共用部分があれば，その旨も記載する。

別表第3　土地及び共用部分等の共有持分割合

住戸番号		土　地 及び 附属施設	団地共用部分	棟の共用部分
○号棟	○号室 ○号室 ・ ・ ・	○○○分の○○ ○○○分の○○ ・ ・ ・	○○○分の○○ ○○○分の○○ ・ ・ ・	○○○分の○○ ○○○分の○○ ・ ・ ・
	小　計	—	—	○○○分の○○
○号棟	○号室 ○号室 ・ ・ ・	○○○分の○○ ○○○分の○○ ・ ・ ・	○○○分の○○ ○○○分の○○ ・ ・ ・	○○○分の○○ ○○○分の○○ ・ ・ ・
	小　計	—	—	○○○分の○○
○号棟	○号室 ○号室 ・ ・ ・	○○○分の○○ ○○○分の○○ ・ ・ ・	○○○分の○○ ○○○分の○○ ・ ・ ・	○○○分の○○ ○○○分の○○ ・ ・ ・
	小　計	—	—	○○○分の○○
合　計		○○○分の○○○	○○○分の○○○	—

別表第4　バルコニー等の専用使用権

区　分＼専用使用部分	バルコニー	玄関扉 窓　枠 窓ガラス	1階に 面する庭	屋上テラス
1　位　置	各住戸に接するバルコニー	各住戸に付属する玄関扉，窓枠，窓ガラス	別添図の とおり	別添図の とおり
2　専用使用権者	当該専有部分の区分所有者	同　左	○○号棟の ○○号室の 団地建物所有者	○○号棟の ○○号室の 団地建物所有者

別表第5　議決権割合

住戸番号	議決権割合	団地総会における議決権割合	棟総会における議決権割合
○号棟	○号室 ○号室 ・ ・ ・	○○○分の○○ ○○○分の○○ ・ ・ ・	○○○分の○○ ○○○分の○○ ・ ・ ・
	小　計	－	－
○号棟	○号室 ○号室 ・ ・ ・	○○○分の○○ ○○○分の○○ ・ ・ ・	○○○分の○○ ○○○分の○○ ・ ・ ・
	小　計	－	－
○号棟	○号室 ○号室 ・ ・ ・	○○○分の○○ ○○○分の○○ ・ ・ ・	○○○分の○○ ○○○分の○○ ・ ・ ・
	小　計	－	○○○分の○○○
合　計		○○○分の○○○	－

4

複合用途型マンションの標準管理規約

複合用途型マンションは，低層階が店舗等で中層階以上が住戸で構成される建て方が典型的といえますが，他のパターンもあります。

　一般に，住戸とそれ以外の用途で構成される複合用途型マンションは，区分所有者によって専有部分や共用部分の使用目的が異なるため，住戸のみで構成されるマンションと比較すると，管理にも手間がかかる可能性が高いといえるでしょう。

　ここでは，複合用途型マンションの標準管理規約については，以下で住戸用途の単棟型マンションと比較した留意点等について簡単に解説します。

(1) **一部共用部分とその管理**

　店舗等部分には店舗用のエントランスやエレベータ・エスカレータ等があり，住戸部分には住戸用のエントランスやエレベータがあるようなマンションがあります。

　このようなマンションでは，店舗用のエントランスやエレベータ・エスカレータは店舗区分所有者の一部共用部分となり，住戸用のエントランスやエレベータは住戸区分所有者の一部共用部分とすることが多いでしょう（もっとも，①の「10」で述べたように，全体共用部分と一部共用部分との区分は必ずしも明確とはいえません）。

　複合用途型マンションで最も留意すべき点は，このような一部共用部分と全体共用部分の区分と一部共用部分の管理となります。

　もっとも，複合用途型のマンションにおいても，住戸部分と非住戸部分（本章では，以下「店舗」といいます）の管理や修繕の負担に大きな差がないケースでは，あえて管理費等も分けて考えず，全体で対応すればよいケースもあります。一方で，住戸の共用部分と店舗等の共用部分で管

理費等に大きな差がつく場合には、全体共用部分と一部共用部分を分けて考えるべきでしょう。後者のようなケースでは、一部共用部分と全体共用部分の区分と、その費用負担等について規約で明確に決めておく必要がありますし、一部共用部分を管理する組織と全体共用部分を管理する組織の区分等も明確にしておく必要があります。

なお、一部共用部分を管理する組織としては、それぞれ規約を設定して、一部管理組合（「住宅管理組合」、「店舗管理組合」等）とすることもありますし、住戸部分については「住宅部会」、店舗部分については「店舗部会」と区分することもあります。建物の規模等に応じて必要な体制を組めばよいでしょう。なお、『単棟型標準管理規約』では後者の考え方を採用しています。

(2) 全体共用部分の管理について

建物の構造躯体等は、店舗部分・住戸部分の区別なく区分所有者全体で管理することとなります。そのため、建物全体の維持・補修や長期修繕計画の策定等は、当然ながら区分所有者全員で管理する必要があります。

ところで、基本的には、全体の管理費や修繕積立金等の負担は公平であるべきですし、管理組合における議決権の配分等も一方が有利となる定めは行うべきではありません。

議決権の不公平な配分とは、たとえば専有部分が50㎡の住戸部分と500㎡の店舗部分があるマンションの規約で、一住戸一議決権と規定されているような場合を指します。

さらに、管理組合の役員も、住戸部分と店舗等の非住戸部分とで合理的に配分するように留意すべきでしょう。

また，駐車場については，住戸部分と店舗部分の床面積比で分ければ十分と思われがちですが，マンションの規模が一定以上になると，条例等で駐車場の附置義務（住宅の戸数の他，店舗については，その用途や規模によって別の定めがなされている可能性があります）を定めている自治体が多いため，そのような条例等も斟酌した上で，その配分を考える必要があります。

(3) マンション全体の管理規約がないケース

　これまでも述べてきたように，一店舗や一つの会社が複合用途型マンションの低層階を数階分所有している場合においても，住戸部分の区分所有者全員と低層階の非住戸部分の法人等区分所有者は，マンション全体を管理するための規約を設定し，管理組合を設立する必要があります。

　ところが，このような形態の複合用途型マンションの中には，マンション全体の管理組合が設立されず，住戸部分の区分所有者だけで管理組合を構成しているケースがあります（法第3条《区分所有者の団体》により，区分所有者全体で建物等を管理する団体は当然に存在します。この場合の管理組合とは，規約を設定した管理組合を意味します）。

　このようなマンションでは，住宅部会による一部管理組合（もしくは住宅部会）にすぎない「管理組合」に「規約」があり，「理事会」が設立され，「理事長」も選任されていて，住戸部分に関してはこの「管理組合」の総会で審議されているものの，建物全体の修繕等については，「管理組合」の総会で住戸部分の負担を決め，住戸部分の理事会と低層階の非住戸部分の区分所有者とで協議をして実施している事例が実際には存在します。

　ところが，このような対応には問題があります。

すなわち，前述の通り，規約もなく管理者もいないマンションの共用部分を管理するには，**法第 34 条《集会の招集》第 5 項**の規定により，区分所有者と議決権の各 5 分の 1 以上で区分所有者集会を招集し，その集会で決議をする必要があります。

住戸部分の区分所有者だけで構成されている管理組合は，前述のように，一部区分所有者が一部共用部分を管理するためだけに設立した管理組合か，あるいは全体管理組合の中の「住宅部会」にすぎないことに注意しなければいけません。

もちろん，組織として管理組合を立ち上げていない場合でも，**法第 3 条《区分所有者の団体》**により，住戸部分の区分所有者と低層階の店舗や事務所部分の区分所有者で，建物や附属施設および敷地を管理する団体は法的に当然に構成されています。

しかしながら，マンション全体を管理するための規約が設定されていなければ，その都度いちいち区分所有法の手続きで対応する必要があります（そのため，このようなマンションにおいては，上述の手続きにより規約を設定したうえで，管理者を定めて建物等全体の管理を行う必要があります）。

(4) **専用使用権**について

複合用途型マンションの低層階に店舗がある場合，たとえば建物の外壁に店の看板を取り付けたり，敷地内の一部に来客用駐車場等をつくることがあります。

この場合，店の看板は建物の外壁という全体共用部分に設置するわけですから，その部分に専用使用権を設定する必要がありますし，来客用駐車場等をつくるには敷地の一部に専用使用権を設定する必要がありま

す。

　なお，専用使用権の範囲や専用使用料の設定等は規約に適切に定める必要があるでしょう。

(5)　**店舗の用途や営業時間**

　住戸部分と店舗・事務所部分等が併存する複合用途型マンションで問題となる事項として，店舗等の用途や営業時間があります。

　店舗の所有者からすれば，店舗の用途は広いほうが望ましいですし，営業時間の制約もないほうが望ましいわけです。

　しかしながら，営業時間が深夜に及ぶと，マンション前に不特定多数の人がたむろする可能性がある等の事由から，住戸部分の区分所有者にとっては好ましいことではありませんし，また怪しげな業態の店舗等が入るとマンションの価値にも影響が出かねません。

　そうならないよう，設定可能な店舗の業種・業態や営業時間等についてあらかじめ規約に定めておくべきでしょう。

　もっとも，店舗所有者に著しく不利になる規約を設定することは問題です。なお，既に規約で認められている条件をより厳しくする場合には，影響を受ける店舗部分の区分所有者の同意が必要となりますので，その点にも留意しなければいけません。

(6)　**その他の問題点**

　上記の他に，複合用途型マンションでは，たとえば店舗に来店する顧客のマナーが問題となることも少なくありませんし，専用使用権が設定されていない敷地に店舗の物品やカートを置いたりすることで問題が発生することがあります。

4 複合用途型マンションの標準管理規約

　また、配送車の路上駐車等も問題となる可能性があります。
　このように、複合用途型マンションでは、住戸専用マンションと比較すると、一般的には、区分所有権者間でのトラブルが発生するおそれが大きくなります。
　そこで、トラブルの芽を極力摘んで、良好な管理ができるよう、規約や使用細則等でしっかりと対応する必要があります。

　以上の内容を踏まえ、『複合用途型標準管理規約』が『単棟型標準管理規約』と異なる部分について、以下、解説します。
　なお、『複合用途型標準管理規約』は、住戸と店舗が併存する形態のマンションを前提にしてつくられています。そのため、たとえば、住戸と事務所で構成されるマンションの場合には、「店舗」を「事務所」と読み替えて規約を作成する工夫が必要です。

第1章 総　則

　第1章「総則」は，『単棟型標準管理規約』と，文言あるいは表現以外では大きな違いはありません。

目　的

> **第1条**　［単棟型標準管理規約第1条と同じ］

定　義

> **第2条**　この規約において，次に掲げる用語の意義は，それぞれ当該各号に定めるところによる。
> 　一〜五　［単棟型標準管理規約第2条第一号〜第五号と同じ］
> 　六　<u>一部共用部分</u>　区分所有法第3条後段の<u>一部共用部分</u>をいう。
> 　七〜十　［単棟型標準管理規約第2条第六号〜第九号と同じ］

　第2条では，第六号において「一部共用部分」が規定されていることが『複合用途型標準管理規約』の特色です。

4　複合用途型マンションの標準管理規約

規約及び総会の決議の遵守義務

> 第3条
> 1　［単棟型標準管理規約第3条と同じ］
> 2　区分所有者は，同居する者又はその店舗に勤務する者に対してこの規約及び総会の決議を遵守させなければならない。

『単棟型標準管理規約』では「同居する者」となっていましたが，「店舗に勤務する者」が付け加えられています。

もちろん，店舗ではなく事務所の場合は「事務所に勤務する者」となります。

対象物件の範囲

> 第4条　［単棟型標準管理規約第4条と同じ］

規約及び総会の決議の効力

> 第5条　［単棟型標準管理規約第5条と同じ］

管理組合

> 第6条　［単棟型標準管理規約第6条と同じ］

第6条　管理組合

〈コメント〉

❷　この複合用途型標準管理規約が対象としているのは、一般分譲の住居・店舗併用の単棟型マンションで、各住戸、各店舗についてはその床面積、規模、構造等が、均質のものもバリエーションのあるものも含めている。

❸　複合用途型マンションの形態として、「大規模な再開発等による形態のもの」と「低層階に店舗があり、上階に住宅という形態で住宅が主体のもの」とがあるが、本規約の対象としては、複合用途型として多数を占めている後者の形態とした。

前者の形態の場合には、住宅部分、店舗部分のそれぞれの独立性が強いこと、事業実施主体も大規模で管理体制もしっかりしたものとなっていること、各マンションの個別性が強いことから、そのマンションの実態に応じて個別に対応することが必要である。実際の複合用途型マンションは多種多様な形態が考えられるため、このマンション標準管理規約（複合用途型）を参考にして、物件ごとに異なる実情を考慮して管理規約を定めることが望まれる。

❹　店舗や事務所が併設されているマンションであっても、その併設比率が小さく、店舗一部共用部分、住宅一部共用部分がない場合は、必ずしも複合用途型ではなく、単棟型又は団地型のマンション標準管理規約を参考にして、管理規約を定めることも考えられる。

いわゆる等価交換により特定の者が多数の住戸又は店舗を区分所有する場合、管理組合を法人とする場合、複合用途型でも数棟のマンションが所在する団地型マンションの場合等は別途考慮するものとする。

第2章　専有部分等の範囲

　第2章「専有部分等の範囲」では，複合用途型マンションであるため，**第7条《専有部分の範囲》**で呼称が定義されていることと，**第8条《共用部分の範囲》**で全体共用部分と一部共用部分についての定めがある点が，『単棟型標準管理規約』と比べた際の主たる変更点となります。

専有部分の範囲

> **第7条**　対象物件のうち区分所有権の対象となる専有部分は，<u>次のとおりとする。</u>
> 　<u>一　住戸番号を付した住戸（以下「住戸部分」という。）</u>
> 　<u>二　店舗番号を付した店舗（以下「店舗部分」という。）</u>
> 2　前項の専有部分を他から区分する構造物の帰属については，次のとおりとする。
> 　一　[単棟型標準管理規約第7条第2項第一号と同じ]
> 　二　<u>玄関扉及びシャッター</u>は，錠及び内部塗装部分を専有部分とする。
> 　三　[単棟型標準管理規約第7条第2項第三号と同じ]
> 3　[単棟型標準管理規約第7条第3項と同じ]

第8条　共用部分の範囲

　本条では，住戸に加えて，第1項第二号で「店舗部分」を定義しています。また，専有部分と共用部分の別を定めている第2項では，第二号で「シャッター」を入れたことの二つが『単棟型標準管理規約』と違っている部分です。

　仮に，店舗の他に事務所がある場合には，第1項に「三　事務所番号を付した事務所（以下「事務所部分」という。）」等の定めをします。

共用部分の範囲

> 第8条　対象物件のうち共用部分を次のとおり区分し，その範囲は別表第2に掲げるとおりとする。
> 一　全体共用部分　共用部分のうち次号及び第三号に規定する部分以外の部分をいう。
> 二　住宅一部共用部分　共用部分のうち住戸部分の区分所有者のみの共用に供されるべきことが明らかな部分をいう。
> 三　店舗一部共用部分　共用部分のうち店舗部分の区分所有者のみの共用に供されるべきことが明らかな部分をいう。

　『単棟型標準管理規約』では，「共用部分の範囲は，別表第2に掲げるとおりとする」としていますが，『複合用途型標準管理規約』では，全体共用部分と一部共用部分とに分け，全体共用部分は一部共用部分ではないものを示すこととし，それぞれ住戸と店舗（本『規約』では「店舗」となっていますが，この部分は非住戸部分の用途に応じて記載すればよいでしょう）について規定しています。

　具体的には，【別表第2】（454ページ）で示されることになります。

4 複合用途型マンションの標準管理規約

〈コメント〉

〈第7条関係〉

❶ 専有部分として倉庫又は車庫を設けるときは、「倉庫番号を付した倉庫」又は「車庫番号を付した車庫」を加える。また、全ての住戸又は店舗に倉庫又は車庫が附属しているのではない場合は、管理組合と特定の者との使用契約により使用させることとする。

❷ 利用制限を付すべき部分及び複数の住戸又は店舗によって利用される部分を共用部分とし、その他の部分を専有部分とした。この区分は必ずしも費用の負担関係と連動するものではない。

利用制限の具体的内容は、建物の部位によって異なるが、外観を構成する部分については加工等外観を変更する行為を禁止し、主要構造部については構造的変更を禁止する趣旨である。

❸ 第1項は、区分所有権の対象となる専有部分を住戸部分と店舗部分に限定したが、これらの境界について疑義を生じることが多いので第2項で限界を明らかにしたものである。

❹ シャッターについてはすべて専有部分とし、利用制限を付すことも可能である。

❺ 雨戸又は網戸がある場合は、第2項第三号に追加する。（第3項関係）

❻ 「専有部分の専用に供される」か否かは、設備機能に着目して決定する。

第3章　敷地及び共用部分等の共有

　第8条《共用部分の範囲》で共用部分の範囲が定められていますが，第3章「敷地及び共用部分等の共有」では，**第9条《共有》**で一部共用部分の共有者の範囲について定められています。他は『単棟型標準管理規約』と同じ内容となります。

共　有

> 第9条　対象物件のうち敷地，全体共用部分及び附属施設は，区分所有者の共有とする。
> 2　住宅一部共用部分は，住戸部分の区分所有者のみの共有とする。
> 3　店舗一部共用部分は，店舗部分の区分所有者のみの共有とする。

　『単棟型標準管理規約』では，「対象物件のうち敷地及び共用部分等は，区分所有者の共有とする」という規定になっていますが，『複合用途型標準管理規約』では，「全体共用部分」と「一部共用部分」とに分けて共有関係を明確にしています。

4 複合用途型マンションの標準管理規約

共有持分

第10条　［単棟型標準管理規約第10条と同じ］

分割請求及び単独処分の禁止

第11条　［単棟型標準管理規約第11条と同じ］

第4章 用　　法

　第4章「用法」では，住宅とは異なる用途である店舗があるために，**第12条《専有部分の用途》**や**第14条《バルコニー等の専用使用権》**について，『単棟型標準管理規約』の規定に追加されたものがあります。他は，『単棟型標準管理規約』から引用条項のずれがある程度の違いがあります。

専有部分の用途

> 第12条　住戸部分の区分所有者は，その専有部分を専ら住宅として使用するものとし，他の用途に供してはならない。
> 2　店舗部分の区分所有者は，その専有部分を店舗として使用するものとし，暴力団の活動に供するなど，他の区分所有者の迷惑となるような営業形態，営業行為等をしてはならない。

　第1項は『単棟型標準管理規約』の第12条の規定が表現を一部変えて使われていますが，『複合用途型標準管理規約』では第2項が追加されています。

　なお，本『規約』では抽象的な表現が使われていますが，店舗の種類（小売店はよいが飲食店は不可とする，あるいは，飲食店でも軽食やレストランはよいが，居酒屋やスナック等は不可とする等）や営業時間，営業方法等を具体的に規定することもできる旨が【コメント】❷に記載されています。

4　複合用途型マンションの標準管理規約

> ◁コメント▷
>
> ❷　店舗としての使用については，当該マンション固有の特性や周辺環境等を考慮して，店舗の種類，営業時間及び営業方法等を具体的に規定することもできる。

敷地及び共用部分等の用法

> 第13条　［単棟型標準管理規約第13条と同じ］

バルコニー等の専用使用権

> 第14条　区分所有者は，別表第4に掲げるバルコニー，玄関扉，<u>シャッター</u>，窓枠，窓ガラス，一階に面する庭，<u>店舗前面敷地</u>及び屋上テラス（以下この条，第21条第1項及び別表第4において「バルコニー等」という。）について，同表に掲げるとおり，専用使用権を有することを承認する。
> 2　一階に面する庭<u>又は店舗前面敷地</u>について専用使用権を有している者は，別に定めるところにより，管理組合に専用使用料を納入しなければならない。
> 3　［単棟型標準管理規約第14条第3項と同じ］

　第1項で「シャッター」と「店舗前面敷地」が，第2項で「店舗前面敷地」が追加されています。

　そのほか，外壁面に店舗の看板等を掲げる場合には，その範囲等についても記載すべきでしょう。

また，店舗の看板等の設置については，内容や手続き等を使用細則で定めることが【コメント】❷に記載されています。

なお，専用使用権の設定箇所が複雑な場合は，添付図面でその設定範囲を補足するような対応も考えられます。

◁コメント▷

❷ 専用使用権は，その対象が敷地又は共用部分等の一部であることから，それぞれの通常の用法に従って使用すべきこと，管理のために必要がある範囲内において，他の者の立入りを受けることがある等の制限を伴うものである。

工作物設置の禁止，外観変更の禁止等は使用細則で物件ごとに言及するものとする。また，店舗のための看板等の設置については，内容，手続き等について使用細則を定めるものとする。

駐車場の使用

第15条　［単棟型標準管理規約第15条と同じ］

◁コメント▷

❾ 店舗における業種等によって，営業上の必要性等から店舗専用に駐車場使用権を設定する場合には，店舗部分に特別の利益を与えることとなることから，駐車場使用細則又は駐車場使用契約における使用条件及び使用料等について別途考慮する必要がある。

敷地及び共用部分等の第三者の使用

第16条　［単棟型標準管理規約第16条と同じ］

4　複合用途型マンションの標準管理規約

専有部分の修繕等

> 第17条　区分所有者は，その専有部分について，修繕，模様替え又は建物に定着する物件の取付け若しくは取替え（以下「修繕等」という。）であって共用部分又は他の専有部分に影響を与えるおそれのあるものを行おうとするときは，あらかじめ，理事長（第39条に定める理事長をいう。以下同じ。）にその旨を申請し，書面による承認を受けなければならない。
> 2　［単棟型標準管理規約第17条第2項と同じ］
> 3　理事長は，第1項の規定による申請について，理事会（第55条に定める理事会をいう。以下同じ。）の決議により，その承認又は不承認を決定しなければならない。
> 4～7　［単棟型標準管理規約第17条第4項～第7項と同じ］

使用細則

> 第18条　［単棟型標準管理規約第18条と同じ］

専有部分の貸与

> 第19条　［単棟型標準管理規約第19条と同じ］

暴力団員の排除

> **第 19 条の 2**　［単棟型標準管理規約第 19 条の 2 と同じ］

　第 24 条《**損害保険**》までは，『複合用途型標準管理規約』と『単棟型標準管理規約』の条項の構成は同じですが，**第 25 条《全体管理費等》**以降が少し変化しますので，文言は全て同じでも引用する条項が少しずれています。

　本書では，それらの部分も含めて変更箇所として下線で示しています。

第5章 管 理

　第5章「管理」では，特に第2節「費用の負担」の各条項が『単棟型標準管理規約』と大きく変わっています。また，『単棟型標準管理規約』では「管理費等」とされていた条項が**第25条《全体管理費等》**と**第26条《一部管理費等》**に分けて規定されていることから，第26条以下の条項が引用される場合は，『単棟型標準管理規約』の規定の引用条項とはずれが生じていることにも留意が必要です。

第1節　総　　則

区分所有者の責務

第 20 条　［単棟型標準管理規約第 20 条と同じ］

敷地及び共用部分等の管理

第 21 条　［単棟型標準管理規約第 21 条と同じ］

窓ガラス等の改良

第22条　共用部分のうち各戸に附属する窓枠，窓ガラス，玄関扉その他の開口部に係る改良工事であって，防犯，防音又は断熱等の住宅の性能の向上等に資するものについては，管理組合がその責任と負担において，計画修繕としてこれを実施するものとする。

2　［単棟型標準管理規約第22条第2項と同じ］
3　［単棟型標準管理規約第22条第3項と同じ］

必要箇所への立入り

第23条　［単棟型標準管理規約第23条と同じ］

損害保険

第24条　［単棟型標準管理規約第24条と同じ］

第2節　費用の負担

全体管理費等

第25条　区分所有者は，敷地，全体共用部分及び附属施設の管理に要する経費に充てるため，次の費用（以下「全体管理費等」という。）を管理組合に納入しなければならない。

一　全体管理費

二　全体修繕積立金

2　全体管理費等の額については，住戸部分のために必要となる費用と店舗部分のために必要となる費用をあらかじめ按分した上で，住戸部分の区分所有者又は店舗部分の区分所有者ごとに各区分所有者の全体共用部分の共有持分に応じて算出するものとする。

一部管理費等

第 26 条　一部共用部分の管理に要する経費に充てるため，住戸部分の区分所有者にあっては第一号及び第三号に掲げる費用を，店舗部分の区分所有者にあっては第二号及び第四号に掲げる費用を，それぞれ管理組合に納入しなければならない。

一　住宅一部管理費

二　店舗一部管理費

三　住宅一部修繕積立金

四　店舗一部修繕積立金

2　前項各号に掲げる費用（以下「一部管理費等」という。）の額については，住戸部分又は店舗部分の各区分所有者の一部共有部分の共有持分に応じて算出するものとする。

『単棟型標準管理規約』では管理費等として**第 25 条《管理費等》**で規定さ

れていた事項を,『複合用途型標準管理規約』では,**第25条《全体管理費等》**と**第26条《一部管理費等》**に分けて規定しています。

このうち,全体管理費等については,まず,住戸部分で負担する費用と店舗部分で負担する費用とに分けた上で,それぞれを共有持分割合で按分するとしています。

なお,この場合の住戸と店舗の負担割合は,全体の管理について管理組合に発生する費用項目を分けた上で,項目ごとに費用計上して割り振る手法が適切である旨が【コメント】❶に書かれています。

一部管理費等としては,住戸と店舗について,それぞれ「一部管理費」と「一部修繕積立金」に分けて分類しています。

なお,複合用途型マンションであっても,住戸部分と非住戸部分の違いがほとんどない場合には,あえて管理費や修繕積立金を全体と一部で分ける必要がないこともあります。

◁コメント▷

〈第25条関係及び第26条関係〉

❶ 全体管理費等の各区分所有者の負担額は,住戸部分及び店舗部分のために必要となる費用をあらかじめ按分した上で,住戸部分のために必要となる費用分については住戸部分の区分所有者の全体共用部分の共有持分の合計に対する各区分所有者の共有持分の割合により算出し,店舗部分のために必要となる費用分については店舗部分の区分所有者の全体共用部分の共有持分の合計に対する各区分所有者の共有持分の割合により算出することとする。

住戸部分及び店舗部分のために必要となる費用の按分は,費用項目を分けた上でその項目ごとに費用発生の原因を勘案し,費用負担として振り分けることが適当である。

❷ 全体管理費のうち,管理組合の運営に要する費用については,組合費として全体管理費とは分離して徴収することもできる。

4　複合用途型マンションの標準管理規約

承継人に対する債権の行使

> 第27条　管理組合が全体管理費等及び一部管理費等（以下「管理費等」という。）について有する債権は，区分所有者の特定承継人に対しても行うことができる。

『単棟型標準管理規約』第26条《承継人に対する債権の行使》に相当する条項です。

『単棟型標準管理規約』では，「管理組合が管理費等について有する債権」と定めている部分を，『複合用途標準管理規約』では，「管理費等」を「全体管理費等及び一部管理費等」に定義している部分が違っています。

全体管理費

> 第28条　全体管理費は，敷地，全体共用部分及び附属施設の次の各号に掲げる通常の管理に要する経費に充当する。
> 　一～四　［単棟型標準管理規約第27条第一号～第四号と同じ］
> 　五　全体共用部分及び附属施設に係る火災保険料，地震保険料その他の損害保険料
> 　六～十　［単棟型標準管理規約第27条第六号～第十号と同じ］
> 　十一　その他第36条に定める業務に要する費用（第29条から第31条までに規定する経費を除く。）

住宅一部管理費及び店舗一部管理費

> 第29条　住宅一部管理費は住宅一部共用部分の，店舗一部管理費は店舗一部共用部分の，それぞれ次の各号に掲げる通常の管理に要する経費に充当する。
> 一～四　［単棟型標準管理規約第27条第一号～第四号と同じ］
> 五　一部共用部分に係る火災保険料，地震保険料その他の損害保険料
> 六～九　［単棟型標準管理規約第27条第六号～第九号と同じ］
> 十　その他第36条に定める業務に要する費用（住宅一部共用部分又は店舗一部共用部分のみに係るものに限る。次条及び第31条に規定する経費を除く。）

『単棟型標準管理規約』では**第27条《管理費》**に規定されていた「管理費」を，『複合用途型標準管理規約』では「全体管理費」と「一部管理費」に分けて，**第28条《全体管理費》**と**第29条《住宅一部管理費及び店舗一部管理費》**で規定しています。

内容としては，表現を変えたことと，『複合用途型標準管理規約』は『単棟型標準管理規約』よりも条項が増えていることから，引用する条項にずれが生じていることくらいで大きな違いはありません。

なお，本『規約』では，住宅の区分所有者あるいは非住宅の区分所有者らにより一部管理組合を設立することは前提としていないため，一部管理費等の管理費の使途からは，「管理組合の運営に要する費用」が削られています。住宅と非住宅でそれぞれ一部管理組合を構成する場合で，一部管理組合の運営に費用が必要なときは，一部管理費等の中でも一部管理組合の運営に要する費用と

してこの項目が入ることになります。

全体修繕積立金

第30条　管理組合は，各区分所有者が納入する全体修繕積立金を積み立てるものとし，積み立てた全体修繕積立金は，次の各号に掲げる特別の管理に要する経費に充当する場合に限って取り崩すことができる。

一　［単棟型標準管理規約第28条第1項第一号と同じ］
二　［単棟型標準管理規約第28条第1項第二号と同じ］
三　敷地，全体共用部分及び附属施設の変更
四　［単棟型標準管理規約第28条第1項第四号と同じ］
五　その他敷地，全体共用部分及び附属施設の管理に関し，区分所有者全体の利益のために特別に必要となる管理

2　前項にかかわらず，区分所有法第62条第1項の建替え決議（以下「建替え決議」という。）又は建替えに関する区分所有者全員の合意の後であっても，マンションの建替え等の円滑化に関する法律（平成14年法律第78号。以下「円滑化法」という。）第9条のマンション建替組合の設立の認可又は円滑化法第45条のマンション建替事業の認可までの間において，建物の建替えに係る計画又は設計等に必要がある場合には，その経費に充当するため，管理組合は，全体修繕積立金から管理組合の消滅時に建替え不参加者に帰属する全体修繕積立金相当額を除いた金額を限度として，全体修繕積立金を取り崩すことができる。

3 第1項にかかわらず，円滑化法第108条第1項のマンション敷地売却決議（以下「マンション敷地売却決議」という。）の後であっても，円滑化法第120条のマンション敷地売却組合の設立の認可までの間において，マンション敷地売却に係る計画等に必要がある場合には，その経費に充当するため，管理組合は，<u>全体修繕積立金</u>から管理組合の消滅時にマンション敷地売却不参加者に帰属する<u>全体修繕積立金</u>相当額を除いた金額を限度として，<u>全体修繕積立金</u>を取り崩すことができる。

4 管理組合は，第1項各号の経費に充てるため借入れをしたときは，<u>全体修繕積立金</u>をもってその償還に充てることができる。

住宅一部修繕積立金及び店舗一部修繕積立金

第31条 管理組合は，住戸部分の各区分所有者が納入する住宅一部修繕積立金及び店舗部分の各区分所有者が納入する店舗一部修繕積立金を，それぞれ積み立てるものとする。

<u>2 住宅一部修繕積立金は住宅一部共用部分の，店舗一部修繕積立金は店舗一部共用部分の，それぞれ次の各号に掲げる特別の管理に要する経費に充当する場合に限って取り崩すことができる。</u>

一 ［単棟型標準管理規約第28条第1項第一号と同じ］

二 ［単棟型標準管理規約第28条第1項第二号と同じ］

三 一部共用部分の変更

四 その他一部共用部分の管理に関し，<u>当該一部共用部分を共用</u>

> すべき区分所有者全体の利益のために特別に必要となる管理
> 3　管理組合は，前項各号の経費に充てるため借入れをしたときは，それぞれ住宅一部修繕積立金又は店舗一部修繕積立金をもってその償還に充てることができる。

『単棟型標準管理規約』では，第28条《修繕積立金》で規定されていますが，『複合用途型標準管理規約』では，管理費と同様に，「全体修繕積立金」と「一部修繕積立金」とに分けて規定されています。

また，『単棟型標準管理規約』第28条《修繕積立金》第5項の部分については，『複合用途型標準管理規約』では第32条《区分経理》で規定されています。

このうち，第30条《全体修繕積立金》の規定は，『単棟型標準管理規約』第28条《修繕積立金》の第1項から第4項までの部分について「修繕積立金」と記載されたものが，単に「全体修繕積立金」と読み替えられているにすぎません。

「一部修繕積立金」については，建替えやマンション敷地売却を規定している『単棟型標準管理規約』第28条《修繕積立金》の第2項と第3項が省かれています。

これは，住戸部分や店舗部分だけで建替えやマンション敷地売却を検討することはありえませんから，当然のことと言えるでしょう。

次に，『単棟型標準管理規約』第28条《修繕積立金》の第1項が，『複合用途型標準管理規約』第31条《住宅一部修繕積立金及び店舗一部修繕積立金》の一部修繕積立金においては，第1項と第2項に分かれています。

第33条　使用料

>[区分経理]
>
>> 第32条　管理組合は，次の各号に掲げる費用ごとにそれぞれ区分して経理しなければならない。
>> 　一　全体管理費
>> 　二　住宅一部管理費
>> 　三　店舗一部管理費
>> 　四　全体修繕積立金
>> 　五　住宅一部修繕積立金
>> 　六　店舗一部修繕積立金

　本条は，『単棟型標準管理規約』第28条《修繕積立金》第5項の規定を，第32条《区分経理》として独立して設定したものです。

　『単棟型標準管理規約』第28条《修繕積立金》第5項は，「修繕積立金については，管理費とは区分して経理しなければならない」と規定していますが，複合用途型マンションでは管理費と修繕費が，それぞれ全体のものと，住宅に関するものと，店舗に関するものとに分けられていることから，わかりやすくするためにこうした記載になっているものと思われます。

[使用料]

> 第33条　駐車場使用料その他の敷地及び共用部分等に係る使用料（以下「使用料」という。）は，それらの管理に要する費用に充てるほか，全体修繕積立金として積み立てる。（管理費等）

第6章　管理組合

　第6章「管理組合」の中で『単棟型標準管理規約』にはない条項は，**第60条《住宅部会及び店舗部会》**と**第51条《総会の会議及び議事》**の第8項です。
　文言や表現の違いが一部ある他は，引用条項がずれている点等が『単棟型標準管理規約』と比較した場合の変更事項となります。

第1節　組合員

組合員の資格

> 第34条　［単棟型標準管理規約第30条と同じ］

届出義務

> 第35条　［単棟型標準管理規約第31条と同じ］

第2節　管理組合の業務

> **業　務**

> 第36条　管理組合は，建物並びにその敷地及び附属施設の管理のため，次の各号に掲げる業務を行う。
> 一　管理組合が管理する敷地及び共用部分等（以下本条及び第52条において「組合管理部分」という。）の保安，保全，保守，清掃，消毒及びごみ処理
> 二～九　〔単棟型標準管理規約第32条第二号～第九号と同じ〕
> 十　全体修繕積立金，住宅一部修繕積立金及び店舗一部修繕積立金の運用
> 十一～十五　〔単棟型標準管理規約第32条第十一号～第十五号と同じ〕

> **業務の委託等**

> 第37条　〔単棟型標準管理規約第33条と同じ〕

> **専門的知識を有する者の活用**

> 第38条　〔単棟型標準管理規約第34条と同じ〕

4 複合用途型マンションの標準管理規約

第3節 役　　員

役　員

第39条　[単棟型標準管理規約第35条と同じ]

役員の任期

第40条　[単棟型標準管理規約第36条と同じ]

役員の欠格条項

第40条の2　[単棟型標準管理規約第36条の2と同じ]

役員の誠実義務等

第41条　[単棟型標準管理規約第37条と同じ]

利益相反取引の防止

第41条の2　[単棟型標準管理規約第37条の2と同じ]

> 理事長

> **第42条** ［単棟型標準管理規約第38条と同じ］

> 副理事長

> **第43条** ［単棟型標準管理規約第39条と同じ］

> 理　事

> **第44条** ［単棟型標準管理規約第40条と同じ］

> 監　事

> 第45条
> 1　［単棟型標準管理規約第41条第1項と同じ］
> 2　監事は，いつでも，理事及び<u>第42条第1項第二号に規定する職員</u>に対して業務の報告を求め，又は業務及び財産の状況の調査をすることができる。
> 3～7　［単棟型標準管理規約第41条第3項～第7項と同じ］

4　複合用途型マンションの標準管理規約

第4節　総　会

総　会

第46条　［単棟型標準管理規約第42条と同じ］

招集手続

第47条

1～3　［単棟型標準管理規約第43条第1項～第3項と同じ］

4　第1項の通知をする場合において，会議の目的が<u>第51条第3項第一号</u>，第二号若しくは第四号に掲げる事項の決議又は建替え決議若しくはマンション敷地売却決議であるときは，その議案の要領をも通知しなければならない。

5　［単棟型標準管理規約第43条第5項と同じ］

　　一～三　［単棟型標準管理規約第43条第5項第一号～第三号と同じ］

　　四　建物につき<u>全体修繕積立金</u>として積み立てられている金額

6　［単棟型標準管理規約第43条第6項と同じ］

7　［単棟型標準管理規約第43条第7項と同じ］

8　<u>第49条第2項の場合には，第1項の通知を発した後遅滞なく，その通知の内容を，所定の掲示場所に掲示しなければならない。</u>

9　［単棟型標準管理規約第43条第9項と同じ］

組合員の総会招集権

第48条　組合員が組合員総数の5分の1以上及び第50条第1項に定める議決権総数の5分の1以上に当たる組合員の同意を得て，会議の目的を示して総会の招集を請求した場合には，理事長は，2週間以内にその請求があった日から4週間以内の日（会議の目的が建替え決議又はマンション敷地売却決議であるときは，2か月と2週間以内の日）を会日とする臨時総会の招集の通知を発しなければならない。

2　［単棟型標準管理規約第44条第2項と同じ］

［※管理組合における電磁的方法の利用状況に応じて次のように規定する。］

(ア)　電磁的方法が利用可能ではない場合

3　前二項により招集された臨時総会においては，第46条第5項にかかわらず，議長は，総会に出席した組合員（書面又は代理人によって議決権を行使する者を含む。）の議決権の過半数をもって，組合員の中から選任する。

(イ)　電磁的方法が利用可能な場合

3　前二項により招集された臨時総会においては，第46条第5項にかかわらず，議長は，総会に出席した組合員（書面，電磁的方法（電子情報処理組織を使用する方法その他の情報通信の技術を利用する方法であって次項に定めるものをいう。以下同じ。）又

4 複合用途型マンションの標準管理規約

> は代理人によって議決権を行使する者を含む。）の議決権の過半数をもって，組合員の中から選任する。
>
> 4 ［単棟型標準管理規約第44条第4項と同じ］

出席資格

> **第49条** ［単棟型標準管理規約第45条と同じ］

議決権

> **第50条**
>
> 1 ［単棟型標準管理規約第46条第1項と同じ］
>
> 2 <u>住戸又は店舗</u>1戸が数人の共有に属する場合，その議決権行使については，これら共有者をあわせて一の組合員とみなす。
>
> 3〜6 ［単棟型標準管理規約第46条第3項〜第6項と同じ］
>
> ［※管理組合における電磁的方法の利用状況に応じて次のように規定する。］
>
> <u>（ア） 電磁的方法が利用可能ではない場合</u>
>
> ［規定なし］
>
> <u>（イ） 電磁的方法が利用可能な場合</u>
>
> 7 ［単棟型標準管理規約第46条第7項と同じ］

第 50 条《議決権》第 2 項については，『単棟型標準管理規約』の「住戸 1 戸が数人の共有に属する場合」を「住戸又は店舗 1 戸が数人の共有に属する場合」と改めただけで，その他の部分については特に変更はありません。

総会の会議及び議事

> 第 51 条
>
> 1〜7　［単棟型標準管理規約第 47 条第 1 項〜第 7 項と同じ］
>
> 8　<u>第 3 項第一号において，一部共用部分に関する事項で組合員全員の利害に関係しないものについての規約の変更は，当該一部共用部分を共用すべき組合員の 4 分の 1 を超える者又はその議決権の 4 分の 1 を超える議決権を有する者が反対したときは，することができない。</u>
>
> 9　［単棟型標準管理規約第 47 条第 8 項と同じ］
>
> 10　［単棟型標準管理規約第 47 条第 9 項と同じ］
>
> 11　総会においては，<u>第 47 条第 1 項によりあらかじめ通知した事項についてのみ，決議することができる。</u>

法第 31 条《規約の設定，変更及び廃止》は，規約の設定，変更および廃止について規定しています。

また，同条第 2 項では，一部共用部分に関する事項で区分所有者全員の利害に関係しないものについても，その一部共用部分を共有する区分所有者と議決権の各 4 分の 1 を超える反対がある場合を除いて，区分所有者全員の規約で定めることができる旨が規定されています。本条第 8 項は，そのことを規定しています。

4　複合用途型マンションの標準管理規約

議決事項

第 52 条　［本文は単棟型標準管理規約第 48 条と同じ］

　一～五　［単棟型標準管理規約第 48 条第一号～第五号と同じ］

　六　第 30 条第 1 項及び第 31 条第 2 項に定める特別の管理の実施並びにそれに充てるための資金の借入れ<u>並びに全体修繕積立金，住宅一部修繕積立金及び店舗一部修繕積立金の取崩し</u>

　七　第 30 条第 2 項及び第 3 項に定める建替え等に係る計画又は設計等の経費のための<u>全体修繕積立金の取崩し</u>

　八　<u>全体修繕積立金，住宅一部修繕積立金及び店舗一部修繕積立金の保管及び運用方法</u>

　九～十五　［単棟型標準管理規約第 48 条第九号～第十五号と同じ］

議事録の作成，保管等

第 53 条　［単棟型標準管理規約第 49 条と同じ］

書面による決議

第 54 条　［単棟型標準管理規約第 50 条と同じ］
［電磁的方法が利用可能ではない場合は，単棟型標準管理規約第 50 条と同じ］

<u>電磁的方法が利用可能な場合</u>

書面又は電磁的方法による決議

第54条

1　［単棟型標準管理規約第50条第1項と同じ］

2　［本文は単棟型標準管理規約第50条第2項と同じ］

　一　第48条第4項各号に定める電磁的方法のうち，送信者が使用するもの。

　二　［単棟型標準管理規約第50条第2項第二号と同じ］

3～6　［単棟型標準管理規約第50条第3項～第6項と同じ］

第5節　理事会

理事会

第55条　［単棟型標準管理規約第51条と同じ］

招　集

第56条

1～3　［単棟型標準管理規約第52条第1項～第3項と同じ］

4　理事会の招集手続については，第47条（建替え決議又はマンション敷地売却決議を会議の目的とする場合の第1項及び第4項から第8項までを除く。）の規定を準用する。この場合において，同条中「組合員」とあるのは「理事及び監事」と，同条第9項中「理事会の承認」とあるのは「理事及び監事の全員の同意」と読

> み替えるものとする。ただし，理事会において別段の定めをすることができる。

理事会の会議及び議事

> **第57条** ［単棟型標準管理規約第53条第1項〜第3項と同じ］
>
> ［※管理組合における電磁的方法の利用状況に応じて，次のように規定する。］
>
> (ア)　電磁的方法が利用可能ではない場合
>
> 4　議事録については，第53条（第4項を除く。）の規定を準用する。ただし，第53条第2項中「総会に出席した組合員」とあるのは「理事会に出席した理事」と読み替えるものとする。
>
> (イ)　電磁的方法が利用可能な場合
>
> 4　議事録については，第53条（第6項を除く。）の規定を準用する。ただし，第53条第4項中「総会に出席した組合員」とあるのは「理事会に出席した理事」と読み替えるものとする。

議決事項

> **第58条**
>
> 1　［本文は単棟型標準管理規約第54条第1項と同じ］

一～五　〔単棟型標準管理規約第54条第1項第一号～第五号と同じ〕
六　第63条第3項に定める承認又は不承認
七　第65条第4項に定める未納の管理費等及び使用料の請求に関する訴訟その他法的措置の追行
八　第72条に定める勧告又は指示等
九　〔単棟型標準管理規約第54条第1項第九号と同じ〕
十　〔単棟型標準管理規約第54条第1項第十号と同じ〕

2　第52条の規定にかかわらず，理事会は，前項第十号の決議をした場合においては，当該決議に係る応急的な修繕工事の実施に充てるための資金の借入れ及び全体修繕積立金，住宅一部修繕積立金及び店舗一部修繕積立金の取崩しについて決議することができる。

専門委員会の設置

第59条　〔単棟型標準管理規約第55条と同じ〕

住宅部会及び店舗部会

第60条　管理組合に，住戸部分の区分所有者で構成する住宅部会及び店舗部分の区分所有者で構成する店舗部会を置く。

2　住宅部会及び店舗部会の組織及び運営については，別に部会運営細則に定めるものとする。

4 複合用途型マンションの標準管理規約

　第60条《住宅部会及び店舗部会》は,『単棟型標準管理規約』にはない規定です。

　区分所有者全体で構成する管理組合以外に,住宅所有者,店舗所有者でそれぞれ部会を置き,その運営については細則で定めることとしています。

　なお,部会ではなく一部管理組合とする規約を設定して運営することも可能です。特に規模の大きなマンションで,一部管理組合もそれぞれが大きな組織となる場合には,そうした対応を検討する余地があるように思います。

<コメント>

〈第60条関係〉

❶　住宅部会及び店舗部会は管理組合としての意思を決定する機関ではないが,それぞれ住宅部分,店舗部分の一部共用部分の管理等について協議する組織として位置づけるものである。

❷　住宅,店舗おのおのから選出された管理組合の役員が,各部分の役員を兼ねるようにし,各部会の意見が理事会に反映されるような仕組みが,有効であると考えられる。

第7章 会　計

　第7章「会計」は，**第70条《消滅時の財産の清算》**の規定が細かくなっている点以外は，引用条項のずれと文言の表現が『単棟型標準管理規約』からの変更事項となります。

会計年度

第61条　［単棟型標準管理規約第56条と同じ］

管理組合の収入及び支出

第62条　管理組合の会計における収入は，第25条に定める<u>全体管理費等</u>，第26条に定める一部管理費等及び第33条に定める使用料によるものとし，その支出は<u>第28条から第31条及び第33条</u>に定めるところにより諸費用に充当する。

収支予算の作成及び変更

第63条

1　［単棟型標準管理規約第58条第1項と同じ］

2　［単棟型標準管理規約第58条第2項と同じ］

3　理事長は、第61条に定める会計年度の開始後、第1項に定める承認を得るまでの間に、以下の各号に掲げる経費の支出が必要となった場合には、理事会の承認を得てその支出を行うことができる。

　一　第28条及び第29条に定める通常の管理に要する経費のうち、経常的であり、かつ、第1項の承認を得る前に支出することがやむを得ないと認められるもの

　二　［単棟型標準管理規約第58条第3項第二号と同じ］

4　［単棟型標準管理規約第58条第4項と同じ］

5　理事会が第58条第1項第十号の決議をした場合には、理事長は、同条第2項の決議に基づき、その支出を行うことができる。

6　［単棟型標準管理規約第58条第6項と同じ］

会計報告

第64条　［単棟型標準管理規約第59条と同じ］

管理費等の徴収

第65条　管理組合は，第25条に定める全体管理費等，第26条に定める一部管理費等及び第33条に定める使用料について，組合員が各自開設する預金口座から口座振替の方法により第67条に定める口座に受け入れることとし，当月分は別に定める徴収日までに一括して徴収する。ただし，臨時に要する費用として特別に徴収する場合には，別に定めるところによる。

2～4　［単棟型標準管理規約第60条第2項～第4項と同じ］

5　第2項に基づき請求した遅延損害金，弁護士費用並びに督促及び徴収の諸費用に相当する収納金は，第28条に定める費用に充当する。

6　［単棟型標準管理規約第60条第6項と同じ］

管理費等の過不足

第66条　収支決算の結果，全体管理費，住宅一部管理費又は店舗一部管理費に余剰を生じた場合には，その余剰は翌年度におけるそれぞれの費用に充当する。

2　管理費等に不足を生じた場合には，管理組合は組合員に対して第25条第2項及び第26条第2項に定める管理費等の負担割合に応じて，その都度必要な金額の負担を求めることができる。

4 複合用途型マンションの標準管理規約

預金口座の開設

第 67 条　［単棟型標準管理規約第 62 条と同じ］

借入れ

第 68 条　管理組合は，第 30 条第 1 項及び第 31 条第 2 項に定める業務を行うため必要な範囲内において，借入れをすることができる。

帳票類等の作成，保管

第 69 条

1　［単棟型標準管理規約第 64 条第 1 項と同じ］

2　理事長は，第 36 条第三号の長期修繕計画書，同条第五号の設計図書及び同条第六号の修繕等の履歴情報を保管し，組合員又は利害関係人の理由を付した書面による請求があったときは，これらを閲覧させなければならない。この場合において，閲覧につき，相当の日時，場所等を指定することができる。

3　理事長は，第 53 条第 3 項（第 57 条第 4 項において準用される場合を含む。），本条第 1 項及び第 2 項並びに第 77 条第 2 項及び第 4 項の規定により閲覧の対象とされる管理組合の財務・管理に関する情報については，組合員又は利害関係人の理由を付した書

面による請求に基づき，当該請求をした者が求める情報を記入した書面を交付することができる。この場合において，理事長は，交付の相手方にその費用を負担させることができる。

［※管理組合における電磁的方法の利用状況に応じて次のように規定する。］

（イ）　電磁的方法が利用可能な場合

帳票類等の作成，保管

第69条　［単棟型標準管理規約第64条第1項と同じ］

2　理事長は，第36条第三号の長期修繕計画書，同条第五号の設計図書及び同条第六号の修繕等の履歴情報を，書面又は電磁的記録により保管し，組合員又は利害関係人の理由を付した書面又は電磁的方法による請求があったときは，これらを閲覧させなければならない。この場合において，閲覧につき，相当の日時，場所等を指定することができる。

3　理事長は，第53条第5項（第57条第4項において準用される場合を含む。），本条第1項及び第2項並びに第77条第2項及び第4項の規定により閲覧の対象とされる管理組合の財務・管理に関する情報については，組合員又は利害関係人の理由を付した書面又は電磁的方法による請求に基づき，当該請求をした者が求める情報を記入した書面を交付し，又は当該書面に記載すべき事項を電磁的方法により提供することができる。この場合において，理事長は，交付の相手方にその費用を負担させることができる。

4　電磁的記録により作成された書類等の閲覧については，第53条第5項に定める議事録の閲覧に関する規定を準用する。

4　複合用途型マンションの標準管理規約

消滅時の財産の清算

> 第70条　管理組合が消滅する場合，その残余財産について，<u>住宅一部共用部分に係るものは，第10条に定める住宅一部共用部分の共有持分割合に応じて住戸部分の各区分所有者に，店舗一部共用部分に係るものは，第10条に定める店舗一部共用部分の共有持分割合に応じて店舗部分の各区分所有者に，それ以外に係るものは，第10条に定める全体共用部分の共有持分割合に応じて各区分所有者に帰属するものとする。</u>

第8章 雑則

義務違反者に対する措置

第71条　[単棟型標準管理規約第66条と同じ]

理事長の勧告及び指示等

第72条　区分所有者，その同居人若しくは店舗勤務者又は専有部分の貸与を受けた者，その同居人若しくは店舗勤務者（以下「区分所有者等」という。）が，法令，規約又は使用細則等に違反したとき，又は対象物件内における共同生活の秩序を乱す行為を行ったときは，理事長は，理事会の決議を経てその区分所有者等に対し，その是正等のため必要な勧告又は指示若しくは警告を行うことができる。

2　区分所有者は，その同居人若しくは店舗勤務者又はその所有する専有部分の貸与を受けた者，その同居人若しくは店舗勤務者が前項の行為を行った場合には，その是正等のため必要な措置を講じなければならない。

3　[単棟型標準管理規約第67条第3項と同じ]

4　［単棟型標準管理規約第67条第4項と同じ］

5　前項に基づき請求した弁護士費用及び差止め等の諸費用に相当する収納金は，第28条に定める費用に充当する。

6　理事長は，第3項の規定に基づき，区分所有者のために，原告又は被告となったときは，遅滞なく，区分所有者にその旨を通知しなければならない。この場合には，第47条第2項及び第3項の規定を準用する。

合意管轄裁判所

第73条

1　［単棟型標準管理規約第68条第1項と同じ］

2　第52条第十号に関する訴訟についても，前項と同様とする。

市及び近隣住民との協定の遵守

第74条　［単棟型標準管理規約第69条と同じ］

細　則

第75条　［単棟型標準管理規約第70条と同じ］

規約外事項

第 76 条 ［単棟型標準管理規約第 71 条と同じ］

規約原本等

第 77 条 ［単棟型標準管理規約第 72 条と同じ］

附　　則

規約の発効

第 1 条 ［単棟型標準管理規約附則第 1 条と同じ］

別表第1　対象物件の表示

物件名		
敷地	所在地	
	面積	
	権利関係	
建物	構造等	造　地上　階　地下　階　塔屋 階建共同住宅 延べ面積　　　　㎡　建築面積　　　　㎡
	専有部分	住戸部分　　住戸戸数　戸 　　　　　　延べ面積　㎡ 店舗部分　　店舗数　店 　　　　　　延べ面積　㎡
附属施設	塀，フェンス，駐車場，通路，自転車置場，ごみ集積所，排水溝，排水口，外灯設備，植栽，掲示板，専用庭，プレイロット等建物に附属する施設	

別表第2　共用部分の範囲

1　全体共用部分
　○共用エントランスホール，共用廊下，共用階段，共用エレベーターホール，屋上，屋根，塔屋，自家用電気室，機械室，受水漕室，高置水槽室，パイプスペース，メーターボックス（給湯器ボイラー等の設備を除く。），内外壁，界壁，床スラブ，基礎部分，床，天井，柱，バルコニー等専有部分に属さない「建物の部分」
　○共用エレベーター設備，電気設備，給水設備，排水設備，消防・防災設備，インターネット通信設備，テレビ共同受信設備，オートロック設備，宅配ボックス，避雷設備，集合郵便受箱，各種の配線配管（給水管については，本管から各住戸メーターを含む部分，雑排水管及び汚水管については，配管継手及び立て管）等専有部分に属さない「建物の附属物」
　○管理事務室，管理用倉庫，清掃員控室，集会室，トランクルーム，倉庫及びそれらの附属物

2 住戸一部共用部分
　○住宅用エントランスホール，住宅用階段，住宅用廊下（○階～○階），住宅用エレベーターホール，住戸用共用トイレ，住宅用エレベーター室，住宅用エレベーター設備
3 店舗一部共用部分
　○店舗用階段，店舗用廊下（○階～○階），店舗用共用トイレ

別表第3　敷地及び共用部分等の共有持分割合

	持分割合 住戸番号	敷　地 及び 附属施設	全体 共用部分	住宅一部 共用部分	店舗一部 共用部分
店舗	○○号室 ○○号室 ・ ・ ・	○○○分の○○ ○○○分の○○ ・ ・ ・	○○○分の○○ ○○○分の○○ ・ ・ ・	― ― 	○○○分の○○ ○○○分の○○ ・ ・ ・
	小　計	―	―	―	○○○分の○○○
住戸	○○号室 ○○号室 ・ ・ ・	○○○分の○○ ○○○分の○○ ・ ・ ・	○○○分の○○ ○○○分の○○ ・ ・ ・	○○○分の○○ ○○○分の○○ ・ ・ ・	― ―
	小　計	―	―	○○○分の○○○	―
合　計		○○○分の○○○	○○○分の○○○	―	―

別表第4　バルコニー等の専用使用権

区分＼専用使用部分	バルコニー	玄関扉，窓枠，窓ガラス	1階に面する庭	屋上テラス
1　位　置	各専有部分に接するバルコニー	各専有部分に付属する玄関扉，窓枠，窓ガラス	別添図のとおり	別添図のとおり
2　専用使用権者	当該専有部分の区分所有者	同　左	○○号室住戸の区分所有者	○○号室住戸の区分所有者
3　用　法	通常のバルコニーとしての用法	通常の玄関扉，窓枠，窓ガラスとしての用法	通常の庭としての用法	通常の屋上テラスとしての用法

区分＼専用使用部分	シャッター	店舗全面敷地
1　位　置	各店舗のシャッター	別添図のとおり
2　専用使用権者	○○号室店舗の区分所有者	○○号室店舗の区分所有者
3　用　法	営業用広告掲示場所としての用法	営業用看板等の設置場所及び通路としての用法

別表第5　議決権割合

住戸番号	議決権割合	店舗番号	議決権割合
○○号室	○○○分の○○	○○号室	○○○分の○○
○○号室	○○○分の○○	○○号室	○○○分の○○
○○号室	○○○分の○○	○○号室	○○○分の○○
○○号室	○○○分の○○	○○号室	○○○分の○○
○○号室	○○○分の○○	○○号室	○○○分の○○
⋮	⋮	⋮	⋮
		合　計	○○○分の○○○

◁コメント▷

〈別表第4関係〉

　店舗部分の窓ガラスを広告の掲示等に使用する場合には，用法の欄にその旨を記載する必要がある。

標準管理規約改正の経緯

1982（昭和57）年制定	1983（昭和58）年改正	1997（平成9）年改正
第1章　総　則	**第1章　総　則**	**第1章　総　則**
（目的） 第1条　この規約は，○○マンションの管理又は使用に関する事項等について定めることにより，区分所有者の共同の利益を増進し，良好な住環境を確保することを目的とする。	（目的） 第1条　（左記と同じ）	（目的） 第1条　（左記と同じ）
（定義） 第2条　この規約において，次に掲げる用語の意義は，それぞれ当該各号に定めるところによる。 一　区分所有権　建物の区分所有等に関する法律（以下「区分所有法」という。）第2条第1項の区分所有権をいう。	（定義） 第2条　（左記第1項本文と同じ） 一　（左記と同じ）	（定義） 第2条　（左記と同じ） 一　（左記と同じ）
二　区分所有者　区分所有法第2条第2項の区分所有者をいう。	二　（左記と同じ）	二　（同　　上）
	<u>三　占有者　区分所有法第6条第3項の占有者をいう。</u>	三　（同　　上）
三　専有部分　区分所有	<u>四</u>　（左記第三号と同じ）	四　（同　　上）

2004（平成16）年改正	2011（平成23）年改正	2016（平成28）年改正
第1章　総　則	第1章　総　則	第1章　総　則
（目的） 第1条　（左記と同じ）	（目的） 第1条　（左記と同じ）	（目的） 第1条　（左記と同じ）
（定義） 第2条　（左記と同じ）	（定義） 第2条　（左記と同じ）	（定義） 第2条　（左記第1項本文と同じ） 一　区分所有権　建物の区分所有等に関する法律（昭和37年法律第69号。以下「区分所有法」という。）第2条第1項の区分所有権をいう。 二　（左記と同じ） 三　（同　　上） 四　（同　　上）

1982（昭和57）年制定	1983（昭和58）年改正	1997（平成9）年改正
法第2条第3項の専有部分をいう。 四　共用部分　区分所有法第2条第4項の共用部分をいう。	五　（左記第四号と同じ）	五　（同　　　上）
	六　敷地　区分所有法第2条第5項の建物の敷地をいう。	六　（同　　　上）
五　共用部分等　共用部分及び付属施設をいう。	七　共用部分等　共用部分及び附属施設をいう。	七　（同　　　上）
六　専用使用権　敷地及び共用部分等の一部について，特定の区分所有者が排他的に使用できる権利をいう。	八　（左記第六号と同じ）	八　（同　　　上）
七　専用使用部分　専用使用権の対象となっている敷地及び共用部分等の部分をいう。	九　（左記第七号と同じ）	九　（同　　　上）
（規約の遵守義務） **第3条**　区分所有者は，円滑な共同住宅を維持するため，この規約及び使用細則を誠実に遵守しなければならない。 2　区分所有者は，同居する者に対してこの規約及び使用細則に定める事項	（規約の遵守義務） **第3条**　（左記と同じ）	（規約の遵守義務） **第3条**　（左記と同じ）

2004（平成16）年改正	2011（平成23）年改正	2016（平成28）年改正
		五　（同　　上）
		六　（同　　上）
		七　（同　　上）
		八　（同　　上）
		九　（同　　上）
（規約及び総会の決議の遵守義務） 第3条　区分所有者は，円滑な共同住宅を維持するため，この規約及び総会の決議を誠実に遵守しなければならない。 2　区分所有者は，同居する者に対してこの規約及び総会の決議を遵守させ	（規約及び総会の決議の遵守義務） 第3条　（左記と同じ）	（規約及び総会の決議の遵守義務） 第3条　（左記と同じ）

1982（昭和57）年制定	1983（昭和58）年改正	1997（平成9）年改正	
を遵守させなければならない。			
（対象物件の範囲） 第4条　この規約の対象となる物件の範囲は，別表第1に記載された敷地，建物及び付属施設（以下「対象物件」という。）とする。	（対象物件の範囲） 第4条　（左記と同じ）	（対象物件の範囲） 第4条　この規約の対象となる物件の範囲は，別表第1に記載された敷地，建物及び附属施設（以下「対象物件」という。）とする。	
（規約の効力） 第5条　この規約は，区分所有者の包括承継人及び特定承継人に対しても，その効力を有する。	（規約の効力） 第5条　（左記第1項と同じ） 2　占有者は，対象物件の使用方法につき，区分所有者がこの規約に基づいて負う義務と同一の義務を負う。	（規約の効力） 第5条　（左記と同じ）	
（管理組合） 第6条　区分所有者は，第1条に定める目的を達成するため，区分所有者全員をもって〇〇マンション管理組合（以下「管理組合」という。）を結成する。	（管理組合） 第6条　区分所有者は，第1条に定める目的を達成するため，区分所有者全員をもって〇〇マンション管理組合（以下「管理組合」という。）を<u>構成</u>する。	（管理組合） 第6条　（左記と同じ）	

2004（平成16）年改正	2011（平成23）年改正	2016（平成28）年改正
なければならない。		
（対象物件の範囲） 第4条　（左記と同じ）	（対象物件の範囲） 第4条　（左記と同じ）	（対象物件の範囲） 第4条　（左記と同じ）
（規約及び総会の決議の効力） 第5条　この規約及び総会の決議は，区分所有者の包括承継人及び特定承継人に対しても，その効力を有する。 2　占有者は，対象物件の使用方法につき，区分所有者がこの規約及び総会の決議に基づいて負う義務と同一の義務を負う。	（規約及び総会の決議の効力） 第5条　（左記と同じ）	（規約及び総会の決議の効力） 第5条　（左記と同じ）
（管理組合） 第6条　（左記と同じ）	（管理組合） 第6条　（左記と同じ）	（管理組合） 第6条　区分所有者は，区分所有法第3条に定める建物並びにその敷地及び附属施設の管理を行うための団体として，第1条に定める目的を達成するため，区分所有者全員をもって○○マンション管

1982（昭和57）年制定	1983（昭和58）年改正	1997（平成9）年改正
2　管理組合は，事務所を○○内に置く。 3　管理組合の業務，組織等については，第6章に定めるところによる。	2　（左記と同じ） 3　（同　　上）	
第2章　専有部分の範囲	**第2章　専有部分の範囲**	**第2章　専有部分等の範囲**
（専有部分の範囲） 第7条　対象物件のうち区分所有権の対象となる専有部分は，次のとおりとする。 　一　住戸番号を付した住戸（以下「住戸部分」という。） 　二　倉庫番号を付した倉庫（以下「倉庫部分」という。） 2　前項の専有部分を他から区分する構造物の帰属については，次のとおりとする。 　一　天井，床及び壁は，躯体部分を除く部分を専有部分とする。 　二　玄関扉は，錠及び内部塗装部分を専有部分とする。	（専有部分の範囲） 第7条　（左記と同じ）	（専有部分の範囲） 第7条　対象物件のうち区分所有権の対象となる専有部分は，<u>住戸番号を付した住戸とする。</u> 　一　（削　　除） 　二　（削　　除） 2　（左記と同じ）

2004(平成16)年改正	2011(平成23)年改正	2016(平成28)年改正
		理組合(以下「管理組合」という。)を構成する。 2 (左記と同じ) 3 (同　　上)
第2章　専有部分等の範囲 (専有部分の範囲) 第7条　(左記と同じ)	**第2章　専有部分等の範囲** (専有部分の範囲) 第7条　(左記と同じ)	**第2章　専有部分等の範囲** (専有部分の範囲) 第7条　(左記と同じ)

1982（昭和57）年制定	1983（昭和58）年改正	1997（平成9）年改正	
三　窓枠及び窓ガラスは，専有部分に含まれないものとする。 3　第1項又は前項の専有部分の専用に供される設備のうち共有部分内にある部分以外のものは，専有部分とする。		3　（左記と同じ）	
（共用部分の範囲） 第8条　対象物件のうち共用部分の範囲は，別表第2に掲げるとおりとする。	（共用部分の範囲） 第8条　（左記と同じ）	（共用部分の範囲） 第8条　（左記と同じ）	
第3章　敷地及び共用部分等の共有	**第3章　敷地及び共用部分等の共有**	**第3章　敷地及び共用部分等の共有**	
（共有） 第9条　対象物件のうち敷地及び共用部分等は，区分所有者の共有とする。	（共有） 第9条　（左記と同じ）	（共有） 第9条　（左記と同じ）	
（共有持分） 第10条　各区分所有者の共有持分は，その所有する専有部分の面積割合による。 2　前項の床面積の計算は，壁芯計算（界壁の中心線で囲まれた部分の面積を算出する方法をいう。）によるものとする。	（共有持分） 第10条　（左記と同じ）	（共有持分） 第10条　各区分所有者の共有持分は，<u>別表第3に掲げるとおりとする。</u> 2　（削　　除）	
（分割請求及び単独処分の	（分割請求及び単独処分の	（分割請求及び単独処分の	

2004(平成16)年改正	2011(平成23)年改正	2016(平成28)年改正
(共用部分の範囲) 第8条　(左記と同じ)	(共用部分の範囲) 第8条　(左記と同じ)	(共用部分の範囲) 第8条　(左記と同じ)
第3章　敷地及び共用部分等の共有 (共有) 第9条　(左記と同じ)	**第3章　敷地及び共用部分等の共有** (共有) 第9条　(左記と同じ)	**第3章　敷地及び共用部分等の共有** (共有) 第9条　(左記と同じ)
(共有持分) 第10条　(左記と同じ)	(共有持分) 第10条　(左記と同じ)	(共有持分) 第10条　(左記と同じ)
(分割請求及び単独処分の	(分割請求及び単独処分の	(分割請求及び単独処分の

1982（昭和57）年制定	1983（昭和58）年改正	1997（平成9）年改正
禁止）	禁止）	禁止）
第11条　区分所有者は，敷地又は共用部分等の分割を請求することはできない。	第11条　（左記と同じ）	第11条　（左記第1項と同じ）
2　区分所有者は，次の各号に掲げる場合を除き，住戸部分と倉庫部分とを分離し，又は専有部分と敷地及び共用部分等の共有持分とを分離して譲渡，貸与，抵当権の設定等の処分をしてはならない。		2　区分所有者は，<u>専有部分と敷地及び共用部分等の共有持分とを分離して</u>譲渡，抵当権の設定等の処分をしてはならない。
一　住戸部分のみを他の区分所有者又は第三者に貸与する場合		一　（削　除）
二　倉庫部分のみを他の区分所有者に譲渡又は貸与する場合		二　（削　除）
第4章　用　法	第4章　用　法	第4章　用　法
（専有部分の用途）	（専有部分の用途）	（専有部分の用途）
第12条　区分所有者は，その専有部分を専ら住宅として使用するものとし，他の用途に供してはならない。	第12条　（左記と同じ）	第12条　（左記と同じ）
（敷地及び共用部分等の用法）	（敷地及び共用部分等の用法）	（敷地及び共用部分等の用法）

2004（平成16）年改正	2011（平成23）年改正	2016（平成28）年改正
禁止） 第11条 （左記と同じ）	禁止） 第11条 （左記と同じ）	禁止） 第11条 （左記と同じ）
第4章 用 法 （専有部分の用途） 第12条 （左記と同じ）	第4章 用 法 （専有部分の用途） 第12条 （左記と同じ）	第4章 用 法 （専有部分の用途） 第12条 （左記と同じ）
（敷地及び共用部分等の用法）	（敷地及び共用部分等の用法）	（敷地及び共用部分等の用法）

1982（昭和57）年制定	1983（昭和58）年改正	1997（平成9）年改正
第13条　区分所有者は，敷地及び共用部分等をそれぞれの通常の用法に従って使用しなければならない。	第13条　（左記と同じ）	第13条　（左記と同じ）
（バルコニー等の専用使用権） 第14条　区分所有者は，別表第3に掲げるバルコニー，玄関扉，窓枠，窓ガラス，一階に面する庭及び屋上テラス（以下この条，第20条及び別表第3において「バルコニー等」という。）について，同表に掲げるとおり，専用使用権を有することを承認する。 2　一階に面する庭について専用使用権を有している者は，別に定めるところにより，管理組合に専用使用料を納入しなければならない。 3　区分所有者から専有部分の貸与を受けた者は，その区分所有者が専用使用権を有しているバルコニー等を使用することができる。	（バルコニー等の専用使用権） 第14条　（左記と同じ）	（バルコニー等の専用使用権） 第14条　区分所有者は，別表第4に掲げるバルコニー，玄関扉，窓枠，窓ガラス，一階に面する庭及び屋上テラス（以下この条，第21条第1項及び別表第4において「バルコニー等」という。）について，同表に掲げるとおり，専用使用権を有することを承認する。 2　（左記と同じ） 3　（同　　上）

2004（平成16）年改正	2011（平成23）年改正	2016（平成28）年改正
第13条　（左記と同じ）	第13条　（左記と同じ）	第13条　（左記と同じ）
（バルコニー等の専用使用権） 第14条　（左記と同じ）	（バルコニー等の専用使用権） 第14条　（左記と同じ）	（バルコニー等の専用使用権） 第14条　（左記と同じ）

1982（昭和57）年制定	1983（昭和58）年改正	1997（平成9）年改正
（駐車場の専用使用権）	（駐車場の専用使用権）	（駐車場の使用）
第15条　区分所有者は，別添の図に示す駐車場について，管理組合が特定の区分所有者に対し駐車場使用契約により専用使用権を設定することを承認する。	第15条　（左記と同じ）	第15条　管理組合は，別添の図に示す駐車場について，<u>特定の区分所有者に駐車場使用契約により使用させることができる</u>。
2　駐車場について専用使用権を有している者は，別に定めるところにより，管理組合に専用使用料を納入しなければならない。		2　<u>前項により駐車場を使用している者は</u>，別に定めるところにより，管理組合に駐車場使用料を納入しなければならない。
3　区分所有者がその所有する住戸部分を，他の区分所有者又は第三者に譲渡又は貸与したときは，その区分所有者の駐車場の専用使用権は消滅する。		3　区分所有者がその所有する<u>専有部分</u>を，他の区分所有者又は第三者に譲渡又は貸与したときは，その区分所有者の<u>駐車場使用契約は効力を失う</u>。
4　前項にかかわらず，当該譲渡又は貸与の相手方が同居人であるときは，当該同居人は駐車場を専用使用することができる。		4　（削　除）
5　第3項にかかわらず，当該貸与の期間が3年未満であるときは，当該駐		5　（削　除）

2004（平成16）年改正	2011（平成23）年改正	2016（平成28）年改正
(駐車場の使用) 第15条　（左記と同じ）	(駐車場の使用) 第15条　（左記と同じ）	(駐車場の使用) 第15条　（左記と同じ）

1982（昭和57）年制定	1983（昭和58）年改正	1997（平成9）年改正
車場の専用使用権は消滅しない。ただし，管理組合は当該期間中，他の区分所有者に当該期間中，他の区分所有者に当該駐車場を使用させることができる。		
（敷地及び共用部分等の第三者の使用） 第16条　区分所有者は，次に掲げる敷地及び共用部分等の一部を，それぞれ当該各号に掲げる者が使用することを承認する。 一　管理事務室，管理用倉庫，機械室その他対象物件の管理の執行上必要な施設　管理業務を受託し，または請け負った者 二　電気室　〇〇電力株式会社	（敷地及び共用部分等の第三者の使用） 第16条　（左記と同じ）	（敷地及び共用部分等の第三者の使用） 第16条　<u>管理組合は，次に掲げる敷地及び共用部分等の一部を，それぞれ当該各号に掲げる者に使用させることができる。</u> 一　（左記と同じ） 二　（同　　上）

2004（平成16）年改正	2011（平成23）年改正	2016（平成28）年改正
（敷地及び共用部分等の第三者の使用） 第16条 （左記第1項と同じ）	（敷地及び共用部分等の第三者の使用） 第16条 （左記と同じ）	（敷地及び共用部分等の第三者の使用） 第16条 （左記第1項と同じ）
一 管理事務室，管理用倉庫，機械室その他対象物件の管理の執行上必要な施設 管理事務（マンションの管理の適正化の推進に関する法律（以下「適正化法」という。）第2条第六号の「管理事務」をいう。）を受託し，または請け負った者		一 管理事務室，管理用倉庫，機械室その他対象物件の管理の執行上必要な施設 管理事務（マンションの管理の適正化の推進に関する法律（平成12年法律第149号。以下「適正化法」という。）第2条第六号の「管理事務」をいう。）を受託し，又は請け負った者 二 電気室 対象物件に電気を供給する設備を維持し，及び運用する

1982（昭和57）年制定	1983（昭和58）年改正	1997（平成9）年改正	
三　ガスバーナー　○○ガス株式会社 2　前項に掲げるもののほか，区分所有者は，管理組合が総会の決議を経て，敷地及び共用部分等（専用使用部分を除く。）の一部について，第三者に使用させることができる。		三　（同　　上） 2　前項に掲げるもののほか，管理組合は，総会の決議を経て，敷地及び共用部分等（駐車場及び専用使用部分を除く。）の一部について，第三者に使用させることができる。	
		（専有部分の修繕等） **第17条**　区分所有者は，その専有部分について，修繕，模様替え又は建物に定着する物件の取付け若しくは取替え（以下「修繕等」という。）を行おうとするときは，あらかじめ，理事長（第33条に定める理事長をいう。以下同じ。）にその旨を申請し，書面による承認を受けなければならない。 2　前項の場合において，区分所有者は，設計図，	

2004（平成16）年改正	2011（平成23）年改正	2016（平成28）年改正
		事業者 三　ガスバーナー　<u>当該施設を維持し，及び運用する事業者</u> 2　（左記と同じ）
（専有部分の修繕等） 第17条　区分所有者は，その専有部分について，修繕，模様替え又は建物に定着する物件の取付け若しくは取替え（以下「修繕等」という。）を行おうとするときは，あらかじめ，理事長（<u>第35条</u>に定める理事長をいう。以下同じ。）にその旨を申請し，書面による承認を受けなければならない。 2　（左記と同じ）	（専有部分の修繕等） 第17条　（左記と同じ）	（専有部分の修繕等） 第17条　区分所有者は，その専有部分について，修繕，模様替え又は建物に定着する物件の取付け若しくは<u>取換え</u>（以下「修繕等」という。）<u>であって共用部分又は他の専有部分に影響を与えるおそれのあるものを</u>行おうとするときは，あらかじめ，理事長（第35条に定める理事長をいう。以下同じ。）にその旨を申請し，書面による承認を受けなければならない。 2　（左記と同じ）

1982（昭和57）年制定	1983（昭和58）年改正	1997（平成9）年改正
		仕様書及び工程表を添付した申請書を理事長に提出しなければならない。 3　理事長は，第1項の規定による申請について，承認しようとするとき，又は不承認としようとするときは，理事会（第49条に定める理事会をいう。以下同じ。）の決議を経なければならない。 4　第1項の承認があったときは，区分所有者は，承認の範囲内において，専有部分の修繕等に係る共用部分の工事を行うことができる。 5　理事長又はその指定を受けた者は，本条の施行に必要な範囲内において，修繕等の箇所に立ち入り，必要な調査を行うことができる。この場合において，区分所有者は，正当な理由がなければこれを拒否してはならない。

2004（平成16）年改正	2011（平成23）年改正	2016（平成28）年改正
3　理事長は，第1項の規定による申請について，承認しようとするとき，又は不承認としようとするときは，理事会（<u>第51条に定める理事会をいう。以下同じ。</u>）の決議を経なければならない。		3　理事長は，第1項の規定による申請について，<u>理事会（第51条に定める理事会をいう。以下同じ。）の決議により，その承認又は不承認を決定</u>しなければならない。
4　（左記と同じ）		4　（左記と同じ）
5　（同　　上）		5　（同　　上）
		<u>6　第1項の承認を受けた修繕等の工事後に，当該</u>

1982(昭和57)年制定	1983(昭和58)年改正	1997(平成9)年改正
(使用細則) 第17条　対象物件の使用については，別に使用細則を定めるものとする。	(使用細則) 第17条　（左記と同じ）	(使用細則) 第18条　（左記第17条と同じ）
(専有部分の貸与) 第18条　区分所有者は，その専有部分を第三者に貸与する場合は，この規約及び使用細則に定める事項をその第三者に遵守	(専有部分の貸与) 第18条　（左記と同じ）	(専有部分の貸与) 第19条　区分所有者は，その専有部分を第三者に貸与する場合には，この規約及び使用細則に定める事項をその第三者に遵

2004（平成16）年改正	2011（平成23）年改正	2016（平成28）年改正
		工事により共用部分又は他の専有部分に影響が生じた場合は，当該工事を発注した区分所有者の責任と負担により必要な措置をとらなければならない。 7　区分所有者は，第1項の承認を要しない修繕等のうち，工事業者の立入り，工事の資機材の搬入，工事の騒音，振動，臭気等工事の実施中における共用部分又は他の専有部分への影響について管理組合が事前に把握する必要があるものを行おうとするときは，あらかじめ，理事長にその旨を届け出なければならない。
（使用細則） 第18条　（左記と同じ）	（使用細則） 第18条　（左記と同じ）	（使用細則） 第18条　（左記と同じ）
（専有部分の貸与） 第19条　（左記と同じ）	（専有部分の貸与） 第19条　（左記と同じ）	（専有部分の貸与） 第19条　（左記と同じ）

1982（昭和57）年制定	1983（昭和58）年改正	1997（平成9）年改正
させなければならない。 2　前項の場合において，区分所有者は，その貸与に係る契約にこの規約及び使用細則に定める事項を遵守する旨の条項を定めるとともに，契約の相手方にこの規約及び使用細則に定める事項を遵守する旨の誓約書を管理組合に提出させなければならない。	2　（同　　上）	守させなければならない。 2　（左記と同じ）

2004（平成16）年改正	2011（平成23）年改正	2016（平成28）年改正
		※専有部分の貸与に関し，暴力団員への貸与を禁止する旨の規約の規定を定める場合 **（暴力団員の排除）** **第19条の2** 区分所有者は，その専有部分を第三者に貸与する場合には，前条に定めるもののほか，次に掲げる内容を含む条項をその貸与に係る契約に定めなければならない。 一 契約の相手方が暴力団員（暴力団員による不当な行為の防止等に関する法律（平成3年

1982（昭和57）年制定	1983（昭和58）年改正	1997（平成9）年改正

2004（平成16）年改正	2011（平成23）年改正	2016（平成28）年改正
		法律第77号）第2条第六号に規定する暴力団員をいう。以下同じ。）ではないこと及び契約後において暴力団員にならないことを確約すること。 二　契約の相手方が暴力団員であることが判明した場合には，何らの催告を要せずして，区分所有者は当該契約を解約することができること。 三　区分所有者が前号の解約権を行使しないときは，管理組合は，区分所有者に代理して解約権を行使することができること。 2　前項の場合において，区分所有者は，前項第三号による解約権の代理行使を管理組合に認める旨の書面を提出するとともに，契約の相手方に暴力団員ではないこと及び契約後において暴力団員にならないことを確約する旨の誓約書を管理組合に

1982（昭和57）年制定	1983（昭和58）年改正	1997（平成9）年改正	
第5章 管 理 第1節 総 則 （区分所有者の責務） 第19条　区分所有者は，対象物件について，その価値及び機能の維持増進を図るため，常に適正な管理を行うよう努めなければならない。	**第5章 管 理** 第1節 総 則 （区分所有者の責務） 第19条　（左記と同じ）	**第5章 管 理** 第1節 総 則 （区分所有者の責務） 第<u>20</u>条　（左記第19条と同じ）	
（敷地及び共用部分等の管理に関する責任と負担） 第20条　敷地及び共用部分等の管理については，管理組合がその責任と負担においてこれを行うものとする。ただし，バルコニー等の管理のうち，通常の使用に伴うものについては，専用使用権を有する者がその責任と負担においてこれを行わなければならない。	（敷地及び共用部分等の管理に関する責任と負担） 第20条　（左記と同じ）	（敷地及び共用部分等の管理） 第<u>21</u>条　（左記第20条第1項と同じ） 2　専有部分である設備のうち共用部分と構造上一	

2004（平成16）年改正	2011（平成23）年改正	2016（平成28）年改正
		提出させなければならない。
第5章　管　理	第5章　管　理	第5章　管　理
第1節　総　則	第1節　総　則	第1節　総　則
（区分所有者の責務）	（区分所有者の責務）	（区分所有者の責務）
第20条　（左記と同じ）	第20条　（左記と同じ）	第20条　（左記と同じ）
（敷地及び共用部分等の管理）	（敷地及び共用部分等の管理）	（敷地及び共用部分等の管理）
第21条　（左記と同じ）	第21条　（左記と同じ）	第21条　敷地及び共用部分等の管理については，管理組合がその責任と負担においてこれを行うものとする。ただし，バルコニー等の保存行為（区分所有法第18条第1項ただし書の「保存行為」をいう。以下同じ。）のうち，通常の使用に伴うものについては，専用使用権を有する者がその責任と負担においてこれを行わなければならない。 2　（左記と同じ）

1982（昭和57）年制定	1983（昭和58）年改正	1997（平成9）年改正
		体となった部分の管理を共用部分の管理と一体として行う必要があるときは，管理組合がこれを行うことができる。

2004（平成 16）年改正	2011（平成 23）年改正	2016（平成 28）年改正
		3　区分所有者は，第1項ただし書の場合又はあらかじめ理事長に申請して書面による承認を受けた場合を除き，敷地及び共用部分等の保存行為を行うことができない。ただし，専有部分の使用に支障が生じている場合に，当該専有部分を所有する区分所有者が行う保存行為の実施が，緊急を要するものであるときは，この限りでない。 4　前項の申請及び承認の手続については，第17条第2項，第3項，第5項及び第6項の規定を準用する。ただし，同条第5項中「修繕等」とあるのは「保存行為」と，同条第6項中「第1項の承認を受けた修繕等の工事後に，当該工事」とあるのは「第21条第3項の

1982（昭和57）年制定	1983（昭和58）年改正	1997（平成9）年改正

2004（平成16）年改正	2011（平成23）年改正	2016（平成28）年改正
		承認を受けた保存行為後に，当該保存行為」と読み替えるものとする。 5　第3項の規定に違反して保存行為を行った場合には，当該保存行為に要した費用は，当該保存行為を行った区分所有者が負担する。 6　理事長は，災害等の緊急時においては，総会又は理事会の決議によらずに，敷地及び共用部分等の必要な保存行為を行うことができる。
（窓ガラスの改良） 第22条　共用部分のうち各住戸に附属する窓枠，窓ガラス，玄関扉その他の開口部に係る改良工事であって，防犯，防音又は断熱等の住宅の性能の向上に資するものについては，管理組合がその責任と負担において，計画修繕としてこれを実施するものとする。 2　管理組合は，前項の工事を速やかに実施できない場合には，当該工事を	（窓ガラスの改良） 第22条　（左記と同じ）	（窓ガラスの改良） 第22条　（左記第1項と同じ） 2　区分所有者は，管理組合が前項の工事を速やかに実施できない場合に

1982（昭和57）年制定	1983（昭和58）年改正	1997（平成9）年改正
（必要箇所への立入り） 第21条　前条により管理を行う者は，管理を行うために必要な範囲内において，他の者が管理する専有部分又は専用使用部分への立入りを請求することができる。 2　前項により立入りを請求された者は，正当な理由がなければこれを拒否	（必要箇所への立入り） 第21条　（左記と同じ）	（必要箇所への立入り） 第22条　（左記第21条と同じ）

2004（平成 16）年改正	2011（平成 23）年改正	2016（平成 28）年改正
各区分所有者の責任と負担において実施することについて，細則を定めるものとする。		は，あらかじめ理事長に申請して書面による承認を受けることにより，当該工事を当該区分所有者の責任と負担において実施することができる。 3　前項の申請及び承認の手続については，第17条第2項，第3項，第5項及び第6項の規定を準用する。ただし，同条第5項中「修繕等」とあるのは「第22条第2項の工事」と，同条第6項中「第1項の承認を受けた修繕等の工事」とあるのは「第22条第2項の承認を受けた工事」と読み替えるものとする。
（必要箇所への立入り） 第23条　前二条により管理を行う者は，管理を行うために必要な範囲内において，他の者が管理する専有部分又は専用使用部分への立入りを請求することができる。 2　（左記と同じ）	（必要箇所への立入り） 第23条　（左記と同じ）	（必要箇所への立入り） 第23条　（左記第1項と同じ） 2　（左記と同じ）

1982（昭和57）年制定	1983（昭和58）年改正	1997（平成9）年改正	
してはならない。 3　前項の場合において，正当な理由なく立入りを拒否した者は，その結果生じた損害を賠償しなければならない。 4　立入りをした者は，速やかに立入りをした箇所を原状に復さなければならない。			
（損害保険） 第22条　区分所有者は，共用部分等に関し，管理組合が火災保険その他の損害保険の契約を締結することを承認する。	（損害保険） 第22条　（左記第1項と同じ）	（損害保険） 第23条　（左記第22条と同じ）	

2004（平成16）年改正	2011（平成23）年改正	2016（平成28）年改正
3　（同　　上）		3　（同　　上）
		4　前三項の規定にかかわらず，理事長は，災害，事故等が発生した場合であって，緊急に立ち入らないと共用部分等又は他の専有部分に対して物理的に又は機能上重大な影響を与えるおそれがあるときは，専有部分又は専用使用部分に自ら立ち入り，又は委任した者に立ち入らせることができる。
4　（同　　上）		5　（左記第4項と同じ）
（損害保険） 第24条　（左記第23条と同じ）	（損害保険） 第24条　（左記と同じ）	（損害保険） 第24条　区分所有者は，共用部分等に関し，管理組合が火災保険，地震保険その他の損害保険の契約を締結することを承認する。

1982（昭和57）年制定	1983（昭和58）年改正	1997（平成9）年改正
	2 理事長（第33条に定める理事長をいう。）は，前項の契約に基づく保険金額の請求及び受領を行う。	2 理事長は，前項の契約に基づく保険金額の請求及び受領を行う。
第2節 費用の負担 （管理費等） 第23条 区分所有者は，敷地及び共用部分等の管理に要する経費に充てるため，次の費用（以下「管理費等」という。）を管理組合に納入しなければならない。 　一　管理費 　二　特別修繕費 　三　組合費 2　管理費及び特別修繕費の額については，各区分所有者の共有持分に応じて算出し，組合費の額については，各区分所有者が所有する住戸の数に応じて算出するものとする。	第2節 費用の負担 （管理費等） 第23条　（左記と同じ）	第2節 費用の負担 （管理費等） 第 24 条　（左記第23条第1項と同じ） 　一　管理費 　二　特別修繕費 2　管理費等の額については，各区分所有者の共用部分の共有持分に応じて算出するものとする。
（承継人に対する債権の行使） 第24条　管理組合が管理費等について有する債権は，区分所有者の包括承	（承継人に対する債権の行使） 第24条　（左記と同じ）	（承継人に対する債権の行使） 第 25 条　（左記第24条と同じ）

2004（平成16）年改正	2011（平成23）年改正	2016（平成28）年改正
2　理事長は，前項の契約に基づく保険金額の請求及び受領について，区分所有者を代理する。		2　（左記と同じ）
第2節　費用の負担 （管理費等） 第25条　（左記と同じ） 一　管理費 二　修繕積立金	第2節　費用の負担 （管理費等） 第25条　（左記と同じ）	第2節　費用の負担 （管理費等） 第25条　（左記第23条第1項と同じ） 2　（左記と同じ）
（承継人に対する債権の行使） 第26条　（左記第25条と同じ）	（承継人に対する債権の行使） 第26条　（左記と同じ）	（承継人に対する債権の行使） 第26条　管理組合が管理費等について有する債権は，区分所有者の特定承

1982（昭和57）年制定	1983（昭和58）年改正	1997（平成9）年改正	
継人及び特定承継人に対しても行うことができる。			
（管理費） 第25条　管理費は，次の各号に掲げる通常の管理に要する経費に充当する。 一　管理人人件費 二　公租公課 三　共用設備の保守維持費及び運転費 四　備品費，通信費その他の事務費 五　共用部分等に係る火災保険料その他の損害保険料 六　経常的な補修費 七　清掃費，消毒費及びごみ処理費 八　管理委託費 九　その他敷地及び共用	（管理費） 第25条　（左記と同じ）	（管理費） 第26条　（左記第25条第1項と同じ） 一　（左記と同じ） 二　（同　　上） 三　（同　　上） 四　（同　　上） 五　（同　　上） 六　（同　　上） 七　（同　　上） 八　（同　　上） 九　管理組合の運営に要する費用 十　（左記第九号と同じ）	

2004（平成16）年改正	2011（平成23）年改正	2016（平成28）年改正
		継承人に対しても行うことができる。
（管理費） 第27条　（左記第26条第1項と同じ）	（管理費） 第27条　（左記と同じ）	（管理費） 第27条　（左記第1項と同じ）
一　管理員人件費 二　（左記と同じ） 三　（同　　　上）		一　（左記と同じ） 二　（同　　　上） 三　（同　　　上）
四　（同　　　上）		四　（同　　　上）
五　（同　　　上）		五　共用部分等に係る火災保険料，地震保険料その他の損害保険料
六　（同　　　上） 七　（同　　　上）		六　（左記と同じ） 七　（同　　　上）
八　委託業務費 九　専門的知識を有する者の活用に要する費用 十　地域コミュニティにも配慮した居住者間のコミュニティ形成に要する費用 十一　（左記第九号と同じ） 十二　（左記第十号と同		八　（同　　　上） 九　（同　　　上） （旧第十号は削除） 十　（左記第十一号と同じ） 十一　その他第32条に

1982（昭和57）年制定	1983（昭和58）年改正	1997（平成9）年改正	
部分の通常の管理に要する費用			
（修繕積立金） 第26条　管理組合は，特別修繕費を修繕積立金として積み立てるものとする。 2　修繕積立金は，次の各号に掲げる特別の管理に要する経費に充当する場合に限って取り崩すことができる。 一　一定年数の経過ごとに計画的に行う修繕 二　不測の事故その他特別の事由により必要となる修繕 三　敷地及び共用部分等の変更又は処分 四　その他敷地及び共用部分等の管理に関し，区分所有者全体の利益のために特別に必要となる管理	（修繕積立金） 第26条　（左記と同じ）	（修繕積立金） 第<u>27</u>条　（左記第26条第1項と同じ） 2　（左記と同じ） 三　敷地及び共用部分等の<u>変更</u> 四　（左記と同じ）	

2004（平成16）年改正	2011（平成23）年改正	2016（平成28）年改正
じ）		定める業務に要する費用（次条に規定する経費を除く。）
(修繕積立金) 第28条　管理組合は，<u>各区分所有者が納入する修繕積立金を積み立てるものとし，積み立てた修繕積立金は，次の各号に掲げる特別の管理に要する経費に充当する場合に限って取り崩すことができる。</u>	(修繕積立金) 第28条　（左記と同じ）	(修繕積立金) 第28条　（左記第1項と同じ）
一　（左記第27条と同じ）		一　（左記と同じ）
二　（同　　　上）		二　（同　　　上）
三　（同　　　上）		三　（同　　　上）
四　建物の建替えにかかる合意形成に必要となる事項の調査		四　建物の建替え及びマンション敷地売却（以下「建替え等」という。）に係る合意形成に必要となる事項の調査
五　（左記第四号と同じ）		五　（左記第28条と同じ）

503

1982（昭和57）年制定	1983（昭和58）年改正	1997（平成9）年改正

2004（平成16）年改正	2011（平成23）年改正	2016（平成28）年改正
2　前項にかかわらず，区分所有法第62条第1項の建替え決議（以下「建替え決議」という。）又は建替えに関する区分所有者全員の合意の後であっても，マンションの建替えの円滑化等に関する法律（以下本項において「円滑化法」という。）第9条のマンション建替組合（以下「建替組合」という。）の設立の認可又は円滑化法第45条のマンション建替事業の認可までの間において，建物の建替えに係る計画又は設計等に必要がある場合には，その経費に充当するため，管理組合は，修繕積立金から管理組合の消滅時に建替え不参加者に帰属する修繕積立金相当額を除いた金額を限度として，修繕積立金を取り崩すことができる。		2　前項にかかわらず，区分所有法第62条第1項の建替え決議（以下「建替え決議」という。）又は建替えに関する区分所有者全員の合意の後であっても，マンションの建替え等の円滑化に関する法律（平成14年法律第78号。以下「円滑化法」という。）第9条のマンション建替組合の設立の認可又は円滑化法第45条のマンション建替事業の認可までの間において，建物の建替えに係る計画又は設計等に必要がある場合には，その経費に充当するため，管理組合は，修繕積立金から管理組合の消滅時に建替え不参加者に帰属する修繕積立金相当額を除いた金額を限度として，修繕積立金を取り崩すことができる。 3　第1項にかかわらず，円滑化法第108条第1項のマンション敷地売却決議（以下「マンション敷

1982（昭和57）年制定	1983（昭和58）年改正	1997（平成9）年改正
3　管理組合は，前項各号の経費に充てるため借入をしたときは，特別修繕費をもってその償還に充てることができる。 4　修繕積立金については，管理費及び組合費とは区分して経理しなければならない。		3　（左記と同じ） 4　特別修繕費及び修繕積立金については，管理費とは区分して経理しなければならない。
（組合費） 第27条　組合費は，次の各号に掲げる管理組合の運営に要する経費に充当する。	（組合費） 第27条　（左記と同じ）	（左記の組合費の項目は削除）

2004（平成16）年改正	2011（平成23）年改正	2016（平成28）年改正
		地売却決議」という。）の後であっても，円滑化法第120条のマンション敷地売却組合の設立の認可までの間において，マンション敷地売却に係る計画等に必要がある場合には，その経費に充当するため，管理組合は，修繕積立金から管理組合の消滅時にマンション敷地売却不参加者に帰属する修繕積立金相当額を除いた金額を限度として，修繕積立金を取り崩すことができる。
3　管理組合は，第1項各号の経費に充てるため借入をしたときは，修繕積立金をもってその償還に充てることができる。		4　（左記第3項と同じ）
4　修繕積立金については，管理費とは区分して経理しなければならない。		5　（左記第4項と同じ）

1982（昭和57）年制定	1983（昭和58）年改正	1997（平成9）年改正
一　会議費 二　広報及び連絡業務に要する費用 三　役員活動費 四　その他管理組合の運営に要する費用		
（使用料） 第28条　専用使用料その他の敷地及び共用部分等に係る使用料は，それらの管理に要する費用に充てるほか，修繕積立金として積み立てる。	（使用料） 第28条　（左記と同じ）	（使用料） 第28条　駐車場使用料その他の敷地及び共用部分等に係る使用料(以下「使用料」という。)は，それらの管理に要する費用に充てるほか，修繕積立金として積み立てる。
第6章　管理組合 第1節　組合員 （組合員の資格） 第29条　組合員の資格は，区分所有者となったときに取得し，区分所有者でなくなったときに喪失する。	第6章　管理組合 第1節　組合員 （組合員の資格） 第29条　（左記と同じ）	第6章　管理組合 第1節　組合員 （組合員の資格） 第29条　（左記と同じ）
（届出義務） 第30条　新たに組合員の資格を取得し又は喪失した者は，直ちにその旨を書面により管理組合に届け出なければならない。	（届出義務） 第30条　（左記と同じ）	（届出義務） 第30条　（左記と同じ）
第2節　管理組合の業務	第2節　管理組合の業務	第2節　管理組合の業務

2004(平成16)年改正	2011(平成23)年改正	2016(平成28)年改正
(使用料) 第29条 (左記第28条と同じ)	(使用料) 第29条 (左記と同じ)	(使用料) 第29条 (左記と同じ)
第6章 管理組合 **第1節 組合員** (組合員の資格) 第30条 (左記第29条と同じ)	**第6章 管理組合** **第1節 組合員** (組合員の資格) 第30条 (左記と同じ)	**第6章 管理組合** **第1節 組合員** (組合員の資格) 第30条 (左記と同じ)
(届出義務) 第31条 (左記第30条と同じ)	(届出義務) 第31条 (左記と同じ)	(届出義務) 第31条 (左記と同じ)
第2節 管理組合の業務	**第2節 管理組合の業務**	**第2節 管理組合の業務**

1982（昭和57）年制定	1983（昭和58）年改正	1997（平成9）年改正
（業務） 第31条　管理組合は，次の各号に掲げる業務を行う。 一　管理組合が管理する敷地及び共用部分等（以下本条及び第46条において「組合管理部分」という。）の保安，保全，保守，清掃，消毒及び塵芥処理 二　組合管理部分の修繕 三　共用部分等に係る火	（業務） 第31条　（左記と同じ）	（業務） 第31条　（左記第1項と同じ） 一　管理組合が管理する敷地及び共用部分等（以下本条及び第46条において「組合管理部分」という。）の保安，保全，保守，清掃，消毒及び<u>ごみ</u>処理 二　（左記と同じ） <u>三　長期修繕計画の作成又は変更に関する業務</u> <u>四</u>　（左記第三号と同じ）

2004（平成16）年改正	2011（平成23）年改正	2016（平成28）年改正
（業務）	（業務）	（業務）
第32条　（左記第31条第1項と同じ）	第32条　（左記と同じ）	第32条　管理組合は，建物並びにその敷地及び附属施設の管理のため，次の各号に掲げる業務を行う。
一　管理組合が管理する敷地及び共用部分等（以下本条及び第48条において「組合管理部分」という。）の保安，保全，保守，清掃，消毒及びごみ処理	一　（左記と同じ）	一　（左記と同じ）
二　（左記第31条と同じ）	二　（同　　上）	二　（同　　上）
三　（同　　上）	三　長期修繕計画の作成又は変更に関する業務及び長期修繕計画書の管理	三　（同　　上）
四　建物の建替えに係る合意形成に必要となる事項の調査に関する業務	四　（左記と同じ）	四　建替え等に係る合意形成に必要となる事項の調査に関する業務
五　適正化法第103条に定める，宅地建物取引業者から交付を受けた設計図書の管理	五　（同　　上）	五　適正化法第103条第1項に定める，宅地建物取引業者から交付を受けた設計図書の管理
六　修繕等の履歴情報の整理及び管理等	六　（同　　上）	六　（左記と同じ）
七　（左記第四号と同じ）	七　（同　　上）	七　共用部分等に係る火

1982（昭和57）年制定	1983（昭和58）年改正	1997（平成9）年改正
災保険その他の損害保険に関する業務		
四　区分所有者が管理する専用使用部分について管理組合が行うことが適当であると認められる管理行為		五　（左記第四号と同じ）
五　敷地及び共用部分等の変更，処分及び運営		六　敷地及び共用部分等の変更及び運営
六　修繕積立金の運用		七　（左記第六号と同じ）
七　官公署，町内会等との渉外業務		八　（左記第七号と同じ）
八　風紀，秩序及び安全の維持に関する業務		九　（左記第八号と同じ）
九　防災に関する業務		十　（左記第九号と同じ）
十　広報及び連絡業務		十一　（左記第十号と同じ）
十一　その他組合員の共		十二　（改正前の第十一

2004（平成16）年改正	2011（平成23）年改正	2016（平成28）年改正
		災保険，地震保険その他の損害保険に関する業務
八　（左記第五号と同じ）	八　（同　　上）	八　（同　　上）
九　（左記第六号と同じ）	九　（同　　上）	九　（同　　上）
十　（左記第七号と同じ）	十　（同　　上）	十　（同　　上）
十一　（左記第八号と同じ）	十一　（同　　上）	十一　（同　　上）
十二　（左記第九号と同じ）	十二　（同　　上）	十二　マンション及び周辺の風紀，秩序及び安全の維持，防災並びに居住環境の維持及び向上に関する業務
十三　（左記第十号と同じ）	十三　（同　　上）	
十四　（左記第十一号と同じ）	十四　（同　　上）	十三　（改正前の第十四号）
十五　地域コミュニティにも配慮した居住者間のコミュニティ形成	十五　（同　　上）	
十六　管理組合の消滅時における残余財産の清算	十六　（同　　上）	十四　（改正前の第十六号）
十七　（改正前の第十二	十七　（左記と同じ）	十五　その他建物並びに

1982（昭和57）年制定	1983（昭和58）年改正	1997（平成9）年改正	
同の利益を増進し，良好な住環境を確保するために必要な業務		号）	
（業務の委託等） 第32条　管理組合は，前条に定める業務の全部又は一部を，第三者に委託し，又は請け負わせて執行することができる。	（業務の委託等） 第32条　（左記と同じ）	（業務の委託等） 第32条　（左記と同じ）	
第3節　役員 （役員） 第33条　管理組合に次の	第3節　役員 （役員） 第33条　（左記と同じ）	第3節　役員 （役員） 第33条　（左記と同じ）	

2004（平成16）年改正	2011（平成23）年改正	2016（平成28）年改正
号）		その敷地及び附属施設の管理に関する業務
（業務の委託等） 第33条　管理組合は，前条に定める業務の全部または一部を，<u>マンション管理業者（適正化法第2条第八号の「マンション管理業者」をいう。）等第三者に委託し，又は請け負わせて執行することができる。</u>	（業務の委託等） 第33条　（左記と同じ）	（業務の委託等） 第33条　（左記と同じ）
（<u>専門的知識を有する者の活用</u>） 第34条　管理組合は，<u>マンション管理士（適正化法第2条第五号の「マンション管理士」をいう。）その他マンション管理に関する各分野の専門的知識を有する者に対し，管理組合の運営その他マンションの管理に関し，相談したり，助言，指導その他の援助を求めたりすることができる。</u>	（専門的知識を有する者の活用） 第34条　（左記と同じ）	（専門的知識を有する者の活用） 第34条　（左記と同じ）
第3節　役員 （役員） 第<u>35</u>条　（左記第33条と同	第3節　役員 （役員） 第<u>35</u>条　（左記第1項と同	第3節　役員 （役員） 第35条　（左記第1項と同

1982（昭和57）年制定	1983（昭和58）年改正	1997（平成9）年改正
役員を置く。 一　理事長 二　副理事長　○名 三　会計担当理事　○名 四　理事（理事長，副理事長，会計担当理事を含む。以下同じ。）　○名 五　監事　○名 2　理事及び監事は，○○マンションに現に居住する組合員のうちから，総会で選任する。 3　理事長，副理事長及び会計担当理事は，理事の互選により選任する。		

2004（平成16）年改正	2011（平成23）年改正	2016（平成28）年改正
じ）	じ）	じ）
	2　理事及び監事は，<u>組合員のうちから</u>，総会で選任する。	2　（左記と同じ）
		3　理事長，副理事長及び会計担当理事は，<u>理事のうちから，理事会で選任する。</u>
		※外部専門家を役員として選任できることとする場合
		<u>2　理事及び監事は，総会で選任する。</u>
		<u>3　理事長，副理事長及び会計担当理事は，理事のうちから，理事会で選任する。</u>
		<u>4　組合員以外の者から理事又は監事を選任する場合の選任方法については細則で定める。</u>

1982（昭和57）年制定	1983（昭和58）年改正	1997（平成9）年改正
（役員の任期）	（役員の任期）	（役員の任期）
第34条　役員の任期は毎年○月○日から翌年○月○日までの1年とする。ただし，再任を妨げない。	第34条　（左記と同じ）	第34条　役員の任期は○年とする。ただし，再任を妨げない。
2　補欠の役員の任期は，前任者の残任期間とする。		2　（左記と同じ）
3　任期の満了又は辞任によって退任する役員は，後任の役員が就任するまでの間引き続きその職務を行う。		3　（同　　　上）
4　役員が組合員でなくなった場合においては，その役員はその地位を失う。		4　役員が組合員でなくなった場合には，その役員はその地位を失う。

2004（平成 16）年改正	2011（平成 23）年改正	2016（平成 28）年改正
(役員の任期) 第 36 条　（左記第 34 条と同じ）	(役員の任期) 第 36 条　（左記と同じ）	(役員の任期) 第 36 条　（左記第 1 項と同じ） 2　（左記と同じ） 3　（同　　上） 4　（同　　上） ＊外部専門家を役員として選任できることとする場合 4　選任（再任を除く。）の時に組合員であった役員が組合員でなくなった場合には，その役員はその地位を失う。
		(役員の欠格条項) 第 36 条の 2　次の各号のいずれかに該当する者は，役員となることができない。 一　成年被後見人若しく

1982（昭和57）年制定	1983（昭和58）年改正	1997（平成9）年改正
（役員の誠実義務等） 第35条　役員は，法令，規約及び使用細則並びに総会及び理事会の決議に従い，組合員のため，誠実にその職務を遂行するものとする。 2　役員は，別に定めるところにより，役員としての活動に応ずる必要経費の支払と報酬を受けることができる。	（役員の誠実義務等） 第35条　（左記と同じ）	（役員の誠実義務等） 第35条　（左記と同じ）

2004（平成16）年改正	2011（平成23）年改正	2016（平成28）年改正
		は被保佐人又は破産者で復権を得ないもの 二　禁錮以上の刑に処せられ，その執行を終わり，又はその執行を受けることがなくなった日から5年を経過しない者 三　暴力団員等（暴力団員又は暴力団員でなくなった日から5年を経過しない者をいう。）
（役員の誠実義務等） 第37条　役員は，法令，規約及び使用細則その他細則（以下「使用細則等」という。）並びに総会及び理事会の決議に従い，組合員のため，誠実にその職務を遂行するものとする。 2　（左記第35条と同じ）	（役員の誠実義務等） 第37条　（左記と同じ）	（役員の誠実義務等） 第37条　（左記と同じ）
		（利益相反取引の防止） 第37条の2　役員は，次に掲げる場合には，理事会において，当該取引に

521

1982（昭和57）年制定	1983（昭和58）年改正	1997（平成9）年改正
(理事長) 第36条　理事長は，管理組合を代表し，その業務を統括するほか，次の各号に掲げる業務を遂行する。 　一　規約，使用細則又は総会若しくは理事会の決議により，理事長の職務として定められた事項 　二　理事会の承認を得て，職員を採用し，又は解雇すること 2　理事長は，区分所有法に定める管理者とする。 3　理事長は，通常総会において，組合員に対し，	(理事長) 第36条　（左記と同じ）	(理事長) 第36条　（左記と同じ）

2004（平成16）年改正	2011（平成23）年改正	2016（平成28）年改正
		つき重要な事実を開示し，その承認を受けなければならない。 一　役員が自己又は第三者のために管理組合と取引をしようとするとき。 二　管理組合が役員以外の者との間において管理組合と当該役員との利益が相反する取引をしようとするとき。
(理事長) **第38条**　(左記第36条第1項と同じ) 一　規約，使用細則等又は総会若しくは理事会の決議により，理事長の職務として定められた事項 二　(左記第36条と同じ) 2　(左記第36条と同じ) 3　(同　　　上)	(理事長) **第38条**　(左記と同じ)	(理事長) **第38条**　(左記第1項と同じ) 2　(左記と同じ) 3　(同　　　上)

1982（昭和57）年制定	1983（昭和58）年改正	1997（平成9）年改正	
前会計年度における管理組合の業務の執行に関する報告をしなければならない。 4　理事長は，理事会の承認を受けて，他の理事に，その職務の一部を委任することができる。			
（副理事長） 第37条　副理事長は，理事長を補佐し，理事長に事故があるときは，その職務を代理し，理事長が欠けたときは，その職務を行う。	（副理事長） 第37条　（左記と同じ）	（副理事長） 第37条　（左記と同じ）	
（理事） 第38条　理事は，理事会を構成し，理事会の定めるところに従い，管理組	（理事） 第38条　（左記と同じ）	（理事） 第38条　（左記と同じ）	

2004（平成16）年改正	2011（平成23）年改正	2016（平成28）年改正
		<u>4　理事長は，○か月に1回以上，職務の執行の状況を理事会に報告しなければならない。</u> <u>5</u>　（従前の第4項） <u>6　管理組合と理事長との利益が相反する事項については，理事長は，代表権を有しない。この場合においては，監事又は理事長以外の理事が管理組合を代表する。</u>
（副理事長） 第<u>39</u>条　（左記第37条と同じ）	（副理事長） 第39条　（左記と同じ）	（副理事長） 第39条　（左記と同じ）
（理事） 第<u>40</u>条　（左記第38条と同じ）	（理事） 第40条　（左記と同じ）	（理事） 第40条　（左記第1項と同じ）

1982（昭和57）年制定	1983（昭和58）年改正	1997（平成9）年改正
合の業務を担当する。 2　会計担当理事は，管理費等の収納，保管，運用，支出等の会計業務を行う。		
（監事） 第39条　監事は，管理組合の業務の執行及び財産の状況を監査し，その結果を総会に報告しなければならない。 2　監事は，管理組合の業務の執行及び財産の状況について不正があると認めるときは，臨時総会を招集することができる。 3　監事は，理事会に出席	（監事） 第39条　（左記と同じ）	（監事） 第39条　（左記と同じ）

2004（平成16）年改正	2011（平成23）年改正	2016（平成28）年改正
		2　理事は，管理組合に著しい損害を及ぼすおそれのある事実があることを発見したときは，直ちに，当該事実を監事に報告しなければならない。 3　（左記第2項と同じ）
(監事) 第41条　（左記第39条と同じ）	(監事) 第41条　（左記と同じ）	(監事) 第41条　（左記と同じ） 2　監事は，いつでも，理事及び第38条第1項第二号に規定する職員に対して業務の報告を求め，又は業務及び財産の状況の調査をすることができる。 3　（左記第2項と同じ） 4　監事は，理事会に出席

527

1982（昭和57）年制定	1983（昭和58）年改正	1997（平成9）年改正
して意見を述べることができる。		

	2004（平成16）年改正	2011（平成23）年改正	2016（平成28）年改正
			し，必要があると認めるときは，意見を述べなければならない。 5　監事は，理事が不正の行為をし，若しくは当該行為をするおそれがあると認めるとき，又は法令，規約，使用細則等，総会の決議若しくは理事会の決議に違反する事実若しくは著しく不当な事実があると認めるときは，遅滞なく，その旨を理事会に報告しなければならない。 6　監事は，前項に規定する場合において，必要があると認めるときは，理事長に対し，理事会の招集を請求することができる。 7　前項の規定による請求があった日から5日以内に，その請求があった日から2週間以内の日を理事会の日とする理事会の招集の通知が発せられない場合は，その請求をした監事は，理事会を招集することができる。

1982（昭和57）年制定	1983（昭和58）年改正	1997（平成9）年改正
第4節　総会	第4節　総会	第4節　総会
（総会） 第40条　管理組合の総会は，総組合員で組織する。 2　総会は，通常総会及び臨時総会とし，区分所有法に定める集会とする。 3　理事長は，通常総会を，毎年1回新会計年度開始以後2か月以内に招集しなければならない。 4　理事長は，必要と認める場合においては，理事会の決議を経て，いつでも臨時総会を招集することができる。 5　総会の議長は，理事長が務める。	（総会） 第40条　（左記と同じ）	（総会） 第40条　（左記第1項と同じ） 2　（左記第2項と同じ） 3　（左記第3項と同じ） 4　理事長は，必要と認める場合には，理事会の決議を経て，いつでも臨時総会を招集することができる。 5　（左記第5項と同じ）
（招集手続） 第41条　総会を招集するには，少なくとも会議を開く日の2週間前までに，会議の日時，場所及び目的を組合員に通知を発しなければならない。	（招集手続） 第41条　総会を招集するには，少なくとも会議を開く日の2週間前までに，会議の日時，場所及び目的を示して，組合員に通知を発しなければならない。	（招集手続） 第41条　（左記第1項と同じ）
2　前項の通知は，管理組	2　（左記と同じ）	2　前項の通知は，管理組

2004（平成16）年改正	2011（平成23）年改正	2016（平成28）年改正
第4節　総　会 （総会） 第 42 条　（左記第40条と同じ）	第4節　総　会 （総会） 第 42 条　（左記と同じ）	第4節　総　会 （総会） 第 42 条　（左記と同じ）
（招集手続） 第 43 条　総会を招集するには，少なくとも会議を開く2週間前（会議の目的が建替え決議であるときは2か月前）までに，会議の日時，場所及び目的を示して，組合員に通知を発しなければならない。 2　（左記と同じ）	（招集手続） 第 43 条　（左記と同じ）	（招集手続） 第 43 条　総会を招集するには，少なくとも会議を開く日の2週間前（会議の目的が建替え決議又はマンション敷地売却決議であるときは2か月前）までに，会議の日時，場所及び目的を示して，組合員に通知を発しなければならない。 2　（左記と同じ）

1982（昭和57）年制定	1983（昭和58）年改正	1997（平成9）年改正
合に対し組合員が届出をした宛先に発するものとする。ただし，その届出のない組合員に対しては，対象物件内の住居部分の所在地宛に発するものとする。		合に対し組合員が届出をしたあて先に発するものとする。ただし，その届出のない組合員に対しては，対象物件内の<u>専有部分</u>の所在地<u>あて</u>に発するものとする。
3　第1項の通知は，対象物件内に居住する組合員に対しては，その内容を所定の掲示場所に掲示することをもって，これに代えることができる。	3　第1項の通知は，対象物件内に居住する組合員<u>及び前項の届出のない組合員</u>に対しては，その内容を所定の掲示場所に掲示することをもって，これに代えることができる。	3　（左記と同じ）
	<u>4　第1項の通知をする場合において，会議の目的が第45条第3項第一号，第二号若しくは第四号に掲げる事項の決議又は同条第4項の建替え決議であるときは，その議事の要領をも通知しなければならない。</u>	

2004（平成16）年改正	2011（平成23）年改正	2016（平成28）年改正
3　（同　　上）		3　（同　　上）
4　第1項の通知をする場合において，会議の目的が第47条第3項第一号，第二号若しくは第四号に掲げる事項の決議又は建替え決議であるときは，その議事の要領をも通知しなければならない。		4　第1項の通知をする場合において，会議の目的が第47条第3項第一号，第二号若しくは第四号に掲げる事項の決議又は建替え決議若しくはマンション敷地売却決議であるときは，その議事の要領をも通知しなければならない。
5　会議の目的が建替え決議であるときは，前項に定める議案の要領のほか，次の事項を通知しなければならない。		5　（左記と同じ）

1982（昭和57）年制定	1983（昭和58）年改正	1997（平成9）年改正	

2004（平成16）年改正	2011（平成23）年改正	2016（平成28）年改正
一　建替えを必要とする理由 二　建物の建替えをしないとした場合における当該建物の効用の維持及び回復（建物が通常有すべき効用の確保を含む。）をするのに要する費用の額及びその内訳 三　建物の修繕に関する計画が定められているときは，当該計画の内容 四　建物につき修繕積立金として積み立てられている金額		6　会議の目的がマンション敷地売却決議であるときは，第4項に定める議案の要領のほか，次の事項を通知しなければならない。 一　売却を必要とする理由 二　建築物の耐震改修の促進に関する法律（平成7年法律第123号）第2条第2項に規定する耐震改修（以下単に

535

1982（昭和57）年制定	1983（昭和58）年改正	1997（平成9）年改正
4　第1項にかかわらず，緊急を要する場合においては，理事長は，理事会の承認を得て，5日間を下回らない範囲内において，第1項の期間を短縮することができる。	<u>5　第43条第2項の場合には，第1項の通知を発した後遅滞なく，その通知の内容を，所定の掲示場所に掲示しなければならない。</u> <u>6</u>　（左記第4項と同じ）	

2004（平成16）年改正	2011（平成23）年改正	2016（平成28）年改正
		「耐震改修」という。）又はマンションの建替えをしない理由 三　耐震改修に要する費用の概算額
<u>6</u>　<u>建替え決議を目的とする総会を招集する場合，少なくとも会議を開く日の1か月前までに，当該招集の際に通知すべき事項について組合員に対し説明を行うための説明会を開催しなければならない。</u>		<u>7</u>　建替え決議<u>又はマンション敷地売却決議</u>を目的とする総会を招集する場合，少なくとも会議を開く日の1か月前までに，当該招集の際に通知すべき事項について組合員に対し説明を行うための説明会を開催しなければならない。
<u>7</u>　第45条第2項の場合には，第1項の通知を発した後遅滞なく，その通知の内容を，所定の掲示場所に掲示しなければならない。		<u>8</u>　（左記第7項と同じ）
<u>8</u>　第1項（会議の目的が建替え決議であるときを除く。）にかかわらず，緊急を要する場合には，理事長は，理事会の承認を得て，5日間を下回らない範囲内において，第1項の期間を短縮することができる。		<u>9</u>　第1項（会議の目的が建替え決議<u>又はマンション敷地売却決議であると</u>きを除く。）にかかわらず，緊急を要する場合には，理事長は，理事会の承認を得て，5日間を下回らない範囲において，第1項の期間を短縮する

1982（昭和57）年制定	1983（昭和58）年改正	1997（平成9）年改正
（組合員の総会招集権） 第42条　組合員が組合員総数の4分の1以上及び第44条第1項に定める議決権総数の4分の1以上にあたる組合員の同意を得て，会議の目的を示して総会の招集を請求した場合において，理事長は，その請求があった日から1か月以内に臨時総会を開催しなければならない。	（組合員の総会招集権） 第42条　組合員が組合員総数の<u>5分の1</u>以上及び第44条第1項に定める議決権総数の<u>5分の1以上</u>にあたる組合員の同意を得て，会議の目的を示して総会の招集を請求した場合において，理事長は，<u>2週間以内にその請求があった日から4週間以内の日を会日とする臨時総会の招集の通知を発しなければならない。</u> <u>2　理事長が前項の通知を発しない場合には，前項の請求をした組合員は，臨時総会を招集することができる。</u>	（組合員の総会招集権） 第42条　組合員が組合員総数の5分の1以上及び第44条第1項に定める議決権総数の5分の1以上に当たる組合員の同意を得て，会議の目的を示して総会の招集を請求した場合<u>には</u>，理事長は，2週間以内にその請求があった日から4週間以内の日を会日とする臨時総会の招集の通知を発しなければならない。 2　（左記と同じ）

2004（平成16）年改正	2011（平成23）年改正	2016（平成28）年改正
		ことができる。
（組合員の総会招集権）	（組合員の総会招集権）	（組合員の総会招集権）
第44条　組合員が組合員総数の5分の1以上及び第46条第1項に定める議決権総数の5分の1以上に当たる組合員の同意を得て，会議の目的を示して総会の招集を請求した場合には，理事長は，2週間以内にその請求があった日から4週間以内の日（会議の目的が建替え決議であるときは，2か月と2週間以内の日）を会日とする臨時総会の招集の通知を発しなければならない。 2　（左記第42条と同じ） (ｱ)　電磁的方法が利用可能ではない場合	第44条　（左記と同じ）	第44条　組合員が組合員総数の5分の1以上及び第46条第1項に定める議決権総数の5分の1以上に当たる組合員の同意を得て，会議の目的を示して総会の招集を請求した場合には，理事長は，2週間以内にその請求があった日から4週間以内の日（会議の目的が建替え決議又はマンション敷地売却決議であるときは，2か月と2週間以内の日）を会日とする臨時総会の招集の通知を発しなければならない。 2　（左記と同じ） (ｱ)　電磁的方法が利用可能ではない場合

1982（昭和57）年制定	1983（昭和58）年改正	1997（平成9）年改正
2　前項の場合においては，第40条第5項にかかわらず，議長は，総会に出席した組合員（書面又は代理人によって議決権を行使する者を含む。）の議決権の過半数をもって，組合員の中から選任する。	3　<u>前二項により招集された臨時総会においては</u>，第40条第5項にかかわらず，議長は，総会に出席した組合員（書面又は代理人によって議決権を行使する者を含む。）の議決権の過半数をもって，組合員の中から選任する。	3　（同　　上）

2004（平成16）年改正	2011（平成23）年改正	2016（平成28）年改正
3　前二項により招集された臨時総会においては，第42条第5項にかかわらず，議長は，総会に出席した組合員（書面又は代理人によって議決権を行使する者を含む。）の議決権の過半数をもって，組合員の中から選任する。		3　（左記と同じ）
(イ)　電磁的方法が利用可能な場合 3　前二項により招集された臨時総会においては，第42条第5項にかかわらず，議長は，総会に出席した組合員（書面，電磁的方法（電子情報処理組織を使用する方法その他の情報通信の技術を利用する方法であって次項に定めるものをいう。以下同じ。）又は代理人によって議決権を行使する者を含む。）の議決権の過半数をもって，組合員の中から選任する。		(イ)　電磁的方法が利用可能な場合 3　（左記と同じ）
4　前項の電磁的方法は，次に掲げる方法によるも		4　（同　　上）

1982（昭和57）年制定	1983（昭和58）年改正	1997（平成9）年改正
（出席資格） **第43条** 組合員のほか，理事会が必要と認めた者は，総会に出席することができる。	（出席資格） **第43条** （左記第1項と同じ） 2 <u>区分所有者の承諾を得て専有部分を占有する者は，会議の目的につき利</u>	（出席資格） **第43条** （左記と同じ）

2004（平成16）年改正	2011（平成23）年改正	2016（平成28）年改正
のとする。 一　送信者の使用に係る電子計算機と受信者の使用に係る電子計算機とを電気通信回線で接続した電子情報処理組織を使用する方法であって，当該電気通信回線を通じて情報が送信され，受信者の使用に係る電子計算機に備えられたファイルに当該情報が記録されるもの 二　磁気ディスクその他これに準ずる方法により一定の情報を確実に記録しておくことができる物をもって調整するファイルに情報を記録したもの（以下「電磁的記録」という。）を交付する方法		
（出席資格） 第45条　（左記第43条と同じ）	（出席資格） 第45条　（左記と同じ）	（出席資格） 第45条　（左記と同じ）

1982（昭和57）年制定	1983（昭和58）年改正	1997（平成9）年改正
	害関係を有する場合には，総会に出席して意見を述べることができる。この場合において，総会に出席して意見を述べようとする者は，あらかじめ理事長にその旨を通知しなければならない。	
（議決権） 第44条　組合員は，その所有する住戸1戸につき各1個の議決権を有する。 2　住戸1戸につき2以上の組合員が存在する場合のこれらの者の議決権の行使については，あわせて一の組合員とみなす。 3　前項により一の組合員とみなされる者は，議決権を行使する者1名を選任し，その者の氏名をあらかじめ総会開会までに理事長に届け出なければならない。 4　組合員は，書面又は代理人によって議決権を行使することができる。 5　組合員が代理人により議決権を行使しようとす	（議決権） 第44条　（左記と同じ）	（議決権） 第44条　各組合員の議決権の割合は，別表第5に掲げるとおりとする。 2　（左記と同じ） 3　（同　　　上） 4　（左記と同じ） 5　（同　　　上）

2004（平成16）年改正	2011（平成23）年改正	2016（平成28）年改正
(議決権) **第46条** （左記第44条第1項と同じ）	**(議決権)** **第46条** （左記第1項と同じ）	**(議決権)** **第46条** （左記第1項と同じ）
2　住戸1戸が数人の共有に属する場合，その議決権行使については，これら共有者をあわせて一の組合員とみなす。	2　（左記と同じ）	2　（左記と同じ）
3　（左記と同じ）	3　（同　　上）	3　（同　　上）
4　（左記と同じ）	4　（左記と同じ）	4　（左記と同じ）
5　組合員が代理人により議決権を行使しようとす		5　組合員が代理人により議決権を行使しようとす

1982（昭和57）年制定	1983（昭和58）年改正	1997（平成9）年改正	
る場合において，その代理人は，その組合員と同居する者，他の組合員若しくはその組合員と同居する者又はその組合員の住戸を借り受けた者でなければならない。 6　代理人は，代理権を証する書面を理事長に提出しなければならない。 （総会の会議及び議事）	（総会の会議及び議事）	（総会の会議及び議事）	

2004（平成16）年改正	2011（平成23）年改正	2016（平成28）年改正
る場合において，その代理人は，その組合員と同居する者若しくはその組合員の住戸を借り受けた者，又は他の区分所有者若しくはその組合員と同居する者でなければならない。		る場合において，その代理人は，以下の各号に掲げる者でなければならない。 一　その組合員の配偶者（婚姻の届出をしていないが事実上婚姻関係と同様の事情にある者を含む。）又は一親等の親族 二　その組合員の住戸に同居する親族 三　他の組合員
6　（左記と同じ）	5　組合員又は代理人は，代理権を証する書面を理事長に提出しなければならない。	6　（左記第5項と同じ）
㈠　電磁的方法が利用可能ではない場合 （規定なし）	㈠　電磁的方法が利用可能ではない場合 （規定なし）	㈠　電磁的方法が利用可能ではない場合 （規定なし）
㈡　電磁的方法が利用可能な場合 7　組合員は，第4項の書面による議決権行使に代えて，電磁的方法によって議決権を行使することができる。	㈡　電磁的方法が利用可能な場合 6　（左記第7項と同じ）	㈡　電磁的方法が利用可能な場合 7　（左記第6項と同じ）
（総会の会議及び議事）	（総会の会議及び議事）	（総会の会議及び議事）

1982（昭和57）年制定	1983（昭和58）年改正	1997（平成9）年改正
第45条　総会の会議は，前条第1項に定める議決権総数の半数以上を有する組合員が出席しなければならない。	第45条　（左記第1項と同じ）	第45条　（左記第1項と同じ）
2　総会の議事は，出席組合員の議決権の過半数で決し，可否同数の場合には，議長の決するところによる。	2　（左記と同じ）	2　（左記と同じ）
3　次の各号に掲げる事項に関する総会の議事は，前項にかかわらず，組合員総数の4分の3以上及び議決権の4分の3以上で決する。	3　（左記と同じ）	3　（左記と同じ）
一　規約の変更	一　（左記と同じ）	一　（左記と同じ）
二　敷地及び共用部分等の変更又は処分	二　敷地及び共用部分等の変更（改良を目的とし，かつ，著しく多額の費用を要しないものを除く。）又は処分	二　敷地及び共用部分等の変更（改良を目的とし，かつ，著しく多額の費用を要しないものを除く。）
	三　区分所有法第58条第1項，第59条第1項又は第60条第1項	三　（左記と同じ）

2004（平成16）年改正	2011（平成23）年改正	2016（平成28）年改正
第47条　（左記第45条第1項と同じ）	第47条　（左記第1項と同じ）	第47条　（左記第1項と同じ）
2　総会の議事は，出席組合員の議決権の過半数で決する。	2　（左記と同じ）	2　（左記と同じ）
3　次の各号に掲げる事項に関する総会の議事は，前項にかかわらず，組合員総数の4分の3以上及び議決権総数の4分の3以上で決する。 一　規約の制定，変更又は廃止 二　敷地及び共用部分等の変更（その形状又は効用の著しい変更を伴わないものを除く。） 三　（左記と同じ）	3　（同　　上）	3　（同　　上） 一　（左記と同じ） 二　敷地及び共用部分等の変更（その形状又は効用の著しい変更を伴わないもの及び建築物の耐震改修の促進に関する法律第25条第2項に基づく認定を受けた建物の耐震改修を除く。） 三　（左記と同じ）

1982（昭和57）年制定	1983（昭和58）年改正	1997（平成9）年改正
	の訴えの提起	
	四　建物の価格の2分の1を超える部分が滅失した場合の滅失した共用部分の復旧	四　（同　　上）
三　その他総会において本項の方法により決議することとした事項	五　（左記第三号と同じ）	五　（同　　上）
	4　区分所有法第62条第1項の建替え決議は，第2項にかかわらず，組合員総数の5分の4以上及び議決権総数の5分の4以上で行う。	4　（同　　上）
4　前三項の場合において，書面又は代理人によって議決権を行使する者は，出席組合員とみなす。	5　前四項の場合において，書面又は代理人によって議決権を行使する者は，出席組合員とみなす。	5　（同　　上）

2004（平成16）年改正	2011（平成23）年改正	2016（平成28）年改正
四　（同　　上） 五　（同　　上） 4　建替え決議は，第2項にかかわらず，組合員総数の5分の4以上及び議決権総数の5分の4以上で行う。		四　（同　　上） 五　（同　　上） 4　（左記と同じ） 5　マンション敷地売却決議は，第2項にかかわらず，組合員総数，議決権総数及び敷地利用権の持分の価格の各5分の4以上で行う。
㋐　電磁的方法が利用可能ではない場合 5　前四項の場合において，書面又は代理人によって議決権を行使する者は，出席組合員とみなす。 ㋑　電磁的方法が利用可能な場合 5　前四項の場合におい		㋐　電磁的方法が利用可能ではない場合 6　前五項の場合において，書面又は代理人によって議決権を行使する者は，出席組合員とみなす。 ㋑　電磁的方法が利用可能な場合 6　前五項の場合におい

551

1982（昭和57）年制定	1983（昭和58）年改正	1997（平成9）年改正
	<u>6　第3項第一号において，規約の変更が一部の組合員の権利に特別の影響を及ぼすべきときは，その承諾を得なければならない。この場合において，その組合員は正当な理由がなければこれを拒否してはならない。</u>	6　（左記と同じ）
5　第3項第二号において，敷地及び共用部分等の変更又は処分が，専有部分又は専用使用部分の使用に特別の影響を及ぼすときは，その専有部分を所有する組合員又はその専用使用部分の専用使用を認められている組合員の承諾を得なければならない。この場合において，その組合員は正当な理由がなければこれを拒否してはならない。	<u>7</u>　（左記第5項と同じ）	7　第3項第二号において，敷地及び共用部分等の<u>変更</u>が，専有部分又は専用使用部分の使用に特別の影響を及ぼすときは，その専有部分を所有する組合員又はその専用使用部分の専用使用を認められている組合員の承諾を得なければならない。この場合において，その組合員は正当な理由がなければこれを拒否してはならない。
	<u>8　第3項第三号に掲げる事項の決議を行うには，</u>	8　（左記と同じ）

2004（平成16）年改正	2011（平成23）年改正	2016（平成28）年改正
て，書面，電磁的方法又は代理人によって議決権を行使する者は，出席組合員とみなす 6　第3項第一号において，規約の制定，変更又は廃止が一部の組合員の権利に特別の影響を及ぼすべきときは，その承諾を得なければならない。この場合において，その組合員は正当な理由がなければこれを拒否してはならない。 7　（左記と同じ）		て，書面，電磁的方法又は代理人によって議決権を行使する者は，出席組合員とみなす。 7　（左記第6項と同じ） 8　（左記第7項と同じ）
8　（左記と同じ）		9　（左記第8項と同じ）

1982（昭和57）年制定	1983（昭和58）年改正	1997（平成9）年改正
6　総会においては，第41条第1項によりあらかじめ通知した事項についてのみ，決議することができる。	あらかじめ当該組合員又は占有者に対し，弁明する機会を与えなければならない。 9　（左記第6項と同じ）	9　（左記と同じ）
（議決事項） 第46条　次の各号に掲げる事項については，総会の決議を経なければならない。 　一　収支決算及び事業報告 　二　収支予算及び事業計画 　三　管理費等及び使用料の額並びに賦課徴収方法 　四　規約の変更及び使用細則の制定又は変更 　五　第26条第2項に定める特別の管理の実施並びにそれに充てるための資金の借入れ及び修繕積立金の取崩し	（議決事項） 第46条　（左記第1項と同じ） 　一　（左記と同じ） 　二　（同　　上） 　三　（同　　上） 　四　（同　　上） 　五　（同　　上）	（議決事項） 第46条　（左記第1項と同じ） 　一　（左記と同じ） 　二　（同　　上） 　三　（同　　上） 　四　（同　　上） 　五　長期修繕計画の作成又は変更 　六　第27条第2項に定める特別の管理の実施並びにそれに充てるための資金の借入れ及び修繕積立金の取崩し

2004（平成16）年改正	2011（平成23）年改正	2016（平成28）年改正
9　総会においては，第43条第1項によりあらかじめ通知した事項についてのみ，決議することができる。		10　（左記第9項と同じ）
(議決事項) 第48条　（左記第46条第1項と同じ）	(議決事項) 第48条　（左記と同じ）	(議決事項) 第48条　（左記第1項と同じ）
一　（左記と同じ） 二　（同　　上） 三　（同　　上）		一　（左記と同じ） 二　（同　　上） 三　（同　　上）
四　規約及び使用細則等の制定，変更又は廃止 五　（左記と同じ）		四　（同　　上） 五　（同　　上）
六　第28条第1項に定める特別の管理の実施並びにそれに充てるための資金の借入れ及び修繕積立金の取崩し		六　（同　　上）

1982（昭和57）年制定	1983（昭和58）年改正	1997（平成9）年改正
		七　第21条第2項に定める管理の実施
	六　区分所有法第57条第2項及び前条第3項第三号の訴えの提起並びにこれらの訴えを提起すべき者の選任	八　（左記第六号と同じ）
	七　建物の一部が滅失した場合の滅失した共用部分の復旧	九　（左記第七号と同じ）
	八　区分所有法第62条第1項の場合の建替え	十　（左記第八号と同じ）
六　役員の選任及び解任並びに役員活動費の額及び支払方法	九　（左記第六号と同じ）	十一　（左記第九号と同じ）
七　組合管理部分に関する管理業務委託契約の締結	十　（左記第七号と同じ）	十二　（左記第十号と同じ）
八　その他管理組合の業務に関する重要事項	十一　（左記第八号と同じ）	十三　（左記第十一号と同じ）

2004（平成16）年改正	2011（平成23）年改正	2016（平成28）年改正
七　第28条第2項に定める建物の建替えに係る計画又は設計等の経費のための修繕積立金の取崩し		七　第28条第2項及び第3項に定める建替え等に係る計画又は設計等の経費のための修繕積立金の取崩し
八　修繕積立金の保管及び運用方法		八　（左記と同じ）
九　（左記第七号と同じ）		九　（同　　　上）
十　（左記第八号と同じ）		十　（同　　　上）
十一　（左記第九号と同じ）		十一　（同　　　上）
十二　（左記第十号と同じ）		十二　区分所有法第62条第1項の場合の建替え及び円滑化法第108条第1項の場合のマンション敷地売却
十三　（左記第十一号と同じ）		十三　（左記と同じ）
十四　組合管理部分に関する管理委託契約の締結		十四　（同　　　上）
十五　（左記第十三号と同じ）		十五　（左記と同じ）

1982（昭和57）年制定	1983（昭和58）年改正	1997（平成9）年改正
（議事録の作成，保管等） 第48条　総会の議事については，議事録を作成しなければならない。 2　議事録には，議事の経過の要領及びその結果を記載し，議長及び議長の指名する2名の総会に出席した理事がこれに署名押印しなければならない。 3　理事長は，議事録を保管し，組合員又は利害関係人の書面による請求があったときは，議事録を閲覧させなければならない。この場合において，閲覧につき，相当の日時，場所等を指定することができる。	（議事録の作成、保管等） 第48条　総会の議事については，<u>議長は議事録</u>を作成しなければならない。 2　（左記と同じ） 3　理事長は，議事録<u>及び前条の書面</u>を保管し，組合員又は利害関係人の書面による請求があったときは，<u>これら</u>を閲覧させなければならない。この場合において，閲覧につき，相当の日時，場所等を指定することができる。 <u>4　理事長は，所定の掲示場所に，議事録及び前条の書面の保管場所を掲示しなければならない。</u>	（議事録の作成，保管等） 第48条　（左記と同じ）

2004（平成16）年改正	2011（平成23）年改正	2016（平成28）年改正
（議事録の作成，保管等）	（議事録の作成，保管等）	（議事録の作成，保管等）
㈎　電磁的方法が利用可能ではない場合	㈎　電磁的方法が利用可能ではない場合	㈎　電磁的方法が利用可能ではない場合
第49条　（左記48条第1項と同じ）	第49条　（左記と同じ）	第49条　（左記第1項と同じ）
2　議事録には，議事の経過の要領及びその結果を記載し，議長及び議長の指名する2名の総会に出席した組合員がこれに署名押印しなければならない。		2　（左記と同じ）
3　理事長は，議事録を保管し，組合員又は利害関係人の書面による請求があったときは，議事録の閲覧をさせなければならない。この場合において，閲覧につき，相当の日時，場所等を指定することができる。		3　（同　　上）
4　理事長は，所定の場所に，議事録の保管場所を掲示しなければならない。		4　（同　　上）

1982（昭和57）年制定	1983（昭和58）年改正	1997（平成9）年改正	

2004（平成16）年改正	2011（平成23）年改正	2016（平成28）年改正
㈦ 電磁的方法が利用可能な場合 （議事録の作成，保管等） 第49条　総会の議事については，議長は，書面又は電磁的記録により，議事録を作成しなければならない。 2　議事録には，議事の経過の要領及びその結果を記載し，又は記録しなければならない。 3　前項の場合において，議事録が書面で作成されているときは，議長及び議長の指名する2名の総会に出席した組合員がこれに署名押印しなければならない。 4　第2項の場合において，議事録が電磁的記録で作成されているときは，当該電磁的記録に記録された情報については，議長及び議長の指名する2名の総会に出席した組合員が電子署名（電子署名及び認証業務に関する法律第2条第1項の「電子署名」をいう。以		㈦ 電磁的方法が利用可能な場合 （議事録の作成，保管等） 第49条　（左記第1項と同じ） 2　（左記と同じ） 3　（同　　　上） 4　第2項の場合において，議事録が電磁的記録で作成されているときは，当該電磁的記録に記録された情報については，議長及び議長の指名する2名の総会に出席した組合員が電子署名（電子署名及び認証業務に関する法律（平成12年法律第102号）第2条第1

1982（昭和57）年制定	1983（昭和58）年改正	1997（平成9）年改正
（総会の決議に代わる書面による合意） 第47条　規約により総会において決議すべきものとされた事項について，	（総会の決議に代わる書面による合意） 第47条　（左記と同じ）	（総会の決議に代わる書面による合意） 第47条　（左記と同じ）

2004（平成16）年改正	2011（平成23）年改正	2016（平成28）年改正
下同じ。）をしなければならない。		項の「電子署名」をいう。以下同じ。）をしなければならない。
5　理事長は，議事録を保管し，組合員又は利害関係人の書面又は電磁的方法による請求があったときは，議事録の閲覧（議事録が電磁的記録で作成されているときは，当該電磁的記録に記録された情報の内容を紙面又は出力装置の映像面に表示する方法により表示したもの当該議事録の保管場所における閲覧をいう。）をさせなければならない。この場合において，閲覧につき，相当の日時，場所等を指定することができる。		5　（左記と同じ）
6　理事長は，所定の掲示場所に，議事録の保管場所を掲示しなければならない。		6　（同　　上）
(書面による決議)	(書面による決議)	(書面による決議)
第50条　規約により総会において決議すべき場合において，組合員全員の	第50条　（左記と同じ）	第50条　（左記と同じ）

1982（昭和57）年制定	1983（昭和58）年改正	1997（平成9）年改正	
組合員全員の書面による合意があるときは，総会の決議があったものとみなす。			

2004（平成16）年改正	2011（平成23）年改正	2016（平成28）年改正
承諾があるときは，書面による決議をすることができる。 2　<u>規約により総会において決議をすべきものとされた事項については，組合員全員の書面による合意があったときは，書面による決議があったものとみなす。</u> 3　<u>規約により総会において決議すべきものとされた事項についての書面による決議は，総会の決議と同一の効力を有する。</u> 4　前条第3項及び第4項の規定は，書面による決議に係る書面について準用する。 5　総会に関する規定は，書面による決議について準用する。 **（書面又は電磁的方法による決議）** **第50条**　規約により総会において決議をすべき場合において，組合員全員の承諾があるときは，書		

1982（昭和57）年制定	1983（昭和58）年改正	1997（平成9）年改正	

2004（平成16）年改正	2011（平成23）年改正	2016（平成28）年改正
<u>面又は電磁的方法による決議をすることができる。ただし，電磁的方法による決議に係る組合員の承諾については，あらかじめ，組合員に対し，その用いる電磁的方法の種類及び内容を示し，書面又は電磁的方法による承諾を得なければならない。</u> 2　前項の電磁的方法の種類及び内容は，次に掲げる事項とする。 　一　第44条第4項各号に定める電磁的方法のうち，送信者が使用するもの 　二　ファイルへの記録の方式 3　規約により総会において決議すべきものとされた事項については，組合員の全員の書面<u>又は電磁的方法</u>による合意があったときは，書面<u>又は電磁的方法</u>による決議があったものとみなす。 4　規約により総会において決議すべきものとされ		

1982（昭和57）年制定	1983（昭和58）年改正	1997（平成9）年改正
第5節　理事会 （理事会） 第49条　理事会は理事をもって構成する。	第5節　理事会 （理事会） 第49条　（左記と同じ）	第5節　理事会 （理事会） 第49条　（左記と同じ）

2004(平成16)年改正	2011(平成23)年改正	2016(平成28)年改正
た事項についての書面又は電磁的方法による決議は，総会の決議と同一の効力を有する。 5　前条第5項及び第6項の規定は，書面又は電磁的方法による決議に係る書面並びに第1項及び第3項の電磁的方法が行われた場合に当該電磁的方法により作成される電磁的記録について準用する。 6　総会に関する規定は，書面又は電磁的方法による決議について準用する。		
第5節　理事会 (理事会) 第51条　(左記第49条と同じ)	第5節　理事会 (理事会) 第51条　(左記と同じ)	第5節　理事会 (理事会) 第51条　(左記第1項と同じ) 2　理事会は，次に掲げる職務を行う。 　一　規約若しくは使用細則等又は総会の議決により理事会の権限として定められた管理組合の業務執行の決定 　二　理事の職務の執行の監督

1982（昭和57）年制定	1983（昭和58）年改正	1997（平成9）年改正
2　理事会の議長は，理事長が務める。		
（招集） 第50条　理事会は，理事長が招集する。 2　理事が○分の1以上の理事の同意を得て理事会の招集を請求した場合においては，理事長は速やかに理事会を招集しなければならない。	（招集） 第50条　（左記第1項と同じ） 2　（左記と同じ）	（招集） 第50条　（左記第1項と同じ） 2　理事が○分の1以上の理事の同意を得て理事会の招集を請求した場合には，理事長は速やかに理事会を招集しなければならない。
3　理事会の招集手続については，第41条の規定を準用する。ただし，理事会において別段の定めをすることができる。	3　理事会の招集手続については，第41条（第4項及び第5項を除く。）の規定を準用する。ただし，理事会において別段の定めをすることができる。	3　（左記と同じ）

2004（平成16）年改正	2011（平成23）年改正	2016（平成28）年改正
		三　理事長，副理事長及び会計担当理事の選任 3　（左記第2項と同じ）
（招集） 第52条　（左記第50条第1項と同じ） 2　（左記と同じ）	（招集） 第52条　（左記と同じ）	（招集） 第52条　（左記第1項と同じ） 2　（左記と同じ） 3　前項の規定による請求があった日から○日以内に，その請求があった日から○日以内の日を理事会の日とする理事会の招集の通知が発せられない場合には，その請求をした理事は，理事会を招集することができる。 4　理事会の招集手続について は，第43条（建替え決議又はマンション敷地売却決議を会議の目的とする場合の第1項及び第4項から第8項までを除く。）の規定を準用する。この場合において，
3　理事会の招集手続については，第43条（建替え決議を会議の目的とする場合の第1項及び第4項及び第7項までを除く。）の規定を準用する。ただし，理事会において別段の定めをすることが		

571

1982(昭和57)年制定	1983(昭和58)年改正	1997(平成9)年改正	
(理事会の会議及び議事) 第51条　理事会の会議は，理事の半数以上が出席しなければ開くことができず，その議事は出席理事の過半数で決する。 2　議事録については，第48条の規定を準用する。	(理事会の会議及び議事) 第51条　(左記第1項と同じ) 2　議事録については，第48条(第4項を除く。)	(理事会の会議及び議事) 第51条　(左記と同じ)	

2004（平成16）年改正	2011（平成23）年改正	2016（平成28）年改正
できる。		同条中「組合員」とあるのは「理事及び監事」と，同条第9項中「理事会の承認」とあるのは「理事及び監事の全員の同意」と読み替えるものとする。ただし，理事会において別段の定めをすることができる。
（理事会の会議及び議事） 第53条 （左記第1項と同じ）	（理事会の会議及び議事） 第53条 （左記第1項と同じ）	（理事会の会議及び議事） 第53条 （左記第1項と同じ） 2 次条第1項第五号に掲げる事項については，理事の過半数の承諾があるときは，書面又は電磁的方法による決議によることができる。 3 前二項の決議について特別の利害関係を有する理事は，議決に加わることができない。
(ｱ) 電磁的方法が利用可能ではない場合 2 議事録については，第49条（第4項を除く。）		(ｱ) 電磁的方法が利用可能ではない場合 4 （左記第2項と同じ）

1982（昭和57）年制定	1983（昭和58）年改正	1997（平成9）年改正	
	の規定を準用する。		
（議決事項） 第52条　理事会は，この規約に別に定めるもののほか，次の各号に掲げる事項を決議する。 　一　収支決算案，事業報告案，収支予算案及び事業計画案 　二　規約の変更及び使用細則の制定又は変更に関する案	（議決事項） 第52条　（左記と同じ）	（議決事項） 第52条　（左記第1項と同じ） 　一　（左記と同じ） 　二　（左記と同じ） 　<u>三　長期修繕計画の作成又は変更に関する案</u>	

2004（平成16）年改正	2011（平成23）年改正	2016（平成28）年改正
の規定を準用する。ただし，第49条第2項中「総会に出席した組合員」とあるのは，「理事会に出席した理事」と読み替えるものとする。 (イ) 電磁的方法が利用可能な場合 2 議事録については，第49条（第6項を除く。）の規定を準用する。ただし，第49条第3項中「総会に出席した組合員」とあるのは，「理事会に出席した理事」と読み替えるものとする。		(イ) 電磁的方法が利用可能な場合 4 （左記第2項と同じ）
(議決事項) 第54条 （左記第52条第1項と同じ）	(議決事項) 第54条 （左記第1項と同じ）	(議決事項) 第54条 （左記第1項と同じ）
一 （左記と同じ）	一 （左記と同じ）	一 （左記と同じ）
二 規約及び使用細則等の制定，変更又は廃止に関する案	二 （左記と同じ）	二 （左記と同じ）
三 （左記と同じ）	三 （同 上）	三 （同 上）

1982（昭和57）年制定	1983（昭和58）年改正	1997（平成9）年改正
三　その他の総会提出議案		四　(左記第三号と同じ)
		五　第17条に定める承認又は不承認
四　第62条に定める勧告又は指示等 五　総会から付託された事項		六　第63条に定める勧告又は指示 七　(左記第五号と同じ)

2004（平成16）年改正	2011（平成23）年改正	2016（平成28）年改正
四　（同　　上）	四　（同　　上）	四　（同　　上）
五　（同　　上）	五　（同　　上）	五　第17条，第21条及び第22条に定める承認又は不承認
	六　第58条第3項に定める承認又は不承認	六　（左記と同じ）
	七　第60条第3項に定める未納の管理費等及び使用料の請求に関する訴訟その他法的措置の遂行	七　第60条第4項に定める未納の管理費等及び使用料の請求に関する訴訟その他法的措置の追行
六　第67条に定める勧告又は指示等	八　（左記第六号と同じ）	八　（左記と同じ）
七　（左記第七号と同じ）	九　（左記第七号と同じ）	九　（同　　上）
		十　災害等により総会の開催が困難である場合における応急的な修繕工事の実施等
		2　第48条の規定にかかわらず，理事会は，前項第十号の決議をした場合においては，当該決議に係る応急的な修繕工事の実施に充てるための資金の借入れ及び修繕積立金の取崩しについて決議することができる。
（専門委員会の設置）	（専門委員会の設置）	（専門委員会の設置）

1982（昭和57）年制定	1983（昭和58）年改正	1997（平成9）年改正	
第7章　会　計	**第7章　会　計**	**第7章　会　計**	
（会計年度） **第53条**　管理組合の会計年度は，毎年〇月〇日から翌年〇月〇日までとする。	（会計年度） **第53条**　（左記と同じ）	（会計年度） **第53条**　（左記と同じ）	
（管理組合の収入および支出） **第54条**　管理組合の会計における収入は，第23条に定める管理費等及び第28条に定める使用料によるものとし，その支出は第25条から第28条に定めるところにより諸費用に充当する。	（管理組合の収入および支出） **第54条**　（左記と同じ）	（管理組合の収入および支出） **第54条**　管理組合の会計における収入は，第<u>24</u>条に定める管理費等及び第28条に定める使用料によるものとし，その支出は第<u>26</u>条から第28条に定めるところにより諸費用に充当する。	
（収支予算の作成及び変更） **第55条**　理事長は，毎会計年度の収支予算案を通常総会に提出し，その承	（収支予算の作成及び変更） **第55条**　（左記と同じ）	（収支予算の作成及び変更） **第55条**　（左記と同じ）	

2004（平成16）年改正	2011（平成23）年改正	2016（平成28）年改正
第55条　理事会は，その責任と権限の範囲内において，専門委員会を設置し，特定の課題を調査又は検討させることができる。 2　専門委員会は，調査又は検討した結果を理事会に具申する。	第55条　（左記と同じ）	第55条　（左記と同じ）
第7章　会　計 （会計年度） 第56条　（左記第53条と同じ）	第7章　会　計 （会計年度） 第56条　（左記と同じ）	第7章　会　計 （会計年度） 第56条　（左記と同じ）
（管理組合の収入および支出） 第57条　管理組合の会計における収入は，第25条に定める管理費等及び第29条に定める使用料によるものとし，その支出は第27条から第29条に定めるところにより諸費用に充当する。	（管理組合の収入および支出） 第57条　（左記と同じ）	（管理組合の収入および支出） 第57条　（左記と同じ）
（収支予算の作成及び変更） 第58条　（左記第55条と同じ）	（収支予算の作成及び変更） 第58条　（左記第1項と同じ）	（収支予算の作成及び変更） 第58条　（左記第1項と同じ）

1982（昭和57）年制定	1983（昭和58）年改正	1997（平成9）年改正	
認を得なければならない。 2　収支予算を変更しようとするときは，理事長は，その案を臨時総会に提出し，その承認を得なければならない。			

2004（平成16）年改正	2011（平成23）年改正	2016（平成28）年改正
	2　（左記と同じ）	2　（左記と同じ）
	3　理事長は，第56条に定める会計年度の開始後，第1項に定める承認を得るまでの間に，以下の各号に掲げる経費の支出が必要となった場合には，理事会の承認を得てその支出を行うことができる。 一　第27条に定める通常の管理に要する経費のうち，経常的であり，かつ，第1項の承認を得る前に支出することがやむを得ないと認められるもの 二　総会の承認を得て実施している長期の施工期間を要する工事に係る経費であって，第1項の承認を得る前に支出することがやむを得ないと認められるもの	3　（同　　上）

1982（昭和57）年制定	1983（昭和58）年改正	1997（平成9）年改正
（会計報告） 第56条　理事長は，毎会計年度の収支決算案を監事の会計監査を経て，通常総会に報告し，その承認を得なければならない。	（会計報告） 第56条　（左記と同じ）	（会計報告） 第56条　（左記と同じ）

2004（平成16）年改正	2011（平成23）年改正	2016（平成28）年改正
	<u>4　理事長は，前項に定める支出を行ったときは，第1項に定める収支予算案の承認を得るために開催された通常総会において，その内容を報告しなければならない。この場合において，当該支出は，その他の収支予算と共に承認されたものとみなす。</u>	4　<u>前項の規定に基づき行った支出は，第1項の規定により収支予算案の承認を得たときは，当該収支予算案による支出とみなす。</u>
		5　理事会が第54条第1項第十号の決議をした場合には，理事長は，同条第2項の決議に基づき，その支出を行うことができる。
		6　理事長は，第21条第6項の規定に基づき，敷地及び共用部分等の保存行為を行う場合には，そのために必要な支出を行うことができる。
（会計報告） 第<u>59</u>条　（左記第56条と同じ）	（会計報告） 第59条　（左記と同じ）	（会計報告） 第59条　（左記と同じ）

1982（昭和57）年制定	1983（昭和58）年改正	1997（平成9）年改正
（管理費等の徴収）	（管理費等の徴収）	（管理費等の徴収）
第57条　管理組合は，第23条に定める管理費等及び第28条に定める使用料について，組合員が各自開設する預金口座から自動振替の方法により第59条に定める口座に受け入れることとし，当月分は前月の〇日までに一括して徴収する。ただし，臨時に要する費用として特別に徴収する場合においては別に定めるところによる。 2　組合員が前項の期日までに納付すべき金額を納付しない場合において，管理組合は，その未払金額について年利〇％の遅延損害金を加算して，その組合員に対して請求する。	第57条　（左記と同じ）	第57条　管理組合は，第<u>24</u>条に定める管理費等及び第28条に定める使用料について，組合員が各自開設する預金口座から自動振替の方法により第59条に定める口座に受け入れることとし，当月分は前月の〇日までに一括して徴収する。ただし，臨時に要する費用として特別に徴収する場合<u>には，別に定めるところ</u>による。 2　組合員が前項の期日までに納付すべき金額を納付しない場合<u>には</u>，管理組合は，その未払金額について年利〇％の遅延損害金を加算して，その組合員に対して請求する。

2004（平成16）年改正	2011（平成23）年改正	2016（平成28）年改正
（管理費等の徴収）	（管理費等の徴収）	（管理費等の徴収）
第60条　管理組合は，第25条に定める管理費等及び第29条に定める使用料について，組合員が各自開設する預金口座から自動振替の方法により第62条に定める口座に受け入れることとし，当月分は前月の○日までに一括して徴収する。ただし，臨時に要する費用として特別に徴収する場合には，別に定めるところによる。 2　組合員が前項の期日までに納付すべき金額を納付しない場合には，管理組合は，その未払金額について，年利○％の遅延損害金と，違約金としての弁護士費用並びに督促及び徴収の諸費用を加算して，その組合員に対して請求することができる。	第60条　（左記と同じ）	第60条　管理組合は，第25条に定める管理費等及び第29条に定める使用料について，組合員が各自開設する預金口座から口座振替の方法により第62条に定める口座に受け入れることとし，当月分は別に定める徴収日までに一括して徴収する。ただし，臨時に要する費用として特別に徴収する場合には，別に定めるところによる。 2　（左記と同じ） 3　管理組合は，納付すべき金額を納付しない組合員に対し，督促を行うなど，必要な措置を講ずる

1982（昭和57）年制定	1983（昭和58）年改正	1997（平成9）年改正
3　前項の遅延損害金は，第25条に定める費用に充当する。	3　（左記と同じ）	3　前項の遅延損害金は，第26条に定める費用に充当する。
4　組合員は，納付した管理費等及び専用使用料について，その返還請求又は分割請求をすることができない。	4　（左記と同じ）	4　組合員は，納付した管理費等及び使用料について，その返還請求又は分割請求をすることができない。
（管理費等の過不足） 第58条　収支決算の結果，管理費又は組合費にその余剰を生じた場合，その余剰は翌年度におけるそれぞれの費用に充当する。 2　管理費等に不足を生じた場合にあっては，管理組合は組合員に対して第23条第2項に定める管	（管理費等の過不足） 第58条　（左記と同じ）	（管理費等の過不足） 第58条　収支決算の結果，管理費に余剰を生じた場合には，その余剰は翌年度における管理費に充当する。 2　管理費等に不足を生じた場合には，管理組合は組合員に対して第24条第2項に定める管理費等

2004（平成16）年改正	2011（平成23）年改正	2016（平成28）年改正
		ものとする。
3　理事長は，未納の管理費等及び使用料の請求に関して，理事会の決議により，管理組合を代表して，訴訟その他法的措置を追行することができる。		4　（左記第3項と同じ）
4　第2項に基づき請求した遅延損害金，弁護士費用並びに督促及び徴収の諸費用に相当する収納金は，第27条に定める費用に充当する。		5　（左記第4項と同じ）
5　（左記第57条第4項と同じ）		6　（左記第5項と同じ）
（管理費等の過不足） 第61条　（左記第58条第1項と同じ） 2　管理費等に不足を生じた場合には，管理組合は組合員に対して第25条第2項に定める管理費等	（管理費等の過不足） 第61条　（左記と同じ）	（管理費等の過不足） 第61条　（左記と同じ）

1982（昭和57）年制定	1983（昭和58）年改正	1997（平成9）年改正
理費等の負担割合に応じて，そのつど必要な金額の負担を求めることができる。		の負担割合により，その都度必要な金額の負担を求めることができる。
（預金口座の開設） 第59条　管理組合は，会計業務を遂行するため，管理組合の預金口座を開設するものとする。	（預金口座の開設） 第59条　（左記と同じ）	（預金口座の開設） 第59条　（左記と同じ）
（借入れ） 第60条　管理組合は，第26条第2項に定める業務を行うため必要な範囲内において，借入をすることができる。	（借入れ） 第60条　（左記と同じ）	（借入れ） 第60条　管理組合は，第27条第2項に定める業務を行うため必要な範囲内において，借入をすることができる。
（帳票類の作成，保管） 第61条　理事長は，会計帳簿，什器備品台帳，組合員名簿及びその他の帳票類を作成して保管し，組合員又は利害関係人の理由を付した書面による請求があったときは，これらを閲覧させなければならない。この場合において，閲覧につき，相当の日時，場所等を指定することができる。	（帳票類の作成，保管） 第61条　（左記と同じ）	（帳票類の作成，保管） 第61条　（左記と同じ）

2004（平成16）年改正	2011（平成23）年改正	2016（平成28）年改正
の負担割合により，その都度必要な金額の負担を求めることができる。		
（預金口座の開設） 第62条　（左記第59条第1項と同じ）	（預金口座の開設） 第62条　（左記と同じ）	（預金口座の開設） 第62条　（左記と同じ）
（借入れ） 第63条　管理組合は，第28条第1項に定める業務を行うため必要な範囲内において，借入をすることができる。	（借入れ） 第63条　（左記と同じ）	（借入れ） 第63条　（左記と同じ）
（帳票類の作成，保管） 第64条　（左記第61条と同じ）	（帳票類の作成，保管） 第64条　（左記と同じ）	(ア)　電磁的方法が利用可能ではない場合 （帳票類等の作成，保管） 第64条　（左記第1項と同じ）

1982（昭和57）年制定	1983（昭和58）年改正	1997（平成9）年改正

2004（平成16）年改正	2011（平成23）年改正	2016（平成28）年改正
		2　理事長は，第32条第三号の長期修繕計画書，同条第五号の設計図書及び同条第六号の修繕等の履歴情報を保管し，組合員又は利害関係人の理由を付した書面による請求があったときは，これらを閲覧させなければならない。この場合において，閲覧につき，相当の日時，場所等を指定することができる。 3　理事長は，第49条第3項（第53条第4項において準用される場合を含む。），本条第1項及び第2項並びに第72条第2項及び第4項の規定により閲覧の対象とされる管理組合の財務・管理に関する情報については，組合員又は利害関係人の理由を付した書面による請求に基づき，当該請求をした者が求める情報を記入した書面を交付することができる。この場合において，理事長は，交付の相手方にその費用を

1982（昭和57）年制定	1983（昭和58）年改正	1997（平成9）年改正

2004（平成16）年改正	2011（平成23）年改正	2016（平成28）年改正
		負担させることができる。 (イ) 電磁的方法が利用可能な場合 **（帳票類等の作成，保管）** **第64条** 理事長は，会計帳簿，什器備品台帳，組合員名簿及びその他の帳票類を，書面又は電磁的記録により作成して保管し，組合員又は利害関係人の理由を付した書面<u>又は電磁的方法</u>による請求があったときは，これらを閲覧させなければならない。この場合において，閲覧につき，相当の日時，場所等を指定することができる。 <u>2 理事長は，第32条第三号の長期修繕計画書，同条第五号の設計図書及び同条第六号の修繕等の履歴情報を，書面又は電磁的記録により保管し，組合員又は利害関係人の理由を付した書面又は電磁的方法による請求があったときは，これらを閲覧させなければならな</u>

1982（昭和57）年制定	1983（昭和58）年改正	1997（平成9）年改正	

2004（平成16）年改正	2011（平成23）年改正	2016（平成28）年改正
		い。この場合において，閲覧につき，相当の日時，場所等を指定することができる。 3　理事長は，第49条第5項（第53条第4項において準用される場合を含む。），本条第1項及び第2項並びに第72条第2項及び第4項の規定により閲覧の対象とされる管理組合の財務・管理に関する情報については，組合員又は利害関係人の理由を付した書面又は電磁的方法による請求に基づき，当該請求をした者が求める情報を記入した書面を交付し，又は当該書面に記載すべき事項を電磁的方法により提供することができる。この場合において，理事長は，交付の対手方にその費用を負担させることができる。 4　電磁的記録により作成された書類等の閲覧については，第49条第5項に定める議事録の閲覧に

1982（昭和57）年制定	1983（昭和58）年改正	1997（平成9）年改正	
第8章 雑則	第8章 雑則	第8章 雑則	
	（義務違反者に対する措置） 第62条　区分所有者又は占有者が建物の保存に有害な行為その他建物の管理又は使用に関し区分所有者の共同の利益に反する行為をした場合又はその行為をするおそれがある場合には，区分所有法第57条から第60条までの規定に基づき必要な措置をとることができる。	（義務違反者に対する措置） 第62条　（左記と同じ）	
（勧告及び指示等） 第62条　区分所有者若しくはその同居人又は専有部分の貸与を受けた者若しくはその同居人（以下「区分所有者等」という。）が，法令，規約又は使用	（理事長の勧告及び指示等） 第63条　（左記第62条と同じ）	（理事長の勧告及び指示等） 第63条　区分所有者若しくはその同居人又は専有部分の貸与を受けた者若しくはその同居人（以下「区分所有者等」という。）が，法令，規約又は使用	

2004(平成16)年改正	2011(平成23)年改正	2016(平成28)年改正
		関する規定を準用する。
(消滅時の財産の清算) 第65条　管理組合が消滅する場合，その残余財産については，第10条に定める各区分所有者の共用部分の共有持分割合に応じて各区分所有者に帰属するものとする。	(消滅時の財産の清算) 第65条　（左記と同じ）	(消滅時の財産の清算) 第65条　（左記と同じ）
第8章　雑　則 (義務違反者に対する措置) 第66条　（左記第62条と同じ）	**第8章　雑　則** (義務違反者に対する措置) 第66条　（左記と同じ）	**第8章　雑　則** (義務違反者に対する措置) 第66条　（左記と同じ）
(理事長の勧告及び指示等) 第67条　区分所有者若しくはその同居人又は専有部分の貸与を受けた者若しくはその同居人（以下「区分所有者等」という。）が，法令，規約又は使用	(理事長の勧告及び指示等) 第67条　（左記と同じ）	(理事長の勧告及び指示等) 第67条　（左記と同じ）

1982（昭和57）年制定	1983（昭和58）年改正	1997（平成9）年改正
細則に違反したとき，又は対象物件内における共同生活の秩序を乱す行為を行ったときは，理事長は，理事会決議を経てその区分所有者等に対し，その是正等のため必要な勧告又は指示若しくは警告を行うことができる。		細則に違反したとき，又は対象物件内における共同生活の秩序を乱す行為を行ったときは，理事長は，理事会の決議を経てその区分所有者等に対し，その是正等のため必要な勧告又は指示若しくは警告を行うことができる。
2　区分所有者は，その同居人又はその所有する専有部分の貸与を受けた者若しくはその同居人が前項の行為を行った場合には，その是正等のため必要な措置を講じなければならない。		2　（左記と同じ）
3　区分所有者がこの規約若しくは使用細則に違反したとき又は区分所有者若しくは区分所有者以外の第三者が敷地及び共用部分等において不法行為を行ったときには，理事長は，理事会の決議を経て，その差止又は排除のための必要な措置をとることができる。		3　区分所有者がこの規約若しくは使用細則に違反したとき，又は区分所有者若しくは区分所有者以外の第三者が敷地及び共用部分等において不法行為を行ったときは，理事長は，理事会の決議を経て，その差止め，排除若しくは原状回復のための必要な措置又は費用償還若しくは損害賠償の請求

2004（平成16）年改正	2011（平成23）年改正	2016（平成28）年改正
細則等に違反したとき，又は対象物件内における共同生活の秩序を乱す行為を行ったときは，理事長は，理事会の決議を経てその区分所有者等に対し，その是正等のため必要な勧告又は指示若しくは警告を行うことができる。 2　（左記と同じ） 3　区分所有者等がこの規約若しくは使用細則等に違反したとき，又は区分所有者等若しくは区分所有者等以外の第三者が敷地及び共用部分等において不法行為を行ったときは，理事長は，理事会の決議を経て，次の措置を講ずることができる。 一　行為の差止め，排除又は原状回復のための		

1982（昭和57）年制定	1983（昭和58）年改正	1997（平成9）年改正	
		を行うことができる。	

2004（平成16）年改正	2011（平成23）年改正	2016（平成28）年改正
必要な措置の請求に関し，管理組合を代表して，訴訟その他法的措置を追行すること。 二　敷地及び共用部分等について生じた損害賠償金又は不当利得による返還金の請求又は受領に関し，区分所有者のために，訴訟において原告又は被告となること，その他法的措置をとること。 4　前項の訴えを提起する場合，理事長は，請求の相手方に対し，違約金としての弁護士費用及び差止め等の諸費用を請求することができる。 5　前項に基づき請求した弁護士費用及び差止め等の諸費用に相当する収納金は，第27条に定める費用に充当する。 6　理事長は，第3項の規定に基づき，区分所有者のために，原告又は被告となったときは，遅滞なく，区分所有者にその旨を通知しなければならな		

1982（昭和57）年制定	1983（昭和58）年改正	1997（平成9）年改正	
（合意管轄裁判所） 第64条　この規約に関する管理組合と組合員間の訴訟については，対象物件所在地を管轄する○○地方（簡易）裁判所をもって，第一審管轄裁判所とする。	（合意管轄裁判所） 第64条　（左記と同じ）	（合意管轄裁判所） 第64条　（左記第1項と同じ） 2　第46条第八号に関する訴訟について，前項と同様とする。	
（市及び近隣住民との協定の遵守） 第65条　区分所有者は，管理組合が○○市又は近隣住民と締結した協定について，これを誠実に遵守しなければならない。	（市及び近隣住民との協定の遵守） 第65条　（左記と同じ）	（市及び近隣住民との協定の遵守） 第65条　（左記と同じ）	
（規約外事項） 第66条　規約及び使用細則に定めのない事項につ	（規約外事項） 第66条　（左記と同じ）	（規約外事項） 第66条　（左記第1項と同じ）	

2004（平成16）年改正	2011（平成23）年改正	2016（平成28）年改正
い。この場合には，第43条第2項及び第3項の規定を準用する。		
（合意管轄裁判所） 第68条　（左記第64条第1項と同じ） 2　第48条第十号に関する訴訟について，前項と同様とする。	（合意管轄裁判所） 第68条　（左記と同じ）	（合意管轄裁判所） 第68条　（左記と同じ）
（市及び近隣住民との協定の遵守） 第69条　（左記と同じ）	（市及び近隣住民との協定の遵守） 第69条　（左記と同じ）	（市及び近隣住民との協定の遵守） 第69条　（左記と同じ）
（細則） 第70条　総会及び理事会の運営，会計処理，管理組合への届出事項等については，別に細則を定めることができる。	（細則） 第70条　（左記と同じ）	（細則） 第70条　（左記と同じ）
（規約外事項） 第71条　規約及び使用細則等に定めのない事項に	（規約外事項） 第71条　（左記と同じ）	（規約外事項） 第71条　（左記と同じ）

1982（昭和57）年制定	1983（昭和58）年改正	1997（平成9）年改正
いては，区分所有法その他の法令の定めるところによる。 2　規約，使用細則又は法令のいずれにも定めのない事項については総会の決議により定める。		2　規約，使用細則又は法令のいずれにも定めのない事項については，総会の決議により定める。
（規約原本） 第67条　この規約を証するため，区分所有者全員が記名押印した規約を1通作成し，これを規約原本とする。 2　規約原本は，理事長が保管し，区分所有者又は利害関係人の書面による請求があったときは，これを閲覧させなければならない。この場合において，閲覧につき，相当な日時，場所等を指定することができる。	（規約原本） 第67条　（左記第1項と同じ） 2　（左記第2項と同じ） 3　理事長は，所定の掲示場所に，規約原本の保管場所を掲示しなければならない。	（規約原本） 第67条　（左記と同じ）

2004(平成16)年改正	2011(平成23)年改正	2016(平成28)年改正
ついては，区分所有法その他の法令の定めるところによる。 2　規約，使用細則等又は法令のいずれにも定めのない事項については，総会の決議により定める。		
(規約原本) (ア)　電磁的方法が利用可能ではない場合 第72条　(左記第1項と同じ) 2　規約原本は，理事長が保管し，区分所有者又は利害関係人の書面による請求があったときは，規約原本の閲覧をさせなければならない。 3　規約が規約原本の内容から総会決議により変更されているときは，理事長は，1通の書面に，現に有効な規約の内容と，その内容が規約原本及び	(規約原本) (ア)　電磁的方法が利用可能ではない場合 第72条　(左記と同じ)	(規約原本) (ア)　電磁的方法が利用可能ではない場合 第72条　(左記第1項と同じ) 2　(左記第2項と同じ) 3　(左記第3項と同じ)

1982（昭和57）年制定	1983（昭和58）年改正	1997（平成9）年改正

2004（平成16）年改正	2011（平成23）年改正	2016（平成28）年改正
規約変更を決議した総会の議事録の内容と相違ないことを記載し，署名押印した上で，この書面を保管する。 4　区分所有者又は利害関係人の書面による請求があったときは，理事長は，規約原本，規約変更を決議した総会の議事録及び現に有効な規約の内容を記載した書面（以下「規約原本等」という。）の閲覧をさせなければならない。 5　第2項及び前項の場合において，理事長は，閲覧につき，相当の日時，場所等を指定することができる。 6　理事長は，所定の掲示場所に，規約原本等の保管場所を掲示しなければならない。		4　区分所有者又は利害関係人の書面による請求があったときは，理事長は，規約原本，規約変更を決議した総会の議事録及び現に有効な規約の内容を記載した書面（以下「規約原本等」という。）並びに現に有効な第18条に基づく使用細則及び第70条に基づく細則その他の細則の内容を記載した書面（以下「使用細則等」という。）の閲覧をさせなければならない。 5　（左記第5項と同じ） 6　理事長は，所定の掲示場所に，規約原本等及び使用細則等の保管場所を掲示しなければならない。

1982（昭和57）年制定	1983（昭和58）年改正	1997（平成9）年改正

2004（平成16）年改正	2011（平成23）年改正	2016（平成28）年改正
(イ) 電磁的方法が利用可能な場合 第72条　この規約を証するため、区分所有者全員が書面に記名押印又は電磁的記録に電子署名した規約を1通作成し、これを規約原本とする。 2　規約原本は、理事長が保管し、区分所有者又は利害関係人の書面又は電磁的方法による請求があったときは、規約原本の閲覧をさせなければならない。 3　規約が規約原本の内容から総会決議により変更されているときは、理事長は、1通の書面又は電磁的記録に、現に有効な規約の内容と、その内容が規約原本及び規約変更を決議した総会の議事録の内容と相違ないことを記載又は記録し、署名押印または電子署名した上で、この書面又は電磁的記録を保管する。 4　区分所有者又は利害関係人の書面又は電磁的方		(イ) 電磁的方法が利用可能な場合 第72条　（左記第1項と同じ） 2　（左記第2項と同じ） 3　（左記第3項と同じ） 4　区分所有者又は利害関係人の書面又は電磁的方

1982（昭和57）年制定	1983（昭和58）年改正	1997（平成9）年改正	

2004（平成16）年改正	2011（平成23）年改正	2016（平成28）年改正
法による請求があったときは，理事長は，規約原本，規約変更を決議した総会の議事録及び現に有効な規約の内容を記載した書面又は電磁的記録（以下「規約原本等」という。）の閲覧をさせなければならない。 5　第2項及び前項の場合において，理事長は，閲覧につき，相当の日時，場所等を指定することができる。 6　理事長は，所定の掲示場所に，規約原本等の保管場所を掲示しなければならない。 7　電磁的記録により作成された規約原本等の閲覧については，第49条第5項に定める議事録の閲覧に関する規定を準用する。		法による請求があったときは，理事長は，規約原本，規約変更を決議した総会の議事録及び現に有効な規約の内容を記載した書面又は記録した電磁的記録（以下「規約原本等」という。）並びに現に有効な第18条に基づく使用細則及び第70条に基づく細則その他の細則の内容を記載した書面又は記録した電磁的記録（以下「使用細則等」という。）の閲覧をさせなければならない。 5　（左記第5項と同じ） 6　理事長は，所定の掲示場所に，規約原本等及び使用細則等の保管場所を掲示しなければならない。 7　電磁的記録により作成された規約原本等及び使用細則等の閲覧については，第49条第5項に定める議事録の閲覧に関する規定を準用する。

■著者紹介

大木　祐悟（おおき　ゆうご）

1983年　早稲田大学商学部卒
現在，旭化成不動産レジデンス株式会社
　　　マンション建替え研究所 主任研究員

〈著書〉
『定期借地権活用のすすめ――契約書の作り方・税金対策から事業プランニングまで』（プログレス）
『マンション再生――経験豊富な実務家による大規模修繕・改修と建替えの実践的アドバイス』（プログレス）
『都市の空閑地・空き家を考える』（共著，プログレス）
『マンション建替えの法と実務』（共著，有斐閣）
『マンション建替え――老朽化にどう備えるか』（共著，日本評論社）
論文等，多数

逐条詳解・マンション標準管理規約　　　　　　　ISBN978-4-905366-65-2　C2034

2017年8月5日　印刷
2017年8月15日　発行

著　者　大木　祐悟 ©

発行者　野々内邦夫

発行所　株式会社プログレス　〒160-0022　東京都新宿区新宿1-12-12
　　　　　　　　　　　　　　電話03(3341)6573　FAX03(3341)6937
　　　　　　　　　　　　　　http://www.progres-net.co.jp　e-mail: info@progres-net.co.jp

　　　　　　　　　　　　　　　　　　　　　　　　　　　　　モリモト印刷株式会社

＊落丁本・乱丁本はお取り替えいたします。

本書のコピー，スキャン，デジタル化等の無断複製は著作権法上での例外を除き禁じられています。本書を代行業者等の第三者に依頼してスキャンやデジタル化することは，たとえ個人や会社内での利用でも著作権法違反です。

http://www.progres-net.co.jp

マンション再生
経験豊富な実務家による大規模修繕・改修と建替えの実践的アドバイス

大木 祐悟(旭化成不動産レジデンス株式会社 マンション建替え研究所 主任研究員)

■A5判・300頁
■本体2,800円＋税

老朽化マンションの大規模修繕・改修と建替えの手続き上の留意点について、経験豊かな実務家がやさしく丁寧に解説!!

◆主要目次◆

1. 事例に見る老朽化マンションの問題
2. 老朽化マンションの再生をめぐる基本的な課題
3. コンサルタントの選択・再生資金の調達・事業会社の選定
4. マンション再生のための集会の招集とその運営
5. 合意形成のすすめ方
6. 大規模修繕・改修の決議とその実行
7. 単棟型マンションの建替え
8. 団地型マンションの建替え
9. 団地型マンションの建替え承認決議
10. 建替え決議後の手続きのすすめ方
11. マンション建替え事業の各方式
12. マンション建替えにかかる税金

《マンション建替え参照書式》

◀新版▶
定期借地権活用のすすめ
◆契約書の作り方・税金対策から事業プランニングまで◆

定期借地権推進協議会 編
大木 祐悟(定期借地権推進協議会運営委員長) 著

■A5判・312頁
■本体3,000円＋税

今さら人に聞けない、定期借地制度の上手な活用法をやさしく解説。
CRE(企業不動産)、PRE(公的セクターの不動産)の担当者が知っておきたい定期借地権活用のノウハウも満載です。

◎定期借地権の活用をテーマに、その体系と基本的な知識を中心にまとめた1冊です。
◎本書の構成は、定期借地権推進協議会に多く寄せられた質問をいくつか挙げたあと、定期借地権の概要、契約書作成の留意点から税制・事例を含めて極力分かりやすく説明してあります。
◎定期借地権設定契約書(戸建住宅・集合住宅／賃借権・地上権)のひな形、国税庁、国土交通省の重要通達、定期借地権付き住宅の価格査定手法の検討に関する報告書、災害公営住宅に係る定期借地権取得費用の考え方について等の重要資料を掲載。

◆主要目次◆

- I 定期借地権の基本
- II 定期借地契約の基本
- III 定期借地権付きマンション
- IV 「借地契約」からみた留意点
- V 定期借地権事業の実際
- VI 事業目的の借地権の実態
- VII 定期借地権付き住宅の二次流通
- VIII 定期借地権の税務
- IX 定期借地権の活用事例
- X これからの定期借地権を考える